東洋古典譯註叢書 56

譯註 唐宋八大家文抄

蘇軾 3

成百曉 譯註

傳統文化硏究會

國譯委員

譯註 成百曉
潤文 尹銀淑
編輯 朴勝珠
校正 南賢熙 李孝宰
出版 權永順
管理 咸明淑
普及 徐源英

東洋古典譯註叢書를 발간하면서

우리의 古典國譯事業은 민족문화 진흥의 기초사업으로 1960년대부터 政府 支援으로 古文獻 現代化 작업을 추진하여 많은 成果를 거두었다. 당시 이 사업 추진의 先行課題로 東洋古典이라 일컬어지는 중국의 基本古典을 먼저 飜譯하여야 한다는 學界의 주장이 있었음에도 불구하고 우리 고전이 아니라는 일부의 偏狹한 視覺과 財政 事情 등으로 인하여 배제되어 왔다.

전통적으로 중국의 기본고전은 우리 歷史와 함께 숨쉬며 각종 교육기관의 敎科書로 활용됨은 물론이고 지식인들의 必讀書가 되어 왔으며, 우리 文化의 基底에 자리잡고 거의 모든 방면의 體系와 根幹을 형성하여 왔다. 그래서 학문연구의 기본서 역할을 해왔을 뿐만 아니라 오늘날에도 우리의 國學徒 및 東洋學 研究者들에게 같은 역할을 하고 있음은 주지의 사실이다. 그럼에도 불구하고 中國古典은 우리 것이 아니라 하여 專門機關의 飜譯對象에 포함하지 않음으로써, 대부분 原典에서의 직접 번역이 아닌 重譯이나 拔萃譯의 방식이 주를 이루면서 教養水準으로 出版되어 왔다.

오늘날 東洋 三國 중에서 우리의 東洋學 연구가 가장 부진한 이유는, 東洋基本古典에 대한 폭넓은 이해의 부족과 漢文古典 讀解力의 저하에 기인함을 우리는 솔직히 인정하여야 한다. 따라서 이들 중국고전에 대한 신뢰할 만한 國譯이 이루어지는 것이 한국학 연구를 촉진시키는 시급한 先行課題라 할 수 있다.

이에 韓國學 및 東洋學의 연구와 古典現代化의 基盤構築을 위해서는, 전문기관으로 하여금 동양고전을 단기간에 각 분야의 專門 研究者와 漢學者가 상호 협동하여 연구번역하여 飜譯의 傳統性과 效率性, 研究의 專門性을 높일 수 있도록 政策的 配慮가 있어야 한다.

이에 本會에서는 元老 및 中堅 漢學者와 斯界의 專攻者로 하여금 協同研究飜譯하여 공부하는 사람들이 믿고 引用하거나 깊이 있는 註釋 등을 활용할 수 있게 하고,

知識人들의 教養을 증진시켜 줄 수 있는 東洋古典의 國譯書 간행을 지속적으로 추진해 왔다. 근래에 다행히 이 사업에 대하여 각계 지도층의 폭넓은 이해와 지원에 힘입어 2001년도부터 國庫補助를 받아 東洋古典譯註叢書를 간행하게 되었다. 이를 계기로 우리 先學의 註釋과 見解를 반영하는 등 국역사업의 內實을 기하게 되었음을 이 자리를 빌어 衷心으로 감사드리며, 아울러 國譯에 參與하신 관계자 여러분의 勞苦에 깊은 謝意를 표한다.

끝으로 우리의 이러한 작업은 오랜 역사 위에 축적된 先賢들의 業績과 現代學問을 이어주는 튼튼한 架橋와 礎石이 되어 진정한 韓國學과 東洋學 발전에 기여할 것을 굳게 믿으며, 21세기를 우리 文化의 世紀로 열어 가는 밑거름이 되도록 우리의 力量을 本 事業에 경주하고자 한다. 江湖諸賢의 부단한 관심과 지원을 기대해 마지않는다.

社團法人 傳統文化硏究會 會長 李啓晃

凡 例

1. 本書는 東洋古典譯註叢書 ≪唐宋八大家文抄≫ 蘇軾의 제3책이다.

2. 본서는 戊申字本 ≪唐宋八大家文抄≫(國會圖書館 所藏本, 刊年未詳)를 저본으로 하고, ≪蘇軾文集≫ 및 ≪唐宋八大家文鈔 校注集評≫(高海夫 主編, 三秦出版社, 北京, 1998)을 참고하여 校勘하였다.

3. 본 譯註는 원전의 傳統性과 번역의 現代性을 구현하기 위해 노력하였다.

4. 原文에 懸吐하고 번역하였다.

5. 原文의 分節은 ≪唐宋八大家文鈔 校注集評≫을 참고하되, 단락이 길 경우에는 역자의 재량으로 재차 분절하여 가능한 한 原文이 한 면의 반을 넘지 않도록 하였다.

6. 번역은 原義에 충실하게 하되, 이해가 어려운 부분은 意譯 또는 보충역을 하였다.

7. 譯註는 인용문의 출전과 故事와 難解語, 그리고 사건의 역사적인 배경, 인물, 관직에 관한 사항을 밝히되 ≪唐宋八大家文鈔 校注集評≫ 등을 참고하였다.

8. 題下註를 달아 독자들의 이해를 돕고자 하였다.

9. 본서에 사용된 주요 符號와 略號는 다음과 같다.

   “ ” : 對話, 각종 引用
   ‘ ’ : “ ” 안에서 再引用, 强調
   「 」 : ‘ ’ 안에서 再引用
   ( ) : 原文 중의 괄호는 漢字의 音, 同字, 通用字, 俗字의 正字
   번역문 중의 괄호는 간단한 註釋
   ≪ ≫ : 書名이나 典據
   〈 〉 : 篇章名, 作品名, 原文의 補充, 補充譯

〔 〕: 번역문과 뜻은 같으나 音이 다른 한자와 한문

{ }: 원문의 衍文

( )〔 〕: 원문의 正誤 표시 (誤字)〔正字〕 例) 以爲國(君)〔均〕

參考書目

1. 경서류

≪論語≫ ≪孟子≫ ≪中庸≫ ≪詩經≫ ≪書經≫ ≪周易≫
≪周禮≫ ≪儀禮≫ ≪禮記≫ ≪春秋左氏傳≫ ≪春秋公羊傳≫

2. 사서류

≪國語≫ ≪史記≫ ≪漢書≫ ≪後漢書≫ ≪晉書≫ ≪舊五代史≫ ≪宋書≫ ≪戰國策≫
≪新唐書≫ ≪宋史≫ ≪宋史紀事本末≫ ≪資治通鑑≫ ≪續資治通鑑≫

3. 제자류

≪荀子≫ ≪莊子≫ ≪列子≫ ≪韓非子≫ ≪法言≫
≪水經注≫ ≪列女傳≫ ≪貞觀政要≫ ≪日知錄≫

4. 문집류

≪蘇軾文集≫ ≪韓昌黎集≫ ≪文忠公集≫ ≪六一居士集≫
≪明統論≫ ≪農巖集≫ ≪臺山集≫ ≪文選≫

5. 기 타

≪新譯蘇軾文選≫：高克勤 注譯, 三民書局, 台北, 2008年 5月.
≪八家散文選≫：畢庶春 主編, 遼寧人民出版社, 遼寧, 2004年 8月.
≪唐宋八大家散文鑑賞≫：呂晴飛 主編, 中國婦女出版社, 北京, 1991年 1月.
≪漢文大系≫：新文豊出版有限公司, 臺北, 1978年 10月.
≪新譯古文辭類纂≫：姚鼐 撰, 三民書局, 台北, 2006年 4月.

≪古文眞寶後集≫：學民文化社, 1990年 1月.
≪文章軌範≫：學民文化社, 1990年 1月.
≪古文觀止≫：安徽教育出版社, 合肥市, 1990年 2月.
≪經史百家雜抄全譯≫：曾國藩 撰, 張政烺 譯, 貴州人民, 貴州, 1999年 4月.
≪唐宋八大家文鈔 校注集評≫：高海夫 主編, 三秦出版社, 西安, 1998年 9月.

6. 데이터베이스(DB) 자료

四庫全書電子版：迪志文化出社, 北京, 1999年.
상우천고(http://www.s-sangwoo.kr), 宋基采
辭典(70種), 儒學經傳(28種), 儒學文獻(38種), 詩文(77種), 諸家(183種), 二十四史(24種), 歷史(14種), 典章制度(11種), 書誌(3種).

目 次

東洋古典譯註叢書를 발간하면서
凡 例
參考書目
目 次

卷13 論

01. 伊尹論 伊尹에 대한 論 / 13
02. 周公論 周公에 대한 論 / 19
03. 管仲論 一 管仲에 대한 論 1 / 29
04. 管仲論 二 管仲에 대한 論 2 / 46
05. 范文子論 范文子에 대한 論 / 55
06. 范蠡論 范蠡에 대한 論 / 62
07. 伍子胥論 伍子胥에 대한 論 / 66
08. 孫武論 一 孫武에 대한 論 1 / 71
09. 孫武論 二 孫武에 대한 論 2 / 75

卷14 論

01. 樂毅論 樂毅에 대한 論 / 82
02. 商君論 商君에 대한 論 / 93
03. 戰國任俠論 전국시대 任俠에 대한 論 / 102
04. 范增論 范增에 대한 論 / 112
05. 留侯論 留侯에 대한 論 / 119

06. 賈誼論 賈誼에 대한 論 / 126
07. 晁錯論 晁錯에 대한 論 / 134
08. 霍光論 霍光에 대한 論 / 141
09. 諸葛亮論 諸葛亮에 대한 論 / 146

卷15 論

01. 孔子論 孔子에 대한 論 / 157
02. 子思論 子思에 대한 論 / 166
03. 孟軻論 孟軻에 대한 論 / 173
04. 荀卿論 荀卿에 대한 論 / 179
05. 韓非論 韓非에 대한 論 / 187
06. 揚雄論 揚雄에 대한 論 / 191
07. 韓愈論 韓愈에 대한 論 / 198

卷16 論

01. 書論 ≪書經≫에 대한 論 / 206
02. 禮論 禮에 대한 論 / 214
03. 春秋論 ≪春秋≫에 대한 論 / 222
04. 中庸論 上 ≪中庸≫에 대한 論 上 / 230
05. 中庸論 中 ≪中庸≫에 대한 論 中 / 238
06. 中庸論 下 ≪中庸≫에 대한 論 下 / 243
07. 續歐陽子朋黨論 歐陽子 〈朋黨論〉의 續篇 / 250
08. 續楚語論 楚語論에 대한 續篇 / 260

卷17 試論

01. 刑賞忠厚之至 刑罰과 褒賞은 충후함이 지극하여야 한다는 論 / 271
02. 重巽以申命 거듭된 巽으로써 명령을 거듭해야 한다는 論 / 279
03. 孔子從先進 孔子는 先進을 따르셨다는 論 / 284

04. 春秋定天下之邪正 ≪春秋≫는 天下의 간사함과 바름을 결정하였다는 論 / 293
05. 儒者可與守成 儒者는 더불어 守成할 수가 있다는 論 / 302
06. 物不可以苟合 物은 구차히 합할 수가 없다는 論 / 307
07. 形勢不如德 形勢가 德만 못하다는 論 / 314
08. 劉愷丁鴻孰賢 劉愷와 丁鴻이 누가 더 어진가 하는 論 / 320
09. 禮以養人爲本 禮는 사람을 기르는 것을 근본으로 삼는다는 論 / 326
10. 王者不治夷狄 王者는 夷狄을 다스리지 않는다는 論 / 331

宋大家蘇文忠公文抄 卷13

論

01. 伊尹論* 伊尹에 대한 論

* 이 글은 東坡가 젊은 시절에 지은 것으로 추측되나 저작 연도는 미상이다. 伊尹은 商나라를 개국한 成湯(湯王)의 재상이다. 尹은 관명인 尹正의 尹이고 이름은 摯이다. 후세의 冢宰와 같은 阿衡을 맡고 成湯을 보좌하여 夏나라 桀王을 정벌하고 商나라를 개국하였으며, 湯王의 손자인 太甲이 즉위한 다음 無道한 짓을 자행하자 추방하였다가 다시 왕위에 복위시키고 자신은 정치 일선에서 물러났다. 周나라의 周公과 姜太公(呂尙)과 함께 역사상 가장 뛰어난 명재상으로 알려져 伊·周 또는 伊·呂로 칭해진다.

讀此而後에 可以身自信於天下하야 而成不韙之功이니 而行文斷續不羈하니라

이 글을 읽은 뒤에야 자기 몸이 천하 사람들에게 믿어져서 위대한 功을 이룰 수 있으니, 글을 쓴 것이 끊어졌다 이어졌다 하여 속박당하지 않았다.

辨天下之大事者는 有天下之大節者也니 立天下之大節者는 狹天下者也라 夫以天下之大로도 而不足以動其心이면 則天下之大節이 有不足立이요 而大事有不足辨者矣라

天下의 큰일을 해낼 수 있는 자는 천하의 큰 절개를 가지고 있는 자이니, 천하의 큰 절개를 세울 수 있는 자는 천하를 하찮게 여기는 자이다. 큰 천하를 가지고도 그 마음을 동요시킬 수 없다면, 천하의 큰 절개를 굳이 세울 것이 없고 천하의 큰일

에 굳이 힘쓸 것이 없는 것이다.

今夫匹夫匹婦 皆知潔廉忠信之爲美也하나니 **使其果潔廉而忠信**이면 **則其智慮未始不如王公大人之能也**로되 **唯其所爭者 止於簞食**(사)**豆羹**하야 **而簞食豆羹**이 **足以動其心**하나니 **則宜其智慮之不出乎此也**라 **簞食豆羹**을 **非其道不取**면 **則一鄕之人**이 **莫敢以不正犯之矣**니 **一鄕之人**이 **莫敢以不正犯之**요 **而不能辦一鄕之事者**는 **未之有也**라 **推此而上**하야 **其不取者愈大**하면 **則其所辦者愈遠矣**리라

지금 匹夫와 匹婦도 모두 청렴결백과 忠信함이 아름다움이 됨을 알고 있으니, 만약 과연 이 匹夫와 匹婦들이 청렴결백하고 충신하다면 그 지혜와 생각이 일찍이 王公과 大人의 재능만 못하지 않다.

그러나 이들은 오직 다투는 것이 한 그릇 밥과 한 그릇 국에 그칠 뿐이어서 한 그릇 밥과 한 그릇 국이 그 마음을 동요시킬 수 있으니, 그렇다면 그들의 지혜와 생각이 청렴결백하고 忠信한 데로 나오지 못하는 것이 당연한 것이다.

한 그릇 밥과 한 그릇 국을 道가 아니면 취하지 않으니, 그렇다면 온 고을 사람들이 감히 부정한 것으로 그를 범하지 못할 것이니, 한 고을 사람들이 감히 부정한 것으로 그를 범하지 못하고서 한 고을의 일을 해내지 못하는 자는 있지 않다. 이것을 미루어 위로 올라가 그 취하지 않는 것이 더욱더 커지면 해내는 일이 더욱더 원대하게 되는 것이다.

讓天下는 **與讓簞食豆羹**으로 **無以異也**요 **治天下**는 **與治一鄕**으로 **亦無以異也**라 **然而不能者**는 **有所蔽也**일새라 **天下之富**는 **是簞食豆羹之積也**요 **天下之大**는 **是一鄕之推也**라 **非千金之子**[1)]면 **不能運千金之資**하나니 **販夫販婦得一金**에 **而不知其所措**는 **非智不若**이요 **所居之卑也**일새라

天下를 사양하는 것은 한 그릇 밥과 한 그릇 국을 사양하는 것과 차이가 없고, 천하를 다스리는 것은 한 고을을 다스리는 것과 또한 차이가 없다. 그런데도 이렇게 하지 못하는 것은 가려진 바가 있기 때문이다. 天下의 富는 바로 한 그릇 밥과 한

그릇 국이 모여 이루어진 것이요, 큰 천하는 바로 한 고을을 미루어 나간 것이다.

千金을 가진 집안의 자식이 아니면 千金의 자금을 운용하지 못한다. 하찮은 물건을 파는 가난한 지아비와 지어미가 1金을 얻었을 적에 어찌할 바를 모르는 것은 지혜가 千金을 소유한 집안의 자식만 못해서가 아니요, 거처하는 바가 비천해서이다.

1) 千金之子 : 千金은 金 1천 근으로, 부귀한 집안의 자제를 이른다. 옛날 부유함을 말할 적에 千金 또는 萬金이라고 하였는데, 여기의 金은 오늘날의 정제된 黃金이 아니고 대부분 黃銅을 지칭하였다.

孟子曰 伊尹이 **耕于有莘之野**하야 **非其道也**며 **非其義也**어든 **雖祿之以天下**라도 **弗受也**[1]라하시니 **夫天下不能動其心**이라 **是故**로 **其才全**이요 **以其全才而制天下**라 **是故**로 **臨大事而不亂**하니라 **古之君子**는 **必有高世之行**이나 **非苟求爲異而已**라 **卿相之位**와 **千金之富**를 **有所不屑**은 **將以自廣其心**하야 **使窮達利害**로 **不能爲之芥蔕**(체)[2]하야 **以全其才**하야 **而欲有所爲耳**니라

孟子가 말씀하기를 "伊尹이 有莘의 들에서 농사지으면서 그 道가 아니고 그 義가 아니면 비록 천하로써 祿을 주더라도 받지 않았다."라고 하셨으니, 천하가 伊尹의 마음을 동요시키지 못하였기 때문에 그 재주가 온전하였고, 그 온전한 재주를 가지고 천하를 통제하였기 때문에 큰일을 당하여도 어지러워지지 않았던 것이다.

옛날 君子들은 반드시 세상에 뛰어난 행실이 있었으나, 구차히 남들과 다르게 하려고 한 것이 아니었다. 卿相의 지위와 千金의 부유함을 〈마음에 연연하여〉 달갑게 여기지 않았던 것은 장차 스스로 자기 마음을 넓혀 窮達과 利害로 하여금 자기 마음에 芥蔕가 되지 못하게 하여, 자신의 재주를 온전히 해서 훌륭한 일을 성취함이 있고자 했던 것이다.

1) 孟子曰……弗受也 : 이 내용은 ≪孟子≫ 〈萬章 上〉에 "萬章이 '사람들이 말하기를, 「伊尹이 고기를 썰어 요리함으로써 湯王에게 등용되기를 요구하였다.」라고 하니, 그러한 일이 있었습니까?'라고 묻자, 孟子가 말씀하셨다. '아니다, 그렇지 않다. 伊尹이 有莘의 들에서 밭을 갈면서 堯·舜의 道를 좋아하여 그 義가 아니고 그 道가 아니면 천하로써 녹을 주더라도 돌아보지 않고 말 千駟

를 매어놓더라도 돌아보지 않았으며, 그 義가 아니고 그 道가 아니면 지푸라기 하나도 남에게 주지 않고 지푸라기 하나도 남에게서 취하지 않았다.'〔萬章問曰 人有言 伊尹以割烹要湯 有諸 孟子曰 否 不然 伊尹耕於有莘之野 而樂堯舜之道焉 非其義也 非其道也 祿之以天下 弗顧也 繫馬千駟 弗視也 非其義也 非其道也 一介不以與人 一介不以取諸人〕"라고 보인다.

2) 芥蔕 : 작은 가시가 목에 걸려서 계속 신경 쓰임을 비유하는 말인데, 마음에 담아두고 늘 생각하는 것을 이른다.

後之君子도 **蓋亦嘗有其志矣**로되 **得失**이 **亂其中**하고 **而榮辱**이 **奪其外**라 **是以**로 **役役**하야 **至于老死而不暇**하니 **亦足悲矣**라 **孔子敍書**라가 **至于舜, 禹, 皐陶**(고요)**相讓之際**[1]하사 **蓋未嘗不太息也**하시리라 **夫以朝廷之尊**으로 **而行匹夫之讓**이어시늘 **孔子安取哉**리시오 **取其不汲汲於富貴**하사 **有以大服天下之心焉耳**시니라

후세의 군자들 또한 일찍이 이러한 뜻을 가지고 있었으나, 得失이 마음을 어지럽히고 榮辱이 밖에서 빼앗는다. 이 때문에 여기에 치중해서 늙어 죽음에 이르도록 〈옛 군자들이 가졌던 뜻을 행할〉 겨를이 없으니, 또한 가련하게 여길 만하다.

孔子께서 ≪書經≫을 차례로 엮으시다가 舜임금과 禹임금과 皐陶가 서로 사양하는 즈음에 이르러서는 아마도 크게 탄식하지 않은 적이 없으셨을 것이다. 높은 朝廷에서 匹夫의 사양을 실행하셨으니, 孔子께서 무엇을 취하셨겠는가? 부귀에 급급하지 아니하여 천하 사람들의 마음을 크게 복종시킴이 있음을 취하신 것이다.

1) 舜禹皐陶相讓之際 : ≪書經≫ 〈虞書 大禹謨〉에 "帝舜이 '이리 오라. 너 禹야! 朕이 제위에 있은 지가 33년이니 늙어서 부지런히 해야 할 정사에 게으르다. 너는 태만히 하지 말아서 짐의 무리를 거느려라.'라고 말씀하셨다.

禹가 대답하였다. '저의 德은 임무를 감당하지 못하여 백성들이 依歸하지 않지만 皐陶는 힘써 행하여 덕을 펴서 덕이 마침내 아래로 백성들에게 내려져 黎民들이 그리워하니, 황제께서는 생각하소서. 이를 생각하여도 皐陶에게 있으며, 이를 버려도 皐陶에 있으며, 이를 이름하여 말함도 皐陶에게 있으며, 진실로 마음에서 나옴도 皐陶에 있으니, 황제께서는 그의 功을 생각하소서.' 하였다.

帝舜이 皐陶를 불러 이르기를 '皐陶야! 이 신하와 백성들이 혹시라도 나의 정사를 범하는 자가 없는 것은 네가 士師가 되어서 五刑을 밝혀 五品의 가르침을 도와서 나를 다스려짐에 이르도록 기약하였기 때문이다. 형벌을 쓰되 형벌이 없는 경지에 이를 것을 기약하여 백성들이 中道에 맞는 것이 너의 공이니, 힘쓸지어다.'라고 말씀하셨다.

皐陶가 대답하기를 '황제의 덕이 잘못됨이 없으시어 아랫사람에게 임하되 간략함으로써 하고 무리들을 어거하되 너그러움으로써 하시며, 罰은 자식에게 미치지 않고 賞은 자손 대대로 미치게 하시며, 과오로 지은 죄는 용서하되 크게 처벌함이 없고 고의로 지은 죄는 형벌하되 작게 처벌함이 없으시며, 죄가 의심스러운 것은 가볍게 형벌하시고 공이 의심스러운 것은 중하게 상주시며, 무고한 사람을 죽이기보다는 차라리 떳떳한 법대로 처벌하지 않은 실수를 범하겠다고 하시어, 살려주기를 좋아하는 德이 민심에 흡족하십니다. 이 때문에 백성들이 有司를 범하지 않는 것입니다.'라고 하였다.

이에 帝舜이 말씀하시기를 '나로 하여금 바라는 대로 다스려져서 四方이 風動하게 하니, 이는 바로 너의 아름다운 공이다. 이리 오라. 禹야! 홍수가 나를 경계하였는데 믿음을 이루고 공을 이룸은 너의 어짊이며, 나랏일에 부지런하고 집안에 검소하여 자만하고 큰 체하지 않음은 너의 어짊이다. 네가 자랑하지 않으나 천하에 너와 더불어 능함을 다툴 자가 없으며, 네가 과시하지 않으나 천하에 너와 더불어 공을 다툴 자가 없으니, 내 너의 덕을 성대하게 여기며 너의 아름다운 공적을 가상하게 여기노라. 하늘의 曆數가 너의 몸에 있으니, 네가 마침내 元后의 자리에 오를 것이다.' 하셨다.〔帝曰 格汝禹 朕宅帝位三十有三載 耄期倦于勤 汝惟不怠 總朕師 禹曰 朕德罔克 民不依 皐陶邁種德 德乃降 黎民懷之 帝念哉 念茲在茲 釋茲在茲 名言茲在茲 允出茲在茲 惟帝念功 帝曰 皐陶 惟茲臣庶 罔或干予正 汝作士 明于五刑 以弼五教 期于予治 刑期于無刑 民協于中 時乃功 懋哉 皐陶曰 帝德罔愆 臨下以簡 御衆以寬 罰弗及嗣 賞延于世 宥過無大 刑故無小 罪疑惟輕 功疑惟重 與其殺不辜 寧失不經 好生之德 洽于民心 茲用不犯于有司 帝曰 俾予從欲以治 四方風動 惟乃之休 帝曰 來禹 洚水儆予 成允成功 惟汝賢 克勤于邦 克儉于家 不自滿假 惟汝賢 汝惟不矜 天下莫與汝爭能 汝惟不伐 天下莫與汝爭功 予懋乃德 嘉乃丕績 天之曆數在汝躬 汝終陟元后〕"라고 보인다. 曆數는 帝王이 자리를 물려받는 것이 歲時의 節氣

가 서로 계승하는 것과 같다 하여 붙여진 이름이다.

夫太甲之廢[1)]는 天下未嘗有是어늘 而伊尹始行之로되 天下不以爲驚하며 以臣放君호되 天下不以爲僭하고 旣放而復立太甲호되 不以爲專하니 何則고 其素所不屑者足以取信于天下也일새라 彼其視天下眇然하야 不足以動其心하니 而豈忍以廢放其君求利也哉리오

太甲이 廢位를 당한 것은 천하에 일찍이 이러한 일이 있지 않았는데, 伊尹이 처음으로 행하였으나 천하 사람들이 그것을 놀랍게 여기지 않았고, 신하로서 君主를 추방하였으나 천하 사람들이 참람한 것으로 여기지 않았고, 이미 추방한 뒤에 다시 太甲을 세웠으나 천하 사람들이 專橫한다고 여기지 않았으니, 어째서인가? 伊尹이 평소에 어떤 일도 〈마음에 연연하여〉 달갑게 여기지 않았던 것이 충분히 사람들에게 믿음을 받을 수 있었기 때문이다.

저 伊尹은 천하를 하찮게 여겨서 〈천하를 가지고도〉 자신의 마음을 동요시킬 수 없었으니, 어찌 차마 君主를 廢位시키고 추방함으로써 이익을 추구했겠는가?

1) 太甲之廢 : 太甲은 湯王의 손자이다. 伊尹이 湯王을 보필하여 천하를 통일하였는데, 湯王에게 세 아들이 있었으나, 長子인 太丁은 즉위하기 전에 일찍 죽었고, 次子인 外丙은 즉위한 지 2년 만에, 三子인 仲壬은 4년 만에 모두 죽었다.

이에 太丁의 아들 太甲을 후계자로 세웠으나, 太甲은 교만하고 방종하여 湯王의 법도를 전복시켰다. 伊尹은 그를 여러 차례 타일렀으나 듣지 않자, 폐위하여 湯王의 묘소가 있는 桐 땅으로 추방하였다. 천자의 자리에서 쫓겨난 太甲은 桐 땅에서 자신을 원망하고 개과천선하였다. 이에 伊尹은 3년 만에 다시 도성인 亳邑으로 모셔와 복위시키고 자신은 정계에서 완전히 물러났다.

大臣이 군주를 폐위한 일이 중국 역사상 처음 일어났는데도, 백성들은 그가 왕위를 찬탈하려는 마음을 가지고 그러한 행위를 한다고 생각하지 않았다고 한다. 太甲이 쫓겨났다가 다시 돌아온 사실은 ≪書經≫ 〈商書 太甲〉에 보이며, 〈商書 咸有一德〉은 伊尹이 정계에서 물러나면서 太甲에게 경계의 말을 올린 내용이다. 이러한 내용은 ≪孟子≫ 〈萬章 上〉에도 보인다.

後之君子는 **蹈常而習故**하고 **惴惴焉懼不免於天下**라가 **一爲希闊之行**이면 **則天下群起而誚之**어든 **不知求其素**하고 **而以爲古今之變**하야 **時有所不可者**라하니 **亦已過矣夫**인저

후세의 君子들은 평상적인 일을 행하고 예전의 것들을 익히면서 두려워 벌벌 떨고 천하의 비난을 면치 못할까 근심하다가, 한번 세상에 드문 행실을 하여 천하 사람들이 떼로 일어나 비방하면, 평소 자신이 행한 일에서 되찾을 줄을 모르고 "옛날과 지금이 시대가 변하여 시대에 따라 불가한 것이 있기 때문이다."라고 말하니, 이는 매우 잘못된 것이다.

荊川[1]**批**에 **斷續兩字**는 **是文家血脈三昧處**라하니 **非荊川**이면 **不能道**니라

荊川(唐順之)의 비평에 "斷續이라는 두 글자는 바로 문장가의 혈맥에 있어 三昧(깊은 경지)인 곳이다."라고 하였으니, 荊川이 아니면 이것을 말하지 못한다.

1) 荊川 : 荊川은 明나라 중기의 학자이며 문장가로, 字는 應德이고, 벼슬이 右僉都御史에 이르렀으며, 시호가 文襄이다. 博學하여 보지 않은 책이 없었으며 古文에 뛰어났는데, 배우는 자들이 荊川先生이라 칭하였다.

≪唐宋八大家文抄≫의 著者인 茅坤은 唐順之와 尊嚴 王愼中의 評을 뽑아 넣었는데, 대부분 唐順之의 評이며 王愼中은 몇 편에 불과하다. 王愼中 또한 明나라 사람으로 처음에 尊嚴居士라 칭하다가 뒤에는 南江으로 改號하였는데, 古文에 뛰어나 唐順之와 함께 '王唐'으로 일컬어진 인물이다.

02. 周公論* 周公에 대한 論

* 이 글은 〈進論〉 50편 중의 하나인데 저작 연도는 미상이다.

周公은 周 武王의 아우로 이름은 旦이다. 武王이 천하를 통일한 뒤에 周公을 少昊의 옛 땅인 曲阜에 魯公으로 봉하였으나, 魯나라에는 아들 伯禽을 보내고 자신은 冢宰로서 조정에 남아 武王을 보좌해서 周나라를 안정시키는 데에 큰 공을 세웠다.

武王은 殷나라를 멸망시킨 다음 紂王의 아들 武庚을 殷나라에 봉하고 아우

인 管叔 鮮 등으로 하여금 武庚을 감시하게 하였는데, 武王이 죽고 어린 成王이 즉위하여 周公이 섭정하자, 管叔 등은 '周公이 장차 成王을 폐위하고 왕위에 오르려고 한다.'는 유언비어를 퍼뜨리고 殷나라의 武庚과 함께 반란을 일으켰다. 이에 周公이 成王의 명을 받들어 이들을 토벌하고 나라를 반석 위에 올려놓은 다음 成王이 장성하자 섭정의 지위를 내놓고 물러났다.

辯이라

논변을 잘하였다.

論周公者多異說은 何也오 周公이 居禮之變하야 而處聖人之不幸[1)]하니 宜乎說者之異也니라 凡周公之所爲는 亦不得已而已矣시니 若得已而不已면 則周公이 安得而爲之시리오 成王幼하야 不能爲政이어늘 周公이 執其權하사 以王命으로 賞罰天下하시니 是周公不得已者 如此而已시니라

周公을 논하는 자들이 異說이 많은 것은 어째서인가? 周公이 禮의 변고에 居하여 聖人의 불행에 처했으니, 말하는 자들이 異說이 있는 것은 당연하다.

무릇 周公이 행하신 것은 또한 부득이해서 하였을 뿐이니, 만약 그만둘 수 있는데도 그만두지 않으셨다면, 周公과 같은 분이 어찌 이런 짓을 하셨겠는가?

成王이 어려서 政事를 다스릴 수 없으므로 周公이 그 권한을 집행하여 王命으로써 천하 사람들에게 賞을 주고 罰을 내리셨으니, 이는 周公이 부득이해서 한 것이 이와 같았을 뿐이다.

1) 周公居禮之變 而處聖人之不幸 : 禮의 변고에 居했다는 것은 당시 周公이 정상적인 禮法으로는 조처할 수 없는 어려운 처지에 있었음을 말한 것이다. 聖人의 불행에 처했다는 것은 武王이 죽고 어린 成王이 즉위하여 周公이 攝政하자, 殷나라의 武庚(祿父)을 감시하기 위해 三監으로 있던 庶兄 管叔 鮮이 아우인 蔡叔·霍叔과 함께 '周公이 어린 成王을 해칠 것'이라는 유언비어를 퍼뜨리고 武庚과 함께 배반하였으므로 周公이 이들을 토벌한 일을 가리킨다.

今儒者曰 周公이 **踐天子之位**하야 **稱王而朝諸侯**[1]라하니 **則是豈不可以已耶**리오 **書曰 周公位冢宰**하야 **正百工**이어시늘 **群叔流言**[2]이라하고 **又曰 召公爲保**하고 **周公爲師**하야 **相成王**하야 **爲左右**러니 **召公不說**[3]이라하고 **又曰 周公曰, 王若曰**[4]이라하니 **則是周公**이 **未嘗踐天子之位而稱王也**라 **周公稱王**이면 **則成王**을 **宜何稱**고 **將亦稱王耶**아 **將不稱耶**아 **不稱則是廢也**요 **稱王則是二王也**니 **而周公**이 **何以安之**시리오

지금 儒者들이 말하기를 "周公이 天子의 지위에 올라서 王이라고 칭하고 諸侯들에게 朝會받았다."라고 하니, 그렇다면 이것이 어찌 부득이해서 한 일이겠는가? ≪書經≫에 이르기를 "周公이 冢宰의 지위를 맡아 百官을 바로잡자, 여러 형제들이 유언비어를 퍼뜨렸다."라고 하였고, 또 이르기를 "召公이 太保가 되고 周公이 太師가 되어 成王을 도와 좌우에서 보필하는 신하가 되었는데 召公이 기뻐하지 않았다."라고 하였으며, 또 이르기를 '周公曰', '王若曰'이라고 하였으니, 이것은 周公이 일찍이 天子의 지위에 올라 王이라고 칭한 적이 없는 것이다.

周公이 王이라고 칭했다면 成王을 마땅히 무엇이라고 칭해야 하겠는가? 장차 成王도 王이라고 칭해야 하겠는가? 아니면 장차 王이라고 칭하지 말아야 하겠는가? 王이라고 칭하지 않는다면 이는 폐위된 것이요, 王이라고 칭한다면 이것은 王이 둘인 것이니, 어찌 周公이 이것을 편안히 여기실 수 있었겠는가?

1) 今儒者曰……稱王而朝諸侯 : ≪禮記≫ 〈文王世子〉에 "周公이 踐祚했다."라고 하였는데, 踐祚는 踐阼로도 표기하는데, 군주가 동쪽 섬돌에 서는 것으로 卽位라는 말과 같다.

≪禮記≫ 〈明堂位〉에는 "옛날 殷나라 紂王이 天下를 어지럽혀서 鬼나라 侯를 포를 떠서 諸侯들에게 연향을 베풀었다. 이 때문에 周公이 武王을 도와서 紂王을 정벌하였는데, 武王이 죽고 成王이 어려서 周公이 天子의 지위에 올라 天下를 다스리셨다. 6년 만에 泰山의 明堂에서 諸侯들에게 조회받고 禮와 음악을 제정하고 度·量·衡을 반포하자 천하가 크게 복종하였는데, 7년 되던 해에 成王에게 정권을 되돌려주셨다.〔昔殷紂亂天下 脯鬼侯 以饗諸侯 是以周公相武王 以伐紂 武王崩 成王幼弱 周公踐天子之位 以治天下 六年朝諸侯於明堂 制禮作樂 頒度量 而天下大服 七年致政於成王〕"라고 하였다.

또 ≪書經≫ 〈周書 洛誥〉에는 "周公이 拜手稽首하고 말씀하기를 '나는 그대 밝은 군주에게 復命하노이다.'라고 하셨다.〔周公 拜手稽首曰 朕復子明辟〕"라는 말이 있고, 〈洛誥〉 끝에 "周公이 文王과 武王이 하늘로부터 받은 천명을 크게 보존하기를 7년 동안 하였다.〔惟周公誕保文武受命 惟七年〕"라는 내용이 있다. 이로 인해 鄭玄 등의 注疏家들은 周公이 실제로 천자의 지위에 올라 천자의 일을 행한 것으로 보고 '朕復子明辟'을 '짐이 그대(成王) 明辟에게 정권을 되돌려준다.'는 뜻으로 해석하였다. 明辟은 明君의 뜻이다.

後漢 말기에 王莽은 이것을 근거로 어린 孺子를 황제로 옹립한 뒤에 자신이 周公의 일을 계승한다는 명분으로 천자의 자리에 오르고 결국 漢나라를 찬탈한 다음 新나라를 세웠다. 그러나 ≪書經集傳≫을 낸 蔡沈 등은 '周公踐祚'는 원래 '周公相成王踐祚(周公이 成王이 踐祚하도록 도움)'인데, 기록하는 자가 '相成王'이란 세 글자를 누락시켜 후대의 의혹을 불러일으킨 것이며, '朕復子明辟'도 '나는 그대 밝은 군주에게 復命한다.'로 해석하여 鄭玄 등의 학설을 부정하였는데, 蘇軾 역시 똑같은 의견을 제시한 것이다.

2) 書曰周公位冢宰……群叔流言 : 冢宰는 관명으로 지금의 총리와 같은 직책이며, 群叔은 武王의 여러 아우로 成王의 숙부인 管叔 鮮, 蔡叔 度, 霍叔 處를 이른다.

≪書經≫ 〈周書 蔡仲之命〉에 "周公이 冢宰로 있으면서 百官을 바로잡자, 群叔들이 유언비어를 퍼뜨렸다. 이에 管叔을 商나라에서 죽이고, 蔡叔을 郭隣에 가두되 수레 일곱 대를 따르게 하고, 霍叔을 庶人으로 강등시켜 3년 동안 끼지 못하게 하였다.〔惟周公位冢宰 正百工 群叔流言 乃致辟管叔于商 囚蔡叔于郭隣 以車七乘 降霍叔于庶人 三年不齒〕"라고 하였다.

그리고 ≪書經≫ 〈周書 大誥〉에 "武王이 殷나라를 이긴 다음 殷나라의 남은 백성들로 紂王 受의 아들 武庚을 封하고 三叔(管叔, 蔡叔, 霍叔)에게 명하여 殷나라를 감시하게 하였는데, 武王이 죽고 成王이 卽位하여 周公이 冢宰로서 成王을 보필하자, 三叔이 流言을 퍼뜨리기를 '周公이 장차 孺子에게 이롭지 못할 것이다.'라고 하니, 周公이 자리를 피하여 동쪽 지방에 거처하였다.

뒤에 成王이 이것을 깨닫고서 周公을 맞이하여 돌아오자, 三叔이 두려워하여 마침내 武庚과 함께 반란을 일으켰다. 이에 成王이 周公에게 명하여 동쪽으로 殷나라를 정벌하여 討罪할 적에 이 〈大誥〉를 지어 天下에 크게 고한 것이다.〔武王克殷 以殷餘民 封受子武庚 命三叔監殷 武王崩 成王立 周公相之 三叔流言 公將不利於孺子 周公避位居東 後成王悟 迎周公歸 三叔懼 遂與武庚叛 成王命周公 東征以討之 大誥天下〕"라고 하였다. 受는 紂王의 이름으로 辛이라고도 칭하며, 武庚은 祿父라고도 하는데 이는 그의 별명으로 보인다.

3) 召公爲保……召公不說 : ≪書經≫ 〈周書 君奭〉 書序에 "召公이 太保가 되었는데, 周公이 太師가 되어 成王을 도와 左右에서 보필하자, 召公이 기뻐하지 않으므로 周公이 〈君奭〉을 지어 설득하였다.〔召公爲保 周公爲師 相成王爲左右 召公不說 周公作君奭〕"라고 하였는바, ≪書經集傳≫에 의하면 蘇軾은 이 書序를 '召公의 뜻은 周公이 告老하고 돌아가기를 바란 것이다.'라고 해석하였다. 書序는 ≪書經≫의 편명 아래에 붙은 小序로 이 글을 짓게 된 동기 등을 설명한 글인데, 저자는 미상이다.

4) 周公曰 王若曰 : '周公曰', '王若曰'이라는 표현은 ≪書經≫에 여러 번 보이는데, 周公의 말씀을 기록할 적에는 한결같이 '周公曰'이라 하였고, 成王의 말씀을 기록할 적에는 한결같이 '王若曰'이라 하였으므로, 이렇게 말한 것이다. '王若曰'은 '王이 대략 이와 같이 말씀하였다.'는 의미이다.

孔子曰 必也正名乎[1]인저하시니 **儒者之患**은 **患在於名實之不正**이라 **故**로 **亦有以文王爲稱王者**하니 **是**는 **以聖人**으로 **爲後世之僭君**이 **急於爲王者耶**인저 **天下雖亂**이나 **有王者在**어늘 **而已自王**이면 **雖聖人**이라도 **不能以服天下**리라 **昔**에 **高帝擊滅項籍**하고 **統一四海**한대 **諸侯大臣**이 **相率而帝之**로되 **然且辭以不德**[2]이라 **惟陳勝, 吳廣**이 **乃囂(효)囂乎急於自王**[3]이어늘 **而謂文王亦爲之耶**아

孔子께서 말씀하시기를 "반드시 명분을 바로잡을 것이다."라고 하셨으니, 儒者의 걱정은 반드시 名과 實이 바르지 않음에 있다. 그러므로 또한 文王이 王을 칭했다고 말하는 자가 있으니, 이것은 文王 같은 聖人을 후세의 참람한 군주가 王이 되기를 급급하게 여긴 자라고 생각한 것이다.

天下가 아무리 혼란하더라도 王者가 따로 있는데 文王이 스스로 王이라고 칭한다면, 文王이 비록 聖人이라도 천하를 복종시킬 수 없는 것이다.

옛날에 漢 高祖가 項籍을 쳐서 멸망시키고 천하를 통일하자, 諸侯와 大臣들이 서

로 모여서 高祖를 皇帝로 추대하려고 하였으나, 高祖는 오히려 덕이 부족하다고 사양했었다. 오직 陳勝과 吳廣은 시끄럽게 스스로 王이라고 칭하기에 급하였는데, 文王 또한 陳勝과 吳廣이 한 짓을 했다고 하겠는가?

1) 孔子曰 必也正名乎 : 이 내용은 ≪論語≫ 〈子路〉에 "子路가 孔子께 '衛나라의 군주가 선생님을 기다려 政事를 하려고 하십니다. 선생님께서는 장차 무엇을 우선하시겠습니까?'라고 여쭙자, 孔子께서 '반드시 명분을 바로잡겠다.'라고 대답하셨다."라고 보인다. 衛나라의 군주는 出公 輒을 이른다.

   衛 靈公의 첩인 南子는 미모가 빼어나서, 靈公이 그녀를 몹시 사랑하여 夫人으로 삼았으나 淫行이 있었다. 이에 태자인 蒯聵가 그녀를 시해하려다가 실패하였는데, 이 사실을 알고 靈公이 크게 노하니, 蒯聵는 晉나라로 도망하였다. 그 후 靈公이 죽자, 衛나라 사람들은 蒯聵가 아버지에게 죄를 지었으니 즉위할 수 없다고 하여, 대신 嫡孫인 蒯聵의 아들 輒을 후계자로 세웠다. 한편 晉나라에서는 蒯聵에게 병력을 주어 衛나라로 들여보내니, 이에 부자간에 권력투쟁이 벌어졌다.

   朱子는 集註에서 이러한 일들을 들어 "이때 出公은 자기 아버지를 아버지로 여기지 않고 자기 할아버지를 아버지로 삼아 명칭과 실제가 문란하였다. 그러므로 孔子께서 명분을 바로잡는 것을 우선으로 삼으신 것이다."라고 注하였다.

2) 諸侯大臣……然且辭以不德 : 이 내용은 ≪史記≫ 〈高祖本紀〉에 "5년(B.C. 202) 정월에 제후들과 여러 신하들이 漢王에게 皇帝에 오를 것를 청하자, 漢王이 이르기를 '내 현명하고 유능한 皇帝가 있다는 말은 들었으나, 빈말로는 국가의 기업을 지켜나갈 수 없다. 나는 감히 帝位를 감당할 수 없다.'라고 거절하였다. 그러나 신하들이 거듭 청하자 세 번 사양한 끝에 할 수 없이 帝位에 오를 것을 수락하고, 2월 甲午日에 氾水의 북쪽으로 나아가 皇帝의 자리에 올랐다."라고 보인다.

3) 惟陳勝吳廣乃囂囂乎急於自王 : 陳勝과 吳廣은 秦나라의 虐政에 맨 먼저 반기를 들고 일어난 인물들이다. 이들은 본래 秦나라 戍卒들로 당시 일단의 농민을 이끌고 봉기하여 秦나라에 대항하였는데, 이들이 陳縣을 점령한 뒤에 곧바로 張楚라는 나라를 세워, 陳勝은 楚王이 되고 吳廣은 假王이 되었으므로 이렇게 말한 것이다.

武王伐商하야 **師渡孟津**하야 **會於牧野**할새 **其所以稱先君之命**하야 **命於諸侯者**는 **蓋猶曰文考而已**[1]요 **至於武成**하야 **旣以柴望告天**하고 **百工奔走**하야 **受命于周而後**에 **稱曰我文考文王**이 **克成厥勳**[2]이라하시니 **由此觀之**하면 **則是武王**이 **不敢一日妄尊其先君**이어시든 **而況於文王之自王乎**아

武王이 商나라를 정벌하여 군대가 孟津을 건너가서 牧野에 모였을 적에, 武王이 이번의 정벌은 先君인 文考의 명령이라고 칭하면서 諸侯들을 명령한 내용에 여전히 '文考'라고 하였을 뿐이었고, 〈武成〉에 이르러 이윽고 柴望으로 하늘에 고유하여 百官들이 분주히 달려와 周나라의 명을 받은 뒤에야 "우리 文考이신 文王이 능히 공을 이루었다."라고 칭하였으니, 이로써 살펴보건대 武王이 단 하루도 자기 先君을 王이라고 함부로 높이지 못한 것이다. 그런데 하물며 文王이 스스로 王이라고 칭함에 있어서이겠는가!

1) 武王伐商……蓋猶曰文考而已 : 武王이 商나라 紂王을 정벌하기 위해 여러 제후들과 함께 孟津을 건너가 牧野에 모였을 적에 〈泰書 上·中·下〉 세 편을 지어 군사들에게 맹세하였는데, 여기에 모두 文王을 文考라고 칭하였다.

≪書經≫ 〈周書 泰書〉 상편에는 "지금 商王 受가 上天을 공경하지 않고 下民들에게 재앙을 내리고 있다.……皇天이 震怒하여 우리 文考에게 命하시어 엄숙히 하늘의 위엄을 받들어 행하게 하셨는데, 大勳을 이루지 못하셨다.〔今商王受 弗敬上天 降災下民……皇天震怒 命我文考 肅將天威 大勳未集〕"라고 하였으며, 또 "나 小子는 밤낮으로 공경하고 두려워하여 文考에게 명령을 받아 上帝에게 類祭祀를 지내고 冢土에 宜祭祀를 지내고서 너희 무리를 데리고 하늘의 벌을 이루려 하노라.〔予小子夙夜祗懼 受命文考 類于上帝 宜于冢土 以爾有衆 底天之罰〕"라고 하였다.

하편에는 "아! 우리 文考께서 日月이 비추고 임하듯이 하여 四方에 빛나시며 西土에 드러나셨으니, 우리 周나라는 크게 多方을 받을 것이다.〔嗚呼 惟我文考 若日月之照臨 光于四方 顯于西土 惟我有周 誕受多方〕"라고 하였다. 武王은 아버지인 文王을 文考, 어머니인 太姒를 文母라고 칭하였다.

2) 至於武成……克成厥勳 : 〈武成〉은 ≪書經≫의 편명인데, 武王이 殷나라를 이기고 돌아와 여러 神에게 祭祀하고 諸侯들에게 고한 말씀과 시행한 政事를 함

께 기록한 책이다. 柴는 섶나무를 태워서 하늘에 제사하는 것이고, 望은 나라 안의 山川에 제사하는 것으로, 이는 전쟁에서의 승리를 하늘과 산에 고하는 의식이었다.

이 내용은 ≪書經≫ 〈周書 武成〉에 "丁未日에 周나라 사당에 祭祀할 적에 邦·甸과 侯·衛의 제후들이 크게 분주하여 豆와 籩을 잡더니, 3일이 지난 庚戌日에 柴·望하여 크게 武成을 告由하였다.〔丁未祀于周廟 邦甸侯衛駿奔走 執豆籩 越三日庚戌柴望 大告武成〕"라고 보인다. 豆는 나무로 만든 제기이고 籩은 대나무로 만든 제기이다.

詩曰 虞芮質厥成한대 **文王蹶厥生**[1)]이라하니 **是亦追稱而已矣**라 **史記曰 嫗乎采芑**하야 **歸乎田成子**[2)]라하니 **夫田常之時**에 **安知其爲成子而稱之**리오 **故**로 **凡以文王周公爲稱王者**는 **皆過也**니 **是資後世之簒君而爲之藉也**니라

≪詩經≫에 이르기를 "虞나라와 芮나라가 분쟁을 해결하러 오자 文王이 크게 흥성해졌다."라고 하였으니, 이것 또한 추후에 文王이라고 칭했을 뿐이다. ≪史記≫에 "노파가 상추를 뜯어 田成子에게 귀의하였다."라고 기록되어 있는데, 田常의 때에 어찌 田成子라고 시호할 줄을 알아서 이렇게 칭했겠는가? 그러므로 文王과 周公이 王을 칭했다고 말하는 것은 모두 잘못이니, 이것은 후세의 찬탈하는 군주를 도와서 구실을 삼게 한 것이다.

1) 詩曰……文王蹶厥生 : 詩는 ≪詩經≫ 〈大雅 綿〉을 이른다. 虞나라와 芮나라는 殷나라 때에 있었던 두 제후국의 이름이다. 虞나라와 芮나라의 두 군주가 서로 田地의 소유권을 다투어 오랫동안 해결하지 못하였다. 이에 함께 周나라에 朝會 가서 文王에게 판결을 받고자 하여 周나라 국경에 들어가니 밭 가는 자들은 밭두둑을 사양하고 길 가는 자들은 길을 양보하였으며, 도읍에 들어가니 남녀가 서로 길을 달리하고 머리가 반백이 된 자가 짐을 들고 다니지 않았으며, 朝廷에 들어가니 士는 大夫가 되기를 사양하고 大夫는 卿이 되기를 사양하였다.

이에 두 나라의 군주가 감동하여 서로 말하기를 "우리들은 小人이니, 君子 나라의 경계를 밟을 자격이 없다."라고 하고 서로 사양하여 다투던 전지를 閒

田으로 삼고 물러갔다. 제후들은 이 말을 듣고 모두 文王에게 귀의하여 周나라가 크게 흥왕했다 한다.

당시 王은 天子를 이르는바, 文王은 제후로서 西伯이라고 창했으며, 王은 殷나라의 紂王이었다. 그러다가 武王이 천하를 소유하고는 자기 아버지를 文王, 할아버지를 王季, 증조인 古公亶父(단보)를 太王으로 추존하였는바, 東坡는 文王이 생전에 자신을 王이라고 칭할 리가 없음을 말한 것이다. ≪史記 周本紀≫

2) 史記曰……歸乎田成子 : 成子는 田常의 시호인데, 시호는 사후에 지어지므로 이렇게 말한 것이다. 田常은 본래 성이 陳이었는데 田氏로 바꿨으며, 본명이 恒인데 뒤에 漢 文帝의 이름을 諱하여 常으로 바꿔 불렀다. 田常은 齊나라의 대부로 민심을 얻자 簡公을 시해하고 平公을 옹립하여 정권을 완전히 장악하였다.

≪史記≫ 〈田敬仲完世家〉와 ≪論語≫ 〈憲問〉에 "陳成子가 簡公을 시해하자, 孔子께서 목욕하고 조회하여 哀公에게 아뢰셨다. '陳恒이 君主를 시해하였으니, 토벌할 것을 청합니다.'〔陳成子弑簡公 孔子沐浴而朝 告於哀公曰 陳恒弑其君 請討之〕"라고 보이는바, 여기에서도 죽은 뒤에 내려진 시호인 成子로 陳恒을 칭하고 있다.

陳賈問於孟子曰 周公이 **使管, 蔡監商**이어시늘 **管, 蔡以商叛**하니 **知而使之**면 **是不仁**이요 **不知**면 **是不智**라한대 **孟子曰 周公**은 **弟也**요 **管叔**은 **兄也**니 **周公之過 不亦宜乎**[1]아하시니 **從孟子之說**이면 **則是周公**이 **未免於有過也**라

陳賈가 孟子에게 묻기를 "周公이 管叔과 蔡叔으로 하여금 商나라를 감독하게 하셨는데 管叔과 蔡叔이 商나라를 이끌고 배반했으니, 周公이 배반할 줄을 알면서 시켰다면 이것은 仁하지 못한 것이요, 알지 못하고서 시켰다면 이것은 지혜롭지 못한 것입니다."라고 하자, 孟子께서 말씀하시기를 "周公은 아우이고 管叔은 형이니, 周公의 잘못이 당연하지 않은가?"라고 하셨다. 孟子의 말씀을 따른다면 周公도 잘못이 있음을 면치 못하신 것이다.

1) 陳賈問於孟子曰……不亦宜乎 : 陳賈는 齊 宣王의 신하이다. 宣王이 燕나라를

공격하여 50일 만에 점령하였으나, 仁政을 베풀라는 孟子의 말씀을 듣지 않고 약탈을 자행하자, 燕나라 사람들이 배반하여 다시 昭王을 세우고 齊나라에 항거하였다. 이에 宣王은 孟子에게 매우 부끄러워하였다.

陳賈가 宣王에게 아뢰기를 "王은 염려하지 마소서. 왕께서 스스로 생각하시기에 周公과 비교하여 누가 더 仁하고 또 지혜롭다고 여기십니까?"라고 하니, 왕이 "아! 이 무슨 말인가?" 하고 대답하였다. 이에 陳賈가 다시 말하기를 "周公이 管叔으로 하여금 殷나라를 감독하게 하였는데 管叔이 殷나라를 가지고 배반하였으니, 〈周公이〉 이것을 알고 시켰다면 이는 仁하지 못한 것이요, 알지 못하고 시켰다면 이는 지혜롭지 못한 것이니, 仁과 智는 周公도 다하지 못하셨는데 하물며 王에게 있어서이겠습니까? 제가 孟子를 뵙고 해명해드리겠습니다."라고 하였다.

陳賈가 孟子를 뵙고 "周公은 어떤 사람입니까?"라고 물으니, 孟子께서 "옛 聖人이시다."라고 대답하셨다. 陳賈가 "管叔으로 하여금 殷나라를 감독하게 하였는데 管叔이 殷나라를 가지고 배반했다고 하니, 그러한 일이 있었습니까?"라고 묻자, 孟子께서 "그렇다."라고 대답하셨다. 陳賈가 "周公은 〈管叔이〉 장차 배반할 것을 알면서 시키셨습니까?"라고 묻자, 孟子께서 "알지 못하셨다."라고 대답하셨다. 陳賈가 "그렇다면 聖人도 허물이 있는 것입니까?"라고 묻자, 孟子께서 "周公은 아우요 管叔은 형이니, 周公의 허물이 당연하지 않은가."라고 대답하셨다.〔陳賈曰 王無患焉 王自以爲與周公孰仁且智 王曰 惡 是何言也 曰 周公使管叔監殷 管叔以殷畔 知而使之 是不仁也 不知而使之 是不智也 仁智周公未之盡也 而況於王乎 賈請見而解之 見孟子 問曰 周公何人也 曰 古聖人也 曰 使管叔監殷 管叔以殷畔也 有諸 曰 然 曰 周公知其將畔而使之與 曰 不知也 然則聖人且有過與 曰 周公弟也 管叔兄也 周公之過 不亦宜乎〕≪孟子 公孫丑 下≫

夫管, 蔡之叛[1)]은 非逆也요 是其智不足以深知周公而已矣며 周公之誅는 非疾之也요 其勢不得不誅也라 故로 管, 蔡는 非所謂大惡也니 兄弟之親에 而非有大惡이면 則其道不得不封이니 管, 蔡之封은 在武王之世也라 武王之世엔 未知有周公成王之事하니 苟無周公成王之事면 則管, 蔡何從而叛이며 周公이 何從而誅之리오 故로 曰

周公은 居禮之變하야 而處聖人之不幸也라하노라

管叔과 蔡叔이 배반한 것은 반역한 것이 아니요 이는 이들의 지혜가 周公의 마음을 깊이 알지 못한 것일 뿐이며, 周公이 管叔과 蔡叔을 주벌한 것은 이들을 미워한 것이 아니요 형편상 주벌하지 않을 수 없었기 때문이었다. 그러므로 管叔과 蔡叔은 이른바 大惡이라는 것이 아니니, 형제간의 친함으로 大惡이 아니면 도리상 봉해주지 않을 수가 없는 것이다.

그리고 管叔과 蔡叔을 봉한 것은 武王의 세대에 있었던 일인데, 武王의 세대에는 周公과 成王의 일이 있을 줄을 알지 못했으니, 만일 周公과 成王의 일이 없었더라면 管叔과 蔡叔이 무슨 이유로 배반하였을 것이며, 周公이 무슨 이유로 이들을 주벌하셨겠는가? 그러므로 나는 말하기를 "周公은 禮의 변고에 居하여 聖人의 불행에 처하였다."라고 하는 것이다.

1) 管蔡之叛 : 管蔡는 管叔 鮮과 蔡叔 度를 이른다. 周公은 武王을 보필하여 殷나라를 이기고 殷나라 紂王의 아들 武庚을 殷나라의 옛터에 봉한 다음, 庶兄인 管叔 鮮과 庶弟인 蔡叔 度 및 霍叔 處로 하여금 殷나라를 감시하게 하고 이들을 三監이라고 칭하였다. 管·蔡·霍은 모두 國名이다.

03. 管仲論 一* 管仲에 대한 論 1

* 이 글 역시 과거공부를 위해 젊은 시절 지은 작품인 듯하다. 그러나 구체적인 저작 연도는 미상이다. 管仲은 춘추시대 齊나라의 명재상으로 이름이 夷吾이며, 仲은 그의 字인데 평소 字로 행세하였다. 潁上 사람으로 젊었을 때부터 鮑叔牙와 친하여 管鮑之交라는 말이 나오게 되었다. 원래 桓公의 政敵이었으나 桓公의 중신인 鮑叔牙의 천거로 재상이 되었다.

齊 襄公이 무도하자 鮑叔牙는 공자 小白을 받들고 莒나라로 피난하였고, 管仲은 公子 糾를 모시고 魯나라로 피난하였다. 뒤에 無知가 襄公을 시해하자, 小白과 糾가 각각 莒나라와 魯나라의 군대를 거느리고 齊나라로 들어오다가 싸움을 벌였는데, 小白이 승리하고 입국하여 즉위하니 이가 바로 桓公이다. 두 군대가 교전할 당시 管仲은 小白을 활로 쏘았으나 화살이 허리띠의 갈고리

를 맞히는 바람에 小白이 죽지 않을 수 있었다. 糾의 군대가 패하자 魯나라에서는 부득이 糾를 죽이고 管仲을 가두었다.

鮑叔牙가 桓公에게 魯나라에 잡혀 있는 管仲을 데려와 재상으로 삼을 것을 청하였으나, 桓公은 "魯나라에는 명신 施伯이 있으니, 우리가 管仲을 등용하려는 뜻을 알고 보내주지 않을 것이다."라며 의심하였다. 鮑叔牙가 "사신을 보내어 '管仲을 데려다가 우리의 신하들이 보는 앞에서 직접 주살하려고 하니 보내달라.'고 요청하면 魯나라가 따를 것입니다."라고 말하자, 桓公이 魯나라에 管仲을 보내줄 것을 요청하였다.

魯 莊公이 施伯과 의논하였는데, 施伯이 "이는 주륙하려는 것이 아니라 管仲을 등용하려는 것이니, 管仲이 등용되면 인접국인 우리 魯나라가 피폐해질 것입니다. 그를 죽여 시신을 보내십시오."라고 하였으나, 魯 莊公은 齊나라와 갈등이 생길 것을 우려하여 管仲을 살려 보냈다. 이에 管仲이 재상이 되어 桓公을 도와 齊나라를 강대국으로 만들었으며, 최초로 제후를 규합하여 천하의 패업을 이루었다.

子瞻이 **悲亞夫以下八人不得其死**라 **故**로 **痛而發論**하니라

子瞻(蘇軾)은 周亞夫 이하 여덟 사람이 제명에 죽지 못한 것을 서글퍼하였다. 그러므로 애통해하여 이 論을 지은 것이다.

鄭太子華 言於齊桓公[1]하야 **請去三族**하고 **而以鄭爲內臣**[2]이어늘 **公將許之**러니 **管仲不可**라 **公曰 諸侯有討於鄭**이나 **未捷**하니 **苟有釁**이면 **從之不亦可乎**아 **管仲曰 君若綏之以德**하고 **加之以訓辭**하고 **而率諸侯以討鄭**이면 **鄭將覆亡之不暇**하리니 **豈敢不懼**리잇고 **若總其罪人以臨之**하면 **鄭有辭矣**리이다한대 **公辭子華**러니 **鄭伯**이 **迺受盟**하니라

鄭나라 太子 華가 은밀히 齊 桓公에게 '자기 나라에 있는 세 집안을 제거하고 鄭나라를 內臣으로 삼을 것'을 청하자, 桓公이 이것을 허락하려고 하였는데 管仲이 불가하다고 하였다.

桓公이 말하기를 "諸侯들이 鄭나라를 토벌하였으나 승리하지 못하고 있으니, 만약 鄭나라에 틈이 있다면 그것을 따르는 것이 옳지 않겠는가?"라고 하자, 管仲이 말

하기를 "군주께서는 鄭나라를 德으로써 편안하게 해주시고 鄭나라를 훈계하는 말로써 가르치소서. 그러고 나서 〈이렇게 하는 데도 鄭나라가 배반할 경우〉 諸侯들을 거느리고 鄭나라를 토벌하신다면 鄭나라는 장차 전복하여 멸망하기에도 겨를이 없을 것이니, 어찌 감히 두려워하지 않겠습니까? 만약 죄인인 太子를 거느리고 鄭나라에 임하신다면 鄭나라는 할 말이 있을 것입니다."라고 하였다.

이에 桓公이 鄭나라 太子 華의 요청을 거절하였는데, 鄭伯(鄭나라 임금 文公)이 마침내 齊나라의 盟約을 받아들였다.

1) 桓公 : 저본에는 '桓'을 諱하여 威公으로 표기되어 있으나, 本集에 의거하여 모두 수정하였다. 宋나라 欽宗의 이름이 趙桓이므로 桓을 피휘한 것이다.

2) 鄭太子華……而以鄭爲內臣 : 太子 華는 鄭 文公의 아들이고, 三族은 당시 鄭나라의 대부로 국정을 전횡하던 洩氏, 孔氏, 子人氏의 세 집안을 이르며, 內臣은 국내의 신하처럼 남의 나라를 섬김을 이른다.

魯 僖公 5년에 齊나라를 주축으로 하여 제후들이 首止에 모여 회맹하였는데, 楚나라를 주축으로 한 반대 진영에서는 참여하지 않았다. 이때 鄭伯이 회맹에서 이탈하여 楚나라에 붙자, 齊나라가 鄭나라를 토벌하고자 하였다.

僖公 7년에 제후들이 魯나라 땅인 甯母에서 회맹하여 鄭나라를 토벌할 것을 논의하자, 鄭伯이 太子 華를 사신으로 齊나라에 보내어 명을 듣게 하였는데, 이때 太子 華가 桓公에게 이르기를 "우리 鄭나라의 洩氏, 孔氏, 子人氏의 세 집안이 실로 우리 군주의 명령을 거역하고 있으니, 만약 임금께서 이들을 제거하고 우리나라와 우호를 맺는다면 저는 鄭나라로써 齊나라의 신하가 되게 할 것이니, 임금님께서도 불리할 것이 없을 것입니다."라고 하여, 齊나라의 힘을 빌려 鄭나라의 정권을 차지하고자 하였다. ≪春秋左氏傳 僖公 7년≫

蘇子曰 大哉라 管仲之相桓公也여 辭子華之請하고 而不違曹沫之盟[1]은 皆盛德之事也라 齊可以王矣로되 恨其不學道하야 不自誠意正心以刑其國[2]하야 使家有三歸之病[3]하고 而國有六嬖之禍[4]라 故로 桓公不王하야 而孔子小之[5]라 然이나 其予之也亦至矣하사 曰 桓公이 九合諸侯호되 不以兵車는 管仲之力也니 如其仁, 如其仁[6]이리오하시니 曰 仲尼之徒 無道桓文之事者[7]는 孟子蓋過矣니라

蘇子는 이에 대해 다음과 같이 논한다.

위대하다. 管仲이 桓公을 도움이여! 子華(太子 華)의 요청을 거절하고 曹沫의 맹약을 어기지 않은 것은 모두 盛德의 일이다.

齊나라는 충분히 王道를 행할 수 있었는데, 한스럽게도 管仲이 道를 배우지 아니하여 스스로 誠意와 正心으로 齊나라를 다스리지 못해서, 자기 집안에는 三歸의 병폐가 있고 齊나라에는 六嬖의 禍가 있게 하였다. 그리하여 桓公이 王 노릇하지 못하여 孔子께서 管仲의 器局을 작게 여기신 것이다.

그러나 管仲을 인정해주심이 또한 지극하였다. 그리하여 말씀하시기를 "桓公이 諸侯를 규합하되 兵車를 사용하지 않은 것은 管仲의 공이었으니, 누가 그 仁만 하겠는가? 누가 그 仁만 하겠는가?"라고 하셨으니, 孟子가 '仲尼(孔子)의 門徒들은 齊 桓公과 晉 文公의 일을 말한 자가 없다.'고 한 것은 말씀이 지나친 것이다.

1) 曹沫之盟 : 曹沫은 魯나라 장수로 ≪春秋左氏傳≫에는 曹劌(궤)로 표기되어 있다. 齊 桓公이 즉위한 뒤에 魯나라는 齊나라와 세 번 전쟁하였는데, 魯나라 曹沫이 지휘한 군대가 모두 패하여 적지 않은 영토를 빼앗겼다. 桓公 5년에 다시 싸워 魯나라 군대가 대패하자, 魯 莊公이 마침내 遂邑을 바치는 조건으로 강화를 청하였다.

이에 양국은 柯 땅에서 회맹하였는데, 회맹의 자리에서 曹沫이 비수를 들고 단상으로 올라와 桓公에게 강화의 조건으로 빼앗은 땅을 돌려달라고 위협하자, 桓公은 위협에 눌려 어쩔 수 없이 땅을 돌려줄 것을 허락하였다. 曹沫이 물러가자, 桓公이 노하여 曹沫을 죽이고 회맹을 파기하려 하였으나 管仲이 말하기를 "曹沫의 요청을 허락하시고는 곧바로 신의를 저버리고 그를 죽이신다면, 마음은 다소 후련하시겠지만 제후들에게 신의를 얻지 못하여 천하의 협조를 잃게 될 것입니다."라고 하였다. 桓公이 管仲의 말을 따라 약속을 지켜 빼앗았던 땅을 돌려주고 맹약을 실천하였다.

제후들이 이 말을 듣고 桓公의 신의에 크게 복종하여 이후 桓公은 패업을 달성할 수 있었다. ≪史記 齊太公世家≫ 柯는 지명으로 지금 河南省 黃縣의 경내 안에 있었다.

2) 誠意正心以刑其國 : 誠意・正心하고 修身・齊家하여 남의 모범이 되어 나라를 다스림을 이른다. 誠意와 正心은 뜻을 성실히 하고 마음을 바르게 하는 것

으로 몸을 닦는 공부를 이르며, 修身과 齊家는 위정자가 먼저 자기 몸을 닦고 집안을 가지런히 함을 이른다.

≪大學≫에 "옛날에 明德을 천하에 밝히고자 하는 자는 먼저 그 나라를 다스렸고, 그 나라를 다스리고자 하는 자는 먼저 그 집안을 가지런히 하였고, 그 집안을 가지런히 하고자 하는 자는 먼저 그 몸을 닦았고, 그 몸을 닦고자 하는 자는 먼저 그 마음을 바루었고, 그 마음을 바루고자 하는 자는 먼저 그 뜻(생각)을 성실히 하였고, 그 뜻을 성실히 하고자 하는 자는 먼저 그 知識을 지극히 하였으니, 지식을 지극히 함은 사물의 이치를 연구함에 있다.〔古之欲明明德於天下者 先治其國 欲治其國者 先齊其家 欲齊其家者 先修其身 欲修其身者 先正其心 欲正其心者 先誠其意 欲誠其意者 先致其知 致知在格物〕"라고 하였다.

3) 家有三歸之病 : 三歸는 ≪史記≫ 〈管晏列傳〉에 "管仲의 부유함이 公室과 같아서 집안에 三歸를 두었다."라고 보이며, 또 ≪論語≫ 〈八佾〉에 "혹자가 '管仲은 검소했습니까?' 하고 묻자, 孔子께서 말씀하시기를 '管氏는 三歸를 두었으며 家臣의 일을 겸직시키지 않았으니, 어찌 검소하다고 할 수 있겠는가?'라고 하셨다.〔或曰 管仲儉乎 曰 管氏有三歸 官事不攝 焉得儉〕"라고 보인다. 三歸에 대해서는 견해가 나뉘어, 管仲이 축조한 臺의 이름이라는 說과, 歸를 시집온다는 뜻으로 보아 姓이 다른 세 여자를 아내로 삼은 것이라는 설이 있으며, 이외에도 세 여인을 얻어 이 臺에 거처하게 하였다는 설이 있다.

옛 주석에는 모두 '세 여자를 아내로 삼은 것'이라고 풀이하였으나 劉向의 ≪說苑≫에는 "三歸는 臺의 이름이다."라고 하였는데 朱子는 이를 따랐고, 明나라 학자인 孔貞運은 "歸字는 셈법의 歸除라는 歸字이니, 三歸法을 써서 臺를 지음을 말한 것으로, 곧 그 높음을 나타내는 말이다."라고 하였는데, 모두 管仲의 사치함을 지적한 것이다.

4) 國有六嬖之禍 : 六嬖之禍는 桓公이 말년에 6명의 처첩을 고루 총애하여 후사를 결정하지 않은 이유로 公子들끼리 후사를 다투면서 일어난 환난을 이른다.

桓公은 王姬・徐嬴・蔡姬의 세 부인에게 모두 아들이 없었으며, 평소 여색을 좋아하여 처첩을 많이 두었는데, 말년에는 6명의 처첩을 고루 총애하였다. 6명의 처첩은 모두 公子를 낳았는데, 두 명의 衛姬 중에 언니는 武孟을 낳고, 동생은 惠公(公子 元)을 낳고, 鄭姬는 孝公(公子 昭)을 낳고, 葛嬴은 昭公(公

子 潘)을 낳고, 密姬는 懿公(公子 商人)을 낳고, 宋華子는 公子 雍을 낳았다.

이들이 서로 후사를 다투자, 桓公은 管仲과 함께 公子 昭(孝公)를 세자로 세웠으나, 管仲이 죽은 뒤에 桓公은 이를 번복하고 분명하게 입장을 밝히지 않았다. 이에 公子들이 후사가 되려고 서로 다투어 치열한 권력투쟁을 벌였는데, 桓公은 이 와중에 숨을 거두고 67일간 시체가 방치되는 변을 당하였다.

결국 제나라 군주의 지위는 孝公·昭公·懿公·惠公으로 이어졌으나, 이들의 다툼으로 인해 국력이 급속히 쇠퇴하여 霸者의 자리를 晉나라에 내주게 되었다. 嬖는 총애받는 빈첩을 이른다.

5) 孔子小之 : 小之는 管仲의 기국을 작게 여긴 것으로, ≪論語≫ 〈八佾〉에 "管仲의 기국이 작다.〔管仲之器小哉〕"라고 하신 孔子의 말씀이 보인다.

6) 桓公九合諸侯……如其仁如其仁 : 이 내용은 ≪論語≫ 〈憲問〉에 그대로 보이는데, 朱子의 集註에 "九는 ≪春秋左氏傳≫에 糾로 되어 있는바 감독함이니, 古字에 통용되었다."라고 하였다.

7) 仲尼之徒 無道桓文之事者 : 桓文은 춘추시대의 霸者인 齊나라의 桓公과 晉나라의 文公을 이른다.

≪孟子≫ 〈梁惠王 上〉에 "齊 宣王이 묻기를 '齊 桓公과 晉文公의 일을 들을 수 있겠습니까?'라고 하자. 孟子께서 '仲尼의 門徒들은 桓公과 文公의 일을 말한 자가 없습니다. 이 때문에 후세에 전해진 것이 없어 臣이 아직 듣지 못하였습니다. 그만두지 말고 기어이 말하라고 하신다면 王道를 말하겠습니다.'라고 대답하셨다.〔齊宣王 問曰 齊桓晉文之事 可得聞乎 仲尼之徒 無道桓文之事者 是以 後世 無傳焉 臣未之聞也 無以則王乎〕"라고 보인다.

吾讀春秋以下史하야 **而得七人焉**하니 **皆盛德之事**로 **可以爲萬世法**이요 **又得八人焉**하니 **皆反是**하야 **可以爲萬世戒**라 **故**로 **具論之**하노라 **太公之治齊也**에 **擧賢而尙功**한대 **周公曰 後世**에 **必有簒弑之臣**이라하사 **天下誦之**하니 **齊其知之矣**라 **田敬仲之始生也**에 **周史筮之**하고 **其奔齊也**에 **齊懿氏卜之**[1]하야 **皆知其當有齊國也**하니 **簒弑之疑 蓋萃於敬仲矣**라 **然**이나 **桓公, 管仲**이 **不以是廢之**하고 **迺欲以爲卿**하니 **非盛德**이면 **能如此乎**아

나는 ≪春秋≫ 이하 역사책을 읽고서 일곱 사람을 얻었으니 이들은 모두 盛德의 일로 萬世의 모범이 될 만하였으며, 또 여덟 사람을 얻었으니 이들은 반대로 萬世의 경계가 될 만하다. 그러므로 모두 갖추어 함께 논하는 바이다.

太公(呂尙)이 齊나라를 다스릴 적에 어진 사람을 등용하고 功이 있는 사람을 높이자, 周公이 말씀하시기를 "후세에 반드시 찬탈하고 시해하는 신하가 있을 것이다."라고 하여 천하 사람들이 이 말을 외고 있었으니, 齊나라에서도 이것을 알고 있었을 것이다.

그런데 田敬仲이 처음 태어났을 적에 周나라 史官이 蓍草占을 쳤고, 그가 齊나라로 망명왔을 적에 齊나라 懿氏가 거북점을 쳐서 그가 마땅히 齊나라를 소유할 줄을 모두 알았으니, 찬탈하고 시해하리라는 의심이 아마도 田敬仲에게로 집중되었을 것이다. 그런데도 桓公과 管仲은 이 때문에 그를 버리지 않았고 마침내 그를 卿으로 삼고자 하였으니, 盛德이 있는 자가 아니라면 이처럼 할 수 있었겠는가?

1) 田敬仲之始生也……齊懿氏卜之 : 田敬仲은 陳完을 이르는데, 陳나라의 공자로 敬仲은 그의 字이며, 陳과 田은 음이 비슷하여 뒤에 氏를 陳에서 田으로 바꾸었다. 懿氏는 齊나라의 대부 懿仲을 이른다.

周나라 王室의 太史가 陳나라를 지나다가 갓 태어난 陳完을 보고 시초로 점쳤는데, 점괘에 이르기를 "陳完이 장차 다른 나라의 정권을 얻을 것이다. 다만 陳完 본인이 아니라 후손에 의해 이루어질 것이다."라고 하였다.

齊 桓公 14년에 陳完이 齊나라로 망명하였는데, 懿仲이 그에게 딸을 시집보내려고 거북점을 쳤다가 周나라 太史와 똑같은 점괘를 얻었다. 그 후 陳完은 桓公의 신임을 얻어 工官으로 등용되었는데, 이때 성을 田氏로 바꾸었다. 이후 田氏는 대대로 齊나라의 대부가 되어 국정을 전횡하였는데, 田完의 후손인 田常(陳恒) 때에 이르러 마침내 簡公을 시해하고 平公을 옹립하여 정권을 완전히 장악하였으며, 마침내 康公 19년에 田和가 康公을 폐위하고 齊나라를 찬탈하였다.

故로 吾以謂 楚成王이 知晉之必霸로되 而不殺重耳[1]하고 漢高祖 知東南之必亂이로되 而不殺吳王濞[2]하고 晉武帝 聞齊王攸之言이로되 而不殺劉元海[3]하고 苻堅이 信王

猛이로되 **而不殺慕容垂**[4]하고 **唐明皇**이 **用張九齡**이로되 **而不殺安祿山**[5]은 **皆盛德之事也**어늘 **而世之論者**는 **則以爲此七人者 皆失於不殺**하야 **以啓亂**이라하니 **吾以謂不然**이라하노라 **七人者**는 **皆自有以致敗亡**이니 **非不殺之過也**니라

그러므로 나는 생각하건대, 楚 成王이 晉나라가 반드시 霸者가 될 줄을 알았으나 重耳를 죽이지 않았고, 漢 高祖가 동남 지방에서 반드시 반란을 일으킬 것을 알았으나 吳王 濞를 죽이지 않았고, 晉 武帝가 齊王 司馬攸의 말을 들었으나 劉元海(劉淵)를 죽이지 않았고, 苻堅이 王猛을 믿었으나 慕容垂를 죽이지 않았고, 唐나라 明皇(玄宗)이 張九齡을 신용하였으나 安祿山을 죽이지 않았으니, 이는 모두 盛德의 일이다.

그런데 세상에 논하는 자들은 말하기를 "이 일곱 군주들은 모두 이들을 죽이지 아니하여 亂을 열어놓는 잘못을 저질렀다."라고 하니, 나는 이 말이 옳지 않다고 생각한다.

위의 일곱 군주들은 모두 스스로 패망을 자초하였던 것이니, 일곱 사람을 죽이지 않은 잘못 때문에 패망한 것이 아니다.

1) 楚成王……而不殺重耳 : 楚 成王은 춘추시대 楚나라의 군주로 文王의 아들이고 이름은 熊惲이며, 重耳는 晉 文公의 이름이다. 重耳는 獻公의 아들로 驪姬의 참소에 의해 太子 申生이 자살하자 도망하여 19년간 전국을 유랑하였다. 유랑하는 동안 뛰어난 인덕과 능력으로 여러 나라에서 높은 명성을 얻었으며, 결국 秦나라의 도움으로 귀국하여 아우 夷吾(惠公)의 아들 懷公을 몰아내고 晉나라 임금이 되었다.

楚 成王 35년에 重耳가 楚나라를 지나가자, 成王은 그가 귀국하면 뒤에 霸者가 될 것을 미리 알았으면서도 죽이지 않고, 제후의 禮로써 맞이하여 향연을 베풀고 후한 예물을 갖추어 秦나라로 전송하였다. 그 후 重耳는 귀국하여 즉위한 다음 부국강병을 이루고 霸者가 되어 齊 桓公과 함께 桓·文으로 일컬어지게 되었다. 楚나라는 후일 文公이 이끄는 晉나라 군대와 城濮에서 중원의 霸權을 놓고 싸웠으나 패전하여 霸權을 晉나라에 넘겨주었다.

2) 漢高祖……而不殺吳王濞 : 濞는 高祖의 형 劉仲의 아들이다. 淮南王 英布가 반란을 일으키자 高祖가 친히 정벌하였는데, 濞가 高祖를 따라 출전하여 공을

세웠다. 高祖는 吳와 會稽 지역 사람들이 경솔하고 용맹한데 이들을 다스릴 강력한 군주가 없는 것을 근심하였으며, 여러 아들들이 어리므로 濞를 吳王으로 세워 3郡과 53城의 왕이 되게 하였다.

高祖가 濞를 吳王으로 봉하고 나서 그를 불러 관상을 보고, 말하기를 "너의 관상에 모반할 상이 있구나."라고 하고는 홀로 마음속으로 후회하였다. 그러나 이미 봉하였기 때문에 그의 등을 두드리며 말하기를 "도참설에 '50년 뒤에 우리 漢나라의 동남쪽에서 난을 일으키는 자가 나올 것이다.'라고 하였는데, 아마도 너인가 보다. 그러나 천하가 劉氏 姓으로 한집안이 되었으니, 부디 조심하여 모반하지 말라."고 당부하였다. 濞가 머리를 조아리며 "감히 그럴 수 있겠습니까?"라고 대답하였다.

그 후 吳王의 태자가 天子國에 朝會 갔다가 文帝의 皇太子인 啓와 바둑을 두던 중에 다툼이 벌어져 皇太子에게 바둑판으로 맞아 죽는 사건이 발생하였다. 吳王 濞는 이를 원망하였으며, 영토가 광활하고 재물이 많은 것을 믿고 황제에게 朝會하지 않다가 결국 楚나라 등과 모의하여 吳・楚 7國의 난을 일으켰으나 장군 周亞夫의 토벌을 받고 죽었다. ≪史記 吳王濞列傳≫ 皇太子인 啓는 뒤에 文帝를 이어 즉위하여 景帝가 되었다.

3) 晉武帝……而不殺劉元海 : 晉 武帝는 西晉을 개국한 司馬炎이며, 司馬攸는 그의 아우로 齊王에 봉해졌다. 劉元海는 흉노족으로 이름은 淵이며 元海는 그의 字인데, 이때 晉나라에 인질로 들어와 황제를 모시는 侍從으로 있었다.

司馬炎이 즉위한 뒤에 齊王 司馬攸가 劉元海의 재능을 염려하여 아뢰기를 "폐하께서 劉淵(劉元海)을 제거하지 않으면 臣은 幷州 지방이 오랫동안 편안하지 못할까 두렵습니다."라고 아뢰었다. 이때 王渾이 "大晉은 이제 信義로써 풍속이 다른 이민족들을 회유하고 있으니, 어찌 드러나지 않은 의심 때문에 남의 侍子를 죽일 수 있겠습니까?"라고 만류하자, 武帝는 王渾의 말을 따라 그를 죽이지 않고 오히려 아비 劉豹가 죽자 그 지위를 계승하도록 허락하였다.

뒤에 劉淵은 晉나라가 혼란해진 틈을 타서 漢나라를 개국하고 晉나라를 공격하였으며, 뒤에 국명을 前趙로 개칭하였다. 이로 말미암아 晉나라는 懷帝와 愍帝가 漢나라에 잡혀가 죽었고 司馬睿가 강동 지방에서 국통을 이어 東晉이라고 칭하였다. 이후로 五胡十六國의 혼란한 시기가 전개되어 중국은 백여 년 동안 南朝와 北朝로 갈리었다.

4) 苻堅……而不殺慕容垂 : 苻堅은 氐羌 출신으로 남북조시대 前秦의 제3대 황제이며, 王猛은 苻堅을 도와 前秦을 당대의 최강국으로 만든 명재상이다. 苻堅은 王猛을 존경하여 모든 정사에 王猛의 말을 따랐으나, 당시 前燕에서 망명해 온 慕容垂를 죽여야 한다는 王猛의 주청을 따르지 않고 오히려 慕容垂를 중용하였다.

慕容垂는 前燕의 왕족으로 吳王으로 봉해졌으나, 叔父 慕容評에게 쫓겨 369년 前秦으로 망명해서 중용되자, 사방을 정벌하여 큰 공을 세우고 세력을 키운 다음 386년에 자립하여 後燕을 개국하였다. 苻堅은 東晉을 공격하지 말라는 王猛의 유언을 듣지 않고 東晉을 공격하였다가 대패하였고, 부하인 慕容垂만이 남아 있다가 결국 前秦은 멸망하고 後燕이 뒤를 이었다.

5) 唐明皇……而不殺安祿山 : 唐 明皇은 唐 玄宗으로 明皇은 그의 시호이다. 張九齡은 字가 子壽이며 曲江 사람인데, 玄宗 開元 연간에 同平章事 中書令으로 등용된 명재상이다. 이때 安祿山이 군대를 거느리고 거란을 토벌하다가 크게 패하자, 張九齡이 아뢰기를 "安祿山이 전쟁에서 패했으니, 주벌하지 않으면 안 됩니다. 만일 지금 주벌하지 않으면 장차 후환이 될 것입니다."라고 하였으나, 玄宗은 그의 말을 따르지 않았다.

그 후 安祿山은 玄宗과 楊貴妃의 신임을 얻어 范陽·平盧·河東 三鎭의 절도사를 지내면서 군권을 장악한 다음 天寶 14년(755) 간신 楊國忠을 제거한다는 명분으로 반란을 일으켜, 唐나라는 걷잡을 수 없는 혼란에 빠져 수도인 長安과 東京인 洛陽이 모두 함락되었고 玄宗은 蜀 지방으로 피난하였다. 安祿山은 肅宗 至德 2년(757)에 죽었으나 뒤이어 그의 부하인 史思明이 난을 일으켜 혼란이 계속되었으니, 이것을 安史의 亂이라 하였다. 唐나라는 郭子儀, 李光弼 등의 활약으로 나라를 수복하였으나, 이후 藩鎭의 발호가 계속되어 나라가 큰 혼란에 빠지고 말았다.

齊景公이 不繁刑重賦면 雖有田氏나 齊不可取[1)]요 楚成王이 不用子玉이면 雖有晉文公이나 兵不敗[2)]요 漢景帝不害吳太子하고 不用晁(鼂)錯(조조)면 雖有吳王濞나 無自發[3)]이요 晉武帝不立孝惠면 雖有劉元海나 不能亂[4)]이요 苻堅이 不貪江左면 雖有慕容垂나 不能叛[5)]이요 明皇이 不用李林甫, 楊國忠이면 雖有安祿山이나 亦何能爲[6)]리오

齊 景公이 형벌을 번거롭게 하고 세금을 무겁게 하지 않았더라면 아무리 田氏가 있었더라도 齊나라를 차지할 수 없었을 것이요, 楚 成王이 子玉을 등용하지 않았더라면 아무리 晉 文公이 있었더라도 전쟁에 패하지 않았을 것이요, 漢 景帝가 吳나라 太子를 살해하지 않고 晁錯를 등용하지 않았더라면 비록 吳王 濞가 있었더라도 스스로 군대를 일으키지 않았을 것이요, 晉 武帝가 孝惠帝를 세우지 않았더라면 비록 劉元海가 있었더라도 난을 일으키지 못했을 것이요, 苻堅이 長江 이남을 탐내지 않았더라면 비록 慕容垂가 있었더라도 배반하지 못했을 것이요, 唐나라 明皇이 李林甫와 楊國忠을 등용하지 않았더라면 비록 安祿山이 있었더라도 또한 무슨 일을 할 수 있었겠는가?

1) 齊景公不繁刑重賦……齊不可取 : 齊 景公은 춘추시대의 군주로 靈公의 아들이고 莊公의 아우이며, 田氏는 田常(陳恒)을 가리킨다. 齊 景公은 사치를 좋아하여 궁실을 아름답게 짓고 유명한 사냥개와 말을 모았으며, 백성들에게 賦稅를 무겁게 하고 형벌을 엄하게 하여 민심을 크게 잃었는데, 이때 田氏는 公室보다 賦稅를 낮추는 등 백성들에게 은덕을 베풀어 자신들의 세력을 크게 확장하였다.≪史記 齊太公世家≫

蘇軾은 景公이 賦稅를 경감시키고 善政을 베풀어 민심을 얻었더라면 아무리 田氏가 있더라도 齊나라를 차지할 수 없었을 것이라고 말한 것이다.

2) 楚成王不用子玉……兵不敗 : 楚 成王은 齊 桓公이 죽자 중원의 패권을 놓고 宋 襄公과 泓水에서 싸워 승리하였으나, 城濮의 싸움에서 晉 文公에게 패하여 패자의 자리를 晉나라에게 넘겨주었다.

子玉은 成得臣의 字이다. 若敖氏의 后裔로 성질이 모질고 고집이 셌는데, 成王 때에 최고 집정자인 令尹이 되었다. 子玉은 城濮의 싸움에서 楚나라 군대를 지휘하였는데, 晉 文公에게 패하자 자살하였다.

3) 漢景帝不害吳太子……無自發 : 漢 景帝는 文帝의 아들로 이름이 啓이며, 吳太子는 吳王 濞의 태자인 劉賢이다. 景帝가 皇太子로 있을 적에 吳太子가 조회왔다가 입궁하여 皇太子와 술을 마시며 바둑을 두었는데, 吳太子가 바둑의 길을 다투며 불손하게 굴자 皇太子가 바둑판을 던져 吳太子를 죽였다. 이에 吳王 濞가 크게 원망하여 반역할 마음을 품게 되었다. ≪史記 吳王濞列傳≫

晁錯는 鼂錯로도 쓰는데, 文帝와 景帝 때의 문신으로 潁川 사람이다. 法家

를 배워 평소 道德보다는 法律로 나라를 다스릴 것을 주장하였으며, 景帝가 즉위한 다음 御史大夫에 임명되자 吳·楚 등 제후국의 세력을 축소시키기 위해 제후국의 봉지를 삭탈하는 정책을 강행하였다. 이에 吳·楚 등 7국의 제후들이 간신 晁錯를 죽인다는 명분으로 반란을 일으켰다.

景帝와 晁錯가 토벌군의 군량 조달을 논의하고 있었는데, 그와 사이가 좋지 않은 吳王의 相인 袁盎이 竇嬰을 통하여 景帝와의 독대를 허락받고 입궁하자, 景帝는 晁錯를 東廂으로 물러나 있게 하고 袁盎을 만났다. 이때 袁盎이 구체적인 증거를 들어가며 "吳나라가 반란을 일으킨 것은 순전히 晁錯 때문이니, 시급히 晁錯를 斬하고 吳나라를 달래면 吳나라의 군대는 저절로 물러갈 것입니다."라고 하였다. 이에 景帝가 그의 말을 믿고 晁錯에게 저자를 순행하라고 속여 東市에 보내 처형하게 하니, 晁錯는 朝衣를 입은 채로 영문도 모른 채 斬首되었다. 그러나 吳·楚 등 7국은 끝내 반란을 일으켰다가 모두 토벌되었다.

4) 晉武帝不立孝惠……不能亂 : 孝惠는 晉 惠帝 司馬衷을 이른다. 武帝의 둘째 아들로 태자가 되었는데 본래 어리석고 용렬하여 황제가 될 자질이 부족하였으나, 그의 아들 皇孫 司馬遹이 뛰어난 재주로 武帝의 총애를 받아 태자의 지위를 유지하였다. 즉위 후 皇后 賈氏가 정사를 어지럽혀 결국 '八王의 亂'이 일어났으며, 이로 말미암아 晉나라의 국세가 급속히 쇠퇴하여 懷帝와 愍帝가 차례로 오랑캐에게 잡혀가 죽었으며, 五胡十六國의 난립으로 왕조가 南과 北으로 나뉘게 되었다.

5) 苻堅不貪江左……不能叛 : 江左는 揚子江의 동쪽 지역을 이르는데, 여기서는 東晉을 가리킨다. 苻堅은 명재상인 王猛이 죽을 적에 자신에게 東晉을 함부로 공격하지 말라고 당부하였으나, 그의 말을 무시하고 建元 19년(383)에 東晉을 정벌하기 위해 대군을 출병하였다가 東晉의 장군 謝玄과 劉牢之에게 淝水에서 대패하였다. 이로 인해 前秦은 급속히 약해져서 394년에 멸망하였는데, 이때 慕容垂는 苻堅을 배반하고 자립하여 後燕을 개국하였다.

6) 明皇不用李林甫楊國忠……亦何能爲 : 李林甫와 楊國忠은 모두 玄宗 말년의 간신들로 정권을 농단하여 나라를 어지럽힌 자들이다.

玄宗은 唐나라를 중흥시킨 군주로, 中宗을 시해하고 나라를 혼란에 빠뜨린 황후 韋氏를 토벌한 뒤에 즉위하여 姚崇·張九齡 등 훌륭한 재상들을 등용하고 開元 연간의 태평성세를 이룩하였다. 그러나 天寶 연간 이후 楊貴妃에 빠져 정사를 돌보지 않고 李林甫·楊國忠 등 간신들로 하여금 국정을 전횡하게 함으로써, 끝내는 安祿山이 范陽에서 반란을 일으켜 '天寶의 亂'을 촉발하였다. ≪新唐書 玄宗本紀≫

秦之由余[1]와 **漢之金日磾**(제)[2]와 **唐之李光弼, 渾瑊**(혼감)[3]**之流**는 **皆蕃種也**로되 **何負於中國哉**이완대 **而獨殺元海, 祿山乎**아 **且夫自今而言之**하면 **則元海, 祿山**이 **死有餘罪**어니와 **自當時而言之**하면 **則不免爲殺無罪**하니 **豈有天子殺無罪**하고 **而不得罪於天者**리오 **上失其道**하면 **塗之人**이 **皆敵國也**니 **天下豪傑**을 **其可勝旣乎**아

秦나라의 由余와 漢나라의 金日磾와 唐나라의 李光弼, 渾瑊의 무리는 모두 오랑캐 종족이었지만 언제 중국을 저버린 적이 있었기에, 어찌 홀로 〈죄가 드러나지도 않은〉 劉元海와 安祿山을 〈오랑캐라고 하여〉 죽인단 말인가?

또 지금의 입장에서 말하면 劉元海와 安祿山은 죽어도 남을 죄가 있지만, 그 당시로 말한다면 〈이들을 죽이는 것은〉 무고한 사람을 죽임이 됨을 면치 못하니, 어찌 天子로서 무고한 자를 죽이고도 하늘의 죄를 얻지 않는 경우가 있겠는가?

윗사람이 道를 잃으면 길 가는 사람도 다 敵國이 되는 것이니, 天下의 호걸을 어찌 모두 없앨 수 있겠는가?

1) 由余 : 춘추시대 秦나라의 명재상이다. 본래 晉나라 사람으로 西戎에 들어가 戎王에게 등용되었다. 戎王의 사신이 되어 秦나라에 왔었는데, 穆公이 그의 현명함을 알아보고 계략을 써서 억류시키고 戎王과 틈이 벌어지게 한 다음 재상으로 발탁하였다. 由余는 이에 穆公을 도와 西戎을 정벌해서 20여 개의 나라를 얻고 국토를 천 리나 넓혀 秦나라가 서쪽 지방의 패자가 되게 하였다. ≪史記 秦本紀≫

2) 金日磾(제) : 본래 匈奴 休屠王의 태자였는데, 그의 아버지가 항복하지 않았다는 이유로 漢나라에 끌려가 官奴가 되어 말을 길렀다. 그 뒤 근신하고 충직한 성격을 인정받고 武帝에게 발탁되어 시종이 되었다가 이어 車騎將軍으로 제수되었는데, 이때 반란을 일으킨 莽何羅를 진압하여 그 공으로 秺(투)侯에 봉해졌다. 霍光과 함께 武帝의 遺詔를 받들어 정사를 보필하였으며, 자손들이 7대에 걸쳐 고위 관직을 역임하여 漢나라의 대표적인 명문가가 되었다. ≪漢

書 金日磾傳≫ 일설에는 우리나라의 김씨가 그의 후손이라고도 한다.

3) 李光弼渾瑊 : 李光弼은 본래 契丹族으로 營州 柳城 사람인데, 그의 아버지가 則天武后 때에 귀의하였다. 어릴 때부터 무예가 뛰어나 무장이 되었는데, 安祿山의 난에 郭子儀의 천거로 河東節度使가 되어 많은 군공을 세우고 臨淮郡王에 봉해졌다.

渾瑊은 本名이 進으로 西域의 皐蘭州 사람인데, 용감하고 강직하였으며 무예에 뛰어났다. 李光弼, 郭子儀를 따라 安祿山의 반당과 싸웠으며, 뒤에 朱泚의 난에 큰 공을 세워 咸寧郡王에 봉해졌다.

漢景帝以鞅鞅(怏怏)而殺周亞夫[1)]하고 **曹操以重名而殺孔融**[2)]하고 **晉武帝以臥龍而殺嵇康**[3)]하고 **晉景帝亦以重名而殺夏侯玄**[4)]하고 **宋明帝以族大而殺王彧**[5)]하고 **齊後主以謠言而殺斛律光**[6)]하고 **唐太宗以讖而殺李君羨**[7)]하고 **武后亦以謠言而殺裴炎**[8)]하니 **世皆以爲非也**로되 **此八人者**는 **當時之慮 豈非憂國備亂**이 **與憂元海, 祿山者同乎**아

漢 景帝는 앙앙불락하고 원망한다 하여 周亞夫를 죽였고, 曹操는 명망이 대단하다 하여 孔融을 죽였고, 晉 武帝는 臥龍이라 하여 嵇康을 죽였고, 晉 景帝 또한 명망이 대단하다 하여 夏侯玄을 죽였고, 宋 明帝는 집안이 너무 번성하다 하여 王彧을 죽였고, 北齊의 後主는 童謠 때문에 斛律光을 죽였고, 唐 太宗은 圖讖說 때문에 李君羨을 죽였고, 則天武后 또한 童謠 때문에 裵炎을 죽였으니, 세상에서는 모두 이들의 잘못이라고 하나, 이 여덟 군주들이 당시에 후환을 염려한 것이 어찌 나라를 걱정하고 난을 대비하여 劉元海와 安祿山의 후환을 걱정한 것과 똑같은 것이 아니겠는가?

1) 漢景帝以鞅鞅而殺周亞夫 : 周亞夫는 漢나라의 개국공신인 絳侯 周勃의 아들로 文帝, 景帝 때의 명장이다. 景帝 때에 吳·楚 7국의 반란이 일어나자, 太尉가 되어 이를 진압하고 이 공으로 승상에 제수되었다. 그러나 천성이 강직하고 굽힐 줄 몰라 젊은 景帝와 자주 충돌하여 서로 소원한 관계가 되었다. 자신의 사후 장례에 쓸 집기로 순장용 갑옷과 방패 5백 개를 준비하였다가 景帝의 노여움을 사서 역모죄로 하옥되었는데, 5일간의 단식 끝에 피를 토하

고 죽었다.

2) 曹操以重名而殺孔融 : 曹操는 字가 孟德이고, 廟號는 太祖이며, 諡號는 武帝이다. 沛國 譙縣 사람으로 後漢 말기 黃巾賊의 난에 공을 세워 두각을 나타내었으며, 여러 군벌들을 차례로 평정하고 이후 승승장구하여 獻帝로부터 魏王에 봉해졌다. 뒤에 아들 曹丕가 獻帝에게 선양을 받아 魏나라 황제가 된 뒤에 太祖 武帝로 추존되었다.

孔融은 지금의 山東省 曲阜인 魯國 사람으로 자는 文擧이며, 孔子의 후손이다. 獻帝 建安 연간에 학문이 뛰어난 문사들을 일컫는 建安七子 가운데 한 사람으로, 黃巾賊의 난이 일어나자 北海相으로 있으면서 공을 세워 孔北海로 알려지고 고상한 풍류로 당대에 명망이 높았다.

曹操가 승상이 되어 정권을 전횡할 적에 孔融은 太中大夫로 있었는데, 자주 曹操의 결정에 반론을 제기하였다. 평소 孔融의 명망을 질시하던 曹操는 장차 자신의 霸業에 방해가 될 것을 우려한 나머지 孔融에게 죄를 얽어 사형에 처하였다.

3) 晉武帝以臥龍而殺嵇康 : 嵇康은 字가 叔夜로 安徽省 宿縣 사람인데. 竹林七賢 중의 한 명으로 玄學과 음악에 조예가 깊었다. 臥龍은 누워 있는 龍으로 하늘에 날아오르는 飛龍과 상대되는 말인데, 飛龍은 황제를 의미하는 반면 와룡은 諸葛亮처럼 훌륭한 인물을 비유한다.

嵇康은 司馬昭의 측근이었던 鍾會와 사이가 좋지 않았는데, 鍾會가 司馬昭에게 아뢰기를 "嵇康은 臥龍이니, 몸을 일으키게 해서는 안 됩니다. 公께서 이 세상에서 염려하실 것은 오직 嵇康 한 사람 뿐입니다."라고 하였다. 이에 司馬昭는 263년에 嵇康을 죄로 엮어 참형에 처했는데, 이때는 晉나라 개국 2년 전으로 실권자는 司馬昭였다.

저본에 武帝라고 한 것은 轉寫의 오류이거나 著者의 착각으로 보인다. 司馬昭는 武帝 司馬炎의 아버지로 武帝가 개국한 다음 文帝로 추존되었다. 竹林七賢은 晉나라 때에 無爲와 淸談을 일삼으며 竹林에서 詩酒를 즐기던 일곱 명의 명사로 嵇康・阮籍・山濤・向秀・劉伶・王戎・阮咸을 이른다.

4) 晉景帝亦以重名而殺夏侯玄 : 晉 景帝는 司馬懿의 長子로 武帝의 큰아버지인 司馬師이다. 晉나라가 개국한 이후 景帝로 추존되었으며, 묘호는 世宗이다.

夏侯玄은 曹操의 명장 夏侯淵의 종손으로 字는 太初인데, 司馬氏와 정권을 다투던 曹爽의 외사촌 형제이며 司馬師의 매부이다. 夏侯玄은 명가의 자제일 뿐만 아니라 文武에 두루 뛰어나고 명망이 높아 어린 나이에 출사하여 太常의 지위에 올랐으나, 이로 인해 司馬師의 질시를 받고 서로 사이가 나빠졌다. 그리하여 李豊, 張輯 등과 함께 司馬師를 제거할 것을 모의하다가 계획이 사전에 누설되어 처형되었다.

5) 宋明帝以族大而殺王彧 : 宋 明帝는 南朝의 황제 劉彧으로 조카를 죽이고 황제의 자리에 올랐는데, 의심이 많아 많은 황족과 신하들을 죽였다. 王彧은 자가 景文인데, 晉나라 이래 謝氏와 함께 최고의 명문가로 꼽히는 琅琊王氏로 明帝의 처남이었다. 의심이 많은 明帝는 王彧의 집안이 너무 강성하여 장차 황권에 위협이 될 것이라고 생각하고는 사약을 내려 賜死하였다.

6) 齊後主以謠言而殺斛律光 : 北齊의 後主는 北朝의 後主 高緯를 이르는데, 혼우하여 간신 祖挻이 정권을 농단하였다. 斛律光은 北齊 명장으로 자는 明月이며 朔州 사람이다.

北齊와 北周는 北朝의 패권을 놓고 오랫동안 서로 싸웠는데, 北周는 北齊의 斛律光에게 자주 패하였다. 이에 北周의 장군 韋孝寬이 반간계를 쓰기 위해 간첩을 北齊의 都城인 鄴都에 보내어 "百升이 하늘을 날고 明月이 長安을 비추네. 高山은 밀지 않아도 절로 무너지고 떡갈나무는 부축하지 않아도 절로 견고해지네.〔百升飛上天 明月照長安 高山不推自崩 槲樹不扶自堅〕"라는 謠言을 퍼뜨리게 하였다.

이때 斛律光과 사이가 좋지 않았던 祖挻이 이를 後主에게 "100升은 1斛이니 斛氏를 가리키고 明月은 斛律光의 字이며, 高山은 왕조인 高氏를 이르고 槲樹는 斛氏를 이른다."라고 참소하여 斛律光을 멸족시켰는데, 北齊는 5년 뒤에 北周에게 멸망당하였다.

7) 唐太宗以讖而殺李君羨 : 讖은 圖讖說을 이른다. 太宗 당시에 "唐나라는 3대 이후에 여자 군주 武王이 천하를 대신 차지한다.〔唐三世之後 則女主武王代有天下〕"라는 圖讖說이 전해지고 있었다. 李君羨은 太宗 때의 무장으로 洛州 武安 사람이다. 그의 아명은 여자 이름인 五娘이고 관직은 武威將軍이며 봉읍은 武連縣으로 모두 武字가 들어 있었다.

太宗은 圖讖說에서 말하는 女主武王이 정말 여자가 아니고 여자 이름을 가진 武자와 관계가 있는 자일 것이라고 여겨 李君羨을 의심하였다. 뒤에 李君

羨이 華州刺史가 되었는데, 布衣인 員道信이란 자가 스스로 佛法을 통달하여 곡식을 먹지 않고도 살 수 있다고 하였다. 李君羨이 그를 좋아하여 자주 사람들을 물리치고 둘만이 밀담을 나누곤 하였는데, 御史가 "李君羨이 요망한 자와 왕래하여 모반을 한다."고 탄핵하자, 太宗은 이것을 빌미로 그를 처형하였다. 그러나 이 도참설은 則天武后의 등장을 예언한 것이라 한다.

8) 武后亦以謠言而殺裴炎 : 裴炎은 字가 子隆이며 絳州 聞喜 사람으로 唐 高宗 때에 中書令을 지냈다. 武后는 唐나라의 則天武后로 武后가 中宗을 폐위시키고 睿宗을 세울 적에 裴炎은 이 일에 참여하여 武后의 신임이 두터웠으나, 후에 徐敬業의 반란 때에 민요를 이용하여 睿宗에게 정권을 돌려줄 것을 권유하다가 武后의 노여움을 사서 옥에 갇혀 죽었다.

久矣라 **世之以成敗爲是非也**여 **故**로 **夫嗜殺人者**는 **必以鄧侯不殺楚子**로 **爲口實**[1]하나니 **以鄧之微**로 **無故殺大國之君**하야 **使楚人擧國而仇之**면 **其亡**이 **不愈速乎**아 **吾以謂 爲天下**는 **如養生**이요 (愛)〔憂〕**國備亂**은 **如服藥**이라 **養生者**는 **不過愼起居飮食, 節聲色而已**니 **節愼**은 **在未病之前**이요 **而服藥**은 **在已病之後**라 **今吾憂寒疾而先服烏喙**(훼)[2]하고 **憂熱疾而先服甘遂**[3]면 **則病未作而藥殺人矣**리니 **彼八人者**는 **皆未病而服藥者也**니라

오래되었구나! 세상에서 사람들이 성공과 실패를 가지고 옳고 그름을 삼음이여. 그러므로 사람을 죽이는 것을 좋아하는 자들은 반드시 鄧나라 임금이 楚나라 임금을 죽이지 않은 것을 가지고 구실을 삼는데, 약소한 鄧나라가 만약 까닭없이 大國의 君主를 죽여서 楚나라 사람들로 하여금 온 나라가 鄧나라를 원수로 삼게 했다면, 鄧나라가 망하는 것이 더욱 빠르지 않았겠는가?

나는 천하를 다스리는 것은 養生과 같고, 나라를 걱정하고 환난을 대비하는 것은 藥을 복용하는 것과 같다고 생각한다. 養生하는 것은 起居와 음식을 삼가고 음악과 女色을 절제함에 지나지 않으니, 음악과 女色을 절제하고 삼감은 병들기 이전에 있는 일이며, 약을 먹는 것은 이미 병든 뒤에 있는 일이다.

이제 내가 寒疾(感氣)을 걱정하여 미리 열성이 강한 烏喙를 먹고, 또 熱病을 걱정

하여 몸을 차게 하는 甘遂를 먹는다면, 병이 생기기도 전에 藥의 毒이 사람을 죽일 것이니, 저 여덟 군주들은 모두 병이 들기 전에 약을 복용한 것이다.

1) 鄧侯不殺楚子 爲口實 : 鄧은 춘추시대 나라 이름으로 지금 河南省 鄧縣에 소재하였다. 당시 약소국이었으나 처음에 侯爵으로 봉해졌으므로 鄧侯라 칭하였다.

   당시 鄧侯는 鄧나라 19대 군주로 이름은 宣이고 자는 吾離이다.

   楚子는 楚나라 武王인 熊通을 이른다. 武王이 夫人을 얻기 위해 鄧나라를 방문하였는데, 이때 鄧侯에게 이 틈을 타서 武王을 죽일 것을 권하는 자가 있었으나, 鄧侯가 그 말을 물리치고 武王으로 하여금 그대로 돌아가게 한 일이 있으므로 이렇게 말한 것이다. 그 후 鄧나라는 끝내 楚나라에 의해 멸망당하였다.

2) 今吾憂寒疾而先服烏喙(훼) : 寒疾은 추위로 생기는 병으로 감기를 이르며, 烏喙는 天雄이나 附子 또는 草烏 따위를 이르는데, 독성이 강한 熱性 약재이다.

3) 熱疾而先服甘遂 : 熱疾은 熱病을 이른다. 甘遂는 大戟科에 속하는 풀의 이름인데 뿌리는 약재로 사용한다. 맛은 쓰고 성질이 차가우므로 熱病을 다스리는 데에 처방한다.

04. 管仲論 二* 管仲에 대한 論 2

* 이 글은 郎曄의 ≪經進東坡文集事略≫ 〈進論〉에 실려 있다. 그러므로 이 글이 嘉祐 5년(1060)에 올린 50편 가운데 하나임을 알 수 있으나 정확한 저작 연도는 미상이다.

蘇公이 **以繁而曲**으로 **爲守**하고 **以簡而直**으로 **爲決勝**하니 **未盡兵之情**하니라

蘇公은 軍制 가운데 내용이 繁多하여 委曲(자세)한 것을 수비하는 방법으로 여기고, 간결하여 분명하고 알기 쉬운 것을 결승하는 방법으로 여겼으니, 兵法의 실정을 다하지 못하였다.

嘗讀周官, 司馬法[1)]하야 **得軍旅什伍之數**[2)]러니 **其後**에 **讀管夷吾書**[3)]하야 **又得管子**

所以變周之制로라 蓋王者之兵은 出於不得已요 而非以求勝敵也라 故로 其爲法이 要以不可敗而已러니 至於桓文하야는 非決勝이면 無以定霸라 故로 其法이 在必勝하니 繁而曲者는 所以爲不可敗也요 簡而直者는 所以爲必勝也니라 周之制는 萬二千五百人而爲軍하니 萬之有二千하고 二千之有五百하야 其數奇而不齊하니 唯其奇而不齊라 是以로 知其繁且曲也로라

내가 일찍이 ≪周官≫과 ≪司馬法≫을 읽고서 軍旅(軍隊)에 있어 什伍의 數를 알았는데, 그 뒤에 管夷吾(管仲)의 책을 읽고서 또 ≪管子≫가 周나라의 제도를 변경한 것임을 알았다.

王者의 군대는 부득이하여 출동하고, 적을 이기기를 구하는 것이 아니다. 그러므로 군대를 운용하는 방법이 요컨대 적이 우리를 패퇴시킬 수 없음에 있을 뿐인데, 齊 桓公과 晉 文公에 이르러서는 승리를 결단하지 않으면 霸業을 이룩할 수가 없었다. 그러므로 그 방법이 必勝에 있었으니, 軍制 가운데 내용이 繁多하여 委曲한 것은 적이 우리를 패퇴시킬 수 없게 하려는 것이요, 간결하여 분명한 것은 필승을 하려는 것이었다.

周나라의 軍制는 12,500명을 1軍으로 삼았다. 1만에 2천이 있는 것과 2천에 5백이 있는 것은 그 숫자가 남아서 똑 고르지 않으니, 오직 남아서 똑 고르지 않기 때문에 그 번다하고 위곡함을 알 수 있는 것이다.

1) 周官司馬法 : '周官'은 책의 이름으로 ≪周禮≫라고도 부르는데, 周나라의 관직 제도를 기술한 내용이며, 周公이 지은 것으로 알려져 있다. 班固의 ≪漢書≫ 〈藝文志〉에 처음으로 ≪周官≫을 ≪周禮≫로 고쳐 불렀는데, 이후 흔히 ≪周禮≫로 칭해진다. 이 책은 후세의 吏部인 冢宰와 戶部인 司徒, 禮部인 宗伯, 兵部인 司馬, 刑部인 司寇가 있으며, 工部인 司空은 원래 빠져 있던 것을 漢代의 ≪考工記≫로 대체하였다. 唐나라 때에 이를 원조로 六典을 제정하자, 여러 왕조에서 인습하였는데, 이 가운데 司馬에 軍의 편제 등이 수록되어 있다.
   ≪司馬法≫은 ≪司馬穰苴兵法≫으로도 불리는데, 춘추시대에 齊나라의 大司馬인 田穰苴가 지은 병서로 알려져 있다. 그러나 고증에 의하면 실제로는 전국시대 齊 威王 때에 여러 대부들이 옛날의 병법을 모아 엮으면서 司馬穰苴

의 병법을 덧붙였다고 한다. 書錄家들에 의하면 "춘추시대는 三代와 멀지 않기 때문에, 남아 있는 軍制 등을 이 책에서 볼 수 있다."라고 한다.

2) 什伍之數 : 군대를 편성하는 대오의 數를 이른다. 상고시대에는 군대를 편성함에 있어 5의 숫자를 기초로 하여 5명마다 伍長을 두고 10명마다 什長을 두고 25명마다 隊正을 두었으며, 750명을 1旅, 2,500명을 1師, 12,500명을 1軍으로 편성하였다.

3) 管夷吾書 : 춘추시대 齊나라 管仲이 지은 ≪管子≫를 이르며, 夷吾는 管仲의 이름이다. 원본은 86편이나 현재 76편만이 전한다. 軍制뿐만 아니라 法家의 사상과 經濟政策이 주로 서술되어 있고, 기타 道家·名家의 사상과 天文·曆數·地理·農業까지도 언급되어 있다.

今夫天度三百六十을 **均之十二辰**(신)하야 **辰得三十者**는 **此其正也**요 **五日四分之一者**는 **此其奇也**[1]라 **使天度而無奇**면 **則千載之日**을 **雖婦人孺子**라도 **皆可以坐而計**언마는 **唯其奇而不齊**라 **是故**로 **巧曆**도 **有所不能盡也**니라 **聖人**이 **知其然**이라 **故**로 **爲之章, 會, 統, 元**하야 **以盡其數**하고 **以極其變**[2]하시니라

지금 하늘의 度數인 360을 12방위에 똑같이 배열하여 한 방위가 30을 얻는 것은 이것이 그 바른 수(正數)이고, 5일에 4분의 1이라는 것은 이것이 그 남는 수(奇數)이다. 만일 하늘의 度數에 이 남는 수가 없다면 천 년의 날짜를 비록 부인과 어린아이라도 앉아서 계산할 수 있겠지만, 남아서 똑 고르지 않기 때문에 曆法에 공교로운 자도 다 알지 못함이 있는 것이다.

聖人이 이러함을 아셨다. 그러므로 章과 會, 統과 元을 만들어서 그 수를 다하고 그 변화를 지극히 한 것이다.

1) 天度三百六十……此其奇也 : 天度는 周天의 度數로, 하늘의 별자리를 가지고 이것을 추측하는데, 고대에는 天體를 365度와 4분의 1度 즉 365.25度로 보고 천체가 하루에 한 번씩 공전한다고 생각하였다.

≪書經≫ 〈虞書 堯傳〉에 "朞年은 366일이니, 윤달을 사용하여야 四時를 정하고 한 해를 이루어 진실로 百官을 다스려서 모든 공적이 다 넓혀질 것이다.〔朞 三百有六旬有六日 以閏月 定四時成歲 允釐百工 庶績咸熙〕"라고 하였다.

이에 대해 朱子의 ≪書經集傳≫에 “天體는 지극히 둥그니, 주위가 365度와 4분의 1度이다. 天體는 땅을 왼쪽으로 한 바퀴 돌되 항상 하루에 한 바퀴를 돌고 1度를 더 가며, 해는 하늘에 걸려 있는데 이보다 다소 늦다. 그러므로 해의 운행은 하루에 또한 땅을 한 바퀴 돌되 하늘에 있어 1度를 미치지 못하게 된다. 365일과 940분의 235일을 쌓아 하늘과 만나니, 이는 1년 동안 해가 운행하는 수이다.

달은 하늘에 걸려 있는데 더욱 느려서 하루에 항상 하늘보다 13度와 19분의 7度를 미치지 못한다. 29일과 940분의 499일을 쌓아 해와 만나니, 열두 번 만나면 온전한 날을 얻은 것이 348일이요 여분을 모은 것이 940분의 5,988이니, 날짜를 계산하는 법식에 940과 같이 하여 1일을 여섯 번 얻으면 나누어지지 않고 남는 수가 348이니, 얻은 날을 통틀어 계산하면 354일과 940분의 348일이 되니, 이는 1년 동안 달이 운행하는 수이다.

해에는 12개월이 있고 달에는 30일이 있으니, 360은 1년의 떳떳한 수이다. 그러므로 해가 하늘과 만날 적에는 5일과 940분의 235일이 더 많은데 이것을 氣盈이라 하고, 달이 해와 만날 적에는 5일과 940분의 592일이 적은데 이것을 朔虛라 하니, 氣盈과 朔虛를 합쳐서 윤달이 생긴다. 그러므로 1년에 윤달의 비율은 10일과 940분의 827일이 되니, 3년에 한 번 윤달을 두면 32일과 940분의 601일이 되고, 5년에 두 번 윤달을 두면 54일과 940분의 75일이 되며, 19년에 일곱 번 윤달을 두면 氣盈과 朔虛가 分限이 똑 고르게 되니, 이를 1章이라 한다.

그러므로 3년에 윤달을 두지 않으면 봄의 한 달이 여름으로 들어가서 철이 점점 정해지지 못하고, 子月(11월)의 한 달이 丑月(12월)로 들어가서 해가 점점 이루어지지 못한다. 이렇게 쌓인 것이 오래되어 세 번 윤달을 잃게 되면 봄이 다 여름으로 들어가서 철이 전혀 정해지지 못하고, 열두 번 윤달을 잃으면 子月이 모두 丑月로 들어가서 해가 전혀 이루어지지 못한다. 이렇게 되면 그 명칭과 실제가 괴리되고 추위와 더위가 뒤바뀌어 農桑의 모든 일이 다 때를 잃게 된다.

그러므로 반드시 남는 날짜를 가지고 윤달을 그 사이에 둔 뒤에야 四時가 어그러지지 않고 歲功이 이루어지니, 이로써 진실로 백관을 다스려서 모든 공적이 다 넓혀지게 되는 것이다.〔天體至圓 周圍三百六十五度四分度之一 繞地

左旋 常一日一周而過一度 日麗天而少遲 故 日行一日亦繞地一周 而在天 爲不及一度 積三百六十五日九百四十分日之二百三十五而與天會 是一歲日行之數也 月麗天而尤遲 一日常不及天十三度十九分度之七 積二十九日九百四十分日之四百九十九而與日會 十二會 得全日三百四十八 餘分之積 又五千九百八十八 如日法九百四十 而一得六 不盡 三百四十八 通計得日 三百五十四九百四十分日之三百四十八 是一歲月行之數也 歲有十二月 月有三十日 三百六十者 一歲之常數也 故日與天會 而多五日九百四十分日之二百三十五者 爲氣盈 月與日會 而少五日九百四十分日之五百九十二者 爲朔虛 合氣盈朔虛而閏生焉 故一歲閏率 則十日九百四十分日之八百二十七 三歲一閏 則三十二日九百四十分日之六百單一 五歲再閏 則五十四日九百四十分日之三百七十五 十有九歲七閏 則氣朔分齊 是爲一章也 故三年而不置閏 則春之一月 入于夏而時漸不定矣 子之一月入于丑而歲漸不成矣 積之之久 至於三失閏 則春皆入夏 而時全不定矣 十二失閏 子皆入丑 歲全不成矣 其名實乖戾 寒暑反易 農桑庶務 皆失其時 故必以此餘日 置閏月於其間 然後四時不差而歲功得成 以此信治百官而衆功皆廣也〕"라고 하였다.

十二辰은 12地支로 12개월에 分屬시켰다. 天度에서 12地支에 30씩을 배정하면 총 360이 되니, 이것이 바른 수(正數)이고 남은 5와 4분의 1은 남는 수(奇數)가 된다. 또한 음력은 한 달에 30일씩 계산하여 1년을 360일이라 하지만 실제로는 작은 달이 있어 354일 남짓하여 윤달을 두지 않으면 天體를 맞출 수 없다. 氣盈과 朔虛는 365일하고 남는 것이 있어 생기는바, 지금 사용하고 있는 양력에 3년마다 2월을 29일로 하여 閏日을 두는 것은 바로 여기에 기인한 것이다.

옛날 陰曆은 12개월을 12方에 맞추어 배정하였는바, 北斗七星의 자루가 子方을 가리키는 달을 子月이라 하는데, 11월에 해당하며, 丑月은 12월, 寅月은 正月에 해당한다.

2) 爲之章會統元……以極其變 : 章·會·統·元은 고대 역법의 용어이다. 19년에 7번 윤달을 두면 氣盈과 朔虛가 똑 고르게 되는데 이를 1章이라 한다. 1會는 27章을 이르고, 1統은 3會를 이르고, 1元은 3統을 이른다.

司馬法曰 五人爲伍하고 **五伍爲兩**하고 **萬二千五百人而爲軍**이라하니 **二百五十**에 **十取**

三焉而爲奇하고 其餘七以爲正하야 四奇四正而八陣生焉[1)]이라 夫以萬二千五百人으로 而均之八陣之中이면 宜其有奇而不齊者라 是以로 多爲之曲折하야 以盡其數하고 以極其變하야 鉤聯蟠踞[2)]하야 各有條理라 故로 三代之興에 治其兵農軍賦호되 皆數十百年而後에 得志於天下하니라

≪司馬法≫에 이르기를 "5명을 伍로 만들고, 5伍를 兩으로 만들고, 12,500명을 1軍으로 만든다."라고 하였는데, 250명 중에서 10분의 3을 취하여 奇兵(유격대)으로 만들고, 나머지 10분의 7을 正兵으로 만들어서 4奇와 4正의 8陣이 생겨난다. 12,500명을 가지고 8陣의 가운데에 똑 고르게 배합한다면 여기에 남는 것이 있어 똑 고르지 않음이 당연하다. 이 때문에 많은 곡절을 만들어서 그 수를 다하고 그 변화를 다하여 서로 연결되고 엉켜 있어서 각각 조리가 있게 한 것이다. 그러므로 三代가 흥성했을 적에 兵과 農, 軍과 賦를 다스렸으나 모두 수십 년 내지 혹은 백 년이 지난 뒤에야 뜻을 얻어 天下를 차지할 수 있었던 것이다.

1) 司馬法曰……四奇四正而八陣生焉 : 八陣은 원래 黃帝氏 때에 風后가 지은 여덟 가지 형태의 兵陣으로, 天·地·風·雲·虎翼·蛇蟠·飛龍·鳥翔이 있었는데, 諸葛亮이 이에 의거하여 洞當·中黃·龍騰·鳥飛·虎翼·折衝·衡·握機의 陣法을 만들었다고 한다. 위의 八陣 중에 虎翼·蛇蟠·飛龍·鳥翔를 四奇라 하고 天·地·風·雲을 四正이라 하는데, 전투에서 서로 陣을 치고 정면으로 대치하는 군대를 正이라 하고 매복하여 기습하는 유격부대를 奇라 한다.

2) 鉤聯蟠踞 : 진법의 변화가 다채로워 종잡을 수 없음을 묘사한 것이다. 갈고리와 띠가 연결된 듯하고 뱀과 용이 웅크리고 서려 있는 듯하여 변화무쌍함을 말한 것이다.

自周之亡으로 秦漢陣法이 不復三代러니 其後에 諸葛孔明이 獨識其遺制[1)]하고 以爲可用以取天下라 然이나 相持數歲에 魏人不敢決戰하고 而孔明亦卒無尺寸之功하니 豈八陣者는 先王所以爲不可敗요 而非以逐利爭勝者邪리오

周나라가 망한 이후로 秦·漢의 陣法은 三代의 제도를 회복하지 못했는데, 그 후에 諸葛孔明이 홀로 남겨진 제도를 알고서 이것을 이용하여 天下를 점령할 수 있다

고 생각하였다. 그러나 蜀漢과 魏의 兩軍이 몇 년 동안 서로 대치하면서, 魏나라 사람들은 감히 결전하지 못하였고 諸葛孔明 또한 끝내 한 치, 한 자의 공도 세우지 못했으니, 아마도 8陣은 先王께서 敵이 우리를 패퇴시킬 수 없게 한 것이요, 이익을 좇고 승리를 다투게 한 것은 아니었는가 보다.

1) 諸葛孔明獨識其遺制 : 諸葛孔明은 삼국시대 蜀漢의 諸葛亮으로 孔明은 그의 字인데, 諸葛亮이 삼대의 陣法에 관한 제도를 분명하게 이해하고 있었다는 말이다. ≪東坡志林≫에 "諸葛孔明이 魚腹浦 平沙 위에 八陣圖를 만들었다. 돌을 쌓아 8行을 만들었는데 각 行 사이의 거리는 두 길이다."라고 하였고, ≪寰宇記≫에 "八陣圖는 奉節縣 서남쪽 7里에 있다."라고 하였다.

若夫管仲之制其兵은 **可謂截然而易曉矣**라 **三分其國**하야 **以爲三軍**호되 **五人爲軌**하야 **軌有長**하고 **十軌爲里**하야 **里有司**하고 **四里爲連**하야 **連有長**하고 **十連爲鄕**하야 **鄕有鄕良人**하고 **五鄕一帥**하야 **萬人而爲一軍**하니라 **公將其一**하고 **高子, 國子 將其二**[1]하야 **三軍三萬人**이 **如貫繩**하고 **如畫棊局**하야 **疏暢洞達**하니 **雖有智者**라도 **無所施其巧**라 **故**로 **其法令簡一**하고 **而民有餘力**하야 **以致其死**하니라

그런데 管仲이 군대를 통제한 것으로 말하면 분명하여 알기 쉽다고 이를 수 있다. 나라를 셋으로 나누어서 三軍을 만들었는데, 5명을 軌로 하여 軌에는 長을 두고, 10軌를 里로 하여 里에는 司를 두고, 4里를 連으로 하여 連에는 長을 두고, 10連을 鄕으로 하여 鄕에는 鄕良人을 두고, 5鄕을 1帥로 하여 1萬 人을 1軍으로 편제하였다.

그리하여 桓公은 이 가운데 한 軍를 거느리고 高子와 國子는 두 軍을 거느려서 三軍의 3만 명이 마치 끈으로 꿴 것과 같고 바둑판을 그린 것과 같아서, 疏暢하고 통달하여 비록 지혜로운 자가 있더라도 그 공교로운 계책을 쓸 수 없게 하였다. 그러므로 그 법령이 간결하고 한결같으며 백성들이 여력이 있어서 사력을 다 바쳤던 것이다.

1) 公將其一 高子國子將其二 : 이 내용은 ≪管子≫에 "管子가 이에 나라를 21개의 鄕으로 나누었는데, 工과 商의 鄕이 여섯이고, 士의 鄕이 열다섯이었다. 이 가운데에 公이 5鄕을 통솔하고, 國子가 5鄕을 통솔하고, 高子가 5鄕을 통솔하였

다."라고 보인다. 5鄕은 1軍으로 군주인 桓公이 직접 지휘하였으며, 國子와 高子는 齊나라의 대부들인데 이들에 관한 자세한 인적사항은 알려져 있지 않다.

昔者에 **嘗讀左氏春秋**하고 **以爲丘明**이 **最好兵法**이라호라 **蓋三代之制 至於列國**하야도 **猶有存者**는 **以區區之鄭**으로 **而魚麗**(리), **鵞鸛之陣**[1]이 **見於其書**일새라 **及至管仲相桓公**하야 **南伐楚**하고 **北伐孤竹**하고 **九合諸侯**[2]하야 **威震天下**로되 **而其軍壘**(뢰)**陣法**이 **不少概見者**는 **何哉**오 **蓋管仲**이 **欲以歲月服天下**라 **故**로 **變古司馬法**하야 **而爲是簡略速勝之兵**이라 **是以**로 **莫得而見其法也**리라

옛날 내가 일찍이 ≪春秋左氏傳≫을 읽고 '左丘明이 가장 兵法을 좋아하였다.'라고 생각하였다. 三代의 제도가 列國에 이르러서도 아직 남아 있었던 것은 하찮은 鄭나라의 魚麗陣과 鵞陣·鸛陣이 이 책에 보이기 때문이다.

그런데 管仲이 桓公을 도와 남쪽으로 楚나라를 정벌하고 북쪽으로 孤竹國을 정벌하고 諸侯들을 규합하여 위엄이 천하를 진동하였으나, 그 軍壘와 陣法이 조금도 보이지 않는 것은 어째서인가? 아마도 管仲이 1년 또는 몇 달 안에 천하를 복종시키고자 해서 옛날 ≪司馬法≫을 변경하여 이처럼 간결하고 속전속결할 수 있는 군대를 만들었던 듯하다. 이 때문에 그 진법을 볼 수 없는 것이리라.

1) 魚麗鵞鸛之陣 : 魚麗陣과 鵞陣과 鸛陣으로 모두 고대의 陣法이다. 魚麗陣은 전차부대가 앞서면 보병부대가 뒤따르면서 마치 물고기 떼가 가듯이 촘촘하게 전차의 사이를 연결하는 陣法이다.

이 내용은 ≪春秋左氏傳≫ 桓公 5년에 "曼伯이 右拒의 將을 맡고, 祭仲足이 左拒의 將을 맡고, 原繁과 高渠彌가 中軍將으로 鄭 莊公을 호위하면서 魚麗陣을 만들어 偏을 앞에, 伍를 뒤에 배치하여 偏의 빈틈을 伍가 彌縫하게 하였다.〔曼伯爲右拒 祭仲足爲左拒 原繁高渠彌以中軍奉公 爲魚麗之陳 伍承彌縫〕"라고 보인다.

이에 대해 杜預는 ≪春秋左氏經傳集解≫에서 "司馬法에 '車戰에는 25乘으로 한 偏隊를 만들어 수레를 앞에, 伍를 뒤에 배치하여 偏隊와 偏隊 사이에 공간이 생기면 伍가 뒤따라가며 그 공간을 彌縫한다.'고 하였다. 5인으로 구성된 부대를 伍라고 한다. 이것이 아마도 魚麗陣法인 듯하다.〔司馬法 車戰二

十五乘爲偏 以車居前 以伍次之 承偏之隙而彌縫闕漏也 五人爲伍 此蓋魚麗陣法〕"라고 해설하였다.

鵝陣과 鸛陣은 ≪春秋左氏傳≫ 昭公 21년에 "〈宋나라 華督이 난을 일으키자〉 11월 癸未日에 宋나라 公子 成이 晉나라 군대를 이끌고 오니, 曹나라 翰胡가 晉나라 荀吳, 齊나라 苑何忌, 衛나라 公子 朝와 회합하여 宋나라를 구원하였다. 丙戌日에 華氏와 赭丘에서 전투하였는데, 鄭翩은 鸛陣을 펼치고자 하였으나 그 御者는 鵝陣을 펼치고자 하였다."라고 보인다. 그러나 陣法에 대한 자세한 내용은 알려져 있지 않다. 鄭翩은 華氏의 무리였다.

2) 九合諸侯 : ≪論語≫ 〈憲問〉에 "齊 桓公이 諸侯들을 규합하되 兵車를 쓰지 않은 것은 管仲의 힘이었다.〔桓公九合諸侯 不以兵車 管仲之力也〕"라고 보이는데, 九合은 아홉 번 제후들을 모은 것으로 보기도 하고, 九를 糾와 통용하는 것으로 보아 糾合으로 해석하기도 하는데, 朱子는 糾合으로 풀이하였다.

後에 **吳, 晉**이 **爭長於黃池**[1)]할새 **王孫雄**[2)]이 **敎夫差以三萬人**으로 **壓晉壘而陣**호되 **百人爲行**하고 **百行爲陣**하야 **陣皆徹行**하야 **無有隱蔽**하고 **援桴而鼓之**하야 **勇怯盡應**하야 **三軍皆譁**한대 **晉師大駭**하야 **卒以得志**하니 **由此觀之**컨대 **不簡而直**이면 **不可以決勝**이라

그 뒤에 吳나라와 晉나라가 黃池에서 盟主의 자리를 놓고 다툴 적에 王孫雄이 吳王 夫差에게 3만 명을 거느리고 晉軍의 보루를 압박하여 陣을 치되, 100명을 1行으로 만들고 100行을 1陣으로 만들어서 陣이 모두 行으로 통하여 은폐되는 바가 없게 하고, 북채를 당겨 북을 쳐서 용감한 병사와 겁쟁이 병사가 모두 싸움에 응하게 하여 三軍이 모두 시끄럽게 떠들며 기세를 올리게 하였다.

그러자 晉나라 군대가 크게 놀라서 吳나라가 끝내 뜻을 얻어 승리하였으니, 이것을 가지고 관찰하건대 軍制가 간결하고 분명하지 않다면 승리를 결단할 수가 없는 것이다.

1) 吳晉爭長於黃池 : 黃池는 지명으로 지금 河南省 封丘縣 남쪽 지역이다. 魯 哀公 13년 여름에 晉 定公과 吳王 夫差 등이 黃池에서 會盟하였는데, 이때 定公과 夫差가 서로 맹주의 자리를 다투었다. ≪春秋左氏傳 哀公 13년≫

2) 王孫雄 : 吳나라 대부로 夫差의 심복이었다.

深惟後世不達繁簡之宜하야 以取敗亡하니 而三代什伍之數와 與管子所以治齊之兵者를 雖不可盡用이나 而其近於繁而曲者로 以之固守하고 近於簡而直者로 以之決戰이면 則庶乎其不可敗요 而有所必勝矣리라

내가 깊이 생각하건대, 후세에서는 번다하고 간결한 軍制의 마땅함을 알지 못해서 패망을 취하였으니, 三代의 什伍의 숫자와 管子(管仲)가 齊나라의 군대를 다스린 것을 비록 다 따를 수는 없으나, 繁多하여 委曲함에 가까운 제도를 가지고 굳게 나라를 지키고, 간결하여 분명함에 가까운 제도를 가지고 결전을 한다면, 거의 상대방이 우리를 패퇴시킬 수 없을 것이요, 반드시 승리하는 바가 있을 것이다.

05. 范文子論* 范文子에 대한 論

* 이 글 또한 〈進論〉 50편 중의 하나로 정확한 저작 연도는 미상이다. 范文子는 춘추시대 晉나라의 대부로 文子는 시호이고 이름은 士燮이다. 本集에는 이 글의 제목이 〈士燮論〉으로 되어 있다.

論用兵之勝而敗之處 反覆痛快하니 長公이 蓋亦鑑於當時熙河之役故云이라

군대를 운용하여 승리하고도 패한 경우를 논한 부분이 반복하여 통쾌하니, 長公은 아마도 당시 熙河의 싸움을 거울삼았을 것이다.

鄢陵之役[1]에 楚晨壓晉師而陣이어늘 諸將請從之한대 范文子獨不欲戰이러니 晉卒敗楚하야 楚子傷目[2]하고 子反殞命[3]하니라

鄢陵의 싸움에서 楚나라가 새벽에 晉나라 군대를 압박하여 陣을 치자, 晉나라의 여러 장수들이 따라 싸울 것을 청하였으나, 范文子(士燮)는 홀로 싸우려고 하지 않았는데, 晉나라가 끝내 楚나라를 패퇴시켜 楚子(楚 共王)가 눈을 잃었고 楚나라 장수 子反이 목숨을 끊었다.

1) 鄢陵之役 : 鄢陵은 지금의 河南省 鄢陵縣으로 춘추시대에는 鄭나라의 영토였

다. 魯 成公 16년(B.C. 576)에 晉 厲公이 鄭나라를 침공하자, 楚 共王이 동맹국인 鄭나라를 구원하기 위하여 직접 군대를 이끌고 와서 두 나라가 鄢陵에서 싸웠다. 이를 鄢陵의 役이라고 하는데, 이 전쟁은 晉나라의 승리로 끝났다.

이때 晉나라의 대부 士燮은 中軍의 佐將으로 참전하였는데, 이 전쟁에서 승리하면 외환이 없어져 내부의 우환이 심해질 것을 우려한 나머지, 홀로 싸우지 않고 회군할 것을 주장하였으나 다른 장수들의 반대로 그의 말이 받아들여지지 않았다.

2) 楚子傷目 : 楚子는 楚 共王으로 鄢陵의 싸움에서 共王은 눈을 잃는 부상을 당하였다. 당시 楚나라는 왕의 칭호를 참람하게 칭하였으나 ≪春秋≫에는 모두 楚子라고 표기하였는바, 楚나라는 南蠻으로 인식되어 吳나라와 함께 公·侯·伯·子·男의 제후 가운데 가장 낮은 子를 붙인 것이다.

3) 子反殞命 : 子反은 楚나라 대부로 若敖氏의 후예이다. 城濮의 싸움에서 패전의 책임을 지고 자살한 令尹 子玉의 아들로 鄢陵의 싸움에서 司馬가 되어 중군을 이끌었는데, 패전하자 책임을 지고 또한 자살하였다.

蘇子曰 料敵勢彊弱하야 **而知(率)〔帥〕之勝負**는 **此將率之能也**요 **不求一時之功**하고 **愛君以德**하야 **而全其宗嗣**는 **此社稷之臣**[1]**也**니라 **鄢陵之役**에 **范文子獨不欲戰**이러니 **晉卒敗楚**하니 **范文子疑若懦而無謀者矣**라 **然**이나 **不及一年**에 **三郤**(극)**誅**하고 **厲公弑**하고 **胥童死**하고 **欒書, 中行偃**이 **幾不免於禍**[2]하야 **晉國大亂**은 **鄢陵之功**이 **實使之然也**니라

蘇子는 이에 대해 다음과 같이 논한다.

적군의 강약을 헤아려서 군대의 승부를 아는 것은 장수의 재능이고, 한때의 성공을 바라지 않고 군주를 덕으로써 사랑하여 宗嗣를 온전히 하는 것은 社稷의 신하이다.

鄢陵의 싸움에서 范文子가 홀로 싸우려고 하지 않았는데, 晉나라가 끝내 楚나라를 패퇴시켰으니, 范文子는 나약하고 계책이 없는 자인 것처럼 보인다. 그러나 채 1년이 못 되어서 세 郤氏가 誅罰을 당하고 厲公이 弑害를 당하였으며, 胥童이 죽고 欒書와 中行偃이 거의 화를 면치 못하여 晉나라가 크게 혼란하였으니, 이것은 鄢陵의 戰功이 실로 이렇게 만든 것이었다.

1) 社稷之臣 : 오직 국가를 위하여 충성하는 신하를 이른다. 옛날 土神을 모시는 社와 穀神을 모시는 稷은 宗廟와 함께 국가의 대표적인 상징으로 인식되었다.
2) 三郤誅……幾不免於禍 : 三郤은 郤至·郤錡·郤犨의 세 사람을 이른다. 三郤과 欒書와 中行偃은 모두 晉나라의 卿들로 鄢陵의 싸움에서 큰 공을 세운 인물들이다.

鄢陵의 싸움이 승리로 끝나자, 范文子는 晉나라가 승리에 자만하여 내환이 일어날 것을 걱정하고 스스로 죽기를 축원하였는데, 1년 뒤인 魯 成公 17년 6월에 죽었다.

晉 厲公은 鄢陵의 승리에 도취되어 이를 기회로 세력이 강한 여러 대부들을 제거할 계획을 세우고, 평소 총애하던 대부 胥童과 長魚矯로 하여금 일을 진행하게 하였다. 그리하여 長魚矯는 郤氏의 집을 기습하여 세 郤氏를 죽였으며 胥童은 조정에서 欒書와 中行偃을 겁박하고 있었는데, 長魚矯가 이들도 죽일 것을 청하였으나 우유부단한 厲公은 일이 너무 확대되는 것을 우려하여 이들을 풀어주었다.

겨우 화를 면한 欒書와 中行偃은 절치부심한 나머지 이듬해 정월에 마침내 胥童을 죽이고 厲公을 시해한 다음 悼公을 옹립하여 정권을 장악하였다. ≪春秋左氏傳 成公 17년≫

有非常之人然後에 **有非常之功**이니 **非常之功**은 **聖人所甚懼也**라 **明月之珠**와 **夜光之璧**이 **無因而至前**이면 **匹夫猶或按劍**이어든 **而況非常之功乎**아 **故**로 **聖人**이 **必自反**하야 **曰 此天之所以厚於我乎**아 **抑天之禍予也**아하시니 **故**로 **雖有大功**이나 **而不忘戒懼**하나니라

非常한 사람이 있은 뒤에야 비상한 功을 세울 수 있는 것이니, 비상한 공은 聖人이 매우 두려워하는 바이다.

明月의 진주와 夜光의 구슬이 까닭 없이 앞에 이르면 匹夫도 오히려 욕심을 내어 劍을 어루만지며 상대방을 노려보는데, 하물며 非常한 功에 있어서랴!

그러므로 聖人은 반드시 스스로 돌이켜 '이것은 하늘이 나를 좋게 하려는 것인가? 아니면 하늘이 나에게 禍를 내리는 것인가?'를 깊이 생각한다. 그러므로 비록 큰 공

이 있더라도 경계하고 두려워하는 마음을 잊지 않는 것이다.

中常之主는 **銳於立事**하고 **忽於天戒**하야 **日尋干戈**하야 **而殘民以逞**이라 **天欲全之**인댄 **則必折其萌芽**하고 **挫其鋒芒**하야 **使知其所悔**하며 **天欲亡之**인댄 **則必先之以美利**하고 **誘之以得志**하야 **使之有功以驕士**하고 **玩於寇讐而侮其民人**하야 **至於亡國殺身而不悟者**는 **天絶之也**니라

그러나 중간 정도의 일반 군주들은 事功을 세우는 데 예민하고 하늘의 경계를 소홀히 해서 날마다 창과 방패를 가지고 전쟁을 하여 백성들을 해치면서 자기 욕심을 부린다.

하늘이 어떤 사람을 온전히 해주려고 하면 반드시 돋아나는 나쁜 싹을 잘라내고 그 銳鋒을 꺾어서 그로 하여금 후회할 바를 알게 한다.

그리고 하늘이 어떤 사람을 망치려고 하면 반드시 먼저 아름다운 이익을 주고 뜻하는 바를 얻도록 유인한다. 그리하여 그로 하여금 전공을 세워 선비들을 오만하게 대하며 적과 원수를 소홀하게 여기고 백성들을 업신여기게 한다. 그리하여 나라를 망치고 몸이 죽음에 이르면서도 깨닫지 못하게 하니, 이는 하늘이 그를 완전히 끊어버리는 것이다.

嗚呼라 **小民之家 一朝而獲千金**이면 **非有大福**이요 **必有大咎**니라 **何則**고 **彼之所獲者**는 **終日勤勞**호되 **不過數金耳**니 **所得者微**라 **故**로 **所用狹**하나니 **無故而得千金**이면 **豈不驕其志**하야 **喪其所守哉**아 **由是言之**하면 **天下者**를 **得之艱難**이면 **則失之不易**하고 **得之旣易**면 **則失之亦然**이니라

아! 가난한 백성의 집안이 하루아침에 千金을 얻는다면 이것은 큰 복을 받은 것이 아니고 반드시 큰 재앙이 되는 것이다. 어째서인가? 저들이 얻을 수 있는 것은 하루 종일 수고하여도 몇 근의 金에 불과할 뿐이니, 이들은 소득이 적기 때문에 쓰는 것도 적기 마련이다. 그런데 하루아침에 까닭 없이 千金을 얻는다면 어찌 그 마음이 교만해져 그동안 지켜오던 절도를 상실하지 않을 수 있겠는가?

이것을 가지고 말한다면 천하를 어렵게 얻으면 천하를 쉽게 잃지 않고, 천하를 쉽게 얻으면 또한 쉽게 잃는 것이다.

漢高皇帝之得天下에 **親冒矢石**하야 **與秦楚爭**하야 **轉戰五年**에 **未嘗得志**[1]하고 **比定天下**에 **復有平城之圍**[2]라 **故**로 **終其身**토록 **不事遠略**하야 **民亦不勞**하며 **繼之文景不言兵**하니라 **唐太宗**은 **擧晉陽之師**하야 **破竇建德**하고 **虜王世充**하야 **所過者下**하야 **易於破竹**[3]이라 **然**이나 **天下始定**에 **外攘四夷**하야 **伐高昌**하고 **破突厥**하야 **終其身**토록 **師旅不解**하야 **幾至於亂者**는 **以其親見取天下之易也**일새라 **故**로 **兵之勝敗**는 **足以爲國之彊弱**이요 **而國之彊弱**은 **足以爲治亂之兆**하니 **蓋有勝而亡**하고 **有敗而興者矣**라 **會稽之棲**에 **而句踐以伯(霸)**하고 **黃池之會**에 **而夫差以亡**[4]은 **有以使之也**니라

漢 高皇帝(高祖)는 天下를 얻을 적에 직접 화살과 砲石을 무릅쓰고 秦나라·楚나라와 다투어 이곳저곳에서 5년 동안 싸웠으나 일찍이 뜻을 얻지 못하였고, 천하를 평정하고 나서는 또다시 平城에서 匈奴에게 포위를 당하였다. 그러므로 종신토록 멀리 경략함을 일삼지 아니하여 백성들 또한 수고롭지 않았으며, 뒤이어 文帝와 景帝는 아예 兵事를 언급하지 않았다.

그런데 唐 太宗은 晉陽에서 군대를 일으켜 竇建德을 격파하고 王世充을 사로잡아 지나가는 곳마다 적들을 항복시켜, 승리하는 것이 대나무를 쪼개는 것보다도 쉬웠다. 그러나 天下가 처음 안정되자 밖으로 四夷들을 물리쳐 高昌國을 정벌하고 突厥을 격파해서 종신토록 군대를 해산하지 아니하여 거의 혼란에 이르렀으니, 이는 천하를 점령하는 것이 쉬움을 직접 보았기 때문이었다.

그러므로 전쟁의 승패는 나라의 강약이 될 수 없고, 나라의 강약은 충분히 治亂의 조짐이 될 수 있는 것이니, 승리하고서 멸망한 자도 있고 패전하고서 다시 흥왕한 자도 있는 것이다.

〈越王 句踐은 궁지에 몰려〉 會稽山에 깃들여 있음으로 인해 이로써 霸者가 되었고, 吳王 夫差는 黃池의 회맹에서 소원을 얻음으로 인해 이로써 패망하였으니, 〈이는 승리와 패전이〉 이렇게 만들었던 것이다.

1) 漢高皇帝之得天下……未嘗得志 : 高皇帝는 漢나라를 일으킨 劉邦으로 廟號는 高祖이다. 劉邦은 秦나라 말기 起兵하여 秦나라를 격퇴하고 漢中王에 봉해졌으나, 천하를 두고 楚나라의 項羽와 대결하여 여러 차례 패전하다가 결국 垓下의 一戰으로 項羽를 무너뜨리고 5년 만에 천하통일의 대업을 완성하였다.
2) 平城之圍 : 平城은 지금의 河北省 定襄縣이다. 漢 高祖가 직접 군대를 인솔하고 흉노의 冒頓單于(묵특선우)를 공격했다가, 平城 인근의 白登山에서 흉노의 30만 대군에게 7일 동안이나 포위되어 곤경에 빠졌던 일을 말한다. 이때 陳平이 계책을 내어 單于의 부인 閼氏(연지)에게 후한 뇌물을 바치고 겨우 포위에서 풀려날 수 있었다. ≪史記 陳丞相世家≫
3) 唐太宗……易於破竹 : 唐 太宗은 이름이 世民으로 唐나라를 개국한 高祖 李淵의 아들이다. 隋 煬帝의 失政이 도를 넘자, 李世民은 隋나라의 멸망을 예측하고 남몰래 인재들을 결집하여 晉陽令 劉文靜과 대사를 모의하고 당시 晉陽宮監으로 있던 아버지 李淵을 설득하여 隋나라에 반기를 들고 唐나라를 건국하였다.

　竇建德은 貝州 漳南縣 사람으로 邢州와 趙州, 滄州를 기반으로 夏王을 칭하면서 李世民과 세력을 다투고 있었는데, 唐 高祖 武德 4년(621)에 王世充의 거점인 洛陽이 李世民의 군대에게 함락될 위기에 처하자, 이를 구원하기 위해 출병했다가 虎牢城에서 李世民에게 기습공격을 받아 사로잡혔다. ≪新唐書 竇建德傳≫

　王世充은 본래 서역의 이민족 출신으로 일찍이 隋나라 장군 楊素를 따라 출전하여 공을 세우고 江都通守가 되었다. 洛陽에서 반란을 일으킨 李密의 군대와 교전 중에 煬帝가 宇文化及에게 시해되자 李密을 격파하고 스스로 鄭王에 올랐다. 그러나 李世民의 군대에 포위되어 있던 중 구원하러 오던 竇建德이 패하자 李世民에게 항복하였다. ≪新唐書 王世充傳≫

4) 會稽之棲……而夫差以亡 : 會稽는 會稽山으로 지금의 浙江省 紹興縣 동남쪽에 있다. 越王 句踐이 吳王 夫差와 싸워 대패하고는 군사 5천 명을 거느리고 會稽山으로 들어가 죽음을 각오하고 농성하였는데, 대부 文種의 계책을 따라 吳나라 太宰 伯嚭(비)에게 많은 뇌물을 주고 가까스로 목숨을 구하였다. 越나라로 돌아온 句踐은 절치부심하여 쓸개를 씹으며 올바른 정사를 펴서 나라의

중흥을 이루어 마침내 吳나라를 멸망시키고 패업을 이룩하였다.

吳王 夫差는 越나라를 제압한 후 기세등등하여 제후들과 패권을 다투었으며, 黃池에서 晉 定公과 여러 제후들을 불러 회맹하여 패업을 이루었다. 이로부터 夫差는 더욱 교만해져서 마침내 越나라에게 패하여 나라는 패망하고 자신은 자살하고 말았다.

夫虢公이 **敗戎于桑田**한대 **晉卜偃**이 **知其必亡**하야 **曰 是天奪之鑑而益其疾也**라하더니 **晉果滅虢**[1]하니 **此范文子所以不得不諫**이어늘 **諫而不納**하야 **而又有功**하니 **敢逃其死哉**아 **彼其不死**면 **則厲公逞志**하야 **必先圖於范氏**하리니 **趙盾之事**에 **可見矣**라 **趙盾**이 **雖免於死**나 **而不免於惡名**[2]하니 **則范文子之智 過于趙宣子 遠矣**니라

虢公이 西戎을 桑田에서 패퇴시키자, 晉나라 대부인 卜偃은 虢公이 반드시 패망할 것을 알고 말하기를 "이는 하늘이 그의 거울(귀감)을 빼앗아 그의 교만한 病을 더한 것이다."라고 하였다. 그런데 晉나라가 과연 虢나라를 멸망시켰으니, 이것이 范文子가 싸움을 諫하지 않을 수 없었던 이유이다. 그런데 范文子의 諫言이 받아들여지지 않아 또다시 싸워 공을 세웠으니, 范文子가 감히 그 죽음을 피할 수 있었겠는가?

范文子가 만일 죽지 않았더라면 厲公이 멋대로 자기 생각을 펴서 반드시 먼저 范氏를 도모했을 것이니, 趙盾의 일에서 이것을 알 수 있다. 趙盾은 비록 죽음을 면했으나 군주를 시해했다는 악명을 면치 못했으니, 그렇다면 范文子의 지혜가 趙盾의 지혜보다 크게 뛰어난 것이다.

1) 夫虢公敗戎于桑田……晉果滅虢 : 虢은 춘추시대 나라 이름으로 故城이 지금의 陝西省 寶鷄市 虢縣에 있었으며, 桑田은 지명으로 河南省 閿(문)鄕縣에 있었다.

虢公이 桑田에서 戎을 패배시키자, 晉나라 卜偃이 "虢나라는 반드시 망할 것이다. 下陽을 잃고도 두려워하지 않고 또 전쟁하여 공을 세웠으니, 이는 하늘이 그의 거울을 빼앗아 그의 죄악을 더하게 한 것이다. 그는 반드시 晉나라를 경시하여 백성들을 돌보지 않을 것이니, 5년을 넘기지 못할 것이다."라고 예언하였는데, 과연 虢나라는 3년 만에 晉나라에게 멸망을 당하였다.

卜偃은 晉나라 대부인데, 그의 이 말은 예전에 晉나라가 虢나라를 공격하여

下陽城을 함락시켰는데도, 虢나라가 이 일에서 교훈을 얻어 올바른 정사를 펴지 못하니, 하늘이 그를 전쟁에서 승리하게 하여 그의 교만심을 키워주어서 결국 나라를 잃게 만들 것임을 예언한 것이다. ≪春秋左氏傳 僖公 2・5년≫

2) 趙盾之事……而不免於惡名 : 趙盾은 晉 靈公 때의 上卿으로 시호는 宣子이다. 惡名은 군주를 시해했다는 나쁜 평판을 이른다.

靈公은 趙盾에 의해 옹립되었는데, 천성이 사치를 좋아하고 포악하여 무도한 짓을 자행하였다. 이에 趙盾이 직간을 하자, 靈公이 趙盾을 미워하여 술자리에 군사를 매복하여 죽이려 하였다. 가까스로 위기를 넘긴 趙盾이 국외로 망명하고자 하였는데, 趙盾이 아직 국경을 넘기 전에 그의 一族인 趙穿이 靈公을 시해하였다. 이에 趙盾은 국경을 넘지 않고 돌아와 成公을 맞이하여 군주로 세웠다.

그러자 太史 董狐가 사책에 "趙盾이 그 임금을 죽였다."라고 써서 조정의 신하들에게 보였다. 趙盾이 이것을 보고 자신이 靈公을 弑害하지 않았음을 항변하자, 董狐가 이르기를 "그대가 正卿으로서 도망을 갔으나 국경을 넘어가지 않았고 돌아와서는 역적을 토벌하지 않았으니, 그대가 弑害한 것이 아니라면 누가 했다는 것인가?"라고 꾸짖었다. 이에 趙盾은 "아! ≪詩經≫에 '나의 그리움이여, 스스로 이런 우환을 만들었구나.'라는 말은 나를 두고 한 말이로다."라고 탄식하였다.

이에 대해 孔子가 말씀하시기를 "董狐는 옛날의 어진 史官이었기에 법에 의거해 곧바로 쓰고 숨기지 않았으며, 趙宣子는 옛날의 어진 大夫이었기에 史官의 書法을 세우기 위해 임금을 弑害했다는 惡名을 받아들였다. 애석하다. 만약 국경을 넘어갔더라면 이런 惡名을 면할 수 있었을 것이다."라고 하였다. ≪春秋左氏傳 宣公 2년≫

06. 范蠡論* 范蠡에 대한 論

* 이 글의 저작 연도는 미상이다. 本集에는 이 글의 제목이 〈范蠡論〉으로 되어 있다. 范蠡는 춘추시대 越王 句踐을 섬긴 유명한 정치가이자 정략가로 字는 少伯이다. 越나라가 吳나라에게 패하여 會稽山에서 항복한 이후, 句踐을 도와 각고의 노력으로 부국강병을 이루어 결국 吳나라를 멸망시켰다.

范蠡는 吳나라를 멸망시킨 다음 越나라를 떠나 齊나라에 가서 姓名을 鴟夷子皮로 바꾸고 재산을 증식하여 수천만 금을 모았으나, 齊나라에서 그를 정승으로 삼고자 하자 재산을 흩어버리고 齊나라를 떠났다. 그 후 陶 지방에 가서 스스로 陶朱公이라 이름하고 농업과 무역에 종사하면서 다시 거만의 재산을 모았으나 끝내 정치에는 관여하지 않았다.

文如酷吏하니 **雖蠡**나 **亦何辭**리오

文章이 혹독한 法吏(法官)와 같으니, 비록 范蠡라도 또한 무슨 말로 해명하겠는가?

越旣滅吳에 **范蠡以爲 句踐爲人**이 **長頸烏喙**(훼)[1]하야 **可以共患難**이요 **不可與共逸樂**이라하고 **乃以其私徒屬**으로 **浮海而行**이러니 **至齊**하야 **以書遺大夫種**[2]**曰 蜚(飛)鳥盡**에 **良弓藏**하고 **狡兎死**에 **走狗烹**하니 **子可以去矣**라하니라

越나라가 吳나라를 멸망시키자, 范蠡는 "句踐의 사람됨이 목이 길고 입이 까마귀 부리여서 患亂은 함께할 수는 있으나 逸樂은 함께할 수 없다."라고 말하고, 마침내 자신의 사사로운 무리(家臣과 私兵)들을 데리고 바다를 항해하여 越나라를 떠나갔다.

그는 齊나라에 이르자, 大夫 文種에게 편지를 보내기를 "나는 새가 다 잡혀 없어지면 좋은 활이 감춰지고, 교활한 토끼가 죽으면 달리던 사냥개를 삶아 죽이는 법이니, 그대는 이제 越나라를 떠나감이 옳다."라고 하였다.

1) 長頸烏喙 : 사람의 觀相術에 있어 긴 목과 까마귀 부리처럼 뾰족한 입을 가리키는데, 이러한 사람은 특히 탐욕스럽고 시기심이 많다고 한다.

2) 大夫種 : 越나라 대부 文種으로 字는 子禽이며 본래 楚나라 郢 땅 출신인데 越나라에 등용되어 대부가 되었다. 뛰어난 정치력으로 范蠡와 함께 越王 句踐을 보필하여 吳나라와의 전쟁으로 멸망 직전에 몰린 越나라를 구하고, 끝내 吳王 夫差를 패망시켜 句踐을 霸者의 지위에 올려놓았다. 그러나 句踐의 곁을 떠나라는 范蠡의 권유를 듣지 않고 越나라에 남았다가, 의심이 많은 句踐에게 반역의 누명을 쓰고 자결하였다.

子曰 范蠡는 獨知相其君而已니 以吾相蠡컨대 蠡亦烏喙也라 夫好貨는 天下賤士也니 以蠡之賢으로 豈聚斂積實[1]者리오마는 何至耕於海濱하야 父子力作하야 以營千金하고 屢散而復積하니 此何爲者哉아 豈非才有餘而道不足이라 故로 功成에 名遂身退나 而心終不能自放者乎아 使句踐有大度하야 能始終用蠡런들 蠡亦非淸淨無爲以老於越者也라 吾故로 曰 蠡亦烏喙也라하노라

蘇子는 이에 대해 다음과 같이 논한다.

范蠡는 다만 군주의 相을 볼 줄 알았을 뿐이니. 내가 范蠡를 살펴보건대 范蠡 또한 까마귀 부리이다.

재물을 좋아하는 것은 天下의 천한 선비이니, 范蠡와 같은 어진 사람이 어찌 聚斂하여 재물을 긁어모으는 자이겠는가마는, 바닷가에서 농사지으면서 父子가 힘써 일해서 千金을 경영해 얻고는 재물을 흩었다가 다시 재물을 모았으니, 이것은 어째서인가? 재주는 충분하나 道가 부족하였기 때문에 功이 이루어지자 몸은 비록 물러갔으나, 마음은 끝내 스스로 放浪하지 못한 것이 아니겠는가?

만일 句踐이 큰 도량이 있어서 시종 范蠡를 등용했더라도 范蠡는 淸廉한 채 無爲로 越나라에서 그대로 늙을 자가 아니다. 나는 그러므로 "范蠡 또한 까마귀 부리이다."라고 말하는 것이다.

1) 聚斂積實 : 聚斂은 원래 관리들이 苛斂誅求하는 것을 이르나 여기서는 인정사정없이 재물을 모으는 것을 가리키며, 積實은 재물을 쌓아 창고에 가득히 채워놓음을 이른다.

魯仲連이 旣退秦軍에 平原君이 欲封連하야 以千金爲壽한대 連笑曰 所貴於天下士者는 爲人排難解紛而無所取也니 卽有取면 是商賈之事니 連은 不忍爲也[1]라하고 遂去하야 終身不復見하고 逃隱於海上하야 曰 吾與富貴而詘(屈)於人으론 寧貧賤而輕世肆志焉이라하니라 使范蠡之去를 如仲連이면 則去聖人不遠矣리라 嗚呼라 春秋以來로 用捨進退 未有如蠡之全者也로되 而不足於此라 吾是以로 累歎而深悲焉하노라

魯仲連이 秦나라 군대를 물리치자, 平原君이 그를 봉해주고자 하여 千金으로 祝

壽를 하니, 魯仲連이 웃으며 말하기를 "천하의 高士를 소중히 여기는 까닭은 남을 위해서 어려운 일을 해결해주고 혼란을 풀어주되 취하는 바가 없기 때문이니, 만일 남을 도와주고 취함이 있다면 이것은 장사꾼의 일이다. 나는 차마 이런 짓을 하지 못하겠다."라고 하고는 마침내 떠나가서 종신토록 다시는 세상에 나타나지 않았다.

그리고는 도망하여 바닷가에 은둔하며 말하기를 "내가 부귀를 누리면서 남에게 굽히기보다는 차라리 빈천한 채로 세상의 부귀영화를 하찮게 여기며 내 마음대로 살겠다."라고 하였다.

만일 范蠡가 魯仲連처럼 떠나갔더라면 聖人과의 거리가 멀지 않을 것이다. 아! 춘추시대 이래로 用捨와 進退가 范蠡처럼 온전한 자가 있지 않았으나 여기에는 부족하였다. 나는 이 때문에 여러 번 탄식하고 깊이 슬퍼하는 것이다.

1) 魯仲連旣退秦軍……連不忍爲也 : 魯仲連은 전국시대 齊나라의 高士이다. 그는 특이하고 빼어난 계책을 잘 냈으나, 얽매여 사는 것을 싫어하여 벼슬하지 않고 趙나라에 은거하고 있었다.

平原君은 趙나라 公子로 이름이 勝인데 선비를 좋아하여 門下에 食客이 수천 명에 이르렀다. 秦나라 장군 王齕이 趙나라를 공격하여 趙나라의 수도 邯鄲(한단)을 포위하자, 여러 제후들이 秦나라를 두려워하여 감히 趙나라를 구원하지 못하였다. 魏나라의 공자인 信陵君 無忌는 平原君의 처남이었으므로 趙王이 平原君으로 하여금 魏나라에 구원을 요청하게 하자, 魏나라의 安釐(희)王은 장군 晉鄙에게 군대를 주어 趙나라를 구원하게 하였다.

그러나 秦 昭王이 사신을 보내 "제후국 가운에 감히 趙나라를 구원하는 나라가 있으면 먼저 그 나라를 공격하겠다."고 위협하자, 魏王이 두려워하여 晉鄙로 하여금 蕩陰에 주둔한 채 더 이상 진군하지 못하게 하였다.

魏나라에서는 新垣衍이란 辯士를 趙나라에 보내 秦나라 임금을 황제로 섬기면 포위를 풀 것이라는 계책을 고하게 하였는데, 이때 이 말을 들은 魯仲連이 "포악한 秦나라가 방자하게 황제를 칭한다면 나는 차라리 東海에 빠져 죽겠다."라고 하며 여러 제후들을 동원할 수 있는 계책을 설명하니, 新垣衍은 "내가 다시는 秦나라를 황제로 섬기자는 말을 하지 않겠습니다."라고 하고 魯仲連에게 절하고 떠나갔다.

信陵君 無忌가 侯嬴의 계책을 써서 魏王의 침실에 있는 印符를 훔쳐 가지고

魏軍의 陣營으로 달려가 晉鄙를 죽인 다음, 스스로 장군이 되어 魏軍을 거느리고 마침 趙나라를 구원하러 온 楚軍과 함께 王齕의 秦軍을 대파하여 邯鄲의 포위를 풀었다. 전쟁이 끝나자 平原君이 魯仲連에게 벼슬을 주고자 하였으나 사양하고 받지 않았다. 平原君이 다시 술자리를 베풀고 천금으로 魯仲連을 위로하고자 하였으나, 魯仲連은 이마저도 받지 않고 떠나갔다. ≪史記 魯仲連鄒陽列傳≫

07. 伍子胥論* 伍子胥에 대한 論

* 이 글의 저작 연도 역시 미상이다. 伍子胥는 춘추시대 楚나라 사람으로 이름이 員이고 子胥는 그의 字인데, 伍氏는 莊王 이래 楚나라의 명문 집안이었다.

楚平王이 **旣殺伍奢, 伍尙**한대 **而伍子胥亡入吳**하야 **事吳王闔閭**[1]러니 **及楚平王卒**에 **子昭王立**하다 **後**에 **子胥與孫武興兵**하야 **及唐蔡伐楚**하야 **夾漢水而陣**하야 **楚大敗**라 **於是**에 **吳王**이 **乘勝而前**하야 **五戰**에 **遂至郢**(영)하니 **楚昭王**이 **出亡**이어늘 **吳兵入郢**하야 **子胥求昭王**호되 **旣不得**이라 **乃掘平王墓**하야 **出其尸**하야 **鞭之三百**하야 **以報父兄之讐**하니라

楚 平王이 伍奢와 伍尙을 죽이자, 伍子胥가 吳나라로 망명하여 吳王 闔閭를 섬겼는데, 楚 平王이 죽고 아들 昭王이 즉위하였다. 뒤에 伍子胥는 孫武와 함께 군대를 일으켜 唐나라와 蔡나라와 함께 楚나라를 공격하면서 漢水를 끼고 陣을 치고 싸워서 楚나라를 대파하였다.

이에 吳王이 승세를 타고 전진하여 다섯 번 싸워 모두 승리하고 마침내 楚나라 도성인 郢 땅에 이르니, 楚 昭王이 도성을 빠져나가 도망하였다. 吳나라 군대가 郢 땅에 입성하자, 子胥가 昭王을 찾았으나 이미 잡을 수가 없었다. 이에 平王의 묘를 파서 시신을 꺼내 채찍 300대를 때려 父兄의 원수를 갚았다.

1) 楚平王……事吳王闔閭 : 伍奢는 伍員의 아버지이고, 伍尙은 伍員의 형이다. 伍奢는 平王의 太子 建의 스승이었는데, 태자와 사이가 나쁜 費無忌가 태자를 모함하면서 伍奢를 참소하여 큰 아들 伍尙과 함께 참수하였다. 이에 伍子胥는

복수를 기약하고 온갖 고초를 겪으며 吳나라로 도망하여, 당시 公子 신분이던 闔閭를 도와 吳王 僚를 시해하고 왕위에 오르게 한 다음 전심전력으로 보좌하였다. 그 결과 吳나라를 강대국으로 만들고 楚나라에 복수전을 전개하여 대승을 거두었다.

吳나라는 예전부터 越나라와 원한관계에 있었는데, 吳王 闔閭가 越나라를 공격하다가 越王 句踐에게 姑蘇에서 패하고 부상을 입었다. 闔閭는 부상이 도져 죽게 되자, 태자 夫差를 불러 유언하기를 "너는 越王 句踐이 너의 아버지를 죽인 일을 결코 잊지 말고 기어이 나의 원수를 갚아라."라고 당부하였다.

이에 夫差는 즉위한 다음 나무 섶에서 자면서 절치부심하며 복수심을 불태웠다. 2년 뒤에 吳王 夫差는 군대를 이끌고 越나라를 공격하여 夫湫에서 越軍을 대파하였다. 越王 句踐은 남은 병력 5천 명을 이끌고 會稽山에 올라 농성하면서 대부 文種을 시켜 吳나라 太宰 伯嚭(비)에게 많은 뇌물을 바치고 화의를 청하였다. 伍子胥는 句踐을 살려두면 후환이 될 것이라 하여 죽일 것을 강력하게 주장하였으나 吳王 夫差는 그의 말을 듣지 않고, 越나라의 항복을 받아들이고 句踐을 살려 보냈다.

句踐은 귀국한 다음 文種과 范蠡를 중용하고 국정을 닦아 부국강병을 이룩하고 다시 吳王 夫差와 싸워 吳軍을 대파하였다. 夫差는 자신을 살려줄 것을 청하였으나, 句踐이 허락하지 않자 마침내 姑蘇臺에서 자결하였다. 伍子胥는 夫差가 伯嚭의 말을 듣고 越王 句踐을 놓아주자, 10여 년이 지나면 越나라가 吳나라를 멸망시킬 것이라고 예언하였다.

그 후 夫差가 승리에 도취되어 齊나라를 공격하려 하자, 伍子胥는 "越나라는 우리의 심복의 병환인데, 越나라를 내버려두고 齊나라를 공격하려 하시니, 이는 좋은 계책이 아닙니다. 원컨대 齊나라를 정벌하는 대신 越나라를 멸망시키시기를 바랍니다. 그렇지 않으면 뒤에 반드시 후회하게 될 것입니다."라고 여러 번 간하였으나, 夫差는 그의 말을 듣지 않고 마침내 伍子胥를 멀리하였다.

夫差가 伍子胥를 齊나라에 사신으로 보냈는데, 伍子胥가 길을 떠나면서 아들에게 이르기를 "내가 여러 차례 王에게 간하였으나 王은 내 말을 듣지 않으니, 장차 吳나라가 越나라에게 망하는 것을 보게 될 것이다. 네가 吳나라와 함께 죽는 것은 무익한 일이다."라고 하고는 아들을 데리고 가서 齊나라의 대부 鮑牧에게 부탁하고 돌아왔다.

이것을 안 伯嚭가 吳王에게 참소하기를 "伍子胥는 인품이 잔인하고 고집이 세며 은혜를 베푸는 데 인색하고 시기심이 많습니다. 齊나라에 사자로 가서 그의 아들을 齊나라의 鮑牧에게 부탁하였으니, 대왕께서 齊나라를 정벌하러 가시면 伍子胥는 반드시 내란을 일으킬 것입니다."라고 하였다. 이에 夫差는 蜀鏤(촉루)라는 검을 주어 伍子胥를 자살하게 하였다.

伍子胥는 죽으면서 집안사람들에게 "내가 죽거든 나의 무덤 위에 가래나무를 심어 吳王의 관을 만들게 하라. 그리고 나의 두 눈을 뽑아 城의 동문 위에 걸어놓아라. 나는 죽어서라도 越나라가 吳나라를 멸망시키는 것을 보리라!"라고 당부하였다.

吳王이 이 말을 듣고 크게 노하여 伍子胥의 시신을 술 담는 가죽부대인 鴟夷에 넣어 강물에 띄워 보냈는데, 그 후 伍子胥의 예언대로 결국 吳나라는 越나라에 의해 멸망하였다. ≪史記 伍子胥傳≫, ≪十八史略≫

蘇子曰 子胥, 種, 蠡는 **皆人傑**이어늘 **而揚雄**은 **曲士也**[1)]라 **欲以區區之學**으로 **瑕疵此三人者**하야 **以三諫不去**하고 **鞭尸藉館**[2)]으로 **爲子胥之罪**하고 **以不彊諫句踐**하야 **而棲之會稽**로 **爲種蠡之過**라 **雄聞古有三諫當去之說**[3)]하고 **卽欲以律天下士**하니 **豈不陋哉**아 **三諫而去**는 **爲人臣交淺者言也**니 **如宮之奇, 洩**(설)**冶**[4)]는 **乃可耳**어니와 **至如子胥**하야는 **吳之宗臣**[5)]이라 **與國存亡者也**니 **去將安往哉**리오 **百諫不聽**이면 **繼之以死可也**니라

蘇子는 이에 대해 다음과 같이 논한다.

伍子胥와 文種과 范蠡는 모두 人傑이었는데, 揚雄은 고루한 선비였다. 자신의 하찮은 학식을 가지고 이 세 사람의 瑕疵를 트집잡고자 하였다. 그리하여 세 번 간하고도 떠나가지 않은 것과, 平王의 시신에 채찍질한 것과, 왕의 관사를 차지하여 거처한 것을 가지고 伍子胥의 죄로 삼았으며, 句踐에게 강력히 간하지 않아서 궁지에 몰려 會稽山에 머물게 된 것을 가지고 文種과 范蠡의 죄로 삼았다.

揚雄은 옛날에 "〈군주에게 잘못이 있으면 신하가〉 세 번 諫하고는 마땅히 떠나가야 한다."는 말이 있음을 듣고는, 즉시 이것을 가지고 천하의 선비들을 다스리고자 하였으니, 어찌 고루하지 않겠는가?

세 번 간하고 떠나가는 것은 人臣으로서 君主와의 교분이 얕은 자를 위하여 말한 것이니, 宮之奇와 洩冶와 같은 사람들은 떠나가도 괜찮지만, 伍子胥와 같은 경우는 吳나라의 宗臣으로 국가와 존망을 함께하는 자이니, 가면 장차 어디로 가겠는가? 백 번 간하여 듣지 않으면 죽음으로써 뒤를 잇는 것이 옳은 것이다.

1) 揚雄曲士也 : 揚雄은 漢나라의 학자이며 문인으로, 자는 子雲이며, 蜀郡 成都 사람이다. 박학다식하고 뛰어난 문장가였으나, 王莽의 新나라 때에 王莽을 찬미하는 글을 지어 후대에 많은 비판을 받았다. 저서로는 ≪太玄經≫과 ≪法言≫이 가장 유명하며 많은 賦를 지었다. 曲士는 전체를 꿰뚫어보지 못하고 한쪽만 아는 수준 낮은 선비를 이른다.

본문의 내용은 전대의 帝王과 將相, 諸子先賢들의 업적과 학설을 평가한 ≪法言≫ 〈重黎〉에 보이는데, 蘇軾은 揚雄의 평가에 왜곡이 있음을 비판하여 曲士라고 말한 것이다.

2) 鞭尸藉館 : 鞭尸는 시신에 채찍을 때리는 것을 이른다. 藉館은 吳나라 군대가 楚나라의 수도에 들어가서 吳王은 楚王의 궁궐에 머물고, 吳나라 대부들은 楚나라 대부들의 집에 유숙한 일을 이른다.

揚雄이 지은 ≪法言≫ 〈重黎〉에 "어떤 사람이 揚雄에게 '伍子胥와 文種과 范蠡 중에 누가 제일 훌륭합니까?'라고 묻자, 揚雄이 대답하였다.

'伍子胥는 吳나라 闔閭로 하여금 내란을 일으켜 王僚를 시해하게 하고 楚나라를 격파한 다음, 郢 땅에 들어가서 平王의 시신에 채찍질을 하고 楚王의 관사에 유숙하였으니, 이는 모두 예법을 따르지 않은 것이며, 夫差에게 越나라를 도모하고 齊나라를 공격하지 말 것을 간하였으나 모두 받아들여지지 않았는데도 떠나가지 못하고 끝내 눈알을 뽑고 말았다.

文種과 范蠡는 越王 句踐을 설득하여 吳나라와 전쟁하지 않도록 간하지 못해서 越나라로 하여금 會稽山에서 대패하여 越나라의 社稷을 욕되게 하였으며, 또 끝내는 吳나라를 멸망시켰으니, 훌륭하다고 할 수 없다.' "라고 비판하였다.

3) 古有三諫當去之說 : 三諫當去는 신하가 군주에게 세 번 간하여 듣지 않으면 마땅히 떠나야 함을 이른다. ≪春秋公羊傳≫ 莊公 24년에 "戎이 장차 曹나라를 침략하고자 하였는데, 曹羈(기)가 간하기를 '戎은 義理가 없으니, 임금께서는 저들과 대적하지 마십시오.'라고 하였으나 曹나라 임금은 듣지 않았다.

세 번 간하였는데도 따르지 않자 曹羈가 마침내 曹나라를 떠나가니, 군자들이 군신의 의리를 얻었다고 평가하였다."라고 보인다.

≪史記≫ 〈宋微子世家〉에는 "殷나라 紂王이 무도한 짓을 자행하여 比干을 죽이고 箕子를 가두자, 微子가 말하기를 '부자간은 骨肉(血緣)의 은혜가 있고 군신간은 義理로써 합하였다. 이 때문에 아버지가 잘못이 있을 경우 자식이 세 번 간하여도 듣지 않으면 그 뒤를 따르면서 울부짖고, 군주가 잘못이 있어 세 번 간하는데도 듣지 않으면 의리상 떠나갈 수 있다.'〔微子曰 父子有骨肉 而臣主以義屬 故父有過 子三諫不聽 則隨而號之 人臣三諫不聽 則其義可以去矣〕"라고 하였다.

4) 宮之奇洩(설)冶 : 宮之奇는 춘추시대 虞나라의 대부이다. 晉나라가 虢나라를 치려면 虞나라를 통과해야 하므로 晉나라에서는 虞나라 임금에게 많은 뇌물을 주고 길을 빌려줄 것을 요청하였다. 이때 宮之奇는 '脣亡齒寒'의 이치를 들어 길을 빌려주지 말 것을 간하였다. 그러나 뇌물에 눈이 먼 虞나라 임금이 그의 말을 듣지 않자, 宮之奇는 가족을 데리고 虞나라를 떠났는데, 晉나라는 虢나라를 정벌하고 돌아오는 길에 虞나라마저 멸망시켰다.

洩冶는 춘추시대 陳나라의 대부로 임금이 무도하여 자주 간하였으나 듣지 않자 마침내 陳나라를 떠나갔다. 脣亡齒寒은 '입술이 없어지면 이가 시리다.'는 뜻으로 이웃나라가 망하면 그 화가 자신에게 미침을 이른다.

5) 至如子胥 吳之宗臣 : 宗臣은 국가에 여러 대에 걸쳐 功이 있는 大臣을 이른다. 伍子胥는 楚나라에서 吳나라로 도망하여 처음 吳王 僚를 섬겼고, 이어 대신의 지위에 있으면서 闔閭와 夫差를 차례로 도왔으므로 이렇게 말한 것이다.

孔子去魯하실새 **未嘗一諫**하시니 **又安用三**이리오 **父受誅**면 **子復讐**는 **禮也**라 **生則斬首**하고 **死則鞭尸**하야 **發其至痛**하야 **無所擇也**라 **是以**로 **昔之君子 皆哀而恕之**어늘 **雄**은 **獨非人子乎**아 **至於藉館**하야는 **闔閭與群臣之罪**요 **非子胥意也**라 **句踐**이 **困於會稽**하고 **乃能用二子**하니 **若先戰而彊諫以死之**면 **則雄**은 **又當以子胥之罪**로 **罪之矣**리라

孔子께서 魯나라를 떠나가실 적에 일찍이 한 번도 諫하지 않으셨으니, 또 어찌 세 번 간할 필요가 있겠는가?

아버지가 죽임을 당했으면 자식이 복수하는 것은 禮이다. 원수가 살아 있으면 그 목을 베고 원수가 죽었으면 시신을 채찍질하여, 그 지극한 애통을 발설하여 가릴 것이 없는 것이다.

이 때문에 옛날 君子들이 모두 伍子胥를 가엾게 여기고 용서해주었는데, 揚雄은 홀로 사람의 자식이 아니란 말인가? 楚王의 관사를 차지하여 거처한 것은, 이는 吳王 闔閭와 여러 신하들의 잘못이지 伍子胥의 뜻이 아니었다.

句踐이 會稽山에서 곤궁에 처하고서야 비로소 두 사람(文種과 范蠡)의 말을 따랐으니, 만약 이 전쟁에 앞서서 두 사람이 강력히 諫하다가 죽었더라면 揚雄은 또다시 伍子胥의 죄로써 이들을 죄주었을 것이다.

08. 孫武論 一* 孫武에 대한 論 1

* 이 글의 저작 연도는 미상이나, ≪蘇文忠公詩編注集成總案≫에 의하면 東坡가 젊은 시절에 지은 듯하다. 孫武는 춘추시대 齊나라 사람으로 자는 長卿이다. 뛰어난 병법가로 吳나라 闔閭의 軍師가 되어 楚나라를 격파하고 齊나라와 晉나라를 위협하여 제후들 사이에서 명성이 높았으며 후세에 병법의 시조로 불린다. 저서에는 병법서 ≪孫子兵法≫ 13편이 있다.

行文好나 而未中孫武之病하니라

文章은 좋으나 孫武의 병통에는 적중하지 못하였다.

古之言兵者는 無出於孫子矣라 利害之相權과 奇正之相生[1)]과 戰守攻圍之法이 蓋以百數하니 雖欲加之나 而不知所以加之矣라 然이나 其所短者는 智有餘而未知其所以用智하니 此豈非其所大闕歟아

옛날에 兵法을 말한 자로는 孫子보다 더 뛰어난 자는 없었다. 利害를 서로 저울질하고 奇兵과 正兵이 相生하며, 수비하고 공격하고 포위하는 방법이 모두 백 가지로 셀 수 없이 많으니, 이보다 더하고자 하더라도 더할 바를 알지 못한다.

그러나 그의 단점은 지혜가 有餘하였으나 지혜를 쓰는 방법을 알지 못한 데 있었

으니, 이 어찌 크게 부족한 바가 아니겠는가?

1) 奇正之相生 : 奇正은 고대 兵法의 용어이다. 전투에서 서로 陣을 치고 정면으로 대적하는 것을 正이라 하고, 매복하여 기습하는 것을 奇라 한다.
≪孫子≫ 〈兵勢〉에 "戰勢는 奇正에 불과하지만, 奇正의 변화는 이루 다할 수 없는 것이다.〔戰勢不過奇正 奇正之變 不可勝窮也〕"라고 보인다. 奇와 正을 교묘히 배합하여 서로를 돕게 하는 것을 상생이라고 말한 듯하다.

夫兵無常形하야 **而逆爲之形**하고 **勝無常處**하야 **而多爲之地**라 **是以**로 **其說**이 **屢變而不同**하야 **縱橫委曲**하야 **期於避害而就利**하야 **雜然擧之**하야 **而聽用者之自擇也**하니라 **是故**로 **不難于用而難于擇**하니 **擇之爲難者**는 **何也**오 **銳于西而忘于東**하고 **見其利而不見其所窮**하야 **得其一說**이면 **而不知其又有一說也**니 **此豈非用智之難歟**아

군대(전쟁)에는 일정한 형체가 없어서 미리 형체(陣法)를 만들어놓고, 승리에는 기필할 수 있는 정해진 방법이 없어서 다방면으로 승리할 수 있는 자리(대책)를 만들어놓는다. 이 때문에 그 말이 자주 변하여 똑같지 않아서 縱橫하고 이리저리 복잡하였다. 그리하여 해로움을 피하고 이익에 나아가도록 기약해서 이것저것 뒤섞어놓고, 兵法을 운용하는 자가 스스로 선택하여 쓰도록 하였다.

이 때문에 兵法을 쓰는 것이 어려운 것이 아니라 선택하기가 어려운 것이다. 선택하기가 어려운 것은 어째서인가? 서쪽에다 마음을 쓰면 동쪽을 잊게 되고, 유리한 것을 보면 곤궁한 것을 보지 못해서, 그 한 가지 설을 얻으면 또다시 한 가지 설이 있음을 알지 못한다. 그러니 이 어찌 지혜를 씀이 어려운 것이 아니겠는가?

夫智는 **本非所以敎人**이니 **以智而敎人者**는 **是君子之急於有功也**라 **變詐汨**(골)**其外**하야 **而無守於其中**이면 **則是五尺童子皆欲爲之**하야 **使人勇而不自知**하고 **貪而不顧**하야 **以陷于難**이 **則有之矣**라 **深山大澤**에 **有天地之寶**어늘 **無意於寶者 得之**하고 **操舟於河**에 **舟之逆順**과 **與水之曲折**을 **忘於水者 見之**라 **是故**로 **惟天下之至廉**이라야 **爲能貪**이요 **惟天下之至靜**이라야 **爲能勇**이요 **惟天下之至信**이라야 **爲能詐**니 **何者**오 **不役於利也**일새니라 **夫不役於利**면 **則其見之也明**하고 **見之也明**이면 **則其發之也果**하나니라

지혜는 본래 남에게 가르쳐줄 수 있는 것이 아니니, 지혜를 남에게 가르쳐주는 것은 바로 君子가 功을 세우는 데 급급한 것이다.

권모술수와 속임수가 그 밖을 어지럽혀서 마음속에 지키는 바가 없게 되면 오척 동자들도 모두 공을 세우고자 한다. 그리하여 사람들로 하여금 용맹하여 자신을 알지 못하고 공을 탐하여 자신을 돌아보지 않게 해서 난에 빠지는 경우가 있는 것이다.

깊은 산과 큰 못에 천지의 보물이 있을 경우 보물에 뜻이 없는 자가 이것을 얻고, 강하에서 배를 운행할 적에 배가 물길에 순하고 거슬리는 것과 물의 곡절을 물을 잊은 자만이 볼 수 있는 것이다.

이 때문에 오직 천하에 지극히 청렴한 자라야 능히 탐하여 취할 수 있고, 천하에 지극히 고요한 자라야 능히 용감할 수 있고, 오직 천하에 지극히 신의를 지키는 자라야 능히 남을 속일 수가 있는 것이다.

어째서인가? 마음이 이익에 의해 동요되지 않기 때문이다. 마음이 이익에 의해 동요되지 않으면 보는 것이 분명하고, 보는 것이 분명하면 행동에 과단성이 있게 되는 것이다.

古之善用兵者는 **見其害而後**에 **見其利**하고 **見其敗而後**에 **見其成**하야 **其心**이 **閒而無事**라 **是以**로 **若此明也**하나니라 **不然**하야 **兵未交而先志於得**이면 **則將臨事而惑**이리니 **雖有大利**나 **尙安得而見之**리오

옛날에 兵法을 잘 운용한 자들은 그 해로움을 본 뒤에 그 이로움을 보고, 그 실패를 본 뒤에 그 성공을 보아서 마음이 한가로워 일이 없었다. 이 때문에 이와 같이 지혜가 밝았던 것이다.

그렇지 아니하여 군대가 교전하기도 전에 먼저 얻음에 뜻을 두면 장차 일에 당하여 미혹될 것이니, 비록 큰 이익이 있으나 어떻게 이것을 보겠는가?

若夫聖人則不然하야 **居天下於貪而自居於廉**이라 **故**로 **天下之貪者**를 **皆可得而用**하고 **居天下於勇而自居於靜**이라 **故**로 **天下之勇者**를 **皆可得而役**하고 **居天下於詐而自居於信**이라 **故**로 **天下之詐者**를 **皆可得而使**하나니라 **天下之人**이 **欲有功於此**하야 **而即**

以此自居면 **則功不可得而成**이라 **是故**로 **君子居晦以御明**이면 **則明者畢見**하고 **居陰以御陽**이면 **則陽者畢赴**하니 **夫然後**에 **孫子之智**를 **可得而用也**니라

聖人으로 말하면 그렇지 않아서, 천하 사람들을 탐하는 쪽에 있게 하고 자신은 청렴한 쪽에 처하므로 천하의 탐하는 자들을 모두 얻어 쓸 수 있으며, 천하 사람들을 용감한 쪽에 있게 하고 자신은 고요한 쪽에 처하므로 천하의 용감한 자들을 모두 얻어서 부릴 수 있으며, 천하 사람들을 속이는 쪽에 있게 하고 자신은 신의에 처하므로 천하의 속이는 자들을 모두 얻어서 부릴 수 있는 것이다.

천하 사람들이 이것을 가지고 공을 세우고자 하여 곧바로 이것을 가지고 자처한다면 공을 이룰 수 없다. 이 때문에 君子가 어두운 곳에 있으면서 밝음을 어거하면 밝은 자들이 모두 나타나고, 陰에 있으면서 陽을 어거하면 陽에 있는 자들이 모두 달려오니, 이렇게 한 뒤에야 孫子의 지혜를 쓸 수 있는 것이다.

易曰 介于石이라 **不終日**하야 **貞吉**[1]이라하니 **君子方其未發也**에 **介然如石之堅**하야 **若將終身焉者**라가 **及其發也**엔 **不終日而作**이라 **故**로 **曰 不役于利**면 **則其見之也明**하고 **見之也明**이면 **則其發之也果**라하노라

≪周易≫에 이르기를 "절개가 돌과 같이 굳어 하루를 마치지 않고 떠나가니, 貞하고 길하다."라고 하였으니, 君子가 막 발동하지 않았을 적에는 지조가 굳어 돌처럼 단단해서 그대로 일생을 마칠 듯이 하다가, 발동함에 미쳐서는 하루를 마치지 않고 떠나간다.

그러므로 "마음이 이익에 의해 동요되지 않으면 보는 것이 분명하고, 보는 것이 분명하면 발동함에 과단성이 있다."라고 말하는 것이다.

1) 易曰……貞吉 : ≪周易≫ 豫卦 六二爻의 爻辭이다. 介于石은 절개가 돌과 같이 견고함을 이르고, 不終日은 기미를 알아 신속하게 떠나감을 이르며, 貞吉은 正道를 지켜 스스로 혼란하지 않으므로 길하다는 뜻이다.

今夫世俗之論은 **則不然**하야 **曰 兵者**는 **詭道也**니 **非貪**이면 **無以取**요 **非勇**이면 **無以得**이요

非詐면 **無以成**이니 **廉靜而信者**는 **無用於兵者也**라하나니라 **嗟夫**라 **世俗之說行**이면 **則天下紛紛乎如鳥獸之相搏**하고 **嬰兒之相擊**하야 **强者傷**하고 **弱者廢**하리니 **而天下之亂**이 **何從而已乎**아

지금 세속의 의논은 그렇지 않아서 "兵法이란 속이는 방법이다. 탐함이 아니면 취할 수가 없고 용맹이 아니면 얻을 수가 없고 속임수가 아니면 성공할 수가 없으니, 청렴하고 고요하고 신의가 있는 것은 兵法에는 쓸모가 없다."라고 말한다.

아! 슬프다. 세속의 말이 유행되면 천하가 紛紛하여 마치 새와 짐승이 서로 공격하고 어린아이들이 서로 다투는 것과 같게 되어 강한 자는 傷하고 약한 자는 버려질 것이니, 이러고서 천하의 혼란이 어떻게 그칠 수 있겠는가?

09. 孫武論 二* 孫武에 대한 論 2

* 이 글은 東坡가 젊은 시절에 지은 것으로 〈孫武論 一〉의 속편이다. 〈孫武論 一〉은 전쟁에 관한 일을 말하였으니 제목과 걸맞다고 말할 수 있으나, 이 글은 군주가 장수를 통제하는 방법을 논하여 兵法과는 크게 상관이 없다. 그러므로 별도로 편을 만든 듯하다.

此篇은 **是借題**하야 **說自家議論**하니라

이 편은 바로 제목을 빌려서 자신의 의논을 말한 것이다.

夫武는 **戰國之將也**니 **知爲吳慮而已矣**라 **是故**로 **以將用之則可**어니와 **以君用之則不可**라 **今其書十三篇**[1)]은 **小至部曲營壘芻糧器械之間**하고 **而大不過於攻城拔國用間之際**하니 **蓋亦盡於此矣**요 **天子之兵**과 **天下之勢**는 **武未及也**라 **其書曰 將能而君不御者勝**이라하니 **爲君而言者**는 **有此而已**니라

孫武는 전국시대의 장수였는데, 吳나라를 위하여 생각할 줄만 알 뿐이었다. 이 때문에 장수로서 그의 계책을 쓰는 것은 괜찮지만 君主로서 쓰는 것은 안 된다.

지금 ≪孫子兵法≫ 13편은 작게는 部曲(部隊)과 營壘와 건초와 식량과 병기의 사

이에 이르고, 크게는 城을 공격하고 나라를 함락시키고 間諜을 운용하는 사이에 지나지 않으니, 또한 여기에서 끝났을 뿐이요, 天子의 군대와 天下의 형세에는 孫武가 미치지 못하였다.

≪孫子兵法≫에 이르기를 "장수가 유능한데 군주가 통제하지 않으면 승리한다."라고 하였는데, 군주를 위하여 말한 것은 이것이 있을 뿐이다.

1) 其書十三篇 : 孫武가 지은 ≪孫子兵法≫의 〈始計〉·〈作戰〉·〈謀功〉·〈軍形〉·〈兵勢〉·〈虛實〉·〈軍爭〉·〈九變〉·〈行軍〉·〈地形〉·〈九地〉·〈火功〉·〈用間〉의 13편을 이른다.

竊以爲 天子之兵은 **莫大於御將**이요 **天下之勢**는 **莫大於使天下樂戰而不好戰**이라하노라 **夫天下之患**은 **不在於寇賊**이요 **亦不在於敵國**[1]이요 **患在於將帥之不力**하야 **而以寇賊敵國之勢**로 **內邀其君**이라 **是故**로 **將帥多而敵國愈彊**하고 **兵加而寇賊愈堅**하니 **敵國愈彊而寇賊愈堅**이면 **則將帥之權**이 **愈重**하고 **將帥之權**이 **愈重**이면 **則爵賞**을 **不得不加**라 **夫如此**면 **則是盜賊**이 **爲君之患**이나 **而將帥利之**요 **敵國**이 **爲君之讐**나 **而將帥幸之**니라

내가 적이 생각하건대, 天子의 군대는 장수를 통제하는 것보다 더 큰 것이 없고, 天下의 형세는 천하 사람들로 하여금 국가를 위해 기꺼이 싸우되 전쟁을 좋아하지 않게 하는 것보다 더 큰 것이 없다.

천하의 禍는 寇賊에 있지 않고 또한 敵國에도 있지 않으며, 장수가 힘을 다하지 않고 寇賊과 敵國의 형세를 이용하여 안으로 君主에게 功을 요구하는 데 있는 것이다.

이 때문에 장수가 많으면 많아질수록 敵國이 더욱 강해지고, 군대가 증가하면 증가할수록 寇賊이 더욱 견고해지니, 敵國이 더욱 강해지고 寇賊이 더욱 견고해지면 장수의 권한은 더욱 무거워지고 장수의 권한이 더욱 무거워지면 官爵과 상을 더 가하지 않을 수 없는 것이다.

이와 같다면 寇賊이 군주의 우환이 되나 장수는 이것을 이롭게 여기고, 敵國이 군주의 원수가 되나 장수는 이것을 요행으로 여기는 것이다.

1) 不在於寇賊 亦不在於敵國 : 寇賊은 자기 나라 안에서 반란을 일으킨 자를 이

르고, 敵國은 남의 나라를 이른 것이다.

擧百倍之勢하야 **而立毫芒之功**하고 **以藉其口**하야 **而邀利於其上**하니 **如此而天下不亡者**는 **特有所待耳**라 **昔唐之亂**이 **始于明皇**[1)]하니 **自肅宗復兩京**[2)]이나 **而不能乘勝幷力**하야 **盡取河北之盜**[3)]라 **德宗收潞博**[4)]하야 **幾定魏地**로되 **而不能斬田悅**[5)]**於孤窮之中**하고 **至於憲宗**하야 **天下略平矣**로되 **而其餘孽**(얼)**之存者**를 **終不能盡去**[6)]하니라

백 배의 형세를 가지고 털끝만 한 공을 세우고는 이것을 구실 삼아 윗사람에게 이익을 요구하니, 이러고서도 천하가 망하지 않는 것은 다만 시간을 기다릴 뿐이다. 옛날 唐나라의 혼란은 明皇(玄宗)으로부터 시작되었는데, 肅宗 때에야 두 首都(長安과 洛陽)를 수복하였으나, 승세를 타고 힘을 합쳐서 河北의 좀도둑을 다 소탕하지는 못했었다. 그러다가 德宗이 澤潞와 魏博을 거두어 거의 魏 지역을 평정하였으나, 외롭고 곤궁한 처지에 처한 田悅을 목 베지는 못하였으며, 憲宗에 이르러서는 천하가 대략 평정되었으나 남아 있는 餘孽(殘黨)들을 끝내 다 제거하지 못하였다.

1) 昔唐之亂 始于明皇 : 明皇은 唐나라 6대 황제인 玄宗 李隆基(685~762)의 별호이다. 玄宗은 睿宗의 셋째 아들이었는데 睿宗의 뒤를 이어 즉위하였다. 開元 연간(713~741)에 姚崇, 張九齡 등 뛰어난 재상들을 등용하여 태평성대를 이룩하고 중흥의 군주로 불려졌으나, 만년에 楊貴妃에 빠져 정사를 돌보지 않다가 간신들로 하여금 국정을 전횡하게 하여 끝내는 '天寶의 亂(安史의 亂)'을 불러 들였는데, 唐나라는 이후 혼란이 이어져 쇠퇴했다. ≪新唐書 玄宗本紀≫

2) 自肅宗復兩京 : 肅宗은 玄宗의 아들 李亨(711~762)으로 玄宗이 安祿山의 난을 피하여 蜀 지방으로 피난 가자, 至德 원년(756)에 靈武에서 즉위하였으며, 兩京은 長安과 洛陽을 이른다. 至德 2년(757) 정월에 安祿山이 자신의 아들 安慶緖에게 살해당하자 반란군의 세력은 급속히 약해져서, 동년 9월에 肅宗은 마침내 長安과 洛陽을 수복하고 長安으로 돌아왔다.

3) 河北之盜 : 河北 지방에서 割據한 朔方, 魏博, 澤潞 등의 藩鎭들을 가리킨다. 肅宗을 이어 태자 李豫(726~779)가 寶應 원년(762)에 등극하니, 이가 바로 代宗이다. 代宗이 즉위한 지 1년 만에 가까스로 7년에 걸친 安史의 난이 진압되었다. 그러나 황하 이북 일대는 藩鎭들이 계속 반란을 일으켜 할거하였

는데, 위구르인 朔方節度使 僕固懷恩과 安祿山의 部將으로 魏州를 들어 투항하여 魏博節度使에 임명된 田承嗣 등은 독자적인 세력을 형성하여 중앙정부의 명령을 받아들이지 않았다.

4) 德宗收潞博 : 태자 李适(742~805)이 代宗을 이어 大曆 14년(779)에 즉위하니, 이가 바로 德宗이다. 德宗은 즉위 초년에 문란해진 租·庸·調의 세제를 兩稅法으로 바꾸는 등 政事에 진력하고 皇權을 강화하여 한때 중흥의 군주로 불리기도 하였다.

德宗은 藩鎭들의 할거를 인정하지 않고 강경하게 대응하여 중앙정부의 명령이 통하지 않던 여러 지역을 수복하였으나, 시기심이 많고 盧杞 등의 小人을 등용하였으며, 姑息的인 政策을 시행함으로써 말년에는 藩鎭들이 더욱 강성해졌다. 潞博은 澤潞와 魏博으로, 安史의 난 이후에 황하 이북에 설치한 藩鎭의 이름이다.

5) 田悅 : 魏博節度使 田承嗣의 조카로, 田承嗣가 죽자 그 지위를 계승하였다. 成德節度使 李寶臣은 淄青節度使 李正己와 魏博節度使 田承嗣와 결탁하여 자신들이 죽으면 토지를 子孫들에게 물려주기로 서로 약속하였다. 이 때문에 田承嗣가 죽자 李寶臣은 田悅에게 魏博節度使의 지위를 제수할 것을 조정에 강력히 요청하여 代宗이 이를 허락하였다.

그 후 李寶臣이 죽자, 李寶臣의 아들 李惟岳이 아버지의 지위를 계승할 수 있도록 田悅이 조정에 요청하였으나 德宗이 세습의 폐단을 개혁하고자 하여 이를 허락하지 않았다. 田悅은 이에 淄青節度使 李正己와 함께 조정의 명령을 받지 않고 스스로 魏王이라 참칭하였으나, 뒤에 세력이 고립되어 결국 자신의 조카인 田緖에게 살해당하였다. 이들의 반란이 도화선이 되어 藩鎭들의 반란이 연이어 일어나 唐나라는 다시 혼란에 빠지고 말았다.

6) 至於憲宗……終不能盡去 : 德宗의 태자 李誦(761~806)이 永貞 원년(805)에 즉위하여 順宗이 되었으나 병약하여 바로 동년에 태자 李純(778~820)에게 양위하니, 이가 바로 憲宗이다. 憲宗은 과단성이 있어 민심을 추스르고 황권을 강화하였으며, 세력이 큰 淮西節度使 吳元濟 등의 藩鎭들을 무력으로 진압하였다. 그러나 藩鎭의 제도를 폐지하지는 못하였으므로 이렇게 말한 것이다.

夫唐之所以屢興而終莫之振者는 何也오 將帥之臣이 養寇以自封也일새라 故로 曰

天子之兵은 莫大於御將이라하노라 御將之術은 開之以其所利하고 而授之以其所忌니 如良醫之用藥하야 烏喙(훼)[1]蝮蝎이 皆得自效於前하야 而不敢肆其毒하나니 何者오 授之以其所畏也일새니라

唐나라가 여러 번 침체를 딛고 일어났으나 끝내 떨치지 못한 까닭은 어째서인가? 장수된 신하들이 寇賊을 길러 자신들의 세력을 키웠기 때문이다.

그러므로 나는 "天子의 군대는 장수를 통제하는 것보다 더 큰 것이 없다."라고 말하는 것이다.

장수를 통제하는 방법은 저들이 이롭게 여기는 길로 열어주고, 저들이 두려워하는 것을 보여주어야 한다. 이는 마치 훌륭한 醫員이 약재를 운용하면 독약인 烏喙와 독사와 전갈이 모두 앞에서 약효를 나타내면서도 감히 그 毒을 부리지 못하는 것과 같으니, 이는 어째서인가? 그 독약이 두려워하는 바를 주어 억제하기 때문이다.

1) 烏喙 : 天雄과 여기에 붙은 附子를 이르는데, 독성이 강한 熱性 약재이다.

憲宗이 將討劉闢할새 以爲非高崇文이면 則莫可用이요 而劉澭者는 崇文之所忌也[1]라 故로 告之曰 闢之不克이면 將澭實汝代라하니 是以로 崇文決戰하야 不旋踵에 擒劉闢하니 此는 天子御將之法也니라

憲宗이 장차 劉闢을 토벌하려 하면서 생각하기를 '高崇文이 아니면 쓸 만한 사람이 없다.'고 여겼는데, 劉澭은 高崇文이 꺼리는 사람이었다. 그러므로 憲宗은 高崇文에게 말하기를 "네가 劉闢을 이기지 못하면 나는 劉澭으로 하여금 너를 대신하게 하겠다."라고 하였다. 이 때문에 高崇文이 결사적으로 싸워서 발을 돌리기도 전에 劉闢을 사로잡았으니, 이것이 천자가 장수를 통제하는 방법이다.

1) 憲宗將討劉闢……崇文之所忌也 : 劉闢은 字가 太初로 德宗 貞元 연간에 진사로 급제하여 입사하였는데, 劍南西川節度使 韋皐의 막료가 되어 西川節度副使가 되었다.

憲宗 즉위 원년(806)에 韋皐가 죽자 憲宗이 袁滋를 劍南西川節度使로 임명하였으나, 劉闢이 무력을 동원하여 袁滋를 막자, 이제 새로 즉위하여 힘이 부족

하였던 憲宗은 어쩔 수 없이 劉闢을 劍南西川節度使로 임명하였다. 그러나 오만방자한 劉闢은 이에 만족하지 않고 東川節度使의 지위까지 요구하였다. 이에 憲宗이 격노하여 神策軍行營都統 高崇文에게 명하여 劉闢을 토벌하게 하였다.

劉澭은 당시 秦州刺史로 德宗 때에 隴西를 지키면서 군대의 지휘체계가 분명하고 엄격하여 명성이 높았던 인물이다.

夫使天下樂戰而不好戰者는 **何也**오 **天下不樂戰**이면 **則不可與從事於危**요 **好戰**이면 **則不可與從事於安**이라 **昔秦人之法**은 **使吏士自爲戰**하야 **戰勝而利歸於民**하야 **所得於敵者**를 **卽以有之**라 **使民之所以養生送死者**로 **非殺敵**이면 **無由取也**라 **故**로 **其民以好戰幷天下**러니 **而亦以亡**하니라 **夫始皇**이 **雖已墮**(휴)**名城**하고 **殺豪傑**하고 **銷鋒鏑**[1]이나 **而民之好戰之心**이 **囂然其未已也**라 **是故**로 **不可與休息**하야 **而至於亡**하니라

"천하 사람들로 하여금 국가를 위해 기꺼이 싸우되 전쟁을 좋아하지 않게 한다."는 것은 어떤 것인가? 천하 사람들이 국가를 위해 기꺼이 싸우지 않으면 국가가 위태로울 적에 함께 종사할 수가 없고, 또 戰爭하기를 좋아하면 평안할 적에 함께 종사할 수가 없는 것이다.

옛날 秦나라의 법은 관리와 병사들로 하여금 각자 전투하게 해서 승리하면 그 이익이 백성들에게 돌아가서 적으로부터 얻은 것을 즉시 소유하게 하였다. 그리하여 백성들로 하여금 산 사람을 봉양하고 죽은 이를 장송함에 있어 적을 죽이지 않으면 재물을 취할 길이 없도록 하였다.

그러므로 그 백성들이 전쟁을 좋아함으로 인해 天下를 兼幷하였는데, 또한 이로써 멸망하였다.

始皇帝가 비록 유명한 城을 헐어버리고 豪傑들을 죽이고 병기의 칼날을 녹였으나, 백성들이 전쟁을 좋아하는 마음이 시끄럽게 일어나서 그치지 않았다. 이 때문에 백성들이 함께 휴식을 하지 못해서 秦나라는 결국 멸망에 이른 것이다.

1) 夫始皇……銷鋒鏑 : 이 내용은 賈誼가 지은 〈過秦論〉의 문장을 원용한 것으로 여기에 "秦나라는 선왕의 법도를 폐하고 百家의 글을 불태워 백성들을 어리석게 만들며, 유명한 성을 허물고 豪傑들을 죽이며, 천하의 병기를 거두어다가

咸陽에 모아 칼날을 녹여서 金人 12개를 주조하여 천하의 백성을 약하게 만들었다.〔廢先王之道 焚百家之言 以愚黔首 墮名殺豪俊 收天下之兵 聚之咸陽 銷鋒鍉 鑄以爲金人十二 以弱天下之民〕"라고 보인다.

若夫王者之(民)〔兵〕은 要在於使之知愛其上而讐其敵하고 使之知其上之所以驅之於戰者 凡皆以爲我也라 是以로 樂其戰而甘其死하고 至於其戰也엔 務勝敵而不務得財하야 其賞也에 發公室而行之於廟하야 使其利不在於殺人이라 是故로 其民이 不志於好戰하니라 夫然後에 可以作之於安居之中하고 而休之於爭奪之際하야 可與安하고 可與危요 而不可與亂이니 此天下之勢也니라

王者의 백성이란, 백성들로 하여금 윗사람을 사랑하고 寇賊을 원수로 삼을 줄 알게 하며, 또 백성들로 하여금 윗사람이 자기들을 전쟁터로 내모는 것이 모두 자신(백성)을 위해서라는 것을 알게 하는 데에 있다.

이 때문에 백성들이 국가를 위해 싸우는 것을 기꺼워하고 죽음을 달갑게 여기며, 또 적과 싸울 적에 이르러는 적을 이기는 것에만 힘쓰고 재물을 얻는 것에 힘쓰지 않았다. 그리하여 賞을 줄 적에 公室(王室)의 재물을 내어 祠堂에서 賞을 시행해서 그 이로움이 적을 죽이는 데 있지 않도록 하였다.

이 때문에 백성들이 전쟁을 좋아하는 데에 마음을 두지 않았던 것이다. 이렇게 한 뒤에야 백성들을 편안히 거주하는 가운데에도 동원할 수 있고 쟁탈하는 즈음에도 휴식할 수 있어서, 백성들과 함께 편안할 수도 있고 함께 위태로울 수도 있으나 함께 혼란을 일으키지는 않는 것이니, 이것이 천하의 형세인 것이다.

論孫武에 而發武之兵書之所不及하니 蓋亦鑑宋之御將之無法하고 而其士卒이 狃於弱而不能戰之故也니라

孫武를 논하면서 孫武의 兵書에서 언급하지 않은 것을 말하였으니, 아마도 또한 宋나라가 장수를 통제하는 방법이 없고, 士卒들이 나약함에 익숙해서 제대로 싸우지 못함을 귀감으로 삼은 것이리라.

宋大家蘇文忠公文抄 卷14

論

01. 樂毅論* 樂毅에 대한 論

* 郎曄의 ≪經進東坡文集事略≫ 〈進論〉의 제목 아래에 "이 글은 制科에 응시했을 때에 올린 試券이다."라고 하였다. 蘇軾은 仁宗 嘉祐 6년(1061)에 制科에 응시하였다.

그러나 王文誥[1)]의 ≪蘇文忠公詩編注集成總案≫에는 "蘇長公의 本集에 실린 여러 論과 經義, 經解, 策別, 策斷 등 여러 작품이 이루 헤아릴 수 없이 많은데, 이 가운데 〈正統論〉만 직접 仁宗 至和 2년(1055)의 저작이라고 注하였고, 나머지 작품들은 젊은 시절의 저작으로 추측할 뿐 자세한 시기는 알 수 없다. 아마도 당시 과거에 응시하기 위한 공부가 이와 같았던 듯하다."라고 하였다.

樂毅는 전국시대 燕나라의 명장이다. 전국시대 중엽에 燕나라는 燕王 噲(쾌)가 辯士인 蘇代의 말을 따라 王位를 정승인 子之에게 禪讓하였다가 나라가 큰 혼란에 빠졌다. 그리하여 齊나라의 침공을 받아 燕王 噲가 죽고 나라가 거의 망하게 되었는데, 燕나라 사람들이 太子 平을 세우니, 이가 바로 昭王이다.

당시 齊 湣王은 宋나라를 멸망시키고 자만에 빠져 기고만장하였다. 昭王은 齊나라에 복수하기 위해 樂毅를 大將軍으로 등용하고, 제후들과 연합군을 편성하여 齊나라를 공격해서 70여 城을 함락하는 큰 성과를 거뒀다. 昭王이 죽고 태자인 惠王이 즉위하였는데, 惠王이 齊나라의 反間計에 말려들어 樂毅를 의심하고 대장군의 직위를 박탈하자, 樂毅는 趙나라로 망명하였다. 趙나라에서 樂毅를 등용하려 하였으나 樂毅는 끝까지 따르지 않았다. ≪史記 樂毅列傳≫

1) 王文誥 : ≪唐宋八大家文鈔 校注集評≫과 ≪淸史稿≫에는 王文浩로 표기되어 있어 본서 2책까지는 그대로 따랐으나, 淸나라 嘉慶 24년(1819)에 판각한 ≪蘇文忠公詩編注集成總案≫ 武林韻山堂刻本에 '浩'가 '誥'로 되어 있어 수정

하였음을 밝혀둔다. 王文誥(1764~?)는 자가 純正이고 호가 見大로 浙江 仁和 사람이다. 저서에는 ≪韻山堂集≫, ≪二松庵游草≫ 등이 있다.

霸者之論은 自是刺骨이니라

霸者論은 진실로 뼈를 찌른다.

自知其可以王而王者는 三王[1]也요 自知其不可以王而霸者는 五霸[2]也라 或者之論에 曰 圖王不成이면 其弊猶可以霸라하니 嗚呼라 使齊桓, 晉文而行湯, 武之事하면 將求亡之不暇하리니 雖欲霸나 可得乎아

자신이 왕 노릇할 수 있음을 스스로 알아서 왕 노릇한 자는 三王이요, 자신이 왕 노릇할 수 없음을 스스로 알아서 霸者가 된 자는 五霸이다.

혹자는 논하기를 "왕을 도모하다가 이루지 못하면 최소한 霸者는 될 수 있다."라고 하니, 아! 만일 齊 桓公과 晉 文公이 湯王과 武王의 일을 행하였더라면 장차 망하는 것을 구원하기에도 겨를이 없었을 것이니, 霸者가 되고자 하나 될 수 있었겠는가?

1) 三王 : 夏·商·周 三代의 임금으로 夏나라의 禹王, 商나라의 湯王, 周나라의 文王과 武王을 이른다.
2) 五霸 : 춘추시대의 제후 중에 霸業을 이룬 다섯 명의 제후를 이른다. ≪春秋左氏傳≫의 杜預의 注에는 齊 桓公, 晉 文公, 秦 穆公, 宋 襄公, 楚 莊王이라고 하였는데, 史家에 따라서는 宋 襄公 대신 吳王 夫差나 越王 句踐을 꼽기도 한다.

夫王道者는 不可以小用也니 大用則王이요 小用則亡이라 昔者에 徐偃王, 宋襄公이 嘗行仁義矣[1]라 然이나 終以亡其身, 喪其國者는 何哉오 其所施者 未足以充其所求也일새라 故로 夫有可以得天下之道요 而無取天下之心이라야 乃可與言王矣라 范蠡, 留侯[2]는 雖非湯, 武之佐[3]나 然亦可謂剛毅果敢하고 卓然不惑하야 而能有所必爲者也라 觀吳王困於姑蘇之上하야 而求哀請命于句踐한대 句踐欲赦之러니 彼范蠡者

獨以爲不可라하고 **援桴進兵**하야 **卒刎其頸**[4)]하며 **項籍之解而東**에 **高帝亦欲罷兵歸國**이러니 **留侯諫曰 此**는 **天亡也**니 **急擊勿失**[5)]이라하니 **此二人者**는 **以爲區區之仁義**가 **不足以易吾之大計也**라하니라

王道라는 것은 작게 써서는 안 되니, 크게 쓰면 王者가 되고 작게 쓰면 망한다.

옛날에 徐 偃王과 宋 襄公은 일찍이 仁義를 행하였다. 그러나 이들이 끝내 자기 몸을 망치고 나라를 잃었던 것은 어째서인가? 그 베푼 것이 자기가 추구하는 바를 충족시키지 못했기 때문이다.

그러므로 천하를 얻을 수 있는 방도가 있고 천하를 취할 마음이 없어야 비로소 王道를 말할 수 있는 것이다.

范蠡와 留侯(張良)는 비록 〈伊尹과 姜太公처럼〉 湯王과 武王의 훌륭한 보좌는 아니었으나, 또한 굳세고 과감하고 우뚝하여 동요하지 않아서 무슨 일을 충분히 할 수 있는 자라고 할 수 있다.

吳王 夫差가 姑蘇山에서 곤궁에 처해 자신에게 목숨을 애걸하는 것을 보자, 越王 句踐은 용서하고자 하였으나, 范蠡가 홀로 '불가하다.' 하고 북채를 당겨 진군해서 吳王 夫差가 끝내 스스로 목을 찔러 자살하게 하였으며, 項籍(項羽)이 포위를 풀고 동쪽으로 돌아갈 적에 高帝(漢 高祖 劉邦)도 군대를 해산하고 자기 나라로 돌아가고자 했으나, 留侯가 간하기를 "이것은 하늘이 그를 망치고자 하는 것이니 서둘러 공격하여 기회를 잃지 말아야 합니다."라고 하였다. 이는 저 范蠡와 留侯 두 사람은 하찮은 仁義가 자신들의 큰 계책을 바꿀 수 없다고 여긴 것이다.

1) 昔者……嘗行仁義矣 : 徐나라는 周나라 때의 제후국인데 皐陶의 아들인 伯翳(伯益)의 후손으로 성이 嬴이다. 본래 伯爵으로 봉해졌는데, 偃王이 하구를 준설하다가 붉은 활과 화살을 얻고는 하늘이 내린 祥瑞라고 기뻐하며 왕을 참칭하였다.

≪韓非子≫ 〈五蠹〉에 "徐 偃王은 漢水의 동쪽 지방 500里를 차지하고 仁義를 행하며 땅을 떼어 제후들을 分封해서 朝會 오는 나라가 36國이나 되었다. 이에 荊(楚) 文王이 자기 나라를 해칠까 두려워하고 군대를 일으켜 공격해서 멸망시켰다."라고 보인다.

저본에 "몸을 망치고 나라를 잃었다."고 한 것은 偃王이 楚나라의 침공에도 불구하고 백성들이 전쟁의 화를 입을까 염려하여 仁義를 내세우고 싸우지 않다가 멸망당했기 때문에 이렇게 말한 것이다.

宋 襄公은 이름이 茲父인데, 춘추시대의 군주로 史家에 따라서는 춘추시대 五霸의 하나로 꼽기도 한다. 楚나라와 泓水에서 싸울 적에 仁義를 강조하여, 楚나라의 군대가 泓水를 반쯤 건넜을 적에 공격하자는 司馬 子魚의 간언을 물리치고 楚軍이 물을 다 건너고 대열을 갖출 때까지 기다렸다가 싸워 크게 패하였다. 그리하여 결국 자신은 몸에 부상을 입고 宋나라는 큰 망신을 당하였다.

2) 范蠡留侯 : 范蠡는 춘추시대 越王 句踐을 섬긴 정치가이자 정략가로 字는 少伯이다. 越나라가 吳나라에게 패한 이후 句踐을 도와 각고의 노력으로 부국강병을 이루어 결국 吳나라를 멸망시켰다.

留侯는 張良의 封號로 字는 子房이고 시호는 文成이다. 뛰어난 智略으로 秦나라 말기에 漢나라를 개국한 高祖 劉邦을 도와 천하를 통일하여 蕭何, 韓信과 함께 開國三傑로 불렸고 留侯로 봉해졌다.

3) 湯武之佐 : 商나라의 湯王을 보좌한 伊尹과 周나라의 武王을 보좌한 姜太公(呂望)을 가리킨다. 伊尹은 이름이 摯로 有莘國에 은거하다가 湯王의 초빙을 받고 세상에 나와 夏나라의 桀王에게 천거되기도 하였으나, 桀王이 포악한 정사를 계속하자, 湯王을 보필하여 夏나라를 공격해서 승리하고 천하를 통일하였다.

姜太公은 呂氏이고 이름이 尙이며 太公은 그의 시호이다. 殷나라 말기 난세를 피하여 渭水에서 낚시질하다가 周 文王(姬昌)을 만나 國師로 기용되어 尙父로 일컬어지고 周나라를 강대국으로 만들었으며, 文王이 죽고 武王 發이 즉위하자 8백 명의 제후들을 거느리고 殷나라의 紂王을 공격하여 牧野의 一戰으로 통일천하를 이룩하였다. 이후로 伊尹과 姜太公은 伊・呂라 하여 開國한 名臣으로 알려지게 되었다.

이 밖에도 周나라에는 周公 旦과 召公 奭이 있었으나 周公은 文王의 아들이고 召公은 종친이며 戰略에는 크게 작용하지 않았으므로 주로 太公을 말한다. 一說에는 召公 역시 文王의 아들이라고도 한다.

4) 吳王困於姑蘇之上……卒刎其頸 : 吳나라는 지금의 蘇州, 越나라는 지금의 杭州에 있었는데, 춘추시대 말기 두 나라는 오랫동안 전쟁하여 원수지간이 되었

다. 吳王 夫差가 越王 句踐과 會稽山에서 싸워 승리하였는데, 句踐이 목숨만 살려달라고 애걸하자 夫差는 句踐을 죽여야 한다는 伍員(伍子胥)의 말을 듣지 않고 많은 공물을 받고 句踐을 풀어주었다.

그 후 句踐은 명재상인 范蠡와 文種을 등용하고 선정을 베풀어 국력을 강화하다가, 교만에 빠진 吳王 夫差를 공격하였다. 그리하여 越軍이 笠澤에서 吳軍을 대파하고 吳나라 도성을 3년 동안 포위하였다.

夫差가 도성에서 탈출하여 姑蘇山으로 들어가 농성하자, 句踐이 추격하여 다시 포위하였다. 夫差가 越王에게 강화를 청하며 말하기를 "옛날 제가 會稽山에서 대왕에게 죄를 지었으나 이제는 감히 명을 거스를 수 없어 대왕께 강화를 청합니다. 오늘 대왕께서 외로운 臣을 징벌하기 위해 玉步를 옮기셨으니, 臣은 단지 그 명에 따를 뿐입니다. 바라건대 예전 會稽山에서처럼 저에게도 관용을 베풀어 용서해주시기 바랍니다."라고 하자, 句踐이 차마 모질게 대하지 못하고 허락하려고 하였다.

이에 范蠡가 아뢰기를 "會稽山에서의 일은 하늘이 우리 越나라를 吳나라에게 준 것인데, 吳나라가 취하지 않아 이제 하늘이 吳나라를 우리 越나라에게 주시는 것입니다. 어찌 우리가 하늘의 명을 거역하겠습니까? 吳나라를 취하기 위해 계획을 세워 노력한 것이 이제 22년이 되었는데, 어찌 하루아침에 이를 저버릴 수 있겠습니까?"라고 하며, 직접 북채를 잡고 북을 두드려 군대를 진군시켰다. 越王이 애처롭게 여겨 吳王에게 사자를 보내 甬東에다가 1백家를 주어 살게 하겠다고 하였으나, 吳王이 스스로 목을 찔러 죽었다." ≪史記 越王句踐世家≫

5) 項籍之解而東……急擊勿失 : 秦나라 말기 陳勝과 吳廣의 반란을 시발점으로 秦나라는 각처에서 義兵이 蜂起하였다. 楚나라 장군이었던 項燕의 아들 項梁과 項燕의 손자 項羽(項籍)가 起兵하였으며, 沛邑의 劉邦도 起兵하여 秦나라를 쓰러뜨린 다음, 項羽는 스스로 西楚의 霸王이 되고 劉邦은 漢中王에 봉해져 각각 제후들을 병탄하였다.

그러나 漢王 劉邦은 楚王 項羽에게 백전백패하여 도망다니기에 겨를이 없었다. 漢王이 張良과 陳平의 계책으로 楚나라의 군주와 신하를 이간시켜 결국 楚나라의 謀士인 范增이 화병으로 죽고 장군 鍾離昧 등이 제거되었으며, 漢나라는 韓信의 연전연승으로 魏, 趙, 齊를 차례로 평정하자, 楚나라는 세력이 급속히 약화되었다.

이때 劉邦의 아버지인 太公과 劉邦의 아내인 呂后는 楚나라에 사로잡혀 인질로 있었으며, 楚나라는 漢軍을 포위하고 있었다. 이에 項羽는 마침내 漢나라와 강화하기로 약속하고, 천하를 반으로 나누어 鴻溝 以西는 漢나라가 차지하고 以東은 楚나라가 차지하게 하였다.

B.C. 203년 9월에 項羽는 太公과 呂后를 돌려보내고 병력을 인솔하여 포위를 풀고 동쪽으로 돌아갔다. 漢王이 서쪽으로 돌아가려 하자, 張良과 陳平이 설득하기를 "지금 우리 漢나라가 천하의 태반을 소유하였고 제후가 모두 따르며, 楚나라는 병사들이 피로하고 식량이 다하였으니, 이는 하늘이 망하게 하는 때입니다. 이제 놓아주고 공격하지 않으면 이른바 범을 길러 스스로 화를 남긴다는 것입니다."라고 하니, 漢王이 그 말을 따랐다.

그 결과 漢나라는 垓下의 一戰으로 項羽를 목 찔러 죽게 만들고 천하를 통일할 수 있었다. 이에 대하여 일부 學者들은 張良이 楚나라와의 강화약속을 깨고 공격하도록 권한 사실을 비판하는 자가 있었으므로, 東坡는 徐 偃王과 宋 襄公의 하찮은 仁義를 돌아볼 필요가 없다고 강조한 것이다.

嗟夫라 **樂毅**는 **戰國之雄**이나 **未知大道**요 **而竊嘗聞之**는 **則足以亡其身而已矣**[1]라 **論者以爲 燕惠王不肖**하야 **用反間**하야 **以騎劫代將**하야 **卒走樂生**[2]하니 **此其所以無成者**는 **出於不幸**이요 **而非用兵之罪**라 **然**이나 **當時使昭王尙在**하야 **反間不得行**이라도 **樂毅終亦必敗**하리라 **何者**오 **燕之幷齊**는 **非秦, 楚, 三晉之利**[3]일새라 **今以百萬之師**로 **攻兩城之殘寇**로되 **而數歲不決**[4]하야 **師老于外**면 **此必有乘其虛者矣**라 **諸侯乘之于內**하고 **齊擊之于外**하면 **當此時**하야 **雖太公, 穰苴**[5]라도 **不能無敗**리라

아! 樂毅는 전국시대의 영웅이었으나 大道를 알지 못하였고, 그가 일찍이 들었던 仁義란 것은 자기 몸을 망치기에 충분했을 뿐이었다.

의논하는 자가 이르기를 "燕 惠王이 불초하여 反間하는 말을 따라서 樂毅 대신 騎劫을 장수로 삼아 끝내 樂毅를 도망하게 하였으니, 樂毅가 공을 이루지 못했던 것은 불행에서 나온 것이고 용병을 잘못한 탓이 아니다."라고 한다.

그러나 당시 昭王이 그대로 살아 있어서 齊나라의 反間이 행해지지 못했더라도

樂毅는 끝내 또한 반드시 패했을 것이다. 왜냐하면 燕나라가 齊나라를 병합하는 것은 秦나라와 楚나라와 三晉(韓・魏・趙)의 이익이 아니기 때문이다.

이제 樂毅가 백만의 군대를 거느리고 두 城의 남은 적을 공격하였는데, 몇 년이 되어도 해결하지 못해서 군대가 밖에서 지쳤다면 반드시 그 빈틈을 타는 자가 있을 것이다. 그래서 諸侯들이 안에서 빈틈을 타고 齊나라가 밖에서 공격한다면, 이때를 당해 비록 姜太公과 司馬穰苴라도 실패가 없지 못할 것이다.

1) 樂毅戰國之雄……則足以亡其身而已矣 : 齊나라의 반간계에 속은 燕 惠王이 전쟁에 패한 뒤에 크게 후회하여 趙나라에 망명해 있던 樂毅에게 돌아오기를 권하는 편지를 보냈는데, 樂毅가 이에 답하는 편지에 '臣聞之(신이 듣기에)'를 반복하며 구구절절 자신이 들은 仁義에 대해 말하였으므로 蘇軾이 이렇게 말한 것이다.

2) 燕惠王不肖……卒走樂生 : 燕 惠王은 昭公의 아들인데 太子로 있을 때부터 樂毅를 좋아하지 않았다. 昭王의 뒤를 이어 즉위한 惠王은 齊나라의 反間을 듣고는 樂毅를 소환하고 대신 騎劫을 장군으로 임명하였다.

反間은 적의 간첩을 역이용하는 것으로 ≪孫子兵法≫ 〈用間〉에 "反間은 적의 첩자를 이용하는 것이다. 무릇 적의 군대와 성읍을 공격하려거나 적장을 제거하려 할 경우에는 반드시 적의 守將과 대상 인물을 알아낸 다음, 자기편의 첩자로 하여금 자국에 와서 활동하는 적국의 첩자를 찾아내어 자기 측에 유리하게 이용하고 유도해서 돌려보내는 것이다. 그리하여 적국의 첩자를 역이용하는 것이다.〔反間者 因敵間而用之也……故反間可得而用也〕" 하였다. 樂生은 樂毅를 가리킨다.

3) 燕之幷齊 非秦楚三晉之利 : 三晉은 韓・魏・趙를 가리킨다. 이들은 춘추시대 晉나라의 卿들이었는데 전국시대 초기 晉나라를 3등분하여 차지하고 성씨를 따라 각각 나라를 세웠으므로 三晉이라 칭한 것이다.

당시 燕나라는 齊 湣王의 교만함으로 인해 韓・魏・趙의 三晉과 秦나라와 연합하여 齊나라를 공격하였으며, 오직 楚나라만이 여기에 가담하지 않고 淖(요)齒라는 장수를 보내어 齊나라를 구원하게 하였다. 그러나 淖齒는 燕나라와 함께 齊나라 땅을 분배할 욕심으로 도리어 湣王을 시해하고 연합군에 가담하였다. 그리하여 당시 소위 七雄 가운데 6國이 齊나라를 침공한 결과가 되었다. 그러나 燕나라가 齊나라를 겸병하여 강대국이 되는 것은 秦·楚와 三晉에게 모두 불리하기 때문에 말한 것이다.

4) 百萬之師……而數歲不決 : 兩城은 齊나라의 莒와 卽墨 두 城을 가리키며, 殘寇는 잔폐한 敵을 가리킨다. 樂毅는 5년 동안 齊나라와 싸워 모두 70여 개 城邑을 점령하고 이를 郡縣으로 만들어 燕나라에 복속시켰다. 그러나 莒와 卽墨 두 城을 3년 동안 포위하고 공격하였으나 함락시키지 못하였다.

5) 太公穰苴 : 太公은 周 武王의 軍師로 周나라의 군대를 지휘하여 商나라를 멸망시킨 太公望을 이른다. 본명은 呂尙으로 姓이 姜이어서 姜太公이라고도 불리는데, 兵略에 뛰어나 周나라를 천자국으로 만들었으며 兵法書인 ≪六韜≫와 ≪三略≫의 저자로 알려져 있다.

穰苴는 춘추시대 齊나라의 장군이자 뛰어난 병법가로 관직이 司馬였기 때문에 보통 司馬穰苴로 불린다. 본래 齊나라의 强族인 田氏의 庶出로 兵法에 통달하였다. 齊 景公 때에 晉나라와 燕나라가 齊나라를 침공해오자, 穰苴는 명재상인 晏嬰의 천거로 장군이 되어 엄정하게 군을 통솔하니, 晉나라와 燕나라에서는 이 소문을 듣고 모두 철병하였다. 현존하는 兵法書인 ≪司馬法≫은 그가 周나라의 관직제도인 ≪周禮≫ 즉 ≪周官≫의 司馬와 兵法들을 모아 저술한 것이라 한다.

然이나 樂毅以百倍之衆으로 數歲而不能下兩城者는 非其智力不足이요 蓋欲以仁義로 服齊之民이라 故로 不忍急攻而至於此也니라 夫以齊人이 苦湣王之彊暴[1)]하니 樂毅苟退而休兵하야 治其政令하고 寬其賦役하며 反其田里[2)]하고 安其老幼하야 使齊人無復鬪志면 則田單[3)]者 獨誰與戰哉아 奈何以百萬之師로 相持而不決고 此는 固所以使齊人得徐而爲之謀也니라

그러나 樂毅가 백 배나 많은 병력으로 몇 년이 되도록 두 城을 함락시키지 못했던 것은 그 지혜와 힘이 부족해서가 아니고, 아마도 仁義를 가지고 齊나라의 백성들을 복종시키려 한 듯하다. 그러므로 차마 맹렬히 공격하지 못하여 이 지경에 이른 것이다.

齊나라 백성들이 湣王의 강하고 포악함에 시달렸으니, 樂毅가 만일 후퇴하여 군

대를 쉬게 하면서 政令을 다스리고 賦役을 너그럽게 하며 田里를 되돌려주고 늙은 이와 어린이들을 편안하게 하여서, 齊나라 사람들로 하여금 다시는 싸울 마음이 없게 하였더라면, 田單이라는 자가 홀로 누구와 함께 싸우겠는가?

어찌하여 백만의 병력을 가지고 서로 버티면서 결단하지 못했단 말인가? 이는 진실로 齊나라 사람으로 하여금 서서히 燕나라를 도모하게 만든 것이었다.

1) 苦湣王之彊暴 : 齊나라의 湣王은 성질이 고집스럽고 난폭하였으며, 宋나라를 멸망시킨 뒤에는 더욱 교만해져 남쪽으로 楚나라를 침략하고 서쪽으로 三晉을 공격하고, 天子國인 周나라와 東周를 겸병하여 天子가 되고자 하였다. 그리하여 백성들을 자주 전쟁에 동원하였고, 여러 열국들로부터 미움을 샀으므로 이렇게 말한 것이다.
2) 反其田里 : 田里는 농지와 주택으로, 燕나라에서 탈취한 齊나라 백성들의 농지와 주택을 다시 돌려줌을 이른다.
3) 田單 : 당시 齊나라의 宗室인데 도성인 臨淄의 관리로 있었다. 田單은 安平에서 燕軍과 싸울 적에 宗人(官名)들로 하여금 수레바퀴 축을 잘라 수레바퀴 통과 똑같게 만들고 쇳조각을 수레바퀴 축의 끝부분에 붙인 다음 빗장을 鐵籠 가운데에 걸어서 바퀴통을 제어하여 견고하고 전진하기 쉽도록 고치게 하였다. 臨淄가 함락될 때 사람들이 다투어 성문을 나오다가 수레의 차축이 모두 부러져 사로잡혔으나, 유독 田單의 宗人들만은 죽음을 면하고 卽墨으로 달아날 수 있었다.

   당시 齊나라 땅이 모두 燕나라에 소속되었으나 오직 莒와 卽墨만이 함락되지 않았다. 燕나라 장수 樂毅가 卽墨을 포위하자 卽墨의 大夫(邑宰)가 나와 싸우다가 죽었다. 卽墨 사람들은 서로 말하기를 "지난번 安平 전투에서 田單의 宗人들이 수레바퀴에 鐵籠을 붙여 온전할 수 있었으니, 그는 지혜가 많고 兵法에 익숙한 자이다."라고 하고는 田單을 장수로 추대하고 함께 燕軍에게 항거하였다. 湣王이 齊나라를 구원하러 온 楚將 淖齒에게 시해당하자, 齊나라 사람들은 민간에 숨어 있던 太子 法章을 찾아내어 왕으로 세우니, 이가 襄王이다.

   한편 樂毅는 卽墨을 포위한 지 3년이 되었으나 齊나라 백성들에게 仁義를 베풀어 맹공을 가하지 않고 저절로 항복해 오기를 기다렸다. 그러나 樂毅를 전적으로 신임하던 昭王이 죽고 惠王이 즉위하자 그는 樂毅를 의심하였다.

이때 田單은 反間의 계책을 사용하여 "燕將 樂毅는 惠王과 사이가 좋지 못하므로 감히 돌아가지 못하고 齊나라를 정벌한다는 명분으로 오랫동안 兵權을 유지하고 스스로 王이 되기 위해 일부러 齊나라에 공격을 가하지 않는다. 이 때문에 齊나라 사람들은 樂毅가 그대로 있기를 바라며 혹시라도 딴 장수가 와서 卽墨을 공격할까 두려워한다."는 소문을 퍼뜨렸다.

첩자들이 이러한 첩보를 전하자, 惠王은 樂毅를 소환하고 騎劫을 장수로 임명하였다. 그리하여 樂毅가 趙나라로 도망하자 燕나라 군사들은 惠王의 처사에 크게 불만을 품고 전의를 상실하였다.

이때 田單은 몸소 병졸들과 일하면서 苦樂을 함께하고 모든 음식을 군사들에게 나누어주었으며, 갑옷 입은 군사들은 모두 숨기고 노약자와 부녀자들을 城으로 올려보내 항복할 것을 약속하게 하니, 燕나라 군사들은 더욱 해이해졌다.

田單은 은밀히 城 밑으로 굴을 뚫어 燕軍으로 향하는 큰 지하갱도를 만들어 놓았으며, 城 안에 있는 소를 모두 수색하여 천여 마리를 얻어, 소의 몸에는 비단으로 용의 문채를 입히고 뿔에는 칼날을 묶어매고 꼬리에는 갈대로 만든 횃불을 묶은 다음, 기름을 붓고 불을 붙여 한밤중에 지하갱도로 燕軍을 향해 달려나가게 하고 군사들이 뒤따르게 하였다. 소들이 꼬리가 뜨거워지자 성내어 燕軍에게 달려드니, 燕나라 군사들은 불의의 야간 기습공격에 놀라 대패하였다. 그리하여 田單은 齊나라의 70여 城을 모두 수복하고 安平君에 봉해졌다.

當戰國時하야 **兵彊相呑者 豈獨在我**리오 **以燕, 齊之衆**으로 **壓其城而急攻之**런들 **可滅此而後食**[1])이라도 **其誰曰不可**리오 **嗚呼**라 **欲王則王**하고 **不王則審所處**하야 **無使兩失焉而爲天下笑也**니라

전국시대에 군대가 강성하여 남의 나라를 병탄하는 자가 어찌 다만 나(樂毅 자신)뿐이었겠는가? 燕나라와 齊나라의 항복한 병력으로 두 城을 압박하고 급히 공격했더라면, 齊나라의 남은 두 城을 멸망시키고 난 다음 밥을 먹는다 해도 누가 불가하다 하겠는가?

슬프다! 王 노릇하고자 하면 왕 노릇을 하고 왕 노릇하지 못할 경우에는 대처할 바를 살핌으로써, 두 가지를 모두 잃어서 천하 사람들의 비웃음을 받지 말아야 할

것이다.

1) 滅此而後食 : 아침밥을 먹기 전 단숨에 적을 공격하여 멸망시키고 밥을 먹는다는 뜻으로, 신속하게 적을 공격하여 멸망시킴을 이른다.

춘추시대에 魯나라의 季孫行父 등이 晉나라의 郤克과 衛나라의 孫良父, 曹나라의 公子 首와 함께 齊侯를 맞이하여 鞍 땅에서 싸웠는데, 이때 齊侯가 큰 소리치기를 "내 우선 이들을 멸망시키고서 아침밥을 먹겠다.〔余姑翦滅此而朝食〕"라고 하고는 말에 갑옷을 입히지도 않고 달려가 출전하였다가 대패하였다. ≪春秋左氏傳 成公 2年≫ 여기서는 이 고사를 빌어 齊侯의 말처럼 樂毅가 맹공을 가했다면 齊나라의 남은 두 성을 단숨에 점거할 수 있었음을 말한 것이다.

樂毅去趙後 累數十年에 **其子與孫**이 **功名不滅**하고 **而漢高帝之興**에도 **猶向往之**[1)]하니 **大略毅之風度 亦似可傾動天下者**라 **故**로 **其餘風不衰**하니라

樂毅가 趙나라로 간 뒤 수십 년 동안, 그 아들과 손자들의 功名이 없어지지 않았고, 漢 高帝가 일어나 천자가 되었을 때에도 여전히 사모하여 찾아갔으니, 대략 樂毅의 風度가 또한 천하 사람들을 경동시킬 만한 것이 있었다. 그러므로 그 남은 풍도가 쇠하지 않은 것이다.

1) 漢高帝之興 猶向往之 : ≪史記≫ 〈樂毅列傳〉을 살펴보면 다음과 같은 내용이 보이므로 말한 것이다.

"高帝(漢 高祖 劉邦)는 천하를 통일한 다음 趙 지방을 지나다가 樂毅의 遺風을 듣고 그를 흠모하여 '樂毅가 후손이 있는가?' 하고 물으니, 신하 중에 '樂叔이 있습니다.' 하고 대답하는 자가 있었다. 高祖가 그를 樂鄕에 봉하고 華成君이라 칭호하니, 華成君은 樂毅의 손자이다. 樂氏 집안에 또 樂瑕公과 樂臣公이 있었는데, 樂臣公은 趙나라가 秦나라에게 멸망당하자 齊나라의 高密로 도망하였다. 樂臣公은 黃帝와 老子의 학설을 잘 배워 齊 지방에 크게 알려져 어진 스승으로 일컬어진다."

02. 商君論* 商君에 대한 論

* 이 글은 王文誥의 ≪蘇文忠公詩編注集成總案≫에 東坡가 젊은 시절에 지은 것이라고 하였으나, 글 가운데에 王安石과 國用에 대하여 논쟁한 司馬光의 말이 실려 있는 것으로 보아 적어도 神宗 熙寧 원년(1068) 이후에 지어진 것임을 알 수 있다. 國用은 국가의 재정으로, 熙寧 원년 河朔 지방에 큰 가뭄이 들자 神宗은 司馬光과 滕甫에게 명하여 國用을 재정하게 하였다.

≪經進東坡文集事略≫에는 이 글 제목을 〈商鞅論〉이라 하고 아울러 注를 달기를 "長公이 ≪戰國策≫을 읽었는데, 여기에 商君의 功과 罪를 논하면서 '후세의 君子들이 商君의 罪만 말하고 商君의 功은 말하지 않는데, 商君의 福을 누리고 商君의 禍를 받은 자는 있지 않다.'라는 내용이 있었으므로 長公은 이것을 염려하여 이 글을 지었다. 그렇다면 이 論 또한 王荊公(王安石)을 위해 지은 것임을 알 수 있다."라고 하였다.

전국시대 초까지만 해도 秦나라는 중국의 서쪽인 雍州(지금의 陝西省)에 위치하여 西戎과 가까웠으므로, 황하 유역을 중심으로 한 제후들은 秦나라를 오랑캐로 취급하여 회맹에 참여시키지도 않았다. 周 顯王 7년(B.C. 362) 秦 孝公은 즉위하자 국중에 명령하기를 "외국에서 온 빈객과 여러 신하들 중에 기이한 계책을 내어 우리 秦나라를 부강하게 하는 자가 있으면 내가 우선 높은 벼슬을 내리고 장차 땅을 떼어 봉하겠다." 하였다.

이에 衛나라의 종실(公孫)인 商鞅이 서쪽으로 秦나라에 들어가 부국강병하는 계책으로 孝公을 설득하여 左庶長에 임명되고 개혁정책을 단행함으로써 10년 만에 秦나라는 강대국으로 변하였다.

商鞅(B.C. 390~B.C. 338)은 商於(오)라는 땅에 봉해져 商君 또는 商鞅이라고 칭하였으며, 衛나라의 公族이므로 衛鞅 또는 公孫鞅이라 칭하였다. 그는 法家의 대표적 인물로, 孝公에게 등용되자 많은 반대파들을 형벌로 탄압하였으며, 국가의 법령과 제도를 대대적으로 변혁하여 부국강병을 이루었다. 秦나라는 商鞅의 變法으로 비로소 강국의 면모를 갖춰 天下統一의 대업을 이룰 수 있었다. 그러나 법령을 개혁하는 과정에서 이를 무리하게 추진하여 수많은 사람을 처벌한 결과 원성이 자자하였고, 사람들이 도덕을 버리고 오직 이익만을 추구하게 되었다.

商鞅을 중용한 孝公이 죽고 惠王이 즉위하자, 평소 商鞅을 미워하던 자들이 반역을 도모했다는 죄목으로 商鞅을 참소하니, 商鞅은 魏나라로 도망하였으나 秦나라를 두려워한 魏나라는 오히려 商鞅을 체포하여 秦나라에 넘겨주었다. 도중에 도주한 商鞅은 자신의 식읍의 무리를 이끌고 반란을 일으켰으나, 결국 체포되어 車裂刑에 처해지고 시신은 조리돌려졌다. ≪史記 商君列傳≫

多名言하니라

내용에 名言이 많다.

商鞅이 **用於秦**하야 **變法定令**하야 **行之十年**에 **秦民大悅**이라 **道不拾遺**하고 **山無盜賊**하고 **家給人足**하며 **民勇於公戰**하고 **怯於私鬪**하야 **秦人富彊**한대 **天子致胙於孝公**하고 **諸侯畢賀**[1]하니라

商鞅이 秦나라에 등용되어 법을 바꾸고 명령을 개정하여 시행한 지 10년에 秦나라 백성들이 크게 기뻐하였다. 백성들이 도로에 흘린 것을 줍지 않고 산에는 도적이 없었으며, 家家戶戶마다 모두 풍족하였다. 또한 적국과의 전투에는 용감하고 사사로운 싸움에는 겁을 먹어서 秦나라는 人民이 부유하고 강성하였다. 그러자 天子가 제사 지낸 고기를 孝公에게 내리고 諸侯들은 모두 축하하였다.

1) 天子致胙於孝公 諸侯畢賀 : 天子는 周나라의 顯王을 가리키며, 胙는 제사고기이다. 옛날 周나라는 국가에 큰 제사가 있으면 殷나라의 후손인 宋나라를 우대하여 제사고기를 보내곤 하였는데, 이때 秦나라가 강대국이 되자 顯王은 그를 두려워하여 제사고기를 보냈으며, 이것을 제후국인 三晉(韓·魏·趙)과 齊나라가 모두 축하하였다. ≪史記 商君列傳≫

蘇子曰 此는 **皆戰國之游士**의 **邪說詭論**이어늘 **而司馬遷**이 **暗於大道**하야 **取以爲史**하니라 **吾嘗以爲 遷有大罪二**하니 **其先黃老, 後六經**하며 **退處士, 進姦雄**[1]은 **蓋其小小者耳**요 **所謂大罪二**는 **則論商鞅, 桑弘羊**[2]**之功也**라 **自漢以來**로 **學者恥言商鞅, 桑弘羊**이어늘 **而世主獨甘心焉**하야 **皆陽諱其名**이나 **而陰用其實**하고 **甚者**는 **則名實皆宗**

之하야 庶幾其成功하니 此則司馬遷之罪也니라

蘇子는 이에 대해 다음과 같이 논한다.

이는 모두 전국시대의 유세하는 선비들의 간사한 말과 괴이한 의논인데, 司馬遷이 大道를 알지 못하고 이것을 취하여 역사책(史記)으로 만들었다.

내가 일찍이 생각하건대, 司馬遷에게는 큰 죄가 두 가지가 있으니, 그가 黃老를 먼저 하고 六經을 뒤에 하며 處士를 물리치고 姦雄을 앞세운 것은 소소한 것들일 뿐이요, 이른바 큰 죄 두 가지라는 것은 商鞅과 桑弘羊의 功을 높이 평가한 것이다.

漢나라 이래로 배우는 자들이 商鞅과 桑弘羊에 대해 말하기를 부끄러워하였는데, 세상의 군주들이 유독 이들을 마음에 달갑게 여겨서 모두 겉으로는 그 이름을 말하는 것을 꺼리는 체하나 속으로는 그 실제를 사용하였고, 심한 자는 名과 實을 모두 높여 행여 功을 이루기를 바랐으니, 이것은 司馬遷의 죄이다.

1) 先黃老後六經 退處士進姦雄 : 黃老는 黃帝와 老子를 이르는데, 이들에 의해 道家가 창시되었으므로 道家나 道家의 경전을 이르기도 한다. 六經은 儒家의 ≪詩經≫, ≪書經≫, ≪易經≫, ≪禮經≫, ≪春秋≫, ≪樂經≫의 여섯 가지 經典을 이르며, 姦雄은 간사한 英雄이란 뜻으로 권모술수를 사용하는 사람을 이른다.

班固의 ≪漢書≫ 〈司馬遷傳〉에 司馬遷의 ≪史記≫를 폄하하여 "시비를 논할 적에는 聖人을 그르다 하고, 大道를 논할 적에는 黃老를 앞세우고 六經을 뒤로 하였으며, 遊俠을 차례할 적에는 處士를 뒤로 하고 姦雄을 내세웠으며, 貨殖을 말할 적에는 세력을 높이고 貧賤을 부끄럽게 여겼다."라고 보인다.

이제 ≪史記≫를 살펴보면 맨 앞에 帝王들의 本紀가 있고 禮·樂·律·曆·天官 등의 書가 있고 제후들의 世家가 다음에 있고 끝에 列傳이 있는데, 司馬穰苴와 孫子(孫武)·吳起·伍子胥의 列傳이 앞에 있고 그 뒤에 〈仲尼弟子列傳〉이 있으며, 商君·蘇秦·張儀의 列傳과 白起·王翦 등의 列傳이 앞에 있고 그 뒤에 孟軻·荀卿 등의 列傳이 있어 대체로 名將과 辯士들을 앞에 놓았다.

2) 桑弘羊 : B.C. 152~B.C. 80. 西漢 武帝 때의 문신으로 理財에 밝아 財政을 담당하였다. 洛陽 사람으로 商人 집안 출신인데, 武帝 때에 大司農 丞이 되어

천하의 鹽鐵을 專賣하고 平準法을 시행하여 나라의 재정을 풍족하게 하였다. 이 공으로 武帝의 신임을 받아 御史大夫에 올라 대장군 霍光과 함께 武帝의 遺詔를 받들어 정치를 보좌했으나, 霍光과 반목하다가 燕王 劉旦과 上官桀 등과 함께 모반을 획책한 죄로 멸족을 당하였다.

秦은 **固天下之彊國**이요 **而孝公亦有志之君也**라 **修其政刑十年**에 **不爲聲色畋**(전)**游之所敗**면 **雖微商鞅**이라도 **有不富彊乎**아 **秦之所以富彊者**는 **孝公務本力穡**[1]**之效**요 **非鞅流血刻骨**[2]**之功也**며 **而秦之所以見疾於民**하야 **如豺狼毒藥**하야 **一夫作亂**에 **而子孫無遺種**[3]은 **則鞅實使之**라 **至於桑弘羊**하야는 **斗筲之才**요 **穿窬之智**[4]로 **無足言者**어늘 **而遷稱之曰 不加賦而上用足**[5]이라하니라

秦나라는 진실로 천하의 강대국이고, 孝公 또한 훌륭한 뜻을 간직한 군주였다. 그가 정사와 형벌을 닦은 10년 동안 음악과 여색, 사냥과 유람에 무너지지 않았다면, 비록 商鞅이 없었더라도 나라가 부강하지 않을 수 있었겠는가?

秦나라가 부강해진 것은 孝公이 本業에 힘쓰고 농사에 힘쓴 효험이요, 商鞅이 피를 흘리고 뼈를 깎은 功 때문이 아니며, 뒤에 백성들이 秦나라를 마치 豺狼과 毒藥처럼 미워하여 한 명의 匹夫(陳勝)가 난을 일으키자 자손들이 남은 종자가 없었던 것은 商鞅이 실로 이렇게 만든 것이다.

그리고 桑弘羊에 이르러서는 하찮은 국량의 보잘것없는 재주요 남의 집 담을 뚫고 담을 넘어가 도둑질하는 작은 지혜로 말할 만한 것이 못 되는데, 司馬遷이 그를 칭찬하기를 "세금을 더 부과하지 않고도 나라의 재용을 풍족하게 하였다."라고 하였다.

1) 務本力穡 : 務本은 本業 즉 農業에 힘쓴다는 말이다. 옛날에 '農者天下之大本'이라 하여 農業을 本業이라 하고 商業과 工業을 末業이라 하였다. 여기의 '務本力穡'은 ≪史記≫ 〈秦本紀〉의 '內務耕稼'라는 말을 원용한 것으로 보인다.
〈秦本紀〉에 "孝公 3년(B.C. 359) 衛鞅이 孝公에게 新法의 실행과 형벌의 정비를 권하였으며, 안으로는 農事에 힘쓰고 밖으로는 외국과 싸우다가 戰死한 사람들에게 賞罰을 분명히 할 것을 설파하자 孝公이 그 말을 좋게 여겼다."

하였다.

〈商君列傳〉에는 "商鞅이 법을 변경하려 하였으나 秦나라 사람들이 좋아하지 않았다. 衛鞅이 孝公에게 말하기를 '백성들은 시작은 함께 도모할 수 없고 성공은 함께 즐길 수 있습니다. 지극한 德을 논하는 자는 세속과 화합하지 못하고, 큰 功을 이루는 자는 민중과 상의하지 않습니다. 이 때문에 聖人이 만일 나라를 부강하게 할 수 있으면 옛것을 그대로 본받지 않는 것입니다. 지혜로운 자가 法을 만들면 어리석은 자가 제재를 가하고, 어진 자가 禮를 바꾸면 不肖한 자가 견제합니다.' 하였다. 公은 '좋다.' 하고는 衛鞅을 左庶長으로 삼아 마침내 法을 변경하는 법령을 정하였다.

衛鞅은 백성들로 하여금 什과 伍를 만들어 서로 糾察하고 連坐하게 하되, 간악함을 고발하지 않는 자는 허리를 베어 죽이고, 간악함을 고발하는 자는 적의 수급을 벤 것과 똑같은 상을 내리고, 간악함을 숨겨준 자는 적에게 항복한 것과 똑같이 처벌하며, 軍功이 있는 자는 각기 비율에 따라 높은 관작을 받고, 사사로운 싸움을 하는 자는 각기 輕重에 따라 형벌을 받으며, 크고 작은 사람이 힘을 합하여 밭을 갈고 비단을 짜는 것을 本業으로 삼았다.

그리하여 곡식과 비단을 많이 바친 자는 그 身役을 면제해주고, 상공업인 末業의 이익에 종사하거나 또는 게을러 가난한 자는 적발하여 처자를 노비로 삼았으며, 戰功이 있는 자는 현달하고 戰功이 없는 자는 비록 부유하더라도 화려한 바가 없게 했다." 하였다.

2) 流血刻骨 : 商鞅이 법령을 개혁하면서 무리하게 추진하여 많은 반대파들을 형벌로 탄압하였으며, 형벌이 가혹하여 백성들이 사형을 가벼운 법으로 여기고 三族을 멸하는 것을 일상의 법으로 여길 정도였으므로 이렇게 말한 것이다.

商鞅은 新法을 시행하는 과정에서 일체 私情을 두지 않아서 太子가 법을 범하자 "太子는 군주의 뒤를 이을 아들이니, 형벌할 수 없다." 하고는 그의 師傅인 公子 虔과 公孫賈를 형벌하였으며, 일찍이 渭水가에서 죄수들을 논죄하였는데, 죄인을 모두 죽여 피가 유입되어 渭水가 모두 붉어지니, 그가 정승이 된 지 10년에 사람들이 많이 원망하였다. ≪史記 商君列傳≫

3) 一夫作亂 而子孫無遺種 : 一夫는 匹夫와 같은 말로 하찮은 한 남자를 가리키는데 秦나라 말기에 봉기한 陳勝과 吳廣을 지칭한 것이며, 遺種은 남은 후손을 이른다.

秦나라는 韓·魏·燕·趙·楚·齊의 6國을 차례로 멸망시키고 천하를 통일하였으나, 始皇帝가 죽자 趙高와 李斯의 간악한 책략으로 長子 扶蘇를 죽이고 작은 아들 胡亥를 세우니, 이가 바로 二世皇帝이다. 二世皇帝는 姦臣 趙高의 말을 믿고 李斯를 살해하였으며, 무능하고 혼우하여 백성들을 형벌로 몰아 민심을 크게 잃었다. 이에 陳勝과 吳廣이 봉기하자 각처에서 豪傑들이 일어났으며, 二世皇帝는 결국 趙高에게 시해당하였다. 뒤를 이어 子嬰이 즉위하였으나 漢나라의 劉邦에게 항복함으로써 秦나라는 2代 만에 멸망하고 자손들은 모두 죽임을 당하였다.

賈誼의 〈過秦論〉에 "秦나라가 조그마한 영토로 萬乘天子의 권력을 이루어 八州를 점령하고 同列들에게 조회받은 것이 백여 년이었다. 그런 뒤에 六合을 집으로 삼고 崤山과 函谷關을 궁궐로 삼았는데, 한 匹夫가 난을 일으키자 天子의 일곱 사당이 허물어지고 몸이 남의 손에 죽어서 천하의 비웃음거리가 된 것은 어째서인가? 仁義를 베풀지 않았고 공격과 수비의 형세가 다르기 때문이었다.〔秦以區區之地 致萬乘之權 招八州而朝同列 百有餘年矣 然後以六合爲家 崤函爲宮 一夫作難 而七廟墮 身死人手 爲天下笑者 何也 仁誼(義)不施 而攻守之勢異也〕" 하였다.

八州는 당시 여러 제후들을 가리킨 것이다. 옛날 중국을 九州로 나누었는바, 秦나라는 雍州에 해당되고 나머지 나라들은 冀州, 兗州, 靑州, 徐州, 揚州, 荊州, 梁州, 豫州의 여덟 주에 해당되므로 八州라 한 것이다.

4) 斗筲之才 穿窬之智 : 斗는 말이고 筲는 대나무로 만든 작은 용기인데, 斗는 10升을 담고 筲는 1斗 2升을 담으므로, 인신하여 기량이 협소하고 변변치 못한 재주나 그런 재주를 가진 사람의 비유로 쓰인다.

穿窬는 도둑이 남의 담을 뚫거나 넘어가서 물건을 훔치는 것으로 穿窬之智는 좀도둑의 작은 지혜를 말한다.

5) 遷稱之曰 不加賦而上用足 : 이 내용은 ≪史記≫ 〈平準書〉에 아래와 같이 보인다. "桑弘羊은 관리들이 곡식을 관아에 바치면 그 직위를 높여주고 죄인들이 곡식을 바치면 속죄할 수 있도록 奏請하였다.

또 甘泉宮의 창고에 곡식을 바치는 백성들에게는 차등에 따라 종신토록 賦役을 면제시켰으며, 물자가 급히 필요한 지역에는 여유가 있는 다른 군현에서 보내주도록 하고, 전국의 郡縣에 주재하고 있던 農官들은 각기 그곳의 곡식들을 관장하여 京師로 올려 보내니, 山東에서 漕運하는 곡식이 매년 증가하여 연간 6백만 석에 이르렀다. 1년 내내 太倉과 甘泉倉은 곡식으로 가득 찼고, 변경 지방에도 양식과 기타 물품이 여유가 있었다.

均輸官이 均輸法에 따라 賦稅로 받은 물품들을 다른 지방으로 운송하여 판매하니, 그 이윤으로 얻은 비단이 연간 5백만 필에 달하였다. 이윽고 백성들에게 세금을 더 부과하지 않고도 나라의 재용이 풍족하게 되었다."

善乎라 **司馬光之言也**여 **曰 天下安有此理**리오 **天地所生財貨百物**이 **止有此數**하야 **不在民則在官**하니 **譬如雨澤**이 **夏澇則秋旱**이라 **不加賦而上用足**은 **不過設法**하야 **陰奪其民**이니 **其害甚於加賦也**[1]라하니라 **二子之名**이 **在天下者**는 **如蛆蠅**(저승)**糞穢也**하야 **言之則汚口舌**하고 **書之則汚簡牘**하며 **二子之術**을 **用於世者**는 **滅國殘民**하고 **覆族亡軀者 相踵也**어늘 **而世主獨甘心焉**은 **何哉**오 **樂其言之便己也**일새니라

훌륭하다! 司馬光의 말씀이여. 그의 말씀에 이르기를 "천하에 어찌 이러한 이치가 있겠는가? 하늘과 땅에서 생산되는 재화와 모든 물건은 오직 정해진 숫자가 있어서 이것이 백성들에게 있지 않으면 관청에게 있게 마련이니, 비유하면 빗물이 여름에 홍수가 지면 가을에 가무는 것과 같다. 세금을 올리지 않고 윗사람의 재용을 풍족하게 하는 것은 단지 법을 교묘하게 만들어서 은밀히 백성들을 수탈한 것에 불과하니, 그 폐해가 세금을 올린 것보다 심하다."라고 하였다.

商鞅과 桑弘羊의 이름이 천하에 남아 있는 것은 구더기와 쉬파리나 더러운 똥과 같으니, 이것을 말하면 사람의 입과 혀를 더럽히고 이것을 책에 쓰면 簡牘을 더럽힌다. 이 두 사람의 理財 방법을 세상에서 이용하는 자들은 나라를 멸망시키고 백성을 해치며 종족을 전복시키고 몸을 망치는 자가 서로 이어지는데도, 세상의 군주들이 유독 이들의 理財 방법을 마음에 달갑게 여기는 것은 어째서인가? 그 말이 자기들을 편리하게 해주는 것을 좋아해서이다.

1) 司馬光之言也……其害甚於加賦也 : 司馬光(1019~1086)은 字가 君實이고 號가 迂夫로 北宋의 名相인데, 죽은 뒤 溫國公에 봉해졌으므로 司馬溫公이라고도 칭하였다. 仁宗의 寶元 元年(1038)에 진사에 급제하고 翰林學士, 御史中

丞 등 중앙 요직을 역임하였다. 神宗이 王安石을 발탁하여 新法을 단행하자, 이에 반대하여 樞密副使를 사퇴하고 熙寧 3년(1070)에 외직으로 나갔다가 哲宗 元祐 元年(1086)에 입조하여 재상이 되었으며, 皇命으로 ≪資治通鑑≫을 편찬하였다.

이 내용은 東坡가 지은 〈司馬溫公行狀〉에 자세히 보이는바, 神宗 熙寧 원년(1068)에 河朔의 災傷으로 國用이 부족하였다. 이를 해결하기 위해 大臣들이 學士院에서 토론하였는데, 王安石이 "理財에 능한 자가 없기 때문에 國用이 부족하다."라고 말하자, 이에 대해 司馬光이 반론한 것이다.

夫堯, 舜, 禹는 **世主之父師也**요 **諫臣拂(弼)士**는 **世主之藥石也**요 **恭敬慈儉**과 **勤勞憂畏**는 **世主之繩約也**라 **今使世主**로 **日臨父師而親藥石**하고 **履繩約**은 **非其所樂也**라 **故**로 **爲商鞅, 桑弘羊之術者**는 **必先鄙堯笑舜而陋禹也**[1]하야 **曰 所謂賢王者**는 **專以天下適己而已**라하니 **此世主之所以人人甘心而不悟也**니라

堯・舜・禹는 세상 군주들의 父師이고, 간쟁하는 신하와 보필하는 선비는 세상 군주들의 藥石이며, 공경하고 자애롭고 검소하며 근로하고 조심하고 두려워함은 세상 군주들을 속박하는 끈이다. 지금 세상 군주들로 하여금 날마다 父師 앞에 임하고 藥石을 가까이하고 속박하는 끈을 밟게 하는 것은 군주들이 좋아하는 바가 아니다.

그러므로 商鞅과 桑弘羊의 계책을 따르는 자들은 반드시 먼저 堯・舜을 비웃고 禹임금을 누추하게 여겨서 말하기를 "이른바 훌륭한 군주는 오로지 천하를 가지고 자신에게 적당하게 할 뿐이다."라고 하니, 이것이 세상의 군주들 모두가 두 사람의 理財 방법을 마음에 달갑게 여기면서 깨닫지 못하는 이유인 것이다.

1) 必先鄙堯笑舜而陋禹也 : 堯・舜・禹의 공손하고 검소함을 비웃고 누추하게 여김을 이른다. 堯・舜・禹는 모두 공손하고 겸양하였으며 또한 검소하기로 유명하였다.

≪史記≫ 〈五帝本紀〉에 "堯와 舜은 궁궐의 계단을 흙으로 3척만 쌓고 지붕의 이엉을 자르지 않았다.〔土階三尺 茅茨不翦〕"라고 보인다.

또한 ≪論語≫ 〈泰伯〉에는 "공자께서 말씀하시기를 '禹임금은 내 흠잡을 데가 없으시다. 평소의 음식은 간략하게 하시면서도 〈제사에는〉 鬼神에게 孝誠

을 다하시고, 평소의 의복은 검소하게 하시면서도 黻・冕의 祭服에는 아름다움을 다하시고, 宮室은 낮게 하시면서도 〈도랑을 만드는〉 治水 사업에는 힘을 다하셨으니, 禹임금은 내 흠잡을 데가 없으시다.' 하셨다.〔子曰 禹吾無間然矣 菲飮食而致孝乎鬼神 惡衣服而致美乎黻冕 卑宮室而盡力乎溝洫 禹吾無間然矣〕"라는 내용이 보인다. 黻은 제복의 일종으로 무릎에 대는 슬갑이며, 冕은 면류관으로 이 역시 제복이다.

世有食鍾乳, 烏喙하고 **而縱酒色**하야 **以求長年者**는 **蓋始於何晏**[1]하니 **晏少而富貴**라 **故**로 **服寒食散**[2]하야 **以濟其欲**하니 **無足怪者**라 **彼其所爲**는 **足以殺身滅族**[3]**者 日相繼也**하니 **得死於寒食散**이 **豈不幸哉**리오 **而吾獨何爲效之**리오 **世之服寒食散**하야 **疽背嘔血者 相踵也**하니 **用商鞅, 桑弘羊之術**하야 **破國亡宗者 皆是也**라 **然而終不悟者**는 **樂其言之美便**하야 **而忘其禍之慘烈也**니라

세상에 石鍾乳와 烏喙를 먹고 마음껏 酒色을 누리면서도 장수하기를 바라는 자가 있으니, 이는 아마도 何晏에게서 시작되었을 것이다.

何晏은 젊어서부터 부귀하였으므로 寒食散을 먹어서 그 욕망을 이루려 하였으니, 이는 괴이하게 여길 만한 것이 못 된다. 그가 한 짓은 자기 몸을 죽이고 집안을 망치기에 충분하였는데도 이러한 짓이 날마다 이어졌으니, 그가 寒食散 때문에 죽은 것이 어찌 불행이겠는가?

그런데도 우리들이 어찌 이것을 본받는단 말인가? 寒食散을 먹고서 등에 등창이 나고 피를 토하여 죽는 자가 세상에 이어지고 있으니, 商鞅과 桑弘羊의 理財 방법을 사용하여 나라를 패망시키고 집안을 망친 자들은 모두 이들과 같은 부류이다.

그런데도 사람들이 끝내 깨닫지 못하는 것은 그 말이 자기들 귀에 아름답고 편리함을 좋아해서 그 화의 참혹함을 잊기 때문이다.

1) 世有食鍾乳烏喙……蓋始於何晏 : 鍾乳는 石鍾乳로 仙人들이 補陽彊壯劑로 복용했다고 하는데, 성질은 따뜻하고 맛은 달며 성욕을 강화하고 사나운 기를 다스리며 정기를 굳게 하고 눈을 밝게 한다고 한다. 그러나 毒性이 있어 효과를 얻기보다는 해로운 경우가 더 많았다.

何晏(195~249)은 삼국시대 魏나라의 문인이자 정치가로 字가 平叔이고 南陽 宛縣 사람이다. 東漢 때에 대장군을 지낸 何進의 손자인데 어려서 神童으로 이름을 떨쳤다. 어머니 尹氏가 曹操의 첩이 되어 궁에서 자랐으며, 뒤에 魏나라의 공주와 결혼하였다. 曹操의 큰아들인 曹丕가 魏나라를 세운 뒤에 궁 밖으로 쫓겨났으나, 권력을 잡은 曹爽의 심복이 되어 吏部尙書에 올랐다가 曹爽과 함께 司馬懿에게 살해당하였다. 玄學과 淸談에 심취하였고 ≪論語≫에도 注를 달았으며, 養生에도 일가견이 있었다고 한다.

2) 寒食散 : 後漢 때에 만들어진 마약의 일종으로 황화수은이 주성분인 丹砂와 砒素, 雄黃 등이 주성분이다. 魏나라 때에 크게 유행하였는데, 이는 淸談思想과 어우러져 풍류의 도구이자 神仙이 되는 비방으로 여겨졌기 때문이다. 중독성이 강하고 熱藥이어서 이것을 복용한 자들은 등창이 나고 피를 토하였으며, 정신착란 등의 후유증이 있었다고 한다. 일설에는 何晏이 복용하여 처음 신비한 효능을 얻자, 크게 유행하였다고 한다.

3) 殺身滅族 : 何晏이 이 寒食散을 먹고 죽었다는 기록은 보이지 않으나, 何晏이 결국 曹爽에게 붙었다가 죽임을 당하고 온 집안이 망하였으므로 이렇게 말한 것이다. 이는 何晏이 寒食散을 먹고 그 후유증으로 정신착란을 일으켜 교만방자한 曹爽에게 붙음으로써 이러한 결과를 초래한 것으로 본 듯하다.

03. 戰國任俠論* 전국시대 任俠에 대한 論

* 이 글은 東坡가 젊은 시절에 지은 것으로 보인다. 이 글의 제목이 郎曄의 ≪經進東坡文集史略≫에는 〈六國論〉으로, 本集에는 〈論養士〉로 되어 있다. 任俠은 어려운 처지에 놓인 사람을 구제하는 豪俠으로 자임하는 俠客을 이른다.

或謂唐末之龐勛[1]과 **五代之樊若水[2]** **皆客游類**라하니라

혹자는 唐나라 말기의 龐勛과 五代時代의 樊若水 같은 사람이 모두 說客으로 游說하는 부류라고 한다.

1) 龐勛 : 唐나라 때 반란군의 우두머리이다. 懿宗 咸通 9년(868)에 桂林에 주둔해 있던 徐州와 泗州의 병사 8백여 명이 수자리 사느라 오랫동안 고향으로 돌

아가지 못하자, 지휘관을 죽이고 龐勛을 우두머리로 추대하여 북상하면서 湖南과 浙西를 거쳐 淮南에 들어가 난을 일으켰다.

2) 樊若水 : 北宋 초기 長安 사람으로, 太祖 때에 南方을 정벌하기 위해 平南策이라는 계책을 세웠다고 한다.

春秋之末로 **至於戰國**히 **諸侯卿相**이 **皆爭養士**[1]하야 **自謀夫說客,**[2] **談天雕龍,**[3] **堅白同異**[4]**之流**로 **下至擊劍, 扛**(강)**鼎, 鷄鳴狗盜**[5]**之徒**히 **莫不賓禮**[6]하야 **靡衣玉食以館於**(上)〔舍〕**者**를 **何可勝數**리오 **越王句踐**은 **有君子六千人**하고 **魏無忌, 齊田文, 趙勝, 黃歇, 呂不韋**[7]는 **皆有客三千人**이로되 **而田文**은 **招致任俠姦人六萬家於薛**[8]하고 **齊稷下談者亦千人**[9]이며 **魏文侯, 燕昭王, 太子丹**[10]이 **皆致客無數**라 **下至秦漢之間**하야도 **張耳, 陳餘**[11]**號多士**하야 **賓客廝養**이 **皆天下豪傑**이요 **而田橫**[12]**亦有士五百人**이라 **其略見於傳記者 如此**하니 **度**(탁)**其餘**하면 **當倍官吏而半農夫也**라 **此皆姦民蠹**(두)**國者**니 **民何以支**며 **而國何以堪乎**아

춘추시대 말엽으로부터 전국시대에 이르기까지 諸侯와 卿相들이 모두 다투어 선비를 길러서 謀夫와 說客, 하늘을 말하고 龍을 조각하고 堅白同異를 말하는 부류로부터 아래로 劍으로 치고 九鼎을 들어 올리고 닭 울음소리를 흉내내고 개처럼 도둑질을 잘하는 무리에 이르기까지 賓客으로 예우하지 않음이 없어서, 화려한 옷을 입고 쌀밥을 먹고 좋은 집에 거주한 자를 어찌 이루 다 셀 수 있었겠는가?

越王 句踐은 君子(門客) 6천 명이 있었고, 魏나라의 無忌(信陵君)와 齊나라의 田文(孟嘗君)과 趙나라의 趙勝(平原君)과 楚나라의 黃歇(春申君)과 秦나라의 呂不韋는 모두 門下에 3천 명의 食客이 있었는데, 그중에 田文은 任俠과 姦人 6만 가호를 자기 食邑인 薛邑으로 초치하였고 齊나라 稷下 지방에 說客들이 또한 1천 명에 이르렀으며, 魏나라 文侯와 燕나라 昭王, 燕나라 太子 丹이 賓客을 초치한 것이 그 숫자를 헤아릴 수가 없었다.

이후로 秦나라와 漢나라 때에 이르러서도 張耳와 陳餘는 門下에 선비가 많기로 이름나서 賓客과 奴僕들도 모두 천하의 호걸이었고, 田橫 또한 선비 5백 명이 있었다.

傳記에 대략 보이는 것이 이와 같으니, 그 나머지를 헤아려보면 그 숫자가 마땅히

관리의 갑절이 되고 농부의 절반이 되었을 것이다. 이들은 모두 간사한 백성으로 나라를 좀먹는 자들이니, 〈이들이 이렇게 많고서〉 백성들이 어떻게 지탱하며 나라가 어떻게 감당하였겠는가?

1) 諸侯卿相 皆爭養士 : 諸侯와 卿相들이 앞을 다투어 士를 초치하여 門下에 두고 衣·食·住를 책임진 것을 이른다. 춘추시대 이래로 이른바 '士'에는 策士와 俠士·辯士가 있었는데, 본문에서는 이들을 모두 포함하여 말한 것이다.
2) 謀夫說客 : 謀夫는 계책을 내는 謀士를 이르고, 說客은 趨時附勢하여 권모술수의 계책으로 諸侯들 사이에 遊說하는 자들을 이른다. 특히 전국시대에는 合從을 주장한 蘇秦과 連橫을 주장한 張儀가 대표적 인물이며, 이외에도 蘇秦의 아우 蘇代와 蘇厲, 公孫衍·淳于髡(곤) 등의 많은 辯士가 있었다.
3) 談天雕龍 : 談天은 하늘의 일을 말하는 것으로 전국시대 齊나라의 陰陽家인 鄒衍을 가리킨다. 그는 陰陽五行을 기초하여 하늘의 일에 대해 잘 말했으므로 齊나라 사람들이 "하늘에 대해 이야기하는 鄒衍〔談天衍〕"이라고 칭송하였다. 또한 陰과 陽의 사라지고 자라남을 깊이 관찰하고, 황당무계하고 현실과 거리가 먼 변화와 환상의 일을 주제로 〈終始〉·〈大聖〉 등 10여 만 자에 달하는 책을 저술하였다.

   雕龍은 전국시대 齊나라의 術士인 騶奭을 가리킨다. 그는 鄒衍의 사상을 글로 잘 수식하여 齊나라 사람들로부터 "용을 조각하는 騶奭〔雕龍奭〕"이라는 칭송을 들었다. ≪戰國策 齊策≫
4) 堅白同異 : 전국시대 齊나라의 名家 중 한 사람인 公孫龍이 주장한 궤변이다. 즉 눈으로 돌을 보면 흰 것은 알 수 있으나 견고한 것은 알 수 없고, 또 손으로 돌을 만져보면 견고한 것은 알 수 있으나 흰 것은 알 수 없으므로, '견고한 흰 돌'이라는 것은 동시에 성립될 수 없다는 논법을 사용하여, 옳은 것을 그른 것이라고 하고 같은 것을 다르다고 주장하는 변설이다.
5) 擊劍扛(강)鼎鷄鳴狗盜 : 擊劍은 劍客이 劍術로 상대방을 공격하는 것이다. 扛鼎은 큰 솥을 드는 것으로, 鼎은 禹王이 주조했다는 九鼎을 듦을 이르는데, 당시 武力을 숭상하여 자신의 힘을 과시하기 위해 이 九鼎을 들곤 하였다.

   전국시대 秦 武王은 힘이 세고 힘겨루기를 좋아하여 역사인 任鄙, 烏獲, 孟說이 모두 높은 관직에 이르렀으며, ≪史記≫ 〈秦本紀〉에 "武王은 孟說과 九

鼎을 들다가 맥이 끊겨 죽었다.〔王與孟說 擧鼎絶脈死〕"라고 보인다.

또 項羽 역시 힘이 세어 ≪史記≫ 〈楚霸王本紀〉에 "項籍은 신장이 8尺이 넘었고, 힘이 능히 솥을 들었다.〔籍身長八尺餘 才能扛鼎〕"는 기록이 보인다.

鷄鳴狗盜는 닭 울음소리를 잘 흉내내고 개구멍으로 들어가 도둑질을 잘함을 이른다. 秦 昭王이 齊나라의 孟嘗君(田文)을 정승을 삼겠다며 초청하였으나 참소하는 자의 말을 듣고 그를 감옥에 가두어 죽이려 하자, 孟嘗君이 昭王의 寵姬에게 사람을 보내 자신을 풀어주도록 昭王을 설득해줄 것을 간청하니, 寵姬는 "내 君의 狐白裘를 갖는 것이 소원입니다." 하였다.

孟嘗君은 천하의 명품인 狐白裘 한 벌이 있었으나, 이미 昭王에게 바친 뒤였으므로, 이를 걱정하자 문객 한 사람이 "제가 그 狐白裘를 되찾아 오겠습니다." 하고는 개처럼 변신하고 개구멍으로 秦나라의 宮中에 들어가 앞서 바쳤던 狐白裘를 다시 훔쳐다가 寵姬에게 바치니, 寵姬가 昭王을 설득하여 孟嘗君을 풀어주게 하였다.

孟嘗君은 풀려나서 밤중에 길을 재촉하여 函谷關까지 왔으나, 關門의 法에 닭이 울어야 客을 내보냈으므로 나가지 못하고 있었는데, 이때 門客 중에 닭 울음소리를 잘 흉내내는 자가 있어 닭 울음소리를 내니, 모든 닭이 다 따라 울었다. 이에 孟嘗君은 추격해 오는 秦軍을 따돌리고 무사히 관문을 통과할 수 있었다. ≪史記 孟嘗君列傳≫

6) 莫不賓禮 : 底本에는 '莫不'로만 되어 있으나 本集에 의거하여 '賓禮'를 추가하였다.

7) 魏無忌齊田文趙勝黃歇呂不韋 : 魏나라의 無忌는 昭王의 아들로 信陵君에 봉해졌는데, 훌륭한 선비를 좋아하여 당시 賓客을 좋아하는 公子들 가운데 가장 信望이 있었던 인물이다. 齊나라의 田文은 威王의 손자이고 靖郭君 田嬰의 庶子로 孟嘗君에 봉해졌는데, 닭의 울음소리를 흉내내고 개처럼 깊숙한 곳에 들어가 물건을 잘 도둑질하는 자들까지도 식객으로 길러 유명하였다. 趙나라의 勝은 惠文王의 아우로 平原君에 봉해졌는데, 魏나라의 無忌와 함께 姓이 모두 國姓이었으므로 魏와 趙를 國名으로 보지 않고 姓으로 보기도 한다. 黃歇은 楚나라 考烈王의 정승이다. 이상 네 사람은 모두 귀족 출신이었으므로 당시 四公子라고 칭하였다.

呂不韋는 趙나라 사람으로 陽翟의 大商이었다. 秦나라의 王子 楚가 趙나라에 인질로 와 있었는데, 呂不韋는 王子 楚를 이용할 만한 가치가 있다고 판단하고, 그를 위해 秦나라에 들어가 昭襄王의 華陽夫人을 설득하여 王子 楚를 양자로 삼게 하였다. 그리하여 楚가 후계자가 되어 즉위하니, 이가 바로 莊襄王이다. 呂不韋는 이 공로로 文信侯에 봉해지고 국정을 전담하였으며, 文士 등의 빈객들을 불러 모아 ≪呂氏春秋≫를 짓기도 하였다. 始皇帝는 바로 莊襄王의 아들인데, 始皇帝의 어머니가 始皇帝를 잉태했을 적에 莊襄王에게 바쳐져 그를 낳았으므로, 始皇帝는 呂不韋의 아들이라는 기록이 ≪史記≫에 보인다.

8) 招致任俠姦人六萬家於薛 : 薛은 孟嘗君의 食邑으로 지금의 山東省 滕縣이다. ≪史記≫ 〈孟嘗君列傳〉에 "孟嘗君은 薛邑에 있으면서 제후들의 빈객과 죄를 짓고 도망한 자들을 招致하여 모두 자신에게 돌아오게 했다."라고 보인다.

9) 齊稷下談者亦千人 : 稷下는 稷門의 아래로, 劉向의 ≪別錄≫에 "齊나라에는 稷門이라는 都城門이 있었는데, 천하의 선비들이 稷門의 아래에 모여들었다." 하였으며, ≪史記≫ 〈田敬仲世家〉에는 "齊 宣王 때에 稷門의 아래에 學士들이 모여들어 그 숫자가 수백 명에 이르렀다." 하였다.

10) 魏文侯燕昭王太子丹 : 魏 文侯는 전국시대 초기 晉나라 卿으로 있다가 처음으로 魏侯에 봉해진 자로 이름이 斯인데, 선비들을 좋아하여 孔子의 제자인 卜子夏와 田子方을 스승으로 예우하였는바, B.C. 445~B.C. 396년까지 재위하였다.

燕 昭王은 이름이 平으로 燕나라가 齊나라에게 격파된 뒤에 즉위하여 천하의 선비들을 유치해서 樂毅를 임용한 끝에 齊나라에 복수전을 벌여 大勝을 거두었는바, B.C. 311~B.C. 279년까지 재위하였다.

太子 丹은 燕王 喜의 太子로 荊軻 등의 협객들을 초치하여 秦나라의 始皇帝를 죽이려 하다가 성공하지 못하고 죽었으며, 燕王 喜는 B.C. 245~B.C. 222년까지 재위하였는데, 마지막 해에 燕나라는 秦나라에 의해 멸망하였다.

11) 張耳陳餘 : 秦나라 말기 大梁 사람으로 두 사람은 한 마을에 살아 死生을 함께하기로 약속하고 刎頸之交를 맺었으며, 빈객을 좋아하였으나 뒤에 서로 사이가 나빠져 張耳는 漢나라에 귀순하고 陳餘는 趙王 歇을 옹립하였다. 그 후 張耳는 韓信과 함께 趙나라를 공격하여 趙나라를 멸망시키고 陳餘의 목을 베었다.

12) 田橫 : 齊나라의 종실로, 漢나라의 韓信이 齊나라를 공격하여 齊王 田廣을

사로잡자, 스스로 齊王이 되고 項羽에게 붙었으나, 뒤에 高祖가 천하를 통일하니, 田橫은 두려워하여 嗚呼島라는 海島로 도망하였다. 高祖가 난을 일으킬까 우려하여 부르자, 田橫은 두 門客과 함께 파발마를 타고 洛陽으로 오다가 자살하니, 高祖는 王의 禮로 장례하였다. 海島에 남아 있던 5백 명의 선비들은 田橫이 죽었다는 말을 듣고 또한 모두 자살하였다. ≪史記 高祖本紀≫

蘇子曰 此는 先王之所不能免也라 國之有姦也는 猶鳥獸之有猛鷙와 昆蟲之有毒螫(석)也니 區處條理하야 使各安其處는 則有之矣어니와 鋤而盡去之는 則無是道也라 吾考之世變하야 知六國之所以久存과 而秦之所以速亡者 蓋出於此하니 不可以不察也니라

蘇子는 이에 대해 다음과 같이 논한다.

이는 先王도 면하지 못한 바이다. 나라에 간사한 백성이 있는 것은 새와 짐승 중에 猛獸와 猛禽이 있고 곤충 중에 毒蟲이 있는 것과 같으니, 조리에 맞게 잘 대처해서 각각 그 자리를 편안히 하게 하는 경우는 있지만, 이것을 제거해서 모두 없애는 그런 방도는 없는 것이다.

내가 세상의 변고를 고찰하여 六國이 오랫동안 보존한 이유와 秦나라가 속히 멸망한 이유가 다 여기에서 나왔음을 알았으니, 이것을 살피지 않으면 안 된다.

夫智, 勇, 辯, 力 此四者는 皆天民之秀傑者也라 類不能惡衣食以養人[1)]이요 皆役人以自養者也라 故로 先王이 分天下之富貴하야 與此四者共之하시니 此四者不失職이면 則民靖矣라 四者雖異나 先王이 因俗設法하야 使出于一하니 三代以上은 出於學하고 戰國至秦은 出於客하고 漢以後는 出於郡縣吏하고 魏晉以來는 出於九品中正[2)]하고 隋唐至今은 出於科擧하니 雖不盡然이나 取其多者論之라 六國之君의 虐用其民이 不減始皇, 二世라 然이나 當是時하야 百姓無一人叛者는 以凡民之秀傑者를 多以客養之하야 不失職也일새라 其力耕以奉上은 皆椎魯無能爲者라 雖欲怨叛이나 而莫爲之先하니 此其所以少安而不卽亡也니라

지혜와 용맹, 구변과 힘을 가진 네 부류의 사람들은 모두 하늘이 낸 사람 중에 빼어나고 걸출한 자들이다. 이들은 대부분 스스로 나쁜 옷과 나쁜 음식을 먹어 남을 기르지 못하고, 모두 남을 부려서 자신을 기르는 자들이다.

그러므로 先王이 천하의 부귀를 나누어 이 네 부류의 사람들과 함께하셨으니, 이 네 부류의 사람들이 직책을 잃지 않고 길러짐이 있으면 백성들이 안정된다.

네 부류의 사람들은 행위가 비록 다르나 先王이 풍속을 따라 법을 만들어서 이들로 하여금 한 길로 나오게 하였으니, 三代 이상은 學問에서 나오고, 전국시대로부터 秦나라에 이르기까지는 說客에서 나오고, 漢나라 이후는 郡縣의 官吏에서 나오고, 魏・晉 이래로는 九品中正에서 나오고, 隋・唐으로부터 지금에 이르기까지는 科擧에서 나왔으니, 이는 비록 모두 그렇지는 않으나 그중에 많은 것을 취하여 논한 것이다.

六國의 군주들이 백성들을 모질게 부린 것이 秦나라의 始皇帝와 二世皇帝에게 뒤지지 않았다. 그러나 이때를 당하여 백성 중에 한 사람도 배반한 자가 없었으니, 이는 평민 중에 빼어나고 걸출한 자들을 대부분 食客으로 길러서 직책을 잃지 않게 했기 때문이었다.

농사에 힘써서 윗사람을 받드는 것은 모두 용렬하고 노둔하여 무슨 일을 할 수 없는 자들이었다. 이들은 비록 조정을 원망하여 배반하고자 하나 자신들을 위해서 앞장서줄 자들이 없으니, 이것이 나라가 다소 편안하여 즉시 망하지 않은 이유인 것이다.

1) 類不能惡衣食以養人 : 惡衣食은 나쁜 옷을 입고 나쁜 음식을 먹는 것으로, 천한 백성이 되어 나쁜 옷을 입고 나쁜 음식을 먹으면서 王公・貴人을 섬기지 못함을 말한 것이다.

2) 九品中正 : 魏・晉時代의 관리등용 제도이다. 漢나라 때의 鄕擧・里選法을 대신한 것으로, 각 州・郡・縣의 지방관과는 별도로 中正官을 설치하고, 中正官이 지방의 인사를 덕행과 재능에 따라 아홉 등급으로 판정하여 중앙의 吏部로 천거하였다.

始皇이 初欲逐客이라가 用李斯之言而止[1]러니 旣幷天下에는 則以客爲無用하야 於是에

任法而不任人하야 謂民可以恃法而治라하고 謂吏不必才取요 能守吾法而已라 故로 墮(隳)名城하고 殺豪傑하야 民之秀異者 散而歸田畝하니 向之食於四公子, 呂不韋之徒者 皆安歸哉아 不知케라 其能槁項黃馘(괵)하야 以老死於布褐[2]乎아 抑將輟耕太息以俟時也아 秦之亂이 雖成於二世나 然使始皇이 知畏此四人者하야 有以處之하야 使不失職이런들 秦之亡이 不至若是速也리라 縱百萬虎狼於山林하야 而饑渴之하고 不知其將噬人하니 世以始皇爲智는 吾不信也로라

始皇帝가 처음에 客을 축출하고자 하다가 李斯의 말을 듣고서 중지하였는데, 천하를 병합하고 나서는 客을 쓸모없다고 여겨서 마침내 법에 맡기고 사람에게 맡기지 않았다.

그리하여 始皇帝는 법만 있으면 백성을 충분히 다스릴 수 있다고 생각하고, 관리는 굳이 인재를 취할 필요가 없고 나라의 법을 잘 지키면 그만이라고 여겼다.

그러므로 유명한 城을 허물고 호걸들을 죽여서 백성들 중에 빼어나고 특이한 자들이 흩어져 田畝로 돌아갔으니, 지난날 네 명의 公子와 呂不韋에게 얻어먹던 무리들이 다 어디로 돌아갔겠는가?

알지 못하겠다. 이들이 참으로 목이 비쩍 마르고 얼굴이 부황으로 누렇게 뜬 채 布褐로 늙어 죽었을 것인가? 아니면 장차 밭 가는 것을 그만두고 크게 탄식하면서 때를 기다렸겠는가?

秦나라의 혼란이 비록 二世皇帝 때에 이루어졌으나, 만일 始皇帝가 이 네 부류의 사람들을 두려워할 줄 알아서 이들을 잘 대처하여 이들로 하여금 직책을 잃지 않게 했더라면, 秦나라가 이처럼 빠르게 멸망에 이르지는 않았을 것이다.

백만 마리의 호랑이와 이리를 산림에 풀어놓아 굶주리고 목마르게 하고서 이들이 장차 사람을 물어 죽일 줄을 알지 못했으니, 세상에서 始皇帝를 지혜롭다고 말하는 것을, 나는 믿지 못하겠다.

1) 始皇初欲逐客 用李斯之言而止 : 전국시대에는 출생한 나라에 관계없이 외국에 가서 높은 벼슬을 하는 것을 客卿이라 하였는데, 秦나라가 천하를 통일하자, 秦나라 宗室들은 始皇帝에게 "외국에서 와 벼슬하는 자들은 자기 故國을 위해 활동하니, 이들을 모두 축출해야 합니다."라고 아뢰었다. 그리하여 楚나

라에서 와서 벼슬하던 李斯 또한 쫓겨나게 되었다. 이에 李斯가 〈上秦皇逐客書〉라는 名文을 올려 客卿의 축출이 부당함을 말하자, 始皇帝는 그의 말을 따라 逐客令을 중지시켰다.

2) 布褐 : 布는 삼베옷이며 褐은 쇠털 등으로 거칠게 짠 毛布인데, 신분이 천한 자들이 입었으므로 신분이 미천한 자를 지칭하게 되었다.

楚漢之禍에 **生民盡矣**니 **豪傑宜無幾**어늘 **而代相陳豨**[1] **從車千乘**이로되 **蕭, 曹爲政**에 **莫之禁也**하고 **至文, 景, 武之世**하야 **法令至密**이나 **然吳濞, 淮南, 梁王, 魏其, 武安**[2] **之流 皆爭致賓客**이로되 **世主不問也**하니 **豈懲秦之禍**하야 **以爲爵祿不能盡縻天下士**라 **故**로 **少寬之**하야 **使得或出於此也邪**아

楚나라와 漢나라의 兵禍에 백성들이 거의 다 없어졌으니, 마땅히 호걸들도 거의 다 없어졌을 것이나, 代王의 정승인 陳豨는 따르는 수레가 千乘이었는데도 蕭何와 曹參이 政事를 펼 적에 이것을 금하지 않았다. 文帝·景帝·武帝의 세상에 이르러 법령이 지극히 엄밀하였으나, 吳王 劉濞와 淮南王(劉安)과 梁王(劉武), 魏其侯(竇嬰)와 武安侯(田蚡)의 무리들이 모두 다투어 빈객을 초청하였는데도 군주가 이것을 묻지 않았다. 이는 어찌 秦나라의 禍를 경계로 삼아 爵祿으로는 천하의 선비를 다 얽어맬 수 없다고 여겼기 때문에 다소 늦춰주어 이들로 하여금 혹 이 길로 나오게 한 것이 아니겠는가?

1) 陳豨 : 宛句 사람으로 漢 高祖를 섬겨 列侯에 봉해지고 趙·代 지방의 변경에 있는 군대를 감독하였다. 賓客을 초치하여 그가 출행하면 뒤따르는 수레가 1천 대에 이르렀다.

뒤에 趙나라의 정승인 周昌이 高祖에게 "陳豨가 수많은 호걸들을 불러 모아 門客이 많고 변경에서 兵權을 쥐고 있어 후일에 禍亂을 일으킬까 두렵습니다."라고 하니, 高祖가 그를 불렀다. 이에 陳豨는 의심을 품고 배반하여 스스로 代王이 되었다가 高祖의 토벌을 받고 죽었다.

2) 吳濞淮南梁王魏其武安 : 吳濞는 吳王 濞로 高祖의 兄의 아들(조카)인데, 陳豨를 토벌할 때 공을 세우고 吳王에 봉해졌다. 吳 지역은 토지가 비옥하고 소금과 철과 구리가 많이 생산되어 재정이 풍족하여 나라가 富强하였는바, 吳王 濞는

이것을 이용하여 호걸들을 불러 모았다. 뒤에 이것을 믿고 황제에게 조회하지 않았으며, 景帝 때에 楚王 戊 등과 함께 반란을 일으켰다가 평정되었다.

淮南은 淮南王 劉安으로 高祖의 손자인데, 역시 선비를 좋아하여 ≪淮南子≫를 엮기도 하였으나, 뒤에 반란하였다가 죽임을 당하였다. ≪唐宋八大家文鈔校注集評≫에는 淮南을 淮南長王 劉厲라 하였으나, 門客을 좋아한 것으로 보아 옳지 않은 듯하다. 劉厲는 高祖의 아들로 文帝의 형이고 劉安의 아버지인데, 성질이 사납고 법도를 따르지 않다가 文帝가 蜀 지방으로 유배 보내자 자살하였다.

梁王은 劉武로 文帝의 아들이고 景帝의 아우인데, 竇太后의 총애를 받아 황제 자리를 넘보기도 하였으며, 諡號가 孝이다.

魏其는 魏其侯 竇嬰으로 文帝의 아내인 竇皇后의 친정조카이며, 武安은 武安侯 田蚡으로 景帝의 아내인 田皇后의 친정아우이다.

若夫先王之政은 **則不然**하야 **曰 君子學道則愛人**이요 **小人學道則易使**[1)] **也**라하니 **嗚呼**라 **此豈秦漢之所及哉**리오

先王의 정사로 말하면 그렇지 않아서, 〈孔子께서〉 말씀하기를 "君子가 道를 배우면 인민을 사랑하고, 小人이 道를 배우면 부리기 쉽다."라고 하였으니, 아! 이것이 어찌 秦나라와 漢나라가 미칠 바이겠는가?

1) 君子學道則愛人 小人學道則易使 : 이 내용은 ≪論語≫ 〈陽貨〉에 "孔子께서 子游가 읍재로 있는 武城에 가시어 현악기를 타고 여기에 맞추어 부르는 노래를 들으시자 빙그레 웃으시며, '닭을 잡는 데 어찌 소잡는 칼을 쓰는가?'라고 하시니, 子游가 대답하기를 '예전에 제가 夫子께 들으니 「君子가 道를 배우면 인민을 사랑하고 小人이 道를 배우면 부리기가 쉽다.」라고 하셨습니다.'라고 하였다. 이에 孔子는 제자들을 불러 말씀하시기를 '얘들아, 言偃의 말이 옳으니, 방금 전에 내가 한 말은 농담이었다.'라고 하셨다."라고 보인다.

子游는 성이 言이고 이름이 偃으로 文學에 뛰어나 孔門四科에 든 사람이며, 孔子가 여기에서 말씀한 君子와 小人은 지위를 가지고 칭한 것으로, 君子는 정치하는 벼슬아치를 가리키고 小人은 평민을 가리킨다.

04. 范增論* 范增에 대한 論

* 이 글은 蘇軾이 젊은 시절에 지은 것으로 보인다. 范增(B.C. 227~B.C. 204)은 楚霸王 項羽의 軍師로 居鄛 사람이다. 나이 70세가 되도록 향리에 은거하고 있으면서 기이한 計策을 연구하기를 좋아하였다. 秦나라 二世皇帝 때에 천하가 혼란에 빠지자 項羽의 季父인 項梁을 따라 거병하였다가 項梁이 죽자 項羽를 섬겼는데, 項羽는 그를 亞父라고 부르며 존경하였으며 자신이 楚霸王이 되자 歷陽侯에 봉하였다.

范增이 漢 高祖(劉邦)의 인물을 알아보고 鴻門의 연회에서 劉邦을 죽이려 하였으나, 劉邦의 인물을 아낀 項伯의 방해로 실패하였다. 劉邦은 滎陽의 싸움에서 陳平의 반간계를 써서 項羽로 하여금 范增을 의심하게 하여 그를 제거하였는데, 이로부터 전세는 漢나라로 기울게 되었다.

增之罪案을 **一一刺骨**하니라

范增의 罪案을 하나하나 뼈를 찌르게 깊이 논하였다.

漢用陳平計하야 **間疎楚君臣**하니 **項羽疑范增與漢有私**하야 **稍奪其權**[1)]한대 **增大怒曰 天下事大定矣**니 **君王**은 **自爲之**하라 **願賜骸骨歸卒伍**라하더니 **歸未至彭城**하야 **疽發背死**하니라

漢나라가 陳平의 계책을 따라 楚나라의 임금과 신하를 이간질하여 소원하게 하니, 項羽는 范增이 漢나라와 내통함이 있는가 의심하여 차츰 그 권한을 빼앗았다. 그러자 范增이 크게 노하여 말하기를 "천하의 일이 크게 결정되었으니, 君王께서 스스로 하소서. 원컨대 해골을 돌려받아 卒伍(卒兵)로 돌아가기를 바랍니다."라고 하였는데, 돌아가다가 도성인 彭城에 이르기 전에 등창이 나서 죽었다.

1) 漢用陳平計……稍奪其權 : 陳平은 陽武 사람으로 漢 高祖의 책사가 되어 여섯 번이나 기이한 계책을 내어 高祖를 위기에서 구출하였다. 어릴 적에 집이 가난하였으나 독서하기를 좋아하였다. 마을에서 풍년을 기원하여 土地神에게 제사를 지낼 적에 陳平이 고기를 나누어주는 宰가 되었는데 사람들에게 골고

루 고기를 분배하자, 나이 많은 父老들이 "陳孺子가 宰 노릇을 잘한다."고 칭찬하니, 陳平은 "내가 만일 宰相이 되면 천하 사람들을 위하여 이처럼 공평하게 政事를 하겠다."라고 하였다.

그 후 魏王 咎를 섬겼으나 모함하는 자가 있자 도망하여 項羽를 섬기다가 다시 漢王(劉邦)에게 귀의하니 劉邦이 크게 신임하였다.

劉邦이 項羽에게 연전연패하다가 B. C. 205년에 陳平에게 계책을 물으니, 陳平은 대답하기를 "項王(項羽)의 꼿꼿한 신하는 亞父인 范增과 鍾離昧, 龍且(저), 周殷의 등속으로 몇 명에 불과합니다. 大王께서 진실로 수만 근의 黃金을 내놓으시어 反間의 계책을 써서 저 楚나라의 군주와 신하들을 이간질한다면, 項羽는 의심이 많은 인물이므로 반드시 남의 모함하는 말을 듣고 그들을 제거할 것이니, 이 틈을 타서 우리가 공격하면 틀림없이 楚나라를 격파할 것입니다."라고 하였다. 이에 劉邦은 황금 4만 근을 내어 陳平에게 주고 出納을 일절 묻지 않았다.

陳平은 이 황금을 가지고 수많은 첩자들을 매수하여 楚나라에 소문을 퍼뜨리기를 "鍾離昧 등은 項王의 장수가 되어 많은 공을 세웠으나 지금까지 봉지를 받아 왕이 되지 못하였다. 이 때문에 漢나라와 은밀히 연합하여 項氏를 멸망하고 그 땅을 나누어 가지려 한다."라고 하였다. 項王은 그 말을 듣고 鍾離昧 등을 의심하기 시작하였다.

또 項羽와 范增을 이간하기 위하여 項羽의 사자가 漢王의 진영에 당도했을 때 太牢의 禮로 성대하게 음식을 준비하게 했다가, 이윽고 사자가 연회석에 당도하자 漢王이 갑자기 거짓 놀라는 체하며, '나는 范亞父의 사자인 줄 알았더니 뜻밖에 項王의 사자였구려!'라고 하고, 侍者들을 불러 들여오던 음식상을 가져가고, 項王의 사자를 위해서 간단하게 차린 음식상을 들여오도록 명하였다. 사자가 돌아가 이 일을 고하자, 項王은 范增이 漢나라와 비밀리에 내통하고 있지 않을까 의심하여 范增의 권력을 서서히 빼앗았다.

이에 范增은 화가 나서 벼슬자리를 내놓고 "천하의 일이 크게 정해졌으니, 大王께서 직접 하소서."라고 하고 떠나가다가 彭城에 이르기 전에 등에 등창이 나서 죽었다. 項羽는 이후 謀士다운 謀士가 없어 더욱 고립되었으며, 또 鍾離昧 등의 장수들까지 제거하여 결국 멸망에 이르렀다. ≪史記 陳平列傳≫

孺子는 젊은이를 이르며, 亞父는 項羽가 范增을 높인 칭호이다. 太牢는 성대한 음식상을 이른다.

蘇子曰 增之去 善矣라 **不去**면 **羽必殺增**하리니 **獨恨其不蚤(早)耳**로라 **然則當以何事去**오 **增**이 **勸羽殺沛公**이어늘 **羽不聽**하야 **終以此失天下**하니 **當於是去耶**아 **曰 否**라 **增之欲殺沛公**은 **人臣之分也**요 **羽之不殺**은 **猶有人君之度也**니 **增**이 **曷爲以此去哉**리오 **易曰 知幾其神乎**[1]인저하고 **詩曰 相彼雨雪**컨대 **先集維霰**[2]이라하니 **增之去**는 **當於羽殺卿子冠軍**[3]**時也**니라

蘇子는 이에 대해 다음과 같이 논한다.

范增이 떠나간 것은 잘한 일이었다. 떠나가지 않았으면 項羽가 반드시 范增을 죽였을 것이니, 다만 일찍 떠나가지 않은 것이 한스러울 뿐이다.

그렇다면 마땅히 무슨 일로 떠나가야 하였는가? 范增이 項羽에게 沛公(劉邦)을 죽일 것을 권하였으나 項羽가 듣지 않아서 끝내 이 때문에 천하를 잃었으니, 마땅히 이때 떠났어야 했는가? 아니다. 范增이 沛公을 죽이고자 한 것은 신하의 직분이요, 項羽가 沛公을 죽이지 않은 것은 그래도 人君의 도량이 있는 것이니, 范增이 어찌 이것 때문에 떠날 수 있었겠는가?

≪周易≫에 이르기를 "기미를 아는 것이 참으로 神과 같구나!"라고 하였고, ≪詩經≫에 이르기를 "저 함박눈이 내리는 것을 보건대 먼저 싸락눈이 모인다."라고 하였으니, 范增은 마땅히 項羽가 卿子冠軍(宋義)을 죽였을 적에 떠나갔어야 했다.

1) 易曰 知幾其神乎 : 知幾는 기미를 알고 미리 대처하는 것을 이르며, 神은 神明처럼 神妙함을 이른다.

이 내용은 ≪周易≫ 〈繫辭傳 下〉에 "기미를 앎이 神妙할 것이다. 군자는 위로 사귀되 아첨하지 않고 아래로 사귀되 모독하지 않으니, 기미를 아는 것이다. 幾는 動함의 은미함으로 吉·凶이 먼저 나타나는 것이니, 군자는 기미를 보고 일어나서 하루가 마치기를 기다리지 않는다.〔知幾其神乎 君子上交不諂 下交不瀆 其知幾乎 幾者動之微 吉〔凶〕之先見者也 君子見幾而作 不俟終日〕"라고 보인다.

2) 詩曰……先集維霰 : 雨雪은 눈이 비처럼 내리는 것으로 함박눈을 가리키며,

霰은 싸락눈이다.

이 내용은 ≪詩經≫ 〈小雅 頍弁〉의 한 구절인데, 朱子가 주하기를 "霰은 눈이 처음 응결된 것이다. 장차 크게 함박눈이 내리려 하면 반드시 먼저 날씨가 조금 더워지니, 눈이 위에서 내려오다가 溫氣를 만나 녹아서 뭉쳐진 것을 霰이라 한다. 그러다가 오래되어 寒氣가 이기면 큰 눈이 내리는 것이다. 이는 싸락눈이 모이면 장차 큰 눈이 올 징후임을 말해서 늙음이 이르면 장차 죽을 징조임을 비유하였다.〔霰 雪之始凝者也 將大雨雪 必先微溫 雪自上下 遇溫氣而摶 謂之霰 久而寒勝 則大雪矣 言霰集則將雪之候 以比老至則將死之徵也〕"라고 하였다.

3) 卿子冠軍 : 楚나라의 上將軍 宋義를 이른다. 卿子는 公子라는 뜻이고, 冠軍은 上將軍이라는 뜻으로, 楚 懷王이 宋義를 높여 부른 칭호이다. 秦나라 二世皇帝 때에 천하가 혼란에 빠지자, 項梁이 조카인 項羽와 함께 거병하였는데, 范增의 계책을 따라 楚 懷王의 손자인 心을 찾아 懷王(나중의 義帝)으로 세워 대세를 장악하였다.

그러나 승리에 도취되어 교만해진 項梁이 패전하여 죽자, 懷王이 전열을 정비한 다음 宋義를 上將으로, 項羽를 次將으로, 范增을 末將으로 임명하여 북으로 나아가 趙나라를 구원하게 하였으나, 宋義가 형세를 관망하느라 진격하지 않는 것을 빌미로 項羽가 宋義를 죽였다. ≪史記 項羽本紀≫

陳涉之得民也는 **以項燕, 扶蘇**[1]요 **項氏之興也**는 **以立楚懷王孫心**이며 **而諸侯叛之也**는 **以弑義帝也**[2]라 **且義帝之立**에 **增爲謀主矣**니 **義帝之存亡**이 **豈獨爲楚之盛衰**리오 **亦增之所與同禍福也**니 **未有義帝亡而增獨能久存者也**라 **羽之殺卿子冠軍也**는 **是弑義帝之兆也**요 **其弑義帝**는 **則疑增之本也**니 **豈必待陳平哉**리오 **物必先腐也而後**에 **蟲生之**하고 **人必先疑也而後**에 **讒入之**하나니 **陳平雖智**나 **安能間無疑之主哉**리오

陳涉이 민심을 얻은 것은 項燕과 扶蘇를 내세웠기 때문이고, 項氏가 흥왕한 것은 楚 懷王의 손자인 心을 세웠기 때문이며, 諸侯들이 項氏를 배반한 것은 義帝를 시해했기 때문이었다.

또 義帝가 즉위할 적에 范增이 謀主가 되었으니, 義帝의 존망이 어찌 다만 楚나라

의 성쇠가 될 뿐이겠는가? 또한 范增이 화복을 함께하는 바였으니, 義帝가 죽고 范增이 홀로 오래 보존될 수는 없는 것이다.

項羽가 卿子冠軍을 죽인 것은 바로 義帝를 시해할 조짐이고, 義帝를 시해한 것은 范增을 의심하는 근본이니, 어찌 반드시 陳平의 이간질을 기다렸겠는가?

물건은 반드시 먼저 썩은 뒤에 벌레가 생기고, 사람은 반드시 먼저 의심한 뒤에 모함하는 말이 먹혀드는 법이니, 陳平이 비록 지혜로웠으나 어찌 의심이 없는 군주를 이간질할 수 있었겠는가?

1) 陳涉之得民也 以項燕扶蘇 : 陳涉은 陳勝으로 勝은 그의 字인데, 秦나라 二世皇帝 때 처음으로 봉기하였다.

項燕은 전국시대 말기 楚나라의 명장인데, 項梁의 부친으로 下相(지금의 江蘇省 宿遷縣) 사람이다. 秦 始皇 23년(B.C. 224)에 項燕은 20만의 대군을 이끌고 쳐들어온 李信을 격퇴하고 楚나라의 南郡을 회복하였다. 그러나 다음 해에 60만의 대군을 이끌고 쳐들어온 王翦에게 대패를 당하고, 楚王 負芻는 秦나라의 포로가 되었다. 項燕은 昌平君을 荊王으로 세우고 淮南으로 들어가 秦나라에 계속 저항하였으나, 다음 해에 荊王이 다시 공격해온 王翦에게 죽임을 당하자 項燕 자신은 스스로 목숨을 끊었다.

扶蘇는 秦나라 始皇帝의 長子로 二世皇帝 胡亥의 형이다. 성품이 인자했으나 始皇帝의 노여움을 사고 북쪽으로 쫓겨가서 장군 蒙恬의 監軍이 되었는데, 始皇帝가 죽자 李斯와 趙高 등이 始皇帝의 詔書를 거짓으로 꾸며 자살하게 하였다.

陳涉이 項燕과 扶蘇를 내세운 일은 ≪史記≫ 〈陳涉世家〉에 다음과 같이 보인다.

"陳勝과 吳廣은 二世皇帝 때 부역 가는 병졸들을 거느리고 난을 일으키며 이르기를 '천하가 秦나라의 虐政에 오래도록 시달려왔다. 듣자 하니 二世皇帝는 始皇帝의 작은 아들이라 하니, 마땅히 황제가 되어야 할 사람은 長子 扶蘇이다. 扶蘇가 자주 直諫하다가 始皇帝의 노여움을 사서 밖으로 쫓겨 갔는데 죄없이 二世皇帝에게 죽임을 당하였다. 그러나 백성들은 扶蘇가 어질다는 소문만 들었지 참으로 죽었는지는 알지 못한다.

또 楚나라 장군 項燕은 여러 차례 공을 세우고 병졸들을 사랑하다가 싸움터에서 죽어 楚나라 사람들이 매우 안타깝게 생각하고 있다. 楚나라 사람들 가운데에는 項燕이 죽지 않고 도망쳐 숨어 살고 있다고 생각하는 자도 많다. 이제 우리가 公子 扶蘇와 項燕이라고 자칭하여 사람들을 속인다면 천하가 모두 호응하여 따르는 자가 많을 것이다.'라고 하고, 스스로 자신이 扶蘇라고 소문을 내었다."

2) 項氏之興也……以弑義帝也 : 懷王은 전국시대 말기 楚나라의 임금으로, 성은 熊이고 이름은 槐이다. 蘇秦의 합종책에 의해 6國을 이끌고 秦나라를 공격했으나 대패하였는데, 뒤에 秦나라의 땅을 떼어주겠다는 張儀의 계략에 넘어가서 齊나라와 절교하였지만 땅을 받지 못하였다.

懷王 30년에 秦 昭王이 楚나라가 齊나라와 강화한 것을 트집잡으면서 楚나라와 국경지대인 武關에서 회맹하자고 청하자, 懷王이 이를 따랐다가 秦나라 都城인 咸陽으로 끌려가 강제로 억류당하였다. 秦 昭王은 懷王에게 楚나라의 巫邑과 黔中의 땅을 할양하면 본국으로 돌려보내 주겠다고 하였으나, 懷王은 이를 거절하고 다음 해에 秦나라에서 병이 나서 죽었다.

앞서 楚나라의 충신인 屈原은 懷王에게 秦나라에 들어가지 말 것을 간하였으나, 懷王은 땅을 찾겠다는 욕심으로 秦나라에 무리하게 들어갔다가 억울하게 죽고 말았다. ≪史記 楚世家≫

項梁은 거병한 뒤에, 楚나라 사람들이 적국에서 죽은 懷王을 애틋하게 생각하는 마음을 이용하기 위해 懷王의 손자인 熊心을 찾아 楚王으로 세우고, 왕의 칭호도 그대로 懷王이라고 칭하였다.

項羽가 卿子冠軍(宋義)을 죽이고 병권을 잡은 다음 咸陽으로 들어가 秦나라를 멸망시키고 懷王을 높여 義帝라고 칭하였으나, 실제로는 그의 명령을 받지 않다가 뒤에 長沙의 郴縣으로 옮기고 英布를 시켜 弑害하였다. 漢 高祖(劉邦)가 이 사실을 알고 三老 董公의 진언을 받아들여 義帝를 위해 國喪을 발표하고 통곡한 다음, 군사들에게 소복을 입히고 천하의 제후들에게 項羽를 토벌할 것을 호소하자, 많은 제후들이 이에 호응하였다. 그 결과 劉邦은 이들을 거느리고 項羽와 싸워 끝내 項羽를 죽이고 천하를 통일하였다.

吾嘗論義帝는 **天下之賢主也**라 **獨遣沛公入關**하고 **而不遣項羽**[1]하며 **識卿子冠軍於**

稠人之中하야 **而擢以爲上將**하니 **不賢而能如是乎**아 **羽旣矯殺卿子冠軍**하니 **義帝必不能堪**하리니 **非羽弑帝**면 **則帝殺羽**는 **不待智者而後知也**라 **增**이 **始勸項梁**하야 **立義帝**하야 **諸侯以此服從**하니 **中道而弑之**는 **非增之意也**라 **夫豈獨非其意**리오 **將必力爭而不聽也**리라 **不用其言**하고 **殺(弑)其所立**하니 **羽之疑增**이 **必自是始矣**리라

내 일찍이 논하건대, 義帝는 天下의 어진 군주였다. 홀로 沛公을 보내어 關門으로 들어가게 하고 項羽를 보내지 않았으며, 卿子冠軍을 여러 사람 가운데에서 알아보고 발탁하여 上將軍으로 삼았으니, 어질지 않고서 이와 같을 수 있겠는가?

項羽가 이미 義帝의 조서를 거짓으로 꾸며 卿子冠軍을 죽였으니 義帝는 반드시 견뎌내지 못했을 것이다. 項羽가 義帝를 시해하지 않으면 義帝가 項羽를 죽이리라는 것은 지혜로운 자를 기다리지 않고서도 알 수 있는 것이다.

范增이 처음 項梁에게 권하여 義帝를 세우게 하였다. 諸侯들이 이 때문에 복종하였으니, 중도에 義帝를 시해하는 것은 范增의 본의가 아니었을 것이다.

어찌 다만 본의가 아닐 뿐이었겠는가? 아마도 틀림없이 項羽에게 강력히 諫爭하여도 듣지 않았을 것이다. 項羽가 范增의 말을 따르지 않고 范增이 세운 義帝를 시해하였으니, 項羽가 范增을 의심함은 반드시 이로부터 비롯하였을 것이다.

1) 獨遣沛公入關 而不遣項羽 : 처음에 楚 懷王이 여러 장수들과 약속하기를 "먼저 秦나라의 도성인 關中(咸陽)에 들어가 秦나라를 평정하는 자가 있으면 王으로 봉하겠다."라고 하였다. 그러나 이때 秦나라 군대가 아직도 강성하므로 장수들이 먼저 關中으로 들어가는 것을 불리하게 생각하였는데, 오직 項羽는 숙부인 項梁이 秦나라에게 죽임을 당한 것을 원망하여 몸을 떨치고 일어나 沛公(劉邦)과 함께 서쪽으로 關中에 들어갈 것을 자원하였다.

이에 懷王의 늙은 장수들이 모두 말하기를 "項羽는 인물이 표독하고 사람을 함부로 해쳐서 지난번에 襄城를 공격하여 襄城 사람들을 도륙하였고, 지나가는 곳마다 쑥대밭을 만들지 않은 곳이 없으니, 寬厚한 長者를 보내야 합니다."라고 하며 沛公을 보낼 것을 청하였다.

마침내 懷王이 결단을 내려 項羽를 보내지 않고 沛公을 서쪽으로 보내 秦나라를 경략하게 하였다. 그 결과 B.C. 207년 10월에 沛公은 關中에 입성하여 秦王 子嬰으로부터 항복을 받아내었다.

方羽殺卿子冠軍하야 增이 與羽로 比肩而事義帝하야 君臣之分이 未定也하니 爲增計者컨대 力能誅羽則誅之요 不能則去之면 豈不毅然大丈夫也哉아 增이 年已七十이라 合則留요 不合則去어늘 不以此時明去就之分하고 而欲依羽以成功하니 陋矣라 雖然이나 增은 高帝之所畏也라 增不去면 項羽不亡하리니 嗚呼라 增亦人傑也哉인저

項羽가 卿子冠軍을 죽였을 적에 范增은 項羽와 어깨를 나란히 하고 義帝를 섬겨 君臣간의 신분이 아직 정해지지 않았으니, 내가 范增을 위하여 헤아려보건대 자기 힘이 능히 項羽를 처형할 만하면 처형하고, 그렇지 않으면 떠나가는 것이 어찌 의연한 대장부가 아니겠는가?

范增은 이때 나이가 이미 70세였다. 뜻이 합하면 머물고 합하지 않으면 떠나가야 하는데, 이때에 거취의 구분을 밝히지 않고 項羽에게 의지하여 공명을 이루고자 하였으니, 누추하다.

그러나 范增은 高帝가 경외하는 존재였다. 范增이 떠나가지 않았으면 項羽가 망하지 않았을 것이니, 아! 范增은 또한 걸출한 인물이라 하겠다.

05. 留侯論* 留侯에 대한 論

* 이 글은 蘇軾이 젊은 시절에 지은 것으로 보인다. 留侯는 張良으로, 字는 子房이고, 시호는 文成이다. 漢 高祖에 의해 留侯로 봉해졌다.

此文은 只是一意反覆하야 滾滾議論이라 然이나 子瞻胸中見解는 亦本黃老來也니라

이 문장은 다만 한 가지 뜻을 반복하여 의논을 막힘없이 전개하였다. 그러나 子瞻의 胸中의 견해는 또한 본래 黃老에서 온 것이다.

古之所謂豪傑之士者는 必有過人之節하야 人情에 有所不能忍者하니 匹夫見辱에 拔劍而起하야 挺身而鬪는 此不足爲勇也라 天下에 有大勇者하니 卒然臨之而不驚하고 無故加之而不怒하나니 此其所挾持者甚大하고 而其志甚遠也라

옛날에 이른바 호걸스러운 선비는 반드시 남보다 뛰어난 행실이 있어 보통 사람의 마음으로는 참지 못하는 일이 있었으니, 匹夫가 모욕을 당함에 劍을 뽑아 들고 일어나 몸을 솟구쳐 싸우는 것은, 이는 용맹이라 할 수 없는 것이다.

천하에 크게 용맹한 자가 있으니, 일이 갑자기 임하여도 놀라지 않고 까닭 없이 침해를 가하여도 노여워하지 않으니, 이는 그가 가지고 있는 것이 심히 크고 그 뜻이 매우 원대한 것이다.

夫子房이 **受書於圯**(이)**上之老人也**[1)]는 **其事甚怪**라 **然**이나 **亦安知其非秦之世**에 **有隱君子者出而試之**리오 **觀其所以微見其意者**하면 **皆聖賢相與警戒之義**어늘 **而世不察**하고 **以爲鬼物**이라하니 **亦已過矣**요 **且其意不在書**하니라

子房이 흙다리 위의 노인에게서 책을 받은 것은 그 일이 매우 괴이하다. 그러나 또한 秦나라 시대에 은둔한 君子가 나와서 子房을 시험한 것이 아니라고 어찌 장담하겠는가?

노인이 자신의 뜻을 은미하게 나타낸 것을 살펴보면 모두 성현이 서로 함께 경계한 뜻인데, 세상 사람들은 이것을 살피지 못하고 노인을 귀신이라고 하니, 또한 너무 잘못된 것이다. 그리고 또 노인의 뜻은 兵書를 전수하는 데에만 있지 않았다.

1) 夫子房受書於圯(이)上之老人也 : 이 내용은 ≪史記≫ 〈留侯世家〉에 아래와 같이 보인다.

"張良이 일찍이 한가로이 下邳(비)의 흙다리 위를 걸어가는데, 어떤 노인이 갈옷을 입고 張良이 있는 곳으로 와서 신발을 다리 밑으로 일부러 떨어뜨리고는 張良을 돌아보고 말하기를 '젊은이가 내려가서 신발을 가져오라.'고 하였다. 張良이 놀라서 때리려고 하다가 노인이므로 억지로 참고 내려가 신발을 가져오니, 노인이 신발을 신겨달라고 하였다.

張良은 이왕 신발을 가져왔으므로 무릎을 꿇고 신을 신겨주자, 노인은 신발을 신고 웃으면서 갔다. 張良이 놀라 바라보고 있는데, 노인이 1里쯤 가다가 되돌아와서 말하기를 '젊은이는 가르칠 만하다. 5일 후 새벽에 여기에서 만나자.'라고 하였다.

張良이 괴이하게 여겨 꿇어앉아 대답하고 5일 후 새벽에 가니, 노인이 먼저

와 있었다. 노인은 화를 내며 '젊은이가 노인과 약속하고 늦게 오는 것은 무슨 일인가?'라고 책망하고 '5일 후에 다시 일찍 오라.'고 하였다. 5일 후 張良이 닭이 울 때에 가니, 노인이 역시 먼저 나와 있었다가 다시 성내며 말하기를 '왜 이리 늦는가? 5일 후 다시 일찍 오라.'라고 하였다.

5일 후 張良이 밤중이 되기 전에 가니, 잠시 후 노인이 와서 기뻐하고 책을 한 권 꺼내주면서 '이것을 읽으면 왕의 스승이 될 것이니, 10년 뒤에 흥하게 될 것이다. 13년 뒤에 젊은이는 나를 濟北의 穀城山에서 다시 만나게 될 것이니, 그곳에 있는 黃石이 바로 나다.'라고 하고는 마침내 떠나가서 다시는 보이지 않았다.

다음날 張良이 그 책을 보니, 太公의 兵法이었다. 張良이 기이하게 여겨 항상 그 책을 외워 익혔으며, 이 책을 통하여 楚나라의 項羽를 이길 수 있었다. 13년 뒤에 張良이 穀城山을 지나다가 누른 바위(黃石)가 있는 것을 보고 절하였으며, 張良이 죽자 이곳에 장례하고 黃石과 함께 제사 지냈다."

그 후 세상에서는 그 노인을 黃石公이라고 칭하였는데, 노인이 전한 병서는 ≪素書≫와 ≪陰符經≫이라 한다.

當韓之亡, 秦之方盛也에 **以刀鋸鼎鑊**[1)]으로 **待天下之士**하야 **其平居**에 **無罪夷滅者**를 **不可勝數**하니 **雖有賁育**[2)]이나 **無所復施**라 **夫持法太急者**는 **其鋒**을 **不可犯**하고 **而其勢**를 **未可乘**이어늘 **子房**이 **不忍忿忿之心**하야 **以匹夫之力**으로 **而逞于一擊之間**[3)]하니 **當此之時**하야 **子房之不死者**는 **其間**이 **不能容髮**하니 **蓋亦已危矣**라 **千金之子**는 **不死於盜賊**하나니 **何者**오 **其身之可愛**하야 **而盜賊之不足以死也**일새라

韓나라가 망하고 秦나라가 막 강성할 적에 칼과 톱, 솥과 가마솥으로 천하의 선비를 대하여 평소에 죄없이 죽고 멸망한 자가 수를 헤아릴 수 없이 많았으니, 아무리 孟賁과 夏育과 같은 용맹이 있더라도 다시 힘을 쓸 데가 없었다.

法을 너무 급하게 집행하는 자는 그 銳鋒을 범할 수 없고 그 형세를 탈 수 없는 법인데, 子房은 분하고 분한 마음을 참지 못하고 필부의 힘으로 일격을 가하는 사이에서 분풀이를 하고자 하였다. 이때 子房이 죽지 않은 것은 그 사이가 털끝 하나도 용납할 틈이 없었으니, 진실로 너무 위태로웠다.

천금을 가진 부잣집 자식은 도적에게 죽임을 당하지 않으니, 이는 어째서인가? 그 몸이 아까워 도적에게 자기 몸을 죽게 할 수가 없기 때문이다.

1) 刀鋸鼎鑊 : 모두 형벌하는 도구로, 칼과 톱으로는 사람을 찔러 죽이고, 솥과 가마솥으로는 삶아 죽였다.
2) 賁育 : 孟賁과 夏育으로 모두 전국시대의 이름난 역사들인데, 孟賁은 齊나라 사람이고, 夏育은 衛나라 사람이다.
3) 子房不忍忿忿之心……而逞于一擊之間 : 張良의 집안은 父·祖 이상 5대가 모두 韓나라의 정승이었는데, 韓나라가 秦나라 始皇帝에게 멸망되자, 張良은 젊은 혈기를 억누르지 못하고 복수하고자 하였다. 張良은 남은 가산을 다 써서 力士들을 구하고 120근의 철추를 만들어 동쪽으로 유람 중인 始皇帝를 博浪沙에서 저격하였으나 실패하고, 변성명하여 겨우 화를 모면하였다.

子房이 **以蓋世之才**로 **不爲伊尹, 太公之謀**[1)]하고 **而特出於荊軻, 聶政之計**[2)]하야 **以僥倖於不死**하니 **此圯上之老人**이 **所爲深惜者也**라 **是故**로 **倨傲鮮腆而深折之**하니 **彼其能有所忍也然後**에 **可以就大事**라 **故**로 **曰 孺子可敎也**라하니라

子房은 세상을 덮을 만한 훌륭한 재주로써 伊尹과 太公의 계책을 세우지 않고, 다만 협객인 荊軻와 聶政의 계책을 내면서 요행으로 죽지 않기를 바랐으니, 이것을 흙다리 위의 노인이 깊이 애석하게 여긴 것이다.

이 때문에 노인이 거만하게 대하고 거드름을 피워 子房을 깊이 꺾었으니, 노인은 子房이 능히 참을 줄 안 뒤에야 대사를 성취할 수 있다고 여겼다. 그러므로 "젊은이를 가르칠 수 있겠다."라고 말한 것이다.

1) 伊尹太公之謀 : 伊尹은 商나라를 개국한 成湯의 재상이고, 太公은 周나라를 개국한 武王의 軍師이다. 두 사람은 모두 은인자중하며 때를 기다리다가 자신을 알아주는 군주를 만난 뒤에 비로소 천하를 도모하였다. 그러므로 이렇게 말한 것이다.
2) 荊軻聶政之計 : 荊軻와 聶政은 모두 전국시대의 자객들로, 이들의 계책이란 목숨을 도외시하고 위험한 행동으로 일을 이루려는 계책을 이른다. 荊軻는 전국시대 衛나라의 이름난 자객으로 燕나라 태자 丹을 위해 秦나라의 始皇帝를

죽이려다가 실패하고 살해되었다. 聶政은 魏나라 軹邑 深井里(지금의 河南省 濟原縣) 사람으로 자신을 후대한 嚴仲子를 위하여 嚴仲子의 원수인 韓나라 재상 俠累를 죽이고 자살하였다.

楚莊王이 **伐鄭**한대 **鄭伯**이 **肉袒牽羊以逆**이어늘 **莊王曰 其君**이 **能下人**하니 **必能信用其民矣**리라하고 **遂舍之**[1]하며 **句踐之困於會稽而歸**에 **臣妾於吳者**를 **三年而不倦**[2]하니라 **且夫有報人之志而不能下人者**는 **是匹夫之剛也**라 **夫老人者 以爲 子房**이 **才有餘**나 **而憂其度量之不足**이라 **故**로 **深折其少年剛銳之氣**하야 **使之忍小忿而就大謀**하니라 **何則**고 **非有平生之素**요 **卒然相遇於草野之間**하야 **而命以僕妾之役**이로되 **油然而不怪者**는 **此固秦皇帝之所不能驚**이요 **而項籍之所不能怒也**라

楚 莊王이 鄭나라를 정벌하자, 鄭伯이 윗옷을 벗어 몸을 드러내고 羊을 끌고 맞이하였다. 이에 莊王이 말하기를 "그 임금이 능히 남에게 자신을 낮추니, 반드시 그 백성들을 믿고 잘 이용할 것이다."라고 하고는 마침내 그를 놓아주었으며, 越王 句踐이 會稽山에서 곤경에 처했다가 돌아가 吳나라에 臣妾 노릇하기를 3년 동안 게을리하지 않았다.

저 남에게 보복할 마음을 가지고 있으면서 남에게 자신을 낮추지 못하는 것은 바로 필부의 강함일 뿐이다.

노인은 子房이 재주는 유여하다고 여겼으나 도량이 부족함을 걱정하였다. 그러므로 소년의 강하고 날카로운 기운을 깊이 꺾어서 그로 하여금 작은 분노를 참아 큰 계책을 성취하게 한 것이다.

어째서인가? 평생의 안면이 있지 않았는데, 갑자기 草野의 사이에서 서로 만나 종과 첩이 하는 일을 시키는데도 유연히 처하고 괴이하게 여기지 않는 것은, 이는 진실로 秦 始皇도 놀라지 않는 바요, 項籍도 성내지 않는 바이다.

1) 楚莊王伐鄭……遂舍之 : 鄭伯은 鄭 襄公으로, 이 내용은 ≪春秋左氏傳≫ 宣公 12년에 아래와 같이 보인다.

"楚軍이 鄭나라를 포위하여 3개월 동안 공격해 승리하고서 皇門으로 들어가 大路에 이르니, 鄭伯이 윗옷을 벗어 몸을 드러내고 羊을 끌고 와서 楚子

(莊王)를 영접하며 말하기를, '저는 하늘의 뜻을 받들지 않고 君王을 잘 섬기지 아니해서 君王으로 하여금 노하여 우리나라에 오시게 하였습니다. 이는 실로 저의 죄이니, 감히 명하시는 대로 따르지 않겠습니까? 鄭나라 백성들을 포로로 잡아 江南으로 데려가 海邊을 채우시더라도 명령대로 따를 것이고, 鄭나라의 영토를 깎아 제후들에 나누어주고 우리 백성들을 제후들의 臣妾이 되게 하시더라도 명령대로 따르겠습니다.

그러나 만일 지난날의 우호를 생각하여 은혜를 베푸시어 周나라의 厲王과 宣王, 鄭나라의 桓公과 武公께 복을 구하기 위해 鄭나라의 社稷을 멸망시키지 않고, 鄭나라로 하여금 지난날의 잘못을 고치고서 楚나라의 諸縣과 같이 君王을 섬기게 하신다면, 이는 君王의 은혜이고 저의 소원입니다. 그러나 감히 바랄 수 없으므로 감히 진심을 토로하오니, 君王께서는 깊이 생각하소서.'라고 하였다.

楚子의 좌우 신하들이 '鄭伯의 요구를 허락해서는 안 됩니다. 남의 나라를 공격해서 얻으면 다시 용인해주지 않는 법입니다.'라고 하니, 楚王이 말하기를 '그 임금이 능히 남에게 자신을 낮추니 반드시 그 백성들을 믿고 잘 이용할 것이다. 이런 나라를 어찌 얻기를 바라겠는가?'라고 하고서 30리를 물러나 鄭나라의 講和를 허락하였다."

2) 句踐之困於會稽而歸……三年而不倦 : 臣妾은 '자신은 신하가 되고, 아내는 妾이 된다.'는 뜻이나, 妾은 참으로 상대방의 妾이 되는 것이 아니고, 상대방에게 복종함을 이른다.

춘추시대에 越王 句踐이 吳王 夫差와 싸워 대패하고 會稽山에서 농성한 끝에 굴욕적인 강화를 맺고 본국으로 돌아오자, 외면으로는 吳나라를 지극 정성으로 받들어 吳王 夫差의 의심을 풀고자 하였는바 "吳나라에 臣妾 노릇하기를 3년 동안 게을리 하지 않았다."는 말은 이것을 말한 것이다.

觀夫高祖之所以勝而項籍之所以敗者하면 在能忍與不能忍之間而已矣라 項籍은 惟不能忍이라 是以로 百戰百勝하야 而輕用其鋒하고 高祖는 忍之하야 養其全鋒하야 而待其弊하니 此는 子房敎之也라 當淮陰破齊而欲自王하야 高祖發怒하야 見(현)於辭色[1]하니 由此觀之하면 猶有剛彊不忍之氣하니 非子房이면 其誰全之리오 太史公이 疑

子房以爲魁梧奇偉러니 **而其狀貌乃如婦人女子**하야 **不稱其志氣**[2]라하니 **嗚呼**라 **此其所以爲子房歟**인저

高祖가 승리한 이유와 項籍이 패망한 이유를 살펴보면, 능히 참았는가 능히 참지 못하였는가의 사이에 달려 있을 뿐이었다.

項籍은 참지 못하였다. 이 때문에 백전백승하였으나 자기의 칼날을 함부로 사용하였고, 高祖는 이것을 참아서 그 온전한 칼날을 길러 상대방이 피폐해지기를 기다렸으니, 이는 子房이 가르쳐준 것이다.

淮陰侯가 齊나라를 격파하고 스스로 왕이 되고자 했을 적에 高祖가 성을 내어 말소리와 안색에 노기가 나타났으니, 이것을 가지고 살펴보면 高祖는 아직도 剛彊하여 참지 못하는 기운이 있었던 것이니, 子房이 아니면 그 누가 온전히 해주었겠는가?

太史公은 '子房이 기골이 장대하고 인품이 기이하고 위대할 것이라고 여겼었는데, 그 형상과 모양이 도리어 부인과 여자 같아, 그 志氣에 걸맞지 못하다.'고 의심하였으니, 아! 이것이 바로 子房이 된 이유일 것이다.

1) 淮陰破齊而欲自王……見於辭色 : 淮陰侯는 韓信의 봉호이다. 韓信이 齊나라를 점령한 다음 高祖에게 사람을 보내어 "齊나라 지역은 反覆無常하니, 王을 두어 다스리지 않으면 또다시 반란을 일으킬 것입니다. 臣이 假王이 되고자 합니다."라고 하였다.

高祖가 크게 화를 내자, 옆에 있던 張良이 은근히 高祖의 발을 밟으며 귓속말로 "大王께서 韓信을 王으로 봉해주지 않으면 배반할 것이니, 그를 王으로 삼아 힘을 다하게 하는 것만 못합니다."라고 하였다.

이에 高祖는 使者를 보고 큰소리로 "대장부가 諸侯를 평정했으면 마땅히 진짜 王이 될 것이지, 어찌 假王이 된단 말인가?"라고 하여, 방금 전 자신이 크게 노한 것이 마치 假王이란 말 때문이었던 것처럼 속이고 韓信을 齊王으로 삼았다.

이에 韓信은 힘을 다해 高祖를 도와 楚나라를 공격하여 천하통일에 큰 공을 세웠다. 韓信은 천하통일 후에 다시 楚王에 봉해졌으나 高祖의 의심을 받아 淮陰侯로 강등되고 반란을 획책하다가 결국 사로잡혀 죽임을 당하였다. ≪史記 高祖本紀·淮陰侯列傳≫

2) 太史公……不稱其志氣 : 이 내용은 ≪史記≫ 〈留侯世家〉에 "나는 留侯의 사람됨이 아마도 기골이 장대하고 인품이 기이하고 위대할 것이라고 여겼었는데, 그의 畵像(초상화)을 보니 용모가 부인이나 예쁜 여인과 같았다. 孔子가 말씀하시기를 '외모로 사람을 취하다가 子羽에게서 잘못을 범하였다.'라고 하셨으니, 留侯 역시 그렇다고 할 수 있다.〔余以爲其人計魁梧奇偉 至見其圖 狀貌如婦人好女 蓋孔子曰 以貌取人 失之子羽 留侯亦云〕"라고 보인다. 子羽는 孔子의 제자인 澹臺滅明의 字이다. 澹臺滅明은 외모가 못생겼으나 인품이 고결하였다.

王遵巖[1]**曰 此文**은 **若斷若續**하야 **變幻不羈**하야 **曲盡文家操縱之妙**하니라

王遵巖(王愼中)이 말하였다. "이 문장은 마치 끊어지는 듯 이어지는 듯 變幻하여 얽매임이 없어서 문장을 다루는 묘리를 곡진히 다하였다."

1) 王遵巖 : 明나라의 文章家인 王愼中을 가리킨 것으로, 처음에 遵巖居士라 칭하다가 뒤에 南江으로 고쳤다. 古文에 뛰어나 唐順之와 함께 '王唐'으로 일컬어진다.

06. 賈誼論* 賈誼에 대한 論

* 이 글은 젊은 시절의 작품이다. 賈誼(B.C. 200~B.C. 168)는 西漢의 정치가이자 문인으로 洛陽 사람이다. 시문에 뛰어나고 제자백가에 정통하였으며, 20세에 文帝에게 발탁되어 博士가 되었다가 太中大夫로 승진되었다. 文帝는 그가 재상의 재목임을 알아보고 公卿으로 삼아 正朔과 服色을 고치고 법률을 제정하며 禮樂을 일으키려 하였으나, 周勃과 灌嬰 등 당시 대신들의 반대에 부딪혀 그 의논을 쓰지 못하고 長沙王太傅로 좌천시켰는데, 賈誼는 33세의 나이로 요절하였다.

細觀此文하면 **子瞻高於賈生一格**하니라

이 글을 자세히 보면 子瞻이 賈生(賈誼)보다 한 격이 높다.

非才之難이요 **所以自用者實難**이라 **惜乎**라 **賈生**은 **王者之佐**로되 **而不能自用其才也**라

夫君子之所取者遠이면 **則必有所待**요 **所就者大**면 **則必有所忍**이니 **古之賢人**이 **皆有可致之才**로되 **而卒不能行其萬一者**는 **未必皆其時君之罪**요 **或者**는 **其自取也**니라

뛰어난 재주를 간직하는 것이 어려운 것이 아니고, 스스로 재주를 잘 활용하는 것이 실로 어려운 것이다. 애석하다. 賈生은 王者를 보좌할 만한 재주를 가졌으나 스스로 그 재주를 잘 활용하지 못하였다.

군자가 취하고자 하는 것이 원대하면 반드시 기다리는 바가 있어야 하고, 성취하고자 하는 것이 크면 반드시 참는 바가 있어야 하니, 옛날 현인들이 모두 이룰 수 있는 재주를 가지고 있으면서도 끝내 만에 하나도 실행하지 못한 것은 반드시 모두 그 군주의 책임만은 아니고 혹은 스스로 취한 것이다.

愚觀賈生之論컨대 **如其所言**이면 **雖三代**라도 **何以遠過**리오 **得君如漢文**이로되 **猶且以不用死**하니 **然則是天下無堯舜**이면 **終不可以有所爲耶**아 **仲尼**는 **聖人**이사되 **歷試於天下**하야 **苟非大無道之國**이면 **皆欲勉彊扶持**하야 **庶幾一日得行其道**하시니라 **將之荊**할새 **先之以子夏**하고 **申之以冉有**[1]하시니 **君子之欲得其君**이 **如此其勤也**하며 **孟子去齊**에 **三宿而後出晝**어시늘 **猶曰 王其庶幾召我**[2]라하시니 **君子之不忍棄其君**이 **如此其厚也**하며 **公孫丑問曰 夫子何爲不豫**시니잇고 **孟子曰 方今天下舍我**면 **其誰哉**리오 **而吾何爲不豫**[3]리오하시니 **君子之愛其身**이 **如此其至也**라 **夫如此而不用然後**에 **知天下之果不足與有爲**하야 **而可以無憾矣**라 **若賈生者**는 **非漢文之不用生**이요 **生之不能用漢文也**니라

내가 賈生의 論을 살펴보건대, 그가 말한 바와 같이 한다면 비록 三代라도 어찌 이보다 크게 뛰어나겠는가? 賈生은 漢 文帝와 같이 훌륭한 군주를 얻고도 쓰이지 못하고 죽었으니, 그렇다면 천하에 堯·舜이 없다면 끝내 훌륭한 일을 할 수 없단 말인가?

仲尼는 聖人이신데도 천하를 차례로 시험하시어 만일 크게 무도한 나라가 아니면 모두 힘써 부지해서 행여 단 하루라도 그 道를 행하고자 하셨다. 그리하여 장차 楚나라에 가려 하실 적에 먼저 子夏를 보내고 다시 冉有를 보내셨으니, 군자가 그 군

주를 얻고자 함이 이와 같이 간곡한 것이다.

孟子는 齊나라를 떠나실 적에 3일 밤을 유숙한 뒤에 晝 땅을 나가시면서도 말씀하시기를 "왕이 행여 나를 부르시기를 바란다."라고 하였으니, 군자가 그 군주를 차마 버리지 못하는 것이 이와 같이 후하며, 公孫丑가 묻기를 "선생님은 어찌하여 기뻐하지 않으십니까?"라고 하자, 孟子는 말씀하시기를 "지금 천하에 내가 아니면 그 누가 천하를 다스리겠는가? 내 어찌하여 기뻐하지 않겠는가?"라고 하였으니, 군자가 자기 몸을 아끼는 것이 이와 같이 지극한 것이다.

이와 같이 하는데도 쓰이지 않은 뒤에야, 천하에 과연 함께 훌륭한 일을 할 수 없다는 것을 알아서 유감이 없을 수 있는 것이다.

그렇다면 賈生과 같은 자는 漢 文帝가 賈生을 등용하지 않은 것이 아니고, 賈生이 漢 文帝를 잘 활용하지 못한 것이다.

1) 將之荊……申之以冉有 : 荊은 楚나라를 이른다. 이 내용은 ≪禮記≫ 〈檀弓上〉에 "옛날에 夫子께서 魯나라 司寇의 지위를 잃으시고 장차 楚나라로 가시려 할 적에 먼저 子夏를 보내시고 또 거듭 冉有를 보내셨다. 나는 이 때문에 지위를 잃으면 빨리 가난해지고자 하지 않음을 알았다.〔昔者 夫子失魯司寇 將之荊 蓋先之以子夏 又申之以冉有 以斯 知不欲速貧也〕"라고 보인다.

공자는 定公 14년(B. C. 496)에 魯나라의 司寇職을 잃고 6년 뒤에 楚나라로 가셨다.

2) 孟子去齊……王其庶幾召我 : 晝은 齊나라의 邑名이고, 왕은 齊 宣王이다. 孟子가 齊나라를 떠나가실 적에 尹士라는 사람이 사람들에게 말하였다. "王이 湯·武와 같은 聖君이 될 수 없음을 모르고 왔다면 이것은 지혜가 밝지 못한 것이요, 불가능함을 알면서도 왔다면 이것은 은택을 요구한 것이다. 천 리 먼 길을 와서 王을 만나보고 뜻이 맞지 않으므로 떠나가되 사흘을 유숙한 뒤에 晝 땅을 나갔으니, 어찌 이리도 오랫동안 체류한단 말인가? 나는 이것을 기뻐하지 않노라."

高子가 이 말을 아뢰자, 孟子는 말씀하시기를 "尹士가 어찌 나를 알겠는가? 천 리 먼 길을 와서 王을 만나봄은 내가 하고자 한 것이니, 뜻이 맞지 않으므로 떠나감이 어찌 내가 원하는 바이겠는가? 내 부득이해서였다. 내가 사흘을 유숙한 뒤에 晝 땅을 출발하였으나 내 마음에 오히려 빠르다고 여겼다. 나는

王이 행여 고치시기를 바라노니, 王이 만일 고치신다면 반드시 나의 발길을 돌리게 하셨을 것이다."라고 하였다. 尹士는 이 말씀을 듣고 "나는 진실로 小人이다."라고 잘못을 뉘우쳤다. ≪孟子 公孫丑 下≫

3) 公孫丑問曰……而吾何爲不豫 : 저본의 公孫丑는 充虞의 잘못이다. 이 글이 ≪孟子≫ 〈公孫丑 下〉에 있어서 착각한 듯하다.

孟子께서 齊나라를 떠나실 적에 充虞가 도중에서 묻기를 "夫子께서 기쁘지 않은 기색이 계신 듯합니다. 지난날 제가 夫子께 듣자오니, '君子는 하늘을 원망하지 않으며 사람을 허물하지 않는다.'라고 하셨습니다."라고 하였다.

孟子께서 말씀하시기를 "그때는 그때이고 지금은 지금이다. 5백 년에 반드시 王者가 나오니, 그 사이에 반드시 세상에 유명한 자가 있다. 周나라 이래로 7백여 년이 되었으니, 年數를 가지고 보면 지났고 시기로 살펴보면 지금이 알맞은 시기이다. 하늘이 천하를 平治하고자 하지 않으시는 것이니, 만일 천하를 平治하고자 하신다면 지금 세상을 당하여 나를 버려두고(나 말고) 그 누가 하겠는가? 내 어찌하여 기뻐하지 않겠는가?"라고 하였다. ≪孟子 公孫丑 下≫

夫絳侯는 **親握天子璽**하야 **而授之文帝**하고 **灌嬰**은 **連兵數十萬**하야 **以決劉, 呂之雄雌**하고 **又皆高帝之舊將**[1]이니 **此其君臣相得之分**이 **豈特父子骨肉手足哉**리오 **賈生**은 **洛陽之少年**으로 **欲使其一朝之間**에 **盡棄其舊**하고 **而謀其新**하니 **亦已難矣**라 **爲賈生者**는 **上得其君**하고 **下得其大臣**하야 **如絳, 灌之屬**을 **優游浸漬而深交之**하야 **使天子不疑**하고 **大臣不忌**니 **然後**에 **擧天下而惟吾之所欲爲**런들 **不過十年**하야 **可以得志**리니 **安有立談之間**에 **而遽爲人痛哭哉**리오 **觀其過湘**에 **爲賦以弔屈原**하면 **悲鬱憤悶**하야 **趯然有遠擧之志**러니 **其後**에 **卒以自傷哭泣**하야 **至于夭絶**[2]하니 **是亦不善處窮者也**라 **夫謀之一不見用**에 **安知終不復用也**리오 **不知默默以待其變**하고 **而自殘至此**하니 **嗚呼**라 **賈生**은 **志大而量小**하고 **才有餘而識不足也**니라

絳侯 周勃은 직접 天子의 옥새를 잡아서 文帝에게 주었고, 灌嬰은 수십 만의 병력을 연합하여 劉氏와 呂氏의 자웅을 결정지었으며, 이들은 또 모두 高帝의 옛 장수였으니, 군신간에 서로 의기투합하는 친분이 어찌 다만 부자간의 骨肉과 手足과 같을 뿐이었겠는가?

그런데 賈生은 洛陽의 소년으로, 군주로 하여금 하루아침에 옛 것을 모두 버리고 새로운 것을 도모하게 하였으니, 또한 너무 어려운 일이었다.

賈生을 위한 좋은 계책으로는, 위로는 군주의 신임을 얻고 아래로는 대신들의 마음을 얻어서, 絳侯와 灌嬰 같은 무리들을 오랜 세월을 두고 서서히 무젖어들 듯 깊이 사귀어서, 天子로 하여금 자신을 의심하지 않게 하고 대신들로 하여금 자기를 꺼리지 않게 해야 하니, 그런 뒤에 온 천하를 들어서 자기가 하고 싶은 대로 하였다면 10년이 넘지 않아 뜻을 얻을 수 있었을 것이다. 어찌 잠시 서서 말하는 사이에 대번에 남을 위하여 통곡한단 말인가?

그가 湘江을 지나다가 賦를 지어서 屈原을 조문한 것을 보면, 비분강개하고 울적해하고 번민해서 아득히 멀리 떠나갈 뜻이 있었는데, 그 뒤에 끝내 스스로 서글퍼하여 통곡하다가 요절하였으니, 이 또한 곤경에 제대로 대처하지 못한 자이다. 자신의 계책이 한 번 쓰이지 못했다 하여 끝내 다시 쓰이지 못할 줄을 어찌 알겠는가?

묵묵히 변화를 기다릴 줄을 모르고 스스로 몸을 해쳐서 이 지경에 이르렀으니, 아! 賈生은 뜻이 크나 국량이 적고 재주가 유여하나 지식이 부족하였다.

1) 夫絳侯……又皆高帝之舊將 : 絳侯는 周勃의 봉호이다. 그는 사람됨이 충직하고 독실하여 漢 高祖에게 큰일을 맡길 만한 인물이라는 평을 받았으며, 高祖는 죽기 직전에 呂后에게 陳平을 등용하되 周勃로 돕게 하라고 당부하였다. 이에 太尉가 되어 軍權을 잡았는데, 뒤에 呂后가 정권을 독단하자 승상 陳平과 서로 친하게 지내며 기회를 노렸다. 그러다가 呂后가 죽고 呂后의 一族인 呂祿과 呂産 등이 반란을 획책하자, 陳平과 협력하여 이들을 주륙한 다음 代王 劉恒을 옹립하니, 이가 바로 文帝이다.

灌嬰은 睢(수)陽 사람으로 본래 고향에서 비단 장사를 하다가 高祖를 따라 천하를 평정하는 데 공을 세워 潁陰侯로 봉해졌다. 齊王이 呂氏를 타도하기 위해 거병하자, 그는 진압군의 지휘를 맡아 출병하였으나, 이미 周勃 등과 모의해서 呂氏를 타도하고자 하였으므로, 당시 滎陽에 주둔하고 있던 齊王에게 자신들이 呂氏를 타도할 것이란 암시를 주어 싸우지 않고 齊王의 군대를 물리쳤다. 이에 군대를 거느리고 周勃과 陳平을 도와 呂氏들을 주벌하고 文帝를 세우는 데 일조하였다.

2) 觀其過湘……至于夭絶：文帝의 총애를 받던 賈誼는 개혁정책을 추진하다가 周勃과 灌嬰 등 당시 대신들의 반대에 부딪혀 長沙王太傅로 좌천되었다. 부임하러 가는 길에 湘江을 건너다가 한 편의 賦를 지어 屈原을 조문하고 자신의 처지를 가탁하여 속세를 떠날 뜻을 은연중에 내비치니, 이 글이 〈弔屈原賦〉이다.

賈誼는 다시 文帝의 부름을 받아 宣室에서 알현하고 귀신의 근본에 대해 소상하게 설명하니, 文帝가 감탄하고 평소 학문을 좋아하는 둘째 아들 梁懷王의 太傅로 삼았다. 그러나 몇 년 뒤에 梁懷王이 말을 타다가 떨어져 죽자, 왕을 제대로 가르치지 못한 스스로의 잘못이라고 자책하다가 33세의 나이로 요절하였다. ≪史記 屈原賈生列傳≫ 참고로 그가 지은 〈弔屈原賦〉는 다음과 같다.

“아름다운 은혜를 공손히 받들어 長沙에 죄를 기다리고 있었는데, 전해 듣건대 '屈原이 스스로 汨羅水에 빠져죽었다.' 하였다. 나아가 흐르는 瀟湘江에 의탁하여 공경히 先生을 조문하노라. 罔極한 세상을 만나 마침내 그 몸을 잃었으니, 아! 애처로워라, 상서롭지 못한 시대를 만났도다.

난새와 봉황새는 몸을 숨기고 올빼미는 활개를 치며, 못난 자들이 존귀해지고 아첨하는 자들이 뜻을 얻으며, 聖賢이 거꾸로 끌려 다니고 方正한 자가 倒置되었도다. 卞隨와 伯夷를 混濁하다 이르며, 盜蹠과 莊蹻를 청렴하다 이르도다. 莫邪를 무디다 하며 납칼을 날카롭다 하도다. 아! 뜻을 얻지 못하고 선생이 무고히 화를 당함이여.

周나라의 寶鼎을 굴려버리고 康瓠를 보배로 삼았도다. 파리한 소를 멍에하여 타고 절름거리는 나귀를 驂馬로 삼으니, 驥馬는 두 귀를 늘어뜨리고 소금 수레를 끌도다. 章甫冠을 신에 깔았으니 그 조짐이 오래가지 못하리라. 아! 先生이여. 홀로 이 허물에 걸렸도다. 다음과 같이 고하노라.

어쩔 수 없다. 나라에 나를 알아주는 이가 없음이여! 내 홀로 답답하니 그 누구에게 말할까. 봉황새가 훨훨 높이 날아감이여! 진실로 스스로 몸을 이끌어 멀리 떠나가도다. 九淵에 깊이 숨어 있는 神龍이여! 못 속에 잠겨 스스로 珍重히 하도다. 교달과 水獺을 피해 숨어 삶이여! 어찌 새우와 거머리와 지렁이를 따르리오. 聖人의 神德을 귀중히 여김은 濁世를 멀리하여 스스로 선하게 해서이니, 가령 麒麟을 옭아매어 묶어놓을진댄 어찌 犬羊과 다르겠는가. 紛紛히 이런 허물에 걸림이여! 또한 夫子의 탓이로다.

九州를 지나 그 군주를 살펴볼 것이니, 하필 이 도읍을 그리워하겠는가. 봉황이 천 길 높이 날이여! 덕이 빛나는 곳을 보아 내려앉도다. 細德(不德)의 험하고 미미함을 보고는 멀리 나래를 쳐 떠나도다. 저 심상한 도랑이여! 어찌 배를 삼킬 만한 고기를 용납하겠는가. 강호를 가로지르는 鱣魚와 고래도 진실로 장차 땅강아지와 개미에게 제재를 당하리로다. 〔恭承嘉惠兮 竢罪長沙 仄聞屈原兮 自湛汨羅 造托湘流兮 敬弔先生 遭世罔極兮 迺殞厥身 烏虖哀哉兮 逢時不祥 鸞鳳伏竄兮 鴟鴞翱翔 闒茸尊顯兮 讒諛得志 賢聖逆曳兮 方正倒植(치) 謂隨夷溷兮 謂跖蹻廉 莫邪(야)爲鈍兮 鉛刀爲銛 于嗟默默生之亡故兮 斡(간)棄周鼎 寶康瓠兮 騰駕罷牛 驂蹇驢兮 驥垂兩耳 服鹽車兮 章甫薦屨 漸不可久兮 嗟苦先生 獨離此咎兮 誶曰 已矣 國其莫吾知兮 子獨壹鬱其誰語 鳳縹縹其高逝兮 夫固自引而遠去 襲九淵之神龍兮 沕淵潛以自珍 偭蟂獺以隱處兮 夫豈從蝦與蛭螾 所貴聖之神德兮 遠濁世而自臧 使麒麟可係而羈兮 豈云異夫犬羊 般紛紛其離此郵(尤)兮 亦夫子之故也 歷九州而相其君兮 何必懷此都也 鳳凰翔于千仞兮 覽德輝而下之 見細德之險微兮 遙增擊而去之 彼尋常之汙瀆兮 豈容吞舟之魚 橫江湖之鱣鯨兮 固將制於螻螘〕"

古之人이 有高世之才면 必有遺俗之累라 是故로 非聰明睿哲不惑之主면 則不能全其用이라 古今에 稱苻堅得王猛于草茅之中하야 一朝에 盡斥去其舊臣하고 而與之謀하니 彼其匹夫로 略有天下之半은 其以此哉[1]인저 愚深悲賈生之志라 故로 備論之하야 亦使人君으로 得如賈誼之臣이면 則知其有狷介之操하야 一不見用이면 則憂傷病沮하야 不能復振이요 而爲賈生者는 亦愼其所發哉인저

옛날 사람들은 세상에 뛰어난 재주가 있으면 반드시 세속을 버리는 잘못이 있었다. 이 때문에 聰明하고 지혜가 밝아서 미혹되지 않는 군주가 아니면 인재를 온전하게 활용하지 못하는 것이다.

고금에 苻堅이 초야에서 王猛을 얻어서 하루아침에 옛 신하들을 다 배척하여 버리고 王猛과 함께 천하를 도모했음을 칭송하고 있으니, 苻堅이 필부로서 대략 천하의 절반을 소유했던 것은 이 때문일 것이다.

나는 賈生의 뜻을 몹시 슬퍼한다. 그러므로 자세히 논하여 군주로 하여금 賈誼와

같은 신하를 얻으면 이런 사람은 꼿꼿한 지조가 있어서 한 번 등용되지 않으면 근심하고 슬퍼하고 沮喪되어서 다시 떨치지 못한다는 것을 알게 하고, 또 賈生이 된 자는 또한 그 발하는 바를 삼갈 줄을 알게 하고자 하는 것이다.

1) 古今稱苻堅得王猛于草茅之中……其以此哉 : 苻堅은 남북조시대 前秦의 3대 황제(재위 357~385)이다. 苻堅이 재위할 적에 前秦은 北朝 중에 가장 강성하여 중국 전체의 절반을 차지하였다.

王猛은 字가 景略이며, 東晉 明帝 太寧 3년(325)에 靑州 北海郡 劇縣에서 태어났다. 집안이 가난하여 삼태기를 짜서 팔며 살았으나 명민하여 학문과 병법을 두루 익혔다. 장성하자 큰 뜻을 품어 세속의 평판에 연연해하지 않고 華陰山에 은거하며 飛翔할 때를 기다렸다.

東晉의 大將軍 桓溫이 찾아오자 베옷을 입고 이(蝨)를 잡으면서 천하의 일을 막힘없이 논하니, 이것을 기이하게 여긴 桓溫이 자신을 따를 것을 청하였으나 거절하고 따르지 않았다. 前秦의 황제 苻堅이 그의 명성을 듣고 찾아와 예의를 극진히 갖추고 청하자, 마침내 출사하고 재상이 되어 前秦을 당대에 가장 강성한 나라로 만들었다.

唐荊川曰 不能深交絳, 灌과 **不知默默自待 本是兩柱子**로되 **而文字渾融**하야 **不見蹤跡**하니라 **王遵巖曰 謂賈生不能用漢文**은 **直是說得賈生倒**로되 **而文字翻覆變幻**하야 **無限煙波**하니라

唐荊川이 말하였다. "絳侯와 灌嬰을 깊이 사귀지 못한 것과 묵묵히 스스로 기다리지 못했다는 것이 본래의 두 기둥(갈래)인데, 문자가 혼연히 융해돼서 그 자취를 볼 수 없다.

王遵巖(王愼中)이 말하였다. "賈生이 漢 文帝를 잘 활용하지 못했다고 말한 것은 바로 賈生을 나무란 것이나, 문자가 飜覆하고 變幻하여 무한한 煙波가 있다."

07. 晁錯論* 晁錯에 대한 論

* 이 글은 東坡가 젊은 시절에 지은 것으로 보인다. 晁錯는 鼂錯로도 쓰는데 漢나라 文帝·景帝 때의 문신으로 潁川 사람이다. 軹邑의 張恢로부터 申不害와 商鞅 등의 刑名學을 배우고 출사하여 벼슬이 御史大夫에 이르렀다. 그는 성품이 강하고 위엄을 앞세웠으며 각박하고 비정했으나 재주와 식견이 뛰어나 좋은 계책을 많이 내었다. 文帝 때에 후일 景帝가 된 太子의 舍人으로 있다가 家令이 되어 太子의 두터운 신임을 받았으나, 각박한 성품 때문에 사람들의 미움을 받았다.

景帝가 즉위하자, 內史에 임명되고 자주 景帝와 독대하여 자신의 계책을 실현하였으며, 御史大夫가 되자 제후들의 세력이 너무 강성해서 장차 나라의 큰 우환이 될 것을 우려하여 "봉지를 삭감하고 휘하의 군현을 조정에서 환수해야 한다."고 주장하고, 이를 실천에 옮겼다. 이에 吳·楚 등 7국이 간신 晁錯를 처단한다는 명분을 내걸고 반란을 일으켰다.

晁錯가 반란의 소식을 듣고 景帝와 함께 이들을 토벌할 계책을 논의하고 있었는데, 竇嬰과 袁盎이 입궐하여 景帝에게 晁錯를 처형하면 제후들이 반란을 그칠 것이라고 진언하자, 전쟁을 두려워한 景帝가 이를 받아들여 東廂에 물러나 있던 그에게 저자를 순행하라고 속여 東市에 보내 처형하게 하니, 晁錯는 朝衣를 입은 채로 영문도 모른 채 斬首되었다.

於錯之不自將而爲居守處에 尋一破綻하야 作議論하니 却好라

晁錯가 직접 군대를 거느리고 나가지 않고 居守(留守)가 된 부분에서 하나의 파탄을 찾아 의논을 삼았으니, 매우 좋다.

天下之患에 最不可爲者는 名爲治平無事나 而其實은 有不測之憂하니 坐觀其變而不爲之所[1)]하면 則恐至於不可救요 起而強爲之하면 則天下狃(뉴)于治平之安하야 而不吾信이라 唯仁人君子豪傑之士는 爲能出身하야 爲天下犯大難하야 以求成大功하나니 此는 固非勉強期月[2)]之間하야 而苟以求名者之所能也라 天下治平이어늘 無故而發大難之端인댄 吾發之하면 吾能收之니 然後에 能免難於天下하나니 事至而循循焉欲去

之하야 **使他人任其責**이면 **則天下之禍 必集于我**하나니라

天下의 환란 중에 가장 다스릴 수 없는 것은 겉으로는 천하가 治平하여 무사한 듯하나 실제는 측량할 수 없는 우환이 있는 경우이니, 가만히 앉아 변고를 보면서 조처하지 않으면 구원할 수 없는 지경에 이를까 두렵고, 일어나서 억지로 다스리려고 하면 천하 사람들이 治平의 편안함에 익숙해져서 자신의 말을 믿어주지 않는다.

오직 仁人・君子와 호걸의 선비들은 자기 몸을 던져 천하를 위해 큰 어려움을 무릅쓰고 큰 공을 이루려고 하니, 이는 진실로 期月 사이에 억지로 힘써서 구차히 명예를 구하려고 하는 자가 능히 이룰 수 있는 것이 아니다.

천하가 잘 다스려지고 편안한데, 까닭 없이 큰 환란의 단서를 만들었을 경우, 자신이 그것을 만들어냈으면 자신이 제대로 수습해야 하니, 그런 뒤에야 천하의 환란을 면할 수 있는 것이다. 그런데 〈자신이 큰 환란의 단서를 만들어내어〉 큰 일이 이르게 되면 주저하면서 떠나고자 하고 딴 사람으로 하여금 그 책임을 맡게 할 경우, 천하의 화가 반드시 자신에게 집중된다.

1) 爲之所 : 所는 조처하다의 뜻으로, 이와 같은 용례는 ≪春秋左氏傳≫ 隱公 원년(B.C. 722)에 "일찍이 조처하여 뻗어나가지 못하게 하는 것만 못하다.〔不如早爲之所〕"라고 보인다.

2) 期月 : 때로는 한 달을 가리키기도 하나, 여기서는 12개월을 한 번 도는 것으로 곧 1년을 가리킨다. ≪論語≫ 〈子路〉에 "孔子께서 '만일 나를 등용해주는 자가 있다면 期月만 하더라도 괜찮으니, 3년이면 이루어짐이 있을 것이다.'〔子曰 苟有用我者 朞月而已 可也 三年有成〕라고 하셨다." 하였는데, 朱子의 集註에 "期月은 1년의 12개월을 一周함을 이른다."라고 하였다. 朞는 期와 통용된다.

昔者에 **晁錯盡忠爲漢**하야 **謀弱山東之諸侯**[1]한대 **諸侯幷起**하야 **以誅錯爲名**이어늘 **而天子不察**하고 **以錯爲說**하니 **天下悲錯之以忠而受禍**하고 **而不知錯之有以取之也**하니라

옛날 晁錯가 충성을 다하여 漢나라를 위해서 山東의 諸侯들을 약화시킬 것을 모의하였다. 이에 諸侯들이 함께 일어나서 晁錯를 죽이는 것을 명분으로 삼았는데, 天

子가 살피지 못하고 晁錯를 처단하고 이로써 제후들에게 해명하니, 천하 사람들은 晁錯가 충성을 하다가 禍를 입은 것을 서글퍼하고, 晁錯가 스스로 이 禍를 취함이 있었던 것은 알지 못한다.

1) 謀弱山東之諸侯 : 山東의 제후는 吳王 濞와 楚王 戊, 趙王 遂, 膠西王 卬을 이른다.

吳王 濞는 본래 성질이 사납고 용맹을 좋아하였는데 태자가 天子國에 조회 가서 황태자와 바둑을 두다가 불손한 언쟁으로 바둑판에 맞아 죽는 변고가 발생하자, 天子國에 조회 가지 않았다. 楚王 戊는 文帝의 妃인 薄太后의 喪에 服을 입을 적에 私室에서 간통을 하다가 발각되어 東海郡을 빼앗겼고, 趙王 遂 역시 죄를 짓고 常山郡을 빼앗겼으며, 膠西王 卬은 매관매직한 죄로 6개 郡을 빼앗겼다.

吳王 濞는 제후들의 영지 삭탈이 끝이 없을까 두려워하고, 膠西王을 설득하여 菑川王 賢, 膠東王 雄渠, 濟南王 辟光과 모반을 약속하게 하니, 楚王 戊와 趙王 遂도 이에 합류하여 7국이 반란을 일으켰다. 그러나 將軍 周亞夫의 토벌을 받고 모두 평정되었다.

山東은 지금의 山東 지방을 이르는 것이 아니고, 당시 天子國이 있던 山西 지방과 상대하여 칭한 것이다.

古之立大事者는 **不唯有超世之才**요 **亦必有堅忍不拔之志**하니라 **昔禹之治水**에 **鑿龍門**하고 **決大河**하야 **而放之海**[1)]하시니 **方其功之未成也**엔 **蓋亦有潰冒衝突可畏之患**이로되 **惟能前知其當然**하야 **事至不懼**하야 **而徐爲之所**하시니 **是以**로 **得至於成功**하니라

옛날에 큰일을 성립한 자들은 다만 세상에 뛰어난 재주가 있었을 뿐만이 아니요, 또한 반드시 꿋꿋하게 참아서 뽑을 수 없는 확고한 의지를 가지고 있었다.

옛날 禹王이 홍수를 다스릴 적에 龍門을 굴착하고 黃河를 터서 바다에 이르게 하셨는데, 그 功이 이루어지지 않았을 적에는 또한 물이 범람하고 충돌하여 두려워할 만한 우려가 있었으나, 오직 禹王은 당연히 그러할 것을 미리 알고서 일이 이르러도 두려워하지 아니하여 서서히 대처하였다. 이 때문에 功을 이룰 수 있었던 것이다.

1) 昔禹之治水……而放之海 : 龍門은 黃河의 상류에 있는 山 이름으로 지금의 山

西省 華陰縣과 陝西省 韓城縣 사이에 있다. 황하가 이곳에 이르면 협곡이 막고 있어 물이 빠지지 못하였는데, 夏나라 禹王이 계곡을 파서 물길을 내었다 한다. 이로 말미암아 큰 폭포가 생겼는데, 물고기들이 이 폭포를 올라가면 龍이 된다는 전설이 있어 龍門이라 이름하였으며, 이 때문에 사람이 출세하는 것을 登龍門이라고도 표현하게 되었다.

禹王이 龍門을 뚫은 일에 대해서는 ≪書經≫ 〈夏書 禹貢〉에 "禹王이 河水를 인도하되 積石으로부터 龍門에 이르며, 남쪽으로 華陰에 이르며, 동쪽으로 底柱에 이르며, 또 동쪽으로 孟津에 이르며, 동쪽으로 洛汭를 지나 大伾에 이르며, 북쪽으로 洚水를 지나 大陸에 이르며, 또 북쪽으로 나뉘어 九河가 되었다가 함께 합류하여 逆河가 되어 바다에 들어가게 하였다.〔導河 積石至于龍門 南至于華陰 東至于底柱 又東至于孟津 東過洛汭 至于大伾 北過洚水 至于大陸 又北播爲九河 同爲逆河 入于海〕"라고 하였다.

이에 대해 朱子의 ≪書經集傳≫에 "李復이 이르기를 '同州의 韓城縣 북쪽에 安國嶺이 있으니, 東西가 40여 리이며 동쪽으로 大河에 임하였다. 黃河가에 禹王의 사당이 있는데, 산이 끊기고 河水가 발원하는 곳에 있다. 禹王이 龍門을 뚫을 적에 唐나라 張仁愿이 쌓은 東受降城 동쪽에서 시작하여 북쪽에서부터 남쪽으로 와서 이 山에 이르러 다하였다. 두 江岸에는 石壁이 우뚝이 서 있고, 大河(黃河)가 山峽의 사이 천수백 리를 감고 흐르다가 이곳에 이르러 山이 열리고 江岸이 넓어지니, 물길이 豁然히 奔放하여 怒氣가 넘쳐 바람이 일고 폭포 소리가 수만 개의 우레와 같다.'고 하였다.

이제 살펴보건대 옛말에 禹王이 龍門을 뚫었다고 하나 뚫은 이유가 상세하지 않고, 傳說에 내려오기를 단지 옛것을 따라 물길을 닦고 열어서 막히는 것을 제거하여 水勢를 터놓았다고 할 뿐이다. 그런데 이제 李氏(李復)의 말을 자세히 살펴보면 受降城의 동쪽으로부터 龍門에 이르기까지는 모두 禹王이 새로 뚫어 만든 것이니, 만약 과연 이와 같다면 禹王이 뚫기 이전에 河水의 옛길은 어느 곳에 있었는지 알 수 없다. 李氏의 학문이 지극히 해박한데, 이 말은 또 무엇을 근거로 하였는지 알 수 없다."라고 보인다.

夫以七國之彊[1)]으로 而驟削之하니 其爲變이 豈足怪哉리오 錯不於此時에 捐其身하야

爲天下하야 **當大難之衝**하야 **而制吳楚之命**하고 **乃爲自全之計**하야 **欲使天子自將**하고 **而己居守**[2)]하니라 **且夫發七國之難者 誰乎**아 **已欲求其名**인댄 **安所逃其患**이리오 **以自將之至危**와 **與居守之至安**으로 **己爲難首**하야 **擇其至安**하고 **而遣天子以其至危**하니 **此忠臣義士所以憤惋而不平者也**니라

저 강성한 吳·楚의 7國을 대번에 봉지를 떼어내었으니, 그들이 반란을 일으키는 것이 어찌 괴이할 것이 있겠는가? 晁錯는 이때에 천하를 위해 자기 몸을 던져 큰 환란의 충돌을 담당해서 吳나라와 楚나라의 명운을 제어하지 않고, 도리어 자신을 온전히 할 계책을 세웠다. 그리하여 天子로 하여금 스스로 군대를 거느리고 출정하게 하고, 자신은 도성에 남아서 지키고자 하였다.

또 7國의 난을 유발한 자가 누구인가? 이미 그 명예를 구하고자 했다면 어찌 그 환란을 피한단 말인가?

직접 군대를 거느리고 출정하는 지극히 위험한 것과 도성에 머물면서 지키는 지극히 편안한 것 가운데에서, 자신이 환란의 우두머리가 되어 지극히 편안한 것을 선택하고 천자에게는 지극히 위험한 것을 넘겨주었으니, 이 때문에 忠臣과 義士가 화를 내며 한탄하고 불평하는 것이다.

1) 七國之彊 : 7國은 吳王 濞와 함께 반란을 일으킨 楚·趙·膠西·膠東·菑川·濟南의 일곱 나라를 이르는데, 이들은 모두 영지가 크고 나라가 부강하였다. ≪漢書 景帝紀≫
2) 欲使天子自將 而己居守 : 居守는 출전하지 않고 도성에 남아 지킴을 이른다. 吳·楚 7國의 반란이 일어나자 景帝가 晁錯와 함께 출군하는 일을 논의하였는데, 晁錯는 景帝가 직접 군대를 이끌고 출전하고 자신은 도성을 지키겠다고 청하였다. ≪漢書 晁錯傳≫

當此之時하야 **雖無袁盎**이라도 **錯亦不免于禍**리라 **何者**오 **己欲居守**하고 **而使人主自將**하니 **以情而言**이면 **天子固已難之矣**로되 **而重違其議**라 **是以**로 **袁盎之說**[1)]이 **得行于其間**하니라 **使吳, 楚反**에 **錯以身任其危**하야 **日夜淬礪**하야 **東向而待之**하야 **使不至于累其君**이면 **則天子將恃之**하야 **以爲無恐**하리니 **雖有百袁盎**이나 **可得而間哉**아

이때를 당하여 비록 袁盎이 없었더라도 晁錯는 또한 화를 면치 못했을 것이다. 어째서인가? 자신은 도성에 남아 지키고 군주로 하여금 직접 군대를 거느리고 출전하게 하였으니, 인정을 가지고 말한다면 天子가 진실로 출전하는 것을 매우 어렵게 여겼으나 그의 의논을 어기기가 어려웠을 것이다. 이 때문에 袁盎의 참소하는 말이 그 사이에 행해질 수 있었던 것이다.

만일 吳나라와 楚나라가 반란을 일으켰을 적에, 晁錯가 자신이 그 위험을 책임지고 밤낮으로 군대를 정비하고 조련하여 동쪽을 향해 대비해서 군주에게 누를 끼침에 이르지 않았더라면, 天子는 장차 晁錯를 믿어서 두려워할 것이 없었을 것이니, 비록 백 명의 袁盎이 있더라도 어떻게 이간질할 수 있었겠는가?

1) 袁盎之說 : 袁盎은 漢 文帝·景帝 때의 문신으로 字가 絲인데 楚나라 출신이다. 呂太后 시절 呂祿의 舍人으로 있다가 文帝가 즉위하자 中郎이 되었으며 벼슬이 太常에 이르렀다. 평소 晁錯와 사이가 좋지 않았는데, 吳·楚가 반란을 일으키자, 御史大夫로 있던 晁錯는 袁盎이 일찍이 吳王의 相國으로 있으면서 吳王으로부터 뇌물을 받고 반란 계획을 알고도 숨겨주었을 것이라고 의심하고, 景帝에게 청하여 袁盎의 죄를 다스리려고 하였다. 御史臺의 관리들이 반대하자, 晁錯가 주저하며 결정을 내리지 못하고 있었는데, 어떤 사람이 이 일을 袁盎에게 고하였다.

袁盎은 두려워하여 야음을 틈타 魏其侯 竇嬰의 집을 찾아가 吳나라가 반란을 일으킨 연유를 설명하고, 자신이 직접 景帝를 알현하여 정황을 설명할 수 있도록 주선해달라고 청하였다. 竇嬰이 곧바로 입궐하여 景帝에게 袁盎의 말을 전하자, 景帝는 袁盎의 접견을 허락하였다. 당시 景帝는 晁錯와 반란군을 토벌하기 위해 군량 조달을 상의하고 있었는데, 袁盎이 입궐하자 晁錯가 잠시 東廂으로 피하였다. 袁盎이 景帝에게 구체적인 증거를 들어가며 吳나라가 반란을 일으킨 것은 순전히 晁錯 때문이니, 시급히 晁錯를 斬하고 吳나라를 설득하면 吳나라의 군대는 저절로 물러갈 것이라고 하였다. 이에 景帝가 그 말을 믿고 晁錯를 참수하였다.

이에 謁者僕射인 鄧先이 글을 올려 軍事를 말하기를 "吳나라가 반란을 계획한 지가 수십 년이 되었습니다. 晁錯가 자기의 영지를 깎아낸 것에 노하여 그를 죽인다는 명분으로 반란을 일으켰으나 그의 본뜻은 晁錯에게 있지 않습니다. 晁錯는 제후들의 영지가 너무 커서 제재할 수 없음을 염려했으므로 그들의 영지를 줄여서 天子의 京師를 높이려고 하였으니, 이는 萬世의 이익입니다. 그런데 계획이 처음 시행되자, 끝내 죽임을 당하여 안으로는 忠臣의 입을 막고 밖으로는 제후들의 원수를 갚아주었으니, 臣은 적이 폐하를 위해 옳게 여기지 않습니다." 하였다. 이 글을 본 景帝는 한숨을 쉬며 "나 또한 후회한다."라고 하였다.

그 후 吳·楚 등은 끝내 반란을 일으켰다가 장군 周亞夫의 토벌을 받고 모두 평정되었다. ≪史記 袁盎晁錯列傳≫

嗟夫라 **世之君子 欲求非常之功**인댄 **則無務爲自全之計**라 **使錯自將而擊吳楚**라도 **未必無功**이어늘 **唯其欲自固其身**하야 **而天子不悅**일새 **奸臣**이 **得以乘其隙**하니 **錯之所以自全者**는 **乃其所以自禍歟**인저

슬프다! 세상의 君子들이 비상한 功을 세우려고 한다면 자신을 온전히 하는 계책을 내는 데에 힘쓰지 말아야 한다.

만일 晁錯가 직접 군대를 거느리고 출전하여 吳·楚를 공격했더라도 반드시 성공하지 못하지는 않았을 것인데, 다만 스스로 자기 몸을 안전하게 하려고 하여 天子가 이것을 좋아하지 않았기 때문에 姦臣이 그 틈을 타고 들어간 것이니, 晁錯가 자기 몸을 온전히 하려고 한 것은 바로 스스로 화를 취한 것이다.

錯之誤는 **誤在以舊有怨於盎**이라하야 **而欲借吳之反以誅之**하니 **此所謂自發殺機也**하야 **鬼瞰其室矣**[1]라 **何者**오 **以錯之學**이 **本刑名故也**니라

晁錯의 잘못은 옛날 袁盎에게 원한이 있다 하여 吳나라의 배반을 빌어 그를 주벌하려고 한 데에 있었으니, 이것은 이른바 "殺機를 스스로 발하여 귀신이 그 방을 엿본다."는 것이다. 어째서인가? 이는 晁錯의 학문이 刑名에 근본하였기 때문이다.

1) 自發殺機也 鬼瞰其室矣 : 殺機는 사람을 죽이는 기관을 이르며, 鬼瞰은 마귀가 엿보아 해치는 것으로, 漢나라 揚雄의 〈解嘲文〉에 "고명한 집은 귀신이 반

드시 그 방을 엿보아 해치려고 한다.〔高明之家 鬼瞰其室〕" 하였는데, 고명한 사람은 부귀한 사람을 뜻한다.

08. 霍光論* 霍光에 대한 論

* 이 글은 東坡가 젊은 시절에 지은 것이다. 霍光은 漢 武帝와 宣帝 때의 大臣으로 字는 子孟이고 河東 平陽 사람이다. 驃騎將軍 霍去病의 아우인데, 성품이 신중하고 고지식하여 武帝의 신임을 받았다. 武帝의 임종에 즈음하여 顧命大臣으로 遺詔를 받아 大司馬・大將軍이 되어 8세의 어린 나이로 즉위한 昭帝 劉弗陵을 보필하였다. 昭帝가 後嗣 없이 죽자, 昌邑王 劉賀를 맞아들여 帝位에 오르게 했으나 그가 無道한 짓을 자행하자 폐위시키고, 다시 武帝의 太子였다가 반역죄로 죽은 戾太子의 손자 劉病已(宣帝)를 즉위시키는 등 전후 20년 동안 國政을 전담하였다.

光은 總只是一箇凝重이라 故로 幹了大事하니라

霍光은 요컨대 다만 하나의 鎭重한 사람이었다. 그러므로 큰일을 주관한 것이다.

古之人에 惟漢武帝號知人이라 蓋其平生所用文武將帥, 郡國邊鄙之臣과 左右侍從, 陰陽, 律曆, 博學之士로 以至錢穀小吏, 治刑獄, 使絶域者히 莫不獲盡其才하야 而各當其處라 然이나 猶有所試하야 其功效著見(현)하야 天下之所共知而信者요 至於霍光하야는 先無尺寸之功하고 而才氣數術이 又非有以大過於群臣이어늘 而武帝擢之於稠(조)人之中하야 付以天下後世之事러니 而霍光이 又能忘身하야 一心以輔幼主[1]하고 處於廢立之際하야는 其擧措甚閑而不亂[2]하니 此其故는 何也오

옛날 사람 중에 오직 漢 武帝가 사람을 잘 알아보았다고 알려졌다. 그가 평생에 등용한 文・武의 관원과 장수, 郡國과 변방의 신하와 좌우의 시종하는 신하 및 陰陽과 律曆 등 널리 학문을 익힌 선비로부터 錢穀을 다스리는 낮은 관리와 刑獄을 다스리고 먼 지역에 사신 간 자에 이르기까지, 재주를 다하여 각각 맡은 벼슬자리에 합

당함을 얻지 못한 자가 없었다.

그러나 이들은 그래도 시험해본 바가 있어 功效가 드러나서 천하 사람들이 함께 알아주고 믿어주는 자들이었다.

그러나 霍光의 경우는 애당초 한 자나 한 치의 작은 공로도 없었고, 才氣와 術數가 여러 신하들보다 크게 뛰어난 것이 아니었는데도, 武帝는 여러 사람 중에서 그를 발탁하여 천하와 후세의 일을 맡겼다. 그러자 霍光이 또 자기 몸을 잊고 한결같은 마음으로 어린 임금을 보필하였으며, 昌邑王을 폐위하고 宣帝를 옹립하는 즈음에 이르러서는 그 擧措가 매우 여유 있고 혼란하지 않았으니, 그 까닭은 어째서인가?

1) 霍光又能忘身 一心以輔幼主 : 幼主는 昭帝를 가리킨다. 武帝가 죽자 昭帝가 즉위하였는데, 당시 나이 8세였으므로 武帝의 遺詔를 받아 顧命大臣이 된 霍光이 한마음으로 어린 군주를 보필하고 모든 정사를 결정하였다.

2) 處於廢立之際 其擧措甚閑而不亂 : 廢立은 霍光이 昭帝 사후에 昌邑王 劉賀를 맞이하여 帝位에 오르게 했다가, 그가 無道한 짓을 자행하자 폐위시키고 다시 戾太子의 손자인 病已를 즉위시킨 일을 이른다. 신하가 군주를 폐위하는 일은 반역과 같아 큰 혼란이 야기될 수 있는 일이었는데, 霍光이 잘 대처하여 국가가 무사하였으므로 이렇게 말한 것이다.

夫欲有所立於天下하야 **擊搏進取**하야 **以求非常之功者**는 **則必有卓然可見之才而後**에 **可以有望於其成**이요 **至於捍社稷, 託幼子**하야는 **此其難者**니 **不在乎才而在乎節**이요 **不在乎節而在乎氣**라 **天下**에 **固有能辦其事者矣**라 **然**이나 **才高而位重**이면 **則有僥倖之心**하야 **以一時之功**으로 **而易萬世之患**이라 **故**로 **曰 不在乎才而在乎節**이라하니 **古之人**에 **有失之者**하니 **司馬仲達**[1]이 **是也**라

천하에 큰일을 성취하고자 해서 공격하고 진취하여 비상한 공을 바라는 자들은 반드시 크게 뛰어나서 볼 만한 재주가 있은 뒤에야 그 성공을 바랄 수 있고, 社稷을 보호하고 어린 군주를 맡김에 있어서는 그 어려움이 재주에 있는 것이 아니요 절개에 있고, 절개에 있는 것이 아니요 氣節에 있는 것이다.

천하에는 진실로 그 일을 잘 다스리는 자가 있다. 그러나 재주가 높고 지위가 막

중해지면 요행을 바라는 마음이 생기게 마련이어서, 한때의 功名 때문에 萬世의 禍를 하찮게 여기기도 한다.

그러므로 "재주에 있지 않고 절개에 있다."라고 말한 것이다. 옛날 사람 중에 이것을 잘못한 자가 있으니, 司馬仲達(司馬懿)이 바로 이러한 경우이다.

1) 司馬仲達 : 仲達은 司馬懿(179~251)의 字로 河內 溫縣 사람인데, 삼국시대 魏나라의 권신으로 晉나라를 개국한 武帝 司馬炎의 조부이다. 曹操의 천거로 출사하여 모사가 되었으며, 태자 曹丕(魏 文帝)를 도와 漢 獻帝의 선양을 받아내어 魏나라를 개국하는 데 큰 공을 세워 丞相府의 長史가 되고, 이어 撫軍大將軍이 되어 정권의 실세로 떠올랐다. 文帝 사후에 顧命大臣으로 遺詔를 받들어 明帝(曹叡)를 보좌하였으며, 중원을 공격한 蜀漢의 諸葛亮에 맞서 나라를 방위하고 이 공으로 太尉가 되어 군권을 장악하였다.

병이 위독해진 明帝로부터 曹爽과 함께 顧命大臣으로 위촉되어 당시 8세의 齊王 曹芳을 도우라는 遺詔를 받았으나, 曹爽이 자신을 누르고 세력을 키우자, 嘉平 원년(249)에 정변을 일으켜 曹爽의 세력을 제거하고 丞相에 올라 조정의 대권을 장악하였다. 이후 아들인 司馬師와 司馬昭가 晉王이 되어 국정을 전단하다가 司馬昭의 아들 司馬炎이 선양을 받고 황제로 즉위하여 晉나라를 개국하자, 宣帝로 추존되었다. ≪晉書 宣帝紀≫

天下亦有忠義之士 可託以死生之間하야 **而不忍負者矣**라 **然**이나 **狷介廉潔**하야 **不爲不義**하면 **則輕死而無(諱)〔謀〕**하야 **能殺其身而不能全其國**이라 **故**로 **曰 不在乎節而在乎氣**라하니 **古之人**에 **有失之者**하니 **晉荀息**[1]이 **是也**라 **夫霍光者**는 **才不足而氣節有餘**하니 **此武帝之所爲取也**니라

천하에는 또한 死生의 위급한 상황을 맡길 만하여 차마 저버리지 않는 忠義로운 선비가 있다. 그러나 꼿꼿하고 청렴하고 결백해서 不義의 행실을 하지 않으면, 이러한 사람들은 대부분 죽음을 가볍게 여기고 계책이 없어서 충분히 자기 한 몸은 바칠 수 있으나 나라를 온전히 하지는 못한다.

그러므로 나는 "절개에 있지 않고 氣節에 있다."라고 말한 것이다. 옛날 사람 중에 이것을 잘못한 자가 있으니, 晉나라 荀息이 바로 이러한 경우이다.

저 霍光이란 자는 재주는 부족하나 氣節이 유여하였으니, 이것이 武帝가 그를 취한 까닭이다.

1) 荀息 : 춘추시대 晉 獻公 때의 대부로 이름이 黯이고 息은 그의 字이다. 본래 晉나라의 公族이었는데 荀邑을 식읍으로 삼았기 때문에 姓이 荀이 되었다.

獻公은 寵姬 驪姬의 참소에 따라 太子 申生을 자살하게 하고, 또 重耳와 夷吾 두 公子를 핍박하여 다른 나라로 도망하게 한 다음, 驪姬의 아들 奚齊를 후사로 세웠다. 임종에 즈음하여 獻公이 荀息을 불러 어린 아들을 부탁하였는데, 荀息은 죽음으로써 보필할 것을 약속하였다.

獻公이 죽고 난 뒤에 大夫 里克이 驪姬의 소행을 미워하여 10월에 奚齊를 시해하자, 荀息이 驪姬의 동생의 아들인 卓子를 세워 보필하였으나 里克이 11월에 또다시 卓子를 시해하니, 이때 荀息도 따라 죽었다. ≪春秋左氏傳 僖公 9년≫

書曰 如有一个臣이 **斷斷兮無他技**나 **其心休休焉**하야 **其如有容**이라 **人之有技**를 **若己有之**하며 **人之彥聖**을 **其心好之**호되 **不啻若自其口出**이면 **寔能容之**라 **以保我子孫黎民**[1]이라하니 **嗟夫**라 **此霍光之謂歟**인저 **使霍光而有他技**면 **則其心**이 **安能休休焉容天下之才**하고 **而樂天下之彥聖**하야 **不忌不克**하야 **若自己出哉**리오

≪書經≫에 이르기를 "만일 한 명의 신하가 정성스럽고 한결같고 딴 기예가 없으나 그 마음이 곱고 고와 포용함이 있어서, 남이 가지고 있는 기예를 자신이 가지고 있는 것처럼 여기며, 남의 훌륭하고 聖스러움을 마음속에 좋아하되 자기 입에서 나온 것보다도 좋아한다면 이는 남을 포용하는 것이니, 나의 子孫과 黎民을 보호할 것이다."라고 하였으니, 아! 이것은 바로 霍光을 두고 말함일 것이다.

만일 霍光이 딴 기예가 있었다면, 그 마음이 어찌 곱고 고와 천하의 인재를 포용하고 천하 사람들의 훌륭함과 聖스러움을 좋아하여 시기하지 않고 이기려 하지 않아서, 마치 자기 입에서 나온 것과 같이 할 수 있었겠는가?

1) 書曰……以保我子孫黎民 : 書는 ≪書經≫ 〈周書 秦誓〉로, 〈秦誓〉의 序에 이르기를 "秦 穆公이 鄭나라를 정벌하자, 晉 襄公이 군대를 거느리고 와서 秦軍을

崤山에서 패퇴시키니, 穆公이 돌아와 〈秦誓〉를 지었다.〔秦穆公伐鄭 晉襄公帥師敗諸崤 還歸 作秦誓〕"라고 하였다.

≪春秋左氏傳≫ 僖公 33년을 보면 당시 鄭나라는 晉·秦 등 열강들의 거점 쟁탈지역이 되었다. B.C. 627년 鄭나라에 가 있던 秦나라의 大夫 杞子가 穆公에게 은밀히 사람을 보내어 아뢰기를 "鄭나라에서 저에게 北門을 맡겼으니, 만일 秦나라에서 은밀히 軍을 출동시켜 쳐들어오면 제가 北門을 열어드리겠습니다. 이렇게 되면 鄭나라를 점령하고 패권을 차지할 수 있습니다."라고 하였다. 穆公이 이 문제를 가지고 노재상인 蹇叔에게 물으니, 蹇叔은 "이 방법은 위험천만하다."며 반대하였다.

그러나 穆公은 패권에 욕심을 내고 젊은 장수인 孟明과 西乞, 白乙 등의 주장을 따라 이들에게 명하여 군을 출동시켰다가 이것을 눈치챈 晉나라의 공격으로 崤山에서 대패하였다. 이에 穆公은 자신의 잘못을 뉘우치고 〈秦誓〉를 지었다고 한다. 이로써 이 내용은 전쟁에서 패하고 돌아온 穆公이 자신의 과오를 뉘우치고, 마음이 순후하고 너그러운 신하인 蹇叔의 정성을 읊은 것임을 알 수 있다.

才者는 **爭之端也**라 **夫惟聖人在上**이라야 **驅天下之人**하야 **各走其職**하야 **而爭用其所長**하나니 **苟以人臣之勢**로 **而居於廊廟之上**하야 **以捍衛幼冲之君**이어늘 **而以其區區之才**로 **與天下爭能**이면 **則姦臣小人**이 **有以乘其隙**하야 **而奪其權矣**리라 **霍光**이 **以匹夫之微**로 **而操生殺之柄**하야 **威蓋人主而貴震於天下**로되 **其所以歷事三主**[1)]하야 **而終其身**토록 **天下莫與爭者**는 **以其無他技**요 **而武帝亦以此取之歟**인저

재주라는 것은 분쟁의 단서이다. 오직 聖人이 윗자리에 있어야 천하 사람들을 몰아서 각각 그 직책에 분주히 달려가게 하여 다투어 그 所長을 쓸 수 있는 것이다. 그런데 만약 人臣의 형세로서 廊廟(朝廷)의 위에 처하여 어린 군주를 보호하고 있는데 자신의 하찮은 재주를 가지고 천하 사람들과 다툰다면 姦臣과 小人이 그 틈을 타서 권세를 빼앗으려 할 것이다.

霍光은 미천한 필부로 生死與奪의 권세를 쥐고 있어서 위엄이 군주를 뒤덮고 귀함이 천하를 진동하였으나, 그가 세 군주를 차례로 섬기고 죽을 때까지 천하에 그와

더불어 다툴 자가 없었던 것은 그가 딴 기예가 없었기 때문이요, 武帝 또한 이 때문에 그를 취했을 것이다.

1) 歷事三主 : 세 군주는 武帝와 昭帝・宣帝를 이른다.

09. 諸葛亮論* 諸葛亮에 대한 論

* 이 글은 東坡가 젊은 시절에 지은 것으로 보인다. 諸葛亮(181~234)은 삼국시대 蜀漢의 승상인데 字는 孔明이고 琅邪 陽都 사람으로, 중국의 역사를 통틀어 가장 저명한 정치가・전략가 중의 한 명이다. 諸葛亮이 襄陽의 隆中에 은거해 있었는데, 司馬徽와 徐庶의 추천을 받은 劉備가 그를 초치하기 위해 禮를 다하여 草廬에 세 번 방문하자, 이에 감복하여 劉備에게 天下三分之計를 갈파하고 軍師가 되어 劉備를 섬겼다.

  曹操가 劉備와 孫權을 공격하기 위해 대군을 이끌고 쳐들어오자, 諸葛亮은 孫權을 설득하여 동맹을 맺고 曹操를 赤壁에서 대파하였다. 그리하여 劉備로 하여금 荊州를 점령하고, 이어 四川의 益州를 차지하여 蜀漢의 황제로 등극하게 함으로써 魏・吳・蜀 삼국의 시대를 열었다. 劉備가 죽고 난 뒤 後主 劉禪을 도와 천하를 통일하기 위해 동분서주하였으며, 後主 建興 12년(234) 北伐 중에 五丈原에서 魏나라의 司馬懿와 대치하다가 병으로 쓰러져 죽었다.

  建興 5년(227) 3월 諸葛亮이 魏나라를 공격하기 위해 出兵하면서 後主에게 올린 〈出師表〉가 千古의 名文으로 유명하며, 뒤에 다시 〈出師表〉를 올려 〈前出師表〉와 〈後出師表〉로 나뉘었다. 생전에 일절 재산을 증식하지 않았으며, 죽은 뒤에 武侯라는 시호를 받아 諸葛武侯로 통한다.

行文好나 **而以間疎丕, 植爲謀**는 **終似畫餠**이니라

문장을 쓴 것은 좋으나 曹丕와 曹植을 이간질하고 소원하게 한다는 것으로 계책을 삼은 것은 끝내 그림 속의 떡일 듯하다.

取之以仁義하고 **守之以仁義者**는 **周也**요 **取之以詐力**하고 **守之以詐力者**는 **秦也**요 **以秦之所以取**로 **取之**하고 **以周之所以守**로 **守之者**는 **漢也**니 **仁義詐力**을 **雜用以取天**

下者는 此孔明之所以失也니라

천하를 仁義로써 취하고 仁義로써 지킨 것은 周나라이고, 속임수와 무력으로써 취하고 속임수와 무력으로써 지킨 것은 秦나라이고, 秦나라가 취한 것(속임수와 무력)으로써 취하고 周나라가 취한 것(仁義)으로써 지킨 것은 漢나라이니, 仁義와 속임수와 무력을 뒤섞어 써서 천하를 취하려 한 것은 바로 孔明(諸葛亮)의 잘못인 것이다.

曹操因衰乘危하야 得逞其奸이어늘 孔明恥之하야 欲信(伸)大義於天下하니 當此時하야 曹公이 威震四海라 東據許, 兗(연)하고 南收荊, 豫하니 孔明之所恃以勝之者는 獨以其區區之忠信으로 有以激天下之心耳라 夫天下廉隅節概慷慨死義之士 固非心服曹氏也요 特以威劫而强臣之하니 聞孔明之風이면 宜其千里之外에 有響應者하리니 如此면 則雖無措足之地라도 而天下固爲之用矣리라 且夫殺一不義而得天下를 有所不爲[1]而後에 天下忠臣義士 樂爲之死하나니라

曹操가 漢나라의 쇠약하고 위태로운 틈을 타서 간악함을 부리자, 孔明이 이를 부끄러워하여 천하에 大義를 펴고자 하였다. 이때를 당하여 曹公(曹操)의 위엄이 四海를 진동시켜 동쪽으로는 許昌과 兗州를 점거하고 남쪽으로는 荊州와 豫州를 점령하였으니, 孔明이 믿고서 이길 수 있는 것은 오직 그의 區區한 忠信으로 天下의 人心을 격발하게 하는 것뿐이었다.

저 천하에 청렴하고 절개가 있고 강개하여 의리에 죽을 수 있는 선비들이 진실로 曹氏에게 심복한 것이 아니고, 다만 강압에 협박당하여 억지로 신하 노릇을 하였으니, 孔明의 풍도를 들으면 마땅히 천 리 밖에서 호응하는 자가 있었을 것이다. 이와 같다면 비록 발을 붙일 곳이 없더라도 천하 사람들이 진실로 그를 위하여 쓰일 것이다.

또 한 사람이라도 의롭지 못하게 죽이고서 천하를 얻는 것을 하지 않은 뒤에야, 천하의 忠臣과 義士가 기꺼이 그를 위하여 죽을 수 있는 것이다.

1) 殺一不義而得天下를 有所不爲 : ≪孟子≫ 〈公孫丑 上〉에서, 公孫丑가 伯夷와

伊尹과 孔子의 같은 점을 묻자, 孟子께서 말씀하시기를 "백 리 되는 땅을 얻어서 人君 노릇을 하면 모두 諸侯들에게 조회받고 天下를 소유할 수 있거니와, 한 가지 일이라도 不義를 행하며 한 사람이라도 죄 없는 이를 죽이고 天下를 얻음은 모두 하시지 않을 것이다.〔得百里之地而君之 皆能以朝諸侯有天下 行一不義 殺一不辜而得天下 皆不爲也〕" 하였다.

劉表之喪[1]에 **先主在荊州**러니 **孔明**이 **欲襲殺其孤**한대 **先主不忍也**[2]하니라 **其後**에 **劉璋**이 **以好逆之**[3]어늘 **至蜀不數月**에 **扼其**吭하고 拊**其背**하야 **而奪之國**[4]하니 **此其與曹操異者 幾希矣**라 **曹, 劉之不敵**은 **天下之所知也**라 **言兵**이면 **不若曹操之多**요 **言地**면 **不若曹操之廣**이요 **言戰**이면 **不若曹操之能**이요 **而有以一勝之者**는 **區區之忠信也**라 **孔明**이 **遷劉璋**에 **旣已失天下義士之望**이어늘 **乃始治兵振旅**하야 **爲仁義之師**하야 **東向長驅**하야 **而欲天下響應**하니 **蓋已難矣**니라

劉表가 죽었을 적에 先主(劉備)가 荊州에 있었는데, 孔明이 荊州를 기습하여 그의 아들을 죽이려고 하였으나 先主가 차마 실행하지 못하였다.

그 뒤 劉璋이 호의로 先主를 맞이하였는데, 蜀에 이른 지 몇 개월이 되지 않아 孔明은 劉璋의 목을 조르고 등을 쳐서 나라를 빼앗으니, 이는 曹操와 다를 바가 거의 없는 것이다.

曹氏와 劉氏(劉備)가 서로 적수가 되지 못하는 것은 천하 사람들이 모두 아는 사실이었다. 병력을 말하면 曹操처럼 많지 못하였고, 영토를 말하면 曹操처럼 넓지 못하였고, 전술을 말하면 曹操처럼 능하지 못하였으니, 오직 한 가지 더 나은 것은 구구한 忠信이었다.

孔明이 劉璋을 딴 곳으로 옮겨 이미 천하 義士들의 신망을 잃었는데, 그리고 나서야 비로소 군대를 정돈하여 仁義의 군대라 칭하고 동쪽으로 향하여 길게 몰아 魏나라를 공격하면서 천하 사람들이 호응하기를 바랐으니, 이는 너무 어려운 일이다.

1) 劉表之喪 : 劉表는 字가 景升이며, 兗州 山陽郡 高平縣 사람으로, 西漢의 魯恭王 劉餘의 후손이다. 천하가 크게 혼란하던 獻帝 初平 연간에 荊州刺史가 되었는데, 주변의 여러 州를 병탄하여 세력을 크게 넓혔다. 曹操와 袁紹가 官渡

에서 대치하고 있을 적에 袁紹로부터 원조해달라는 요청을 받았으나, 劉表는 관망하고 군대를 보내지 않았다. 曹操는 袁紹를 멸망시키고 난 뒤에 직접 劉表를 정벌하러 나섰는데, 정벌군이 이르기 전인 建安 13년(208) 劉表는 등창이 나서 죽었다.

2) 先主在荊州……先主不忍也 : 先主는 蜀漢을 개국한 劉備를 이르며, 孤는 劉表의 뒤를 이어 荊州刺史가 된 劉琮을 가리킨다. 당시 劉備는 汝南에서 曹操에게 쫓겨 劉表에게 의탁해 있었다. 曹操의 대군이 공격해오는 와중에 劉表가 죽고 그의 둘째 아들 劉琮이 뒤를 이었으나, 주변의 참모들이 모두 曹操에게 항복할 것을 권하자 그대로 항복하였다.

劉備는 樊城에 주둔해 있다가 曹操가 공격해 온다는 말을 듣고 크게 놀라 襄陽을 거쳐 樊口를 향해 퇴각하였는데, 이때 諸葛亮이 劉備에게 劉琮을 기습하여 죽이면 荊州를 얻을 수 있다고 계책을 내었다. 그러나 劉備는 "劉荊州(劉表)가 죽을 적에 나에게 그 孤兒를 부탁하였으니, 信義를 저버리고 자신의 일을 이루는 짓은 하지 않겠다." 하고 거절하였다. ≪三國志 蜀書 先主傳≫

3) 劉璋以好逆之 : 劉璋은 字가 季玉인데, 益州刺史 劉焉의 아들로 아버지가 죽자 뒤를 이어 益州刺史가 되었다. 성품이 유약하고 의심이 많았는데, 漢中의 張魯가 자주 침범하여 위협을 느끼자, 法正과 張松의 계책을 따라 劉備를 우호세력으로 맞아들여 張魯를 누르고자 하였다. 益州는 四川 곧 成都와 그 부근 지역이다. ≪三國志 蜀書 劉璋傳≫

4) 至蜀不數月……而奪之國 : 劉備가 漢中의 張魯를 격퇴시켜 달라는 劉璋의 제안을 받아들여 수만의 군대를 이끌고 益州로 들어가니, 劉璋이 반갑게 맞이하여 劉備에게 병력과 물자를 내주고 張魯를 공격하게 하였다.

그러나 劉備는 張魯를 토벌하는 대신 益州의 백성들에게 恩德을 베풀어 民心을 수습하고 기회를 보다가, 마침내 대군을 출동시켜 成都를 포위하고 劉璋을 협박하니, 이에 劉璋이 항복하였다. 劉備는 劉璋을 公安으로 옮기고 益州를 차지하여 蜀나라를 세웠는데, 이는 모두 諸葛亮의 계책을 따른 것이었다.

이에 대하여 東坡는 諸葛亮이 주인인 劉璋을 몰아내고 劉備가 益州를 차지하게 한 것은 不義를 저지른 것으로 曹操와 다를 바가 없다고 비판한 것이다.

曹操旣死에 子丕代立하니 當此之時하야 可以計破也라 何者오 操之臨終에 召丕而屬

之植할새 未嘗不以譚, 尙爲戒也[1)]어늘 而丕與植으로 終於相殘이 如此[2)]하니 此其父子兄弟且爲寇讐어든 而況能以得天下英雄之心哉아 此有可間之勢하니 不過捐數十萬金하야 使其大臣骨肉으로 內自相殘이니 然後에 擧兵而伐之하면 此高祖所以滅項籍也[3)]니라

曹操가 죽은 뒤에 아들 曹丕가 대를 이어 지위를 계승하였으니, 이때에는 계략으로 이들을 격파할 수 있었다.

어째서인가? 曹操가 임종할 즈음 曹丕를 불러 작은 아들 曹植을 부탁하면서 일찍이 袁紹의 아들 袁譚과 袁尙을 가지고 경계로 삼지 않은 적이 없었는데도, 曹丕가 曹植을 끝내 해치려 함이 이와 같았으니, 이는 부자간과 형제간에도 원수가 된 것인데 하물며 천하 영웅들의 마음을 얻을 수 있었겠는가?

이는 이간질할 만한 형세가 있는 것이니, 불과 수십만 金의 재물을 내어 大臣들과 骨肉(친족)들로 하여금 안에서 자기들끼리 서로 해치게 하고 그런 뒤에 군대를 일으켜 정벌했다면, 이는 바로 漢 高祖가 項籍(項羽)을 멸망시킨 계책을 쓰는 것이다.

1) 操之臨終……未嘗不以譚尙爲戒也 : 丕는 曹丕(187~226)를 이르는데, 魏나라를 개국한 文帝로 曹操의 아들이다. 曹操 사후에 魏王의 지위를 계승하였다가 漢 獻帝에게 선양받아 魏나라를 개국하였다.

植은 曹植(192~232)으로 曹丕의 아우이고 字가 子建이며 陳王에 봉해지고 시호가 思이므로 보통 陳思王으로 칭하는데, 曹操 생전에 형 曹丕와 後嗣를 다퉈 사이가 좋지 않아서 文帝 즉위 후에 많은 핍박을 받았다.

譚과 尙은 袁紹의 두 아들이다. 河北 지방의 패자였던 袁紹가 曹操에게 官渡의 싸움에서 대패하고 병을 얻어 죽으면서 後嗣를 미처 정하지 못했는데, 막하의 장수 審配와 逢紀 등이 袁紹의 遺命이라고 칭하고는 적자인 袁譚을 물리치고 셋째 아들 袁尙을 後嗣로 세웠다. 이에 袁譚이 격분하여 袁尙을 공격하다가 패하여 도망하였는데, 이후 형제간의 반목과 공격이 계속되다가 결국 曹操에게 모두 패망하였다. 曹操가 죽으면서 두 아들에게 이들 형제간처럼 다투지 말고 화목하게 지낼 것을 당부하였으므로 이렇게 말한 것이다.

2) 丕與植……如此 : 曹丕는 황제가 된 뒤에 자신과 후사를 다퉜던 아우 曹植을 괘씸하게 생각하여 여러 번 죽이고자 하였으나 어머니가 말려서 차마 죽이지

못하였다. 한번은 文帝(曹丕)가 曹植을 불러 "네가 詩를 잘 짓는다고 소문이 났으니, 일곱 걸음 안에 詩를 지으면 괜찮지만 그렇지 못하면 죽음을 면치 못할 것이다."라고 하였다.

그러자 曹植은 일곱 걸음을 걷는 사이에 "콩깍지를 태워서 콩을 삶으니, 콩은 가마솥 안에서 울고 있네. 본래 한 뿌리에서 나왔는데, 서로 삶기를 이리 급하게 하는가.〔煮豆燃豆萁 豆在釜中泣 本是同根生 相煮何太急〕"라는 〈七步詩〉를 지어 한 형제간이 서로 핍박함을 비유하였으므로 曹丕는 어쩔 수 없이 그를 살려주었다. 그러나 재위 중에 封地를 계속 옮기게 하는 등 경계를 늦추지 않았다. 그러므로 이렇게 말한 것이다.

3) 不過捐數十萬金……此高祖所以滅項籍也 : 漢 高祖가 陳平에게 천하를 빨리 안정시킬 계책을 묻자, 陳平이 "項王(項籍)의 강직한 신하는 亞父(范增)와 鍾離昧·龍且·周殷 등의 몇 사람에 불과합니다. 대왕이 진실로 수만의 금을 내시어 反間을 행하여 저들 君臣을 이간질해서 그 마음을 의심하게 하면, 項王의 사람됨이 의심하고 시기하고 참소하는 말을 믿어서 반드시 안으로 서로 죽일 것이니, 漢나라가 인하여 군대를 일으켜 공격하면 楚나라를 틀림없이 격파할 것입니다."라고 계책을 내었다.

이에 高祖가 황금 4만 근을 내어 陳平에게 주니, 陳平이 이 금을 가지고 楚나라에 反間을 많이 놓자, 項籍이 과연 鍾離昧 등을 믿지 않았으며, 뒤에는 范增까지 의심하여 떠나가게 되었다. 이로 인해 項籍의 세력이 급속하게 약해져 결국 高祖에 의해 멸망당하였다. ≪史記 陳丞相世家≫ 項籍은 項羽로 籍은 이름이고 羽는 字이다.

孔明이 旣不能全其信義하야 以服天下之心하고 又不能奮其智謀하야 以絶曹氏之手足하니 宜其屢戰而屢却哉인저 故로 夫敵有可間之勢而不間者는 湯, 武行之면 爲大義요 非湯, 武而行之면 爲失機니 此仁人君子之大患也니라

孔明은 이미 信義를 온전히 보전하여 천하 사람들의 마음을 복종시키지 못하였고, 또 智謀를 떨쳐서 曹氏의 수족을 끊지 못하였으니, 曹氏와 여러 번 싸워 여러 번 퇴각당한 것이 당연한 것이다.

그러므로 적에게 이간질할 만한 형세가 있는데도 이간질하지 않는 것은 湯王과

武王이 이것을 행하면 大義가 되고, 湯王과 武王이 아니면서 이것을 행하면 失機가 되는 것이니, 이는 仁人과 君子의 큰 병통인 것이다.

呂溫이 **以爲孔明**이 **承桓, 靈之後**하야 **不可彊民以思漢**하니 **欲其播告天下之民**에 **且曰 曹氏利汝**어든 **吾事之**하고 **害汝**어든 **吾誅之**[1]라하니 **不知蜀之與魏 果有以大過之乎**아 **苟無以大過之**하고 **而又決不能事魏**면 **則天下安肯以空言竦動哉**리오 **嗚呼**라 **此**는 **書生之論**이니 **可言而不可用也**니라

呂溫이 이르기를 "孔明이 桓帝와 靈帝의 뒤를 이어서 백성들에게 漢나라를 사모할 것을 강요할 수가 없었으니, 천하의 백성들에게 널리 포고할 적에 우선 말하기를 '曹氏(曹丕)가 너희들을 이롭게 하면 내가 그를 섬길 것이고, 너희들을 해롭게 하면 내가 그를 주벌할 것이다.'라고 했어야 한다."라고 하였다.

내 알지 못하겠다. 蜀漢이 魏나라보다 과연 크게 뛰어난 점이 있었는가? 만일 크게 뛰어난 점이 없고 또 결코 魏나라를 섬기지 못한다면, 이러한 빈말을 가지고 어찌 천하 사람들의 마음을 움직이게 할 수 있겠는가?

아! 이는 白面書生의 의논이니, 입으로 말할 수는 있으나 실지로 쓸 수는 없는 것이다.

1) 呂溫……吾誅之 : 呂溫(711~811)은 唐나라 德宗, 憲宗 때의 문신으로, 字는 和叔이며, 河中 사람이다. 貞元 14년(798)에 진사과로 출사하여 集賢殿校書郎을 역임하고 戶部員外郎에 이르렀다. 呂溫은 法家를 배워 重刑主義를 주장하였는데, 문장과 학문이 빼어나 당대에 명성이 높았다.

桓·靈은 後漢 말기에 昏愚하여 나라를 망친 황제들인 桓帝(재위 146~167)와 靈帝(재위 167~189)를 이른다. 前漢 말기 成帝와 元帝는 큰 失政이 없었기 때문에 王莽이 漢나라를 찬탈하고 황제가 되어 新나라를 세우자, 백성들이 모두 漢나라를 그리워하여 漢나라의 皇室인 劉秀(光武帝)에게 귀의하였으므로 漢나라를 중흥할 수 있었다. 그러나 後漢의 桓帝와 靈帝는 포악한 정사로 말미암아 인심을 잃어 백성들이 다시는 漢나라를 그리워하지 않았으므로, 劉備가 아무리 漢나라의 황실로 漢나라를 계승한다 해도 사람들이 따르지 않았음을 말한 것이다.

본문의 내용은 呂溫이 지은 ≪呂衡州集≫ 〈諸葛武侯廟記〉에 "지난날 만일 諸葛武侯(諸葛亮)가 先主의 명을 받아 천하에 포고하기를 '내가 거사한 것은 사사로이 劉氏의 종실을 위하려는 것이 아니요, 천하 백성들을 살리려는 것이다. 曹氏가 너희들을 이롭게 하면 내가 그를 섬길 것이고, 曹氏가 너희들을 해롭게 하면 내가 그를 주벌할 것이다.'라고 하여, 포학한 魏나라에 핍박받는 백성들로 하여금 분연히 감동하게 하고, 그런 뒤에 군대를 정돈하고 적의 틈을 엿보다가 승승장구하여 의로운 명성을 떨치고 쳐들어갔더라면, 咸陽과 洛陽을 굳이 평정할 것이 없었을 것이다.

諸葛武侯는 무슨 이유로 지극히 공정해야 할 운수를 당하여 사사로움으로 천하 사람들을 강요하였는가? 이쪽에서 오히려 힘으로 다툼으로써 저들이 심복하지 아니하여 몹시 애쓰고도 뜻을 얻지 못한 것이니, 당연하지 않은가? 〔向使武侯奉先主之命 告天下曰 我之擧也 匪私劉宗 唯活元元 曹氏利汝乎 吾事之 曹氏害汝乎 吾除之 俾虐魏偪從之民 聳誠感動 然後經武觀釁 長驅義聲 咸洛不足定矣 奈何當至公之運 而强人以私 此猶力爭 彼未心服 勤而靡獲 不亦宜哉〕"라고 보인다.

蘇長公所罪孔明之取劉璋과 **與其不能行間丕, 植一節**은 **愚未敢信**이며 **但其將略一節**은 **愚竊謂其可以守國**이요 **而非所以取天下者**라하노라 **大略先主之顧草廬**하야 **數言之間**에 **已了一生功案矣**하니 **何則**고 **孔明**은 **節制之謀勝**이나 **而揮攉之氣寡**라 **卽其生平**하면 **用兵之失**이 **有三**하니 **當關羽之鎭夏口也**에 **何以不虞吳人之議其後**며 **而羽之旣沒**에 **先主流涕出師**하니 **所謂憤兵矣**[1]요 **甚且連營七百餘里**[2]하야 **已犯兵家大忌**어늘 **何以默無一言**하야 **從中止之**오 **至於頻年出軍祁山**이로되 **而於魏延所請提勁卒五千**하야 **間道襲破關中**하야 **出與孔明相合**[3]하야는 **此亦屠龍搏虎手**[4]**也**어늘 **孔明**이 **又何以紆徐不用**고 **嗚呼**라 **以禪之孱弱**으로 **原無能恢復大漢者**라 **卽如孔明所云 鞠躬盡瘁**하야 **死而後已**[5]니 **其志雖勤**이나 **而其略**이 **豈足以定天下者哉**리오

蘇長公이 孔明이 劉璋을 취한 것과 曹丕와 曹植에게 이간책을 시행

하지 못한 것을 비판한 이 한 구절은 내가 믿을 수가 없다. 다만 孔明의 將略에 대한 한 구절은 내가 생각하건대, 나라를 지킬 수는 있어도 천하를 취할 수 있는 것은 아니라고 여겨진다.

대략 先主가 三顧草廬를 하여 孔明이 몇 마디 말을 나누는 사이에 이미 일생의 功案을 끝마쳤으니, 어째서인가? 孔明은 절제하는 계책은 뛰어났으나 민첩하게 움직여 승기를 휘어잡는 기운은 부족하였다.

그의 평생을 살펴보면 잘못 용병한 것이 세 가지 있으니, 關羽가 夏口에 진주했을 적에 孔明은 어찌하여 吳나라 사람들이 그 뒤를 의논(기습)할 것을 헤아리지 않았으며, 關羽가 죽자 先主가 눈물을 흘리면서 출병을 하였으니, 이것은 이른바 '憤兵'이라는 것이다.

그리고 심지어는 또 7백여 리에 걸쳐 길게 진영을 늘어놓아서 이미 兵法家에서 크게 꺼리는 일을 범하였는데, 孔明은 어찌하여 묵묵히 한 마디 말도 하지 않아서 중앙에서 이를 저지하지 않았는가?

몇 년 동안 祁山에 출군함에 이르렀으나, 魏延이 '정예병 5천 명을 이끌고 샛길로 나아가 關中(長安)을 습격하여 격파하고 다시 나와서 孔明과 함께 서로 만나자는 계책'을 청함에 있어서는, 이 또한 龍을 도륙하고 범을 잡을 수 있는 좋은 계책이었는데, 孔明은 또 어찌하여 머뭇거리고 쓰지 않았는가?

아! 劉禪의 잔약함으로는 원래 大漢을 회복할 수가 없었다. 이것은 바로 孔明이 말한 "몸을 굽히고 수고로움을 다하여 죽은 뒤에야 그만둔다."라는 것이니, 그 뜻은 비록 부지런하나 그 지략이 어찌 천하를 평정할 수 있는 것이었겠는가?

1) 羽之旣沒……所謂憤兵矣 : 憤兵은 분노에 차서 이성을 잃고 상대방을 공격하는 군대로, 憤兵은 반드시 패한다고 한다.

前漢 宣帝 때의 名相인 魏相은 宣帝가 장군 趙充國 등의 말을 듣고 쇠약해진 匈奴族을 공격하려 하자, 글을 올려 간하기를 "亂을 구원하고 포악한 자를 주벌하는 것을 義兵(의로운 군대)이라 이르니 군대가 의롭게 출동하는 자는 왕 노릇하고, 敵이 자신을 침공하여 부득이 일어나는 것을 應兵(대응하는 군

대)이라 이르니 군대가 대응하여 출동하는 자는 이기고, 작은 일을 다투고 한하여 분노를 참지 못하는 것을 忿兵이라 이르니 군대가 분해서 싸우는 자는 패합니다.〔救亂誅暴 謂之義兵 兵義者王 敵加於己 不得已而起者 謂之應兵 兵應者勝 爭恨小故 不忍忿怒者 謂之忿兵 兵忿者敗〕" 하였다. ≪漢書 魏相傳≫ 憤과 忿은 통용된다.

당시 劉備는 結義兄弟한 關羽가 魏·吳 兩國의 연합군에 패하여 죽자 吳나라를 정벌하기 위해 군대를 출동시켰으며, 이 와중에 張飛마저 부하 장수들에게 죽임을 당하였다. 극도로 분노하여 출병하였기 때문에 이렇게 되었음을 말한 것이다.

2) 連營七百餘里 : 당시 劉備는 吳나라의 장수 陸遜과 대치하면서 長江의 三峽 지역인 夷陵까지 7백 리의 긴 진영을 설치하였다가 대패하였으므로, 이렇게 말한 것이다.

3) 魏延所請提勁卒五千……出與孔明相合 : 魏延은 蜀漢의 장수이다. 建興 6년(228) 蜀漢의 승상 諸葛亮이 魏나라를 정벌할 적에 여러 부하들과 상의하니, 장군 魏延이 말하기를 "지금 魏나라의 長安을 지키고 있는 夏侯楙는 겁이 많고 지략이 없는 인물이니, 이제 저에게 精兵 5천 명을 맡겨주시면 곧바로 褒中으로 진출하여 秦嶺을 따라 동진해서 子午谷으로 나와 북진할 경우 불과 10일 만에 長安에 도달할 것입니다.

夏侯楙는 저의 군대가 불시에 쳐들어왔단 말을 들으면 반드시 城을 버리고 도주할 것이니, 저들이 동쪽 지방과 서로 연결하려면 아직도 20여 일이 걸릴 것이며, 승상께서는 斜谷을 따라오시면 충분히 도달하실 것입니다. 이렇게 하면 一擧에 咸陽(長安) 以西를 평정할 수 있을 것입니다." 하였다.

그러나 諸葛亮은 "이것은 위험한 계책이니, 평탄한 길을 따라 서서히 隴西를 점령하면 만전의 계책으로 반드시 승리한다." 하고, 魏延의 계책을 따르지 않았다.≪三國志 蜀書 諸葛亮傳≫

4) 屠龍搏虎手 : 龍을 도륙하고 범을 잡을 수 있는 솜씨란 뜻으로, 강대국을 공격하여 승리할 수 있는 좋은 방책을 이른다.

5) 孔明所云……死而後已 : 鞠躬盡瘁는 '몸을 굽혀 수고로움을 다한다.'는 뜻으로, 이 내용은 諸葛亮이 재차 出兵하면서 後主에게 올린 〈後出師表〉의 끝부분에 보인다. 諸葛亮은 이 글에서 後主에게 小人을 멀리하고 賢臣을 가까이하여

국정을 보살필 것을 당부하고, 마지막에 "臣은 몸을 굽히고 수고로움을 다하여 죽은 뒤에야 그만둘 것입니다. 成敗와 利害에 이르러서는 臣의 지혜로 미리 예측할 수 있는 바가 아닙니다.〔臣鞠躬盡瘁 死而後已 至於成敗利鈍 非臣之明所能逆覩也〕"라고 하여 끝을 맺었다.

宋大家蘇文忠公文抄 卷15

論

01. 孔子論* 孔子에 대한 論

* 이 글은 저작 연도가 분명하지 않으나 東坡의 젊은 시절 작품인 듯하다. 本集에는 이 논의 제목이 〈論孔子〉로 되어 있고, 趙刻本 ≪志林≫에는 〈論魯三桓〉으로 되어 있다. 孔子(B.C. 551~B.C. 479)는 춘추시대 魯나라의 사상가, 교육가로 儒學을 집대성하여 동양 최고의 聖人으로 알려져 있는바, 이름은 丘이고 字는 仲尼이다. 그의 철학은 중국뿐 아니라 동아시아 전 문명권에 지대한 영향을 끼쳤다.

孔子之所以聖은 **不盡於用魯**하니 **而子瞻於孔子之用魯**에 **已見得 分明**하니라

孔子가 聖스러운 이유는 魯나라에서 쓰기를 다하지 않은 데에 있었으니, 子瞻은 孔子가 魯나라에서 쓰여짐에 대해 이미 분명히 알고 있었다.

魯定公十二年[1]에 **孔子言於公曰 臣無藏甲**하고 **大夫無百雉之城**[2]이라하시고 **使仲由**로 **爲季氏宰**[3]하야 **將墮三都**[4]한대 **於是**에 **叔孫氏先墮郈**[5]하다 **季氏將墮費**러니 **公山弗狃, 叔孫輒**이 **率費人襲公**[6]이어늘 **公與三子**[7]로 **入于季氏之宮**이라 **孔子命申句須, 樂頎**[8]하야 **下伐之**한대 **費人北**(패)하야 **二子奔齊**하니 **遂墮費**하다 **將墮成**이러니 **公斂處父 以成叛**[9]이어늘 **公圍成弗克**하니라

魯 定公 12년(B.C. 498)에 孔子께서 定公에게 말씀하시기를 "신하는 사병을 거느릴 수 없고, 大夫는 100雉의 높은 城을 소유해서는 안 됩니다."라고 하시고, 仲由로 하여금 季氏의 宰가 되게 하여 장차 三家의 도성을 허물려 하시자, 이에 호응하

여 叔孫氏가 맨 먼저 자기 식읍인 郈邑의 성을 허물었다.

季孫氏가 장차 자신의 식읍인 費邑의 성을 허물려고 하였는데, 公山弗狃와 叔孫輒이 費邑 백성들을 거느리고 定公을 습격하자, 公이 三子와 함께 季孫氏의 집으로 들어가 피하였다.

孔子가 申句須와 樂頎에게 명하여 내려가서 그들을 공격하게 하였다. 費邑 사람들이 패하여 公山弗狃와 叔孫輒 두 사람이 齊나라로 도망하니, 마침내 費邑의 城을 허물었다.

장차 孟孫氏의 식읍인 成邑의 성을 허물려 했는데, 公斂處父가 成邑을 들어 배반하므로 定公이 成邑을 포위하였으나 이기지 못하였다.

1) 魯定公十二年 : 定公은 이름이 宋으로 魯나라 25대 군주인데, 昭公의 庶弟로 뒤를 이어 군주의 지위에 올랐는바, 定公은 그의 시호이다. 저본에는 13년으로 되어 있으나, 郎曄本에 의거하여 12년으로 고쳤다.

2) 臣無藏甲 大夫無百雉之城 : 藏甲은 집에 甲兵(갑옷과 병기)을 보관해둔다는 뜻으로 사사로이 거느리는 私兵을 이르며, 雉는 성벽의 면적을 계산하는 단위로 길이가 3丈, 높이가 1丈인 것을 이른다. ≪春秋左氏傳≫ 隱公 원년에 "國都 이외의 都城이 100雉를 넘는 것은 국가의 해가 된다."라고 보인다.

3) 使仲由 爲季氏宰 : 仲由(B.C. 542~B.C. 480)는 字가 子路이며 魯나라 卞땅 사람인데 孔子의 문인으로 10哲 중의 한 사람이다. 季氏는 魯나라의 대부인 季孫氏를 이르는데, 魯 桓公의 후손이기 때문에 孟孫氏·叔孫氏와 함께 三桓으로 불리고 또 三家라고도 칭하였다. 孟孫氏는 仲孫氏라고도 칭하는데, 이들은 세력이 강성하여 魯나라 公室을 위협하였으므로, 이때 孔子는 이들의 세력을 약화시켜 공실의 권위를 되찾고자 하였다. 宰는 대부의 집안일을 총괄하는 家臣을 이른다.

4) 墮三都 : 三都는 魯나라 대부들인 孟孫氏와 叔孫氏·季孫氏가 자신들의 식읍에 세운 都城으로 그 규모가 거의 國都의 城과 비슷하였다고 한다. 孟孫氏의 都城인 成邑은 지금의 山東省 寧陽縣 북쪽에 있었고, 叔孫氏의 都城인 郈邑은 지금의 山東省 東平縣 동남쪽에 있었고, 季孫氏의 都城인 費邑은 지금의 山東省 費縣 서북쪽에 있었다.

5) 叔孫氏先墮郈 : 叔孫氏는 이전에 家臣 侯犯이 郈邑을 차지하고 반란을 일으켰

을 적에, 두 차례에 걸쳐 城을 포위 공격하였으나 함락시키지 못하였던 경험이 있었기 때문에 子路의 설득에 제일 먼저 호응하였다.

6) 公山弗狃叔孫輒 率費人襲公 : 公山弗狃는 公山弗擾로도 쓰는데, 姬姓으로 費邑의 邑宰로 있었으나 季桓子(季孫斯)에게 신임을 받지 못하였다. 叔孫輒은 叔孫氏의 庶子로 또한 집안의 총애를 입지 못하여 평소 불만이 많았는데, 子路가 군대를 이끌고 費邑의 都城을 허물기 위해 國都를 비우자, 公山弗狃와 함께 반란을 일으켜 費邑의 백성들을 이끌고 國都로 쳐들어왔다.

7) 三子 : 당시 三桓의 家主들이자 魯나라의 大臣들인 仲孫何忌(孟孫何忌), 叔孫州仇, 季孫斯 세 사람을 이른다.

8) 申句須樂頎 : 申句須와 樂頎는 당시 魯나라 대부들로 武將들이었다.

9) 公斂處父 以成叛 : 公斂處父는 孟孫氏의 家臣으로 당시 成邑의 邑宰로 있었는데, 成邑의 도성을 허물려 하자, 公斂處父가 孟孫氏에게 이르기를 "都城을 허물면 齊나라 사람들이 반드시 北門으로 쳐들어올 것입니다. 또 成邑은 孟孫氏의 堡障(본거지)이니, 成邑이 없으면 孟孫氏도 없게 됩니다. 모른 척하시면 제가 都城이 허물어지지 않게 하겠습니다."라고 하고 반란을 일으켰다. ≪春秋左氏傳 定公 12년≫

或曰 殆哉라 孔子之爲政也여 亦危而難成矣로다 孔融曰 古者에 王畿千里하야 寰內를 不以封建諸侯[1]라하니 曹操疑其論建漸廣하야 遂殺融하니 融은 特言之耳니 安能爲哉리오마는 操以爲天子有千里之畿는 將不利己라 故로 殺之不旋踵하니라 季氏親逐昭公하야 公死于外[2]하고 從公者皆不敢入하야 雖子家羈[3]라도 亦亡하니 季氏之忌克忮害如此하니 雖地勢不及曹氏나 然君臣相猜는 蓋不減操也라 孔子安能以是時로 墮其名都하고 而出其藏甲也哉아 考於春秋하면 方是時하야 三桓雖若不悅이나 然莫能違孔子也라 以爲孔子用事於魯하야 得政與民하야 而三桓畏之歟인댄 則季桓子之受女樂也에 孔子不能却之矣하시고 彼婦之口 可以出走[4]라하시니 是는 孔子畏季氏요 季氏不畏孔子也라 夫孔子盍姑修其政刑하야 以俟三桓之隙也哉아

혹자가 말하였다.

"위태롭구나! 孔子께서 政事하심이여. 또한 위태로워 이루기가 어려웠다. 孔融이

말하기를 '옛날에 王畿는 1천 리였는데, 王畿 안에는 제후를 封建하지 않았다.'라고 하자, 曹操는 孔融이 封建을 논한 것이 점점 확대될까 두려워하여 마침내 孔融을 죽였다. 孔融은 다만 입으로 말했을 뿐이니, 어찌 이것을 시행할 수 있었겠는가? 그런데도 曹操는 天子가 1천 리의 畿內를 보유하면 장차 자기에게 불리할 것이라고 생각하였다. 그러므로 당장에 孔融을 죽인 것이다.

季孫氏는 직접 昭公을 축출하여 昭公이 국외에서 죽었고, 公을 따르던 자들이 모두 감히 입국하지 못해서 子家羈조차 망명하였다. 季孫氏가 남을 시기하고 이기려 하고 해치려 함이 이와 같았으니, 비록 지위와 형세는 曹氏에게 미치지 못하였으나 군신간에 서로 시기한 것은 曹操보다 덜하지 않았다. 孔子가 어찌 이때에 그 유명한 都城을 허물고 그가 거느리고 있는 군대를 내놓게 할 수 있었겠는가?

≪春秋≫를 살펴보면, 이때 三桓은 孔子의 주장을 좋아하지 않았으나 孔子의 뜻을 어기지 못한 듯하다. 그렇다고 해서 孔子께서 이때 魯나라의 國政을 집행하면서 정권과 민심을 장악하여 三桓이 두려워하였다면, 季桓子가 여자 樂士들을 받았을 적에 孔子께서 이를 물리치지 못하시고 탄식하며 노래하시기를 '저 여인의 입이 군주를 도망가게 할 수 있다.'라고 하셨으니, 이는 孔子께서 季孫氏를 두려워한 것이고 季孫氏가 孔子를 두려워하지 않은 것이다. 孔子께서는 어찌 우선 政事와 형벌을 닦으면서 三桓 사이에 틈이 벌어지기를 기다리지 않으셨는가?"

1) 孔融曰……不以封建諸侯 : 孔融은 지금의 山東省 曲阜인 魯國 사람으로 자는 文擧이며, 孔子의 후손이다. 後漢 獻帝 建安 연간에 뛰어난 문사들을 일컫는 建安七子 가운데 한 명으로 黃巾賊의 난이 일어나자 北海相이 되고 공을 세워 孔北海로 알려졌으며, 詩 짓기와 飮酒를 잘하여 고상한 풍류로 당대에 명망이 높았다. 曹操가 丞相이 되어 정권을 전횡할 적에, 孔融은 太中大夫였다. 王畿는 王이 사는 國都 주변 사방의 땅을 이른다.

2) 季氏親逐昭公 公死于外 : 昭公(B.C. 560~B.C. 509)은 魯 襄公의 아들로 이름은 裯인데 혹 稠로도 쓴다. 周 景王 4년(B.C. 541)에 즉위하여 25년간 재위하였다. 季孫氏를 제거하려고 공격하다가 도리어 季孫氏에게 축출되어 齊나라와 晉나라 등을 8년간 전전하다가 52세의 나이로 晉나라 乾侯(지금의 河北省 成縣 동남쪽)에서 죽었다.

3) 子家羈 : 魯나라 대부로 子家文伯으로도 불렸다. 魯 莊公의 손자로 昭公의 重臣이었는데, 사람됨이 진실하고 식견이 있었다. 昭公을 따라 망명하였으며 망명 중에도 계속 시종하면서 충성을 다하였고, 昭公에게 누차 귀국을 권하였으나 昭公이 이를 따르지 않았다. 昭公이 죽고 나서 季孫氏가 子家羈를 魯나라로 불러 정사에 참여시키고자 하였으나, 子家羈는 昭公의 명이 없으므로 따를 수 없다고 거절하였다.

4) 季桓子之受女樂也……可以出走 : 魯 定公 14년(B.C 496)에 孔子가 大司寇에 제수되어 國政을 맡았는데 國政을 맡은 지 3개월에 魯나라가 크게 다스려졌다. 齊나라 군주가 이 말을 듣고 魯나라가 강성해져서 齊나라를 위협하게 될까 두려워하였다. 이에 나라 안의 미녀 80명을 뽑아 아름다운 옷을 입힌 다음 康樂舞를 가르치고 무늬가 있는 말 120필이 끄는 30대의 수레에 태워 魯나라에 보냈다.

齊나라 사자가 이들 舞姬와 아름다운 말들을 曲阜城 남문의 높은 곳에 진열하였는데, 季桓子가 미복 차림으로 몰래 세 번이나 구경하고는, 마침내 지방을 순시한다는 핑계를 대고는 定公을 모시고 남문으로 가서 하루 종일 舞姬들의 가무를 구경하였으며 끝내 이들을 궁으로 받아들였다. 季桓子는 定公과 함께 무희들의 춤을 구경하느라 3일 동안 政事를 돌보지 않았으며 郊祭를 지내고도 제사 음식을 대부들에게 나누어주지 않았다. 이에 孔子께서 魯나라를 떠나가셨다.

太師 己가 孔子를 전송하면서 "선생님께서는 아무런 일도 없었는데 어찌하여 떠나십니까?"라고 묻자, 孔子께서는 대답 대신 노래를 부르기를 "저 여인(舞姬)의 입이여! 사람을 쫓아낼 수 있구나. 저 여인의 청탁함이여! 나라를 망하게 할 수 있구나. 내 유유자적하며 세월을 보내리라.〔彼婦之口 可以出走 彼婦之謁 可以死敗 蓋優哉游哉 維以卒世〕"라고 하였다. ≪史記 孔子世家≫ 太師는 당시 魯나라의 樂官의 우두머리였다.

蘇子曰 此孔子所以聖也시니라 蓋田氏, 六卿不服이면 則齊, 晉無不亡之道[1]요 三桓不臣이면 則魯無可治之理라 孔子之用於世에 其政이 無急于此者矣라 彼晏嬰者亦知之하야 曰 田氏之僭은 惟禮可以已之니 在禮면 家施不及國이요 大夫不收公利라한대 齊

景公曰 善哉라 **吾今而後**에 **知禮之可以爲國也**[2)]라하니라 **嬰能知之**로되 **而莫能爲之**하니 **嬰非不賢也**나 **其浩然之氣**를 **以直養而無害**하야 **塞乎天地之間者**[3)] **不及孔子也**라

蘇子는 이에 다음과 같이 논한다.

이것이 孔子께서 聖人이 되신 이유이다. 齊나라의 田氏와 晉나라의 六卿이 복종하지 않으면 齊나라와 晉나라는 망하지 않을 방도가 없고, 魯나라의 三桓이 신하 노릇하지 않으면 魯나라를 다스릴 수 있는 이치가 없으니, 孔子께서 이때에 등용되심에 政事 중에 이보다 더 시급한 것이 없었다.

저 晏嬰이란 자도 이것을 알아서 말하기를 "오직 禮만이 田氏의 참람함을 그치게 할 수 있으니, 政事를 禮에 맞게 하면 大夫의 집에서 베푸는 것이 백성에게 미치지 않고 大夫가 나라의 이익을 취하지 않게 됩니다."라고 하자, 齊 景公이 "훌륭한 말이다! 나는 지금에야 禮가 나라를 다스릴 수 있음을 알았다."라고 하였다.

晏嬰은 이것을 알았으나 능히 시행하지는 못하였으니, 그가 어질지 않은 것은 아니었으나, 정직함으로써 浩然之氣를 기르고 해치지 않아서 천지의 사이에 꽉 차게 함에 있어서는 孔子에게 미치지 못한 것이다.

1) 蓋田氏六卿不服 則齊晉無不亡之道 : 田氏는 齊나라의 유력한 대부 집안인 田氏를 이른다. 이들은 陳나라 陳完의 후손들로 陳完이 齊나라로 망명하면서 성을 田氏로 바꾸었는데, 田氏는 대대로 齊나라의 대부가 되어 국정을 전횡하였다. 나중에 田恒(陳恒)은 簡公을 시해하였으며, 康公 19년(B.C. 386)에 田和가 康公을 폐위하고 齊나라를 찬탈하였다.

六卿은 晉나라의 世卿들로 趙, 范, 知, 中行, 韓, 魏의 여섯 가문을 이른다. 이들은 부침을 거듭한 끝에 韓, 魏, 趙 3家만이 남았는데, 周 威烈王 23년(B.C. 403)에 晉나라의 영토를 나누어 차지하고 威烈王에게 청하여 韓虔과 魏斯, 趙籍이 제후로 봉해지니, 마침내 晉나라는 멸망하였다.

2) 彼晏嬰者亦知之……知禮之可以爲國也 : 晏嬰(?~B.C. 500)은 字가 平仲인데 춘추시대 齊나라의 卿으로 夷維(지금의 山東省 高密縣) 사람이다. 晏氏 집안은 齊나라의 世卿으로 靈公・莊公・景公 3대에 걸쳐 執政大臣이 되어 올바른 정사를 펴서 백성들의 존경을 받았다. 景公은 이름이 杵臼로 靈公의 아들이며 莊公의 아우인데, B.C. 598년에 즉위하여 B.C. 582년에 죽었다.

한번은 景公이 晏嬰과 함께 路寢(正寢)에 앉아 있었는데, 景公이 "아름다운 이 방을 장차 누가 차지하게 될까?"라고 탄식하자, 晏嬰이 그 말씀의 뜻을 물었다. 이에 景公이 "덕이 있는 자가 이 방을 차지하리라는 의미이다."라고 대답하자, 晏嬰이 "임금님의 말씀대로라면 아마도 이 방은 陳氏가 차지하게 될 것입니다. 陳氏가 비록 큰 덕은 없으나 백성들에게 은혜를 베풀어 곡식을 받아들일 적에는 작은 용기를 쓰고 백성들에게 베풀 적에는 큰 용기를 써서 민심을 얻는 반면, 임금님께서는 세금을 무겁게 거두시니, 백성들의 마음이 그에게 돌아가 있습니다. 임금님의 후손이 조금만 태만해지고 陳氏가 멸망하지 않는다면, 齊나라는 陳氏의 나라가 될 것입니다."라고 하였다.

景公이 대책을 물으니, 晏嬰이 "오직 禮만이 이를 막을 수 있습니다. 政事를 禮에 맞게 하면 大夫의 집에서 베푸는 것이 國人에 미치지 않고 백성과 농부들이 고장을 떠나지 않고 工人과 商人이 직업을 바꾸지 않으며, 士가 職務를 잃지 않고 大夫가 나라의 이익을 취하지 않게 됩니다."라고 대답하였다. 景公은 "훌륭한 말이다! 내가 禮를 행할 수는 없으나 나는 지금에야 비로소 禮가 나라를 다스릴 수 있음을 알았다."라고 하였다. ≪春秋左氏傳 昭公 26년≫

3) 其浩然之氣……塞乎天地之間者 : 浩然之氣는 義로운 일을 많이 축적하여 자연적으로 발생하는 용기를 이른다. ≪孟子≫ 〈公孫丑 上〉에 "公孫丑가 '감히 묻겠습니다. 무엇을 浩然之氣라 합니까?' 하자, 孟子께서 '말하기 어렵다. 이 浩然之氣는 지극히 크고 지극히 강하니, 정직함으로써 기르고 해침이 없으면 이 浩然之氣가 天地의 사이에 꽉 차게 된다.'라고 대답하셨다.〔敢問 何謂浩然之氣 曰 難言也 其爲氣也 至大至剛 以直養而無害 則塞于天地之間〕"라고 보인다.

孔子以羈旅之臣[1]으로 **得政期月**에 **而能擧治世之禮**하야 **以律亡國之臣**하시고 **墮名都**하고 **出藏甲**이로되 **而三桓不疑其害己**하니 **此必有不言而信**하고 **不怒而威者矣**시니라 **孔子之聖**이 **見於行事 至此**에 **爲無疑也**라

孔子는 羈旅의 신하로 1년 동안 정권을 잡자, 능히 治世의 禮를 들어서 나라를 망치는 간신들을 다스리셨으며 三桓의 유명한 도성을 허물고 사사로이 거느리고 있는 군대를 내놓게 하셨으나, 三桓들이 자신들을 해치는 것이라고 의심하지 않았으

니, 이는 반드시 말씀하지 않아도 상대방이 믿고 노여워하지 않아도 상대방이 두려워함이 있었던 것이다. 孔子의 聖스러움이 행하신 일에 나타남이 이에 이르러서 의심할 것이 없는 것이다.

1) 羈旅之臣 : 원래 타국에서 떠돌던 신하를 이른다. 孔子는 魯나라에서 벼슬하시기 전인 昭公 25년(B.C. 517)에 季孫氏가 昭公을 축출하는 내란이 일어나자, 魯나라를 떠나 여러 나라를 주유하였으나 등용되지 못하고 다시 魯나라로 돌아오신 일이 있었으므로 이렇게 말한 것이다.

嬰之用於齊也에 **久於孔子**하고 **景公之信其臣也 愈於定公**이로되 **而田氏之禍 不少衰**하니 **吾是以**로 **知孔子之難也**로라 **孔子以哀公**[1]**十六年卒**이어시늘 **十四年**에 **陳恒弑其君**한대 **孔子沐浴而朝**하야 **告于哀公**하야 **請討之**[2]하시니 **吾是以**로 **知孔子之欲治列國之君臣**하야 **使如春秋之法者 至於老且死而不忘也**로라

晏嬰이 齊나라에 등용된 것은 孔子보다 훨씬 오랫동안이었고 景公이 晏嬰을 믿은 것은 定公보다 더하였는데, 田氏의 화가 조금도 줄어들지 않았으니, 나는 이 때문에 孔子께서 하신 것이 훨씬 어려운 일이었다는 것을 아는 것이다.

孔子께서는 哀公 16년에 별세하셨는데, 14년에 陳恒이 그 군주를 시해하자, 孔子께서 목욕하고 조회하여 哀公에게 아뢰어서 陳恒을 토벌할 것을 청하셨으니, 나는 이로써 '孔子께서 列國의 군신들을 다스려 장차 春秋의 법과 같이 하려고 하신 것이 늙어서 장차 죽음에 이르도록 잊지 못하셨음'을 아는 것이다.

1) 哀公 : 魯 定公의 아들로 이름은 蔣인데, 周 敬王 26년(B.C. 494)에 즉위하여 27년간 재위하였고, 周나라 貞定王 원년(B.C. 468)에 三桓에게 축출되었는바, 哀公은 그의 시호이다.

2) 陳恒弑其君……請討之 : 陳恒은 시호가 成子인데 뒤에 姓을 田氏로 바꿨으며, 후대에는 漢 文帝의 이름을 諱하여 常으로 바꿔 田常이라고도 불렀다. 齊나라의 대부로 민심을 얻자 簡公을 시해하고 平公을 옹립하여 정권을 장악하였다.
《論語》〈憲問〉에 "陳成子가 簡公을 시해하자, 孔子께서 목욕하고 조회하시어 哀公에게 '陳恒이 君主를 시해하였으니, 토벌할 것을 청합니다.' 하셨다.〔陳

成子弑簡公 孔子沐浴而朝 告於哀公曰 陳恒弑其君 請討之]"라고 보인다.

或曰 孔子知哀公與三子之必不從이로되 **而以禮告也歟**인저 **曰 否**라 **孔子實欲伐齊**하시니라 **孔子旣告公**한대 **公曰 魯爲齊弱**이 **久矣**니 **子之伐之 將若之何**오 **對曰 陳恒弑其君**에 **民之不予者半**이니 **以魯之衆**으로 **加齊之半**이면 **可克也**라하시니 **此豈禮告而已哉**리오

혹자는 말하기를 "孔子께서 哀公과 三子(三桓)가 반드시 따르지 않을 줄을 아시면서 단지 禮로써 고하신 것이다."라고 하는데, 나는 "아니다. 孔子께서 실로 齊나라를 정벌하고자 하신 것이다."라고 말한다.

孔子께서 哀公에게 陳恒을 토벌할 것을 청하자, 哀公이 묻기를 "魯나라가 齊나라보다 약한 것이 오래인데, 선생께서 제나라를 치려는 것은 장차 어찌하려는 것입니까?"라고 하였다. 이에 孔子께서 대답하시기를 "陳恒이 군주를 시해함에 齊나라 백성 중에 찬성하지 않는 자가 절반이니, 魯나라의 병력에다가 齊나라의 절반의 백성을 더하면 이길 수 있습니다."라고 하셨으니, 이것이 어찌 그냥 禮로써 하신 것일 뿐이겠는가?

哀公이 **患三桓之**偪하야 **常欲以越伐魯而去之**[1)]하니 **夫以蠻夷伐國**이면 **民不予也**하나니 **皐如出公之事**에 **斷可見矣**[2)]라 **豈若從孔子而伐齊乎**아 **若從孔子而伐齊**면 **則凡所以勝齊之道**를 **孔子任之有餘矣**시리라 **旣克田氏**하면 **則魯之公室**이 **自張**이요 **三桓**이 **不治而自服也**리니 **此孔子之志也**시니라

哀公이 三桓의 핍박을 근심하여 일찍이 越나라의 힘을 빌려 魯나라를 쳐서 이들을 제거하려고 하였다.

오랑캐 나라의 힘을 빌려 자기 나라를 정벌하면 백성들이 찬성하지 않으니, 이것은 衛나라 皐如와 出公의 일에서 분명하게 알 수 있는 것이다. 그러니 어찌 孔子의 말씀을 따라서 齊나라를 정벌하는 것만 하였겠는가?

만약 孔子의 말씀을 따라서 齊나라를 정벌했다면 齊나라를 이길 수 있는 모든 방

도를 孔子께서 책임지시고도 남았을 것이다. 田氏를 이기고 나면 魯나라의 公室이 저절로 강성해지고 三桓이 죄를 다스리지 않아도 스스로 복종하였을 것이니, 이것이 孔子의 본뜻인 것이다.

1) 哀公患三桓之偪 常欲以越伐魯而去之 : 당시 越나라는 국력이 강성하여 吳나라를 멸망시켰으므로 魯 哀公은 越나라의 힘을 빌어 三桓을 제거하고자 하였다. 그리하여 哀公 25년(B.C. 468) 閏 10월에 越나라에 가서 越나라의 태자인 適郢과 환담을 나누니, 越나라에서는 장차 哀公에게 딸을 시집보내고 땅을 많이 떼어주려 하였다. 公孫有山이 사람을 시켜 이러한 사실을 季孫氏에게 알리니, 季孫氏는 두려워하고 越나라의 太宰인 伯嚭(비)를 통하여 越王에게 뇌물을 써서 중지시켰다. 그리하여 哀公은 뜻을 이루지 못하고 다음해에 돌아왔다. ≪春秋左氏傳 哀公 25년≫

2) 以蠻夷伐國……斷可見矣 : 皐如는 越나라의 대부이고, 出公은 衛나라 군주인 輒으로 蒯聵의 아들이다. 蒯聵는 衛 靈公의 太子였는데, 계모인 南子가 음란한 짓을 자행하자, 그녀를 죽이려다가 실패하고 靈公의 노여움을 사서 망명하였다.

　靈公이 죽자, 衛나라에서는 輒이 嫡孫이라 하여 그를 군주로 세웠으나, 蒯聵가 晉나라의 도움을 받아 孔悝(회)와 모의하고 出公을 몰아냈다. 出公이 越나라에 구원을 요청하자, 越나라는 皐如에게 군대를 주어 出公을 호위하여 衛나라에 들여보내고자 하였다. 그러나 衛나라 사람들이 出公이 오랑캐의 힘을 빌려 자기 나라를 공격하는 것을 미워하고 계책을 써서 받아들이지 않으니, 결국 出公은 越나라에서 죽었다. ≪春秋左氏傳 哀公 25・26년≫

02. 子思論* 子思에 대한 論

* 이 글은 저작 연도가 분명하지 않으나 東坡의 젊은 시절 작품인 듯하다. 子思(B.C. 481~B.C. 402)는 이름이 伋으로 子思는 字인데, 孔子의 손자이고 孔鯉의 아들이다. 子思는 曾子에게 수학하고 孔子의 학문을 전수받아 ≪中庸≫을 지은 것으로 알려졌으며, 述聖으로 칭해진다.

雖非知思孟之學者나 而其文自圓하니라

비록 子思와 孟子의 학문을 이해하는 작품은 아니나 문장은 본래 원만하다.

昔者에 夫子之文章은 非有意於文이라 是以로 未嘗立論也하사 所可得而言者는 唯其歸於至當하시니 斯以爲聖人而已矣시니라

옛날 夫子(孔子)의 文章은 글에 뜻이 있었던 것이 아니다. 이 때문에 일찍이 자신의 의논을 내세우지 않아서 말할 수 있는 것은 오직 그 지극히 합당함에 귀결시키셨으니, 이로써 聖人이 되셨을 뿐이다.

夫子之道는 可由而不可知요 可言而不可議하니 此其不爭爲區區之論하야 以開是非之端이라 是以로 獨得不廢하야 以與天下後世하야 爲仁義禮樂之主하시니라 夫子旣沒에 諸子之欲爲書以傳於後世者는 其意皆存乎爲文하야 汲汲乎惟恐其汨沒而莫吾知也라 是故로 皆喜立論하니 論立而爭起라 自孟子之後로 至於荀卿, 揚雄[1]히 皆務爲相攻之說하고 其餘不足數者紛紜於天下하니라

夫子의 道는 행할 수는 있으나 알 수는 없고, 말할 수는 있으나 의논할 수는 없으니, 이는 하찮은 의논을 다투어서 是非의 단서를 열어놓지 않은 것이다. 이 때문에 夫子의 道가 홀로 없어지지 않고 천하와 후대에 전해져서 仁義와 禮樂의 주체가 되신 것이다.

夫子께서 돌아가시자, 책을 만들어 후세에 전하고자 하는 여러 弟子들은 그 뜻이 모두 글을 짓는 데 있어서, 급급하게 행여 자신의 思想이 매몰되어 자신을 알아주는 이가 없게 될까 두려워하였다. 이 때문에 모두 論을 세우기를 좋아하였으니, 論이 세워짐에 분쟁이 일어났다.

孟子 이후로 荀卿과 揚雄에 이르기까지 모두 힘써 서로 공격하는 말을 하였고, 그 나머지 굳이 거론할 가치가 없는 자들도 천하에서 어지럽게 다투었다.

1) 自孟子之後 至於荀卿揚雄 : 孟子(B.C. 372~B.C. 289)는 이름이 軻이고 字

가 子輿로 子思의 문인에게 수학하여 思孟學派라고도 불리며, 孔門의 적통을 이어받아 발전시켰다.

荀卿(B.C. 313~B.C. 238)은 이름이 況이고 字가 卿으로 전국시대 趙나라 사람인데, 西漢 宣帝의 이름을 휘하여 孫卿으로 불리기도 한다. 그의 학문은 儒學을 기본으로 하였으나 다른 학파의 사상을 흡수하여 인간의 본성은 악하다는 性惡說을 주장했으며, 초자연적인 힘과 미신을 부정하고 합리주의적 사고를 주장하여 이후 法家의 토대를 만들었다. 저서에는 ≪荀子≫가 있으며, 法家를 대표하는 韓非子와 李斯는 모두 荀卿의 제자이다.

揚雄은 漢나라의 유학자이자 문인으로 字가 子雲이며 蜀郡 成都 사람이다. 박학다식하고 뛰어난 문장가였으나 王莽의 新나라 때에 王莽을 찬미하는 글을 지어 후대에 많은 비판을 받았다. 저서로는 ≪易經≫을 모방하여 지은 ≪太玄經≫과 ≪論語≫를 모방하여 지은 ≪法言≫이 있다.

嗟夫라 **夫子之道 不幸而有老聃, 莊周, 楊朱, 墨翟, 田駢, 愼到, 申不害, 韓非**[1] **之徒**하야 **各持其私說**하야 **以攻乎其外**하니 **天下方將惑之**하야 **而未知其所適從**이어늘 **奈何其弟子門人**이 **又內自相攻而不決**고 **千載之後**에 **學者愈衆**이로되 **而夫子之道益晦而不明者**는 **由此之故歟**인저

아! 슬프다. 夫子의 道가 불행하게도 老聃, 莊周, 楊朱, 墨翟, 田駢, 愼到, 申不害, 韓非의 무리들이 있어서 각각 그 사사로운 말을 가지고 밖에서 공격하니, 천하 사람들이 여기에 혹해서 따를 바를 알지 못하는데, 어찌해서 그 제자와 문인들이 또 안으로 서로 공격하여 해결하지 못하였는가?

천 년이 지난 뒤에 夫子의 道를 배우는 자들이 더욱 많아졌으나, 夫子의 道는 더욱 어두워져서 밝아지지 못한 것은 이 때문일 것이다.

1) 老聃莊周楊朱墨翟田駢愼到申不害韓非 : 모두 춘추전국시대의 사상가들이다. 老聃은 老子로 姓이 李이고 이름은 耳이며 字가 伯陽으로, 聃은 시호라 하는데, 道家의 창시자로 ≪道德經≫을 지었다.

莊周는 宋나라 蒙 땅 사람인데, 일설에는 河南省 商丘 사람이라고도 한다. 老子의 道家思想을 계승 발전시켜 道家의 가장 중요한 학자로 꼽히는바, 저서

에 ≪莊子≫가 있다.

楊朱는 전국시대 사상가로 字가 子居로 각자 자신을 닦아야 한다는 爲我說을 제창하였는데, 孟子는 "楊朱는 자신의 수행을 위주하여, 털 하나를 뽑아서 천하가 이롭더라도 하지 않았다.〔楊朱爲我 拔一毛而利天下不爲〕"라고 평하여 그의 은둔주의를 비난하였다. 저서는 남아 있는 것이 없고 그의 주장은 ≪莊子≫, ≪孟子≫, ≪韓非子≫, ≪呂氏春秋≫, ≪列子≫ 등의 책에 흩어져 보인다.

墨翟은 墨家의 창시자로 '兼愛說'를 주장하였는데, 孟子는 "墨子는 兼愛를 주장하여 이마를 갈아 발꿈치에 이르더라도 천하에 이로우면 하였다.〔墨子兼愛 摩頂放踵 利天下爲之〕"라고 평하여, 楊朱를 無君, 墨翟을 無父라고 비판하였다. 저서에 ≪墨子≫가 있다.

田駢은 齊나라의 사상가로 陳駢이라고도 불리는데, 그의 사상은 道家에 근본하여 '齊萬物'을 주장하였으며, ≪田子≫란 책을 저술한 것으로 알려져 있으나 지금은 전하지 않는다.

愼到는 趙나라의 사상가로 저서에 ≪愼子≫가 있는데, 본래 12편이었으나 지금은 5편만 남아 있다. 그의 사상은 道家에 근본하면서도 법에 의한 통치를 주장하였는데, 이러한 주장은 뒤에 韓非子의 法家에 수용되었다.

申不害는 韓나라의 명재상이자 사상가이다. 본래 鄭나라 출신으로 韓나라 昭侯의 재상이 되어 韓나라를 부강하게 하였다. 그의 사상은 道家에 근본을 두면서도 刑과 名을 중시하여 뒤에 法家의 기반이 되었다.

韓非는 韓나라의 사상가로 李斯와 함께 荀卿의 문하에서 공부하였는데, 諸家의 설을 두로 흡수하여 法家思想을 집대성하였다. 뒤에 秦나라에 사신 갔다가 그의 재능을 질시한 李斯의 무고로 옥에 갇히자 자살하였다. 저서에는 ≪韓非子≫ 55편이 있다.

昔三子之爭이 起於孟子라 孟子曰 人之性善이라하니 是以로 荀子曰 人之性惡이라하고 而楊子又曰 人之性善惡混이라하니라 孟子旣已據其善이라 是故로 荀子不得不出於惡이요 人之性은 有善惡而已어늘 二子旣已據之라 是以로 揚子亦不得不出於善惡混也라 爲論에 不求其精하고 而務以爲異於人이면 則紛紛之說이 未可以知其所止로라

옛날 孟子와 荀子와 揚子(揚雄) 세 사람의 분쟁은 孟子로부터 시작되었다. 孟子가

말씀하기를 "사람의 性은 善하다."라고 하니, 이 때문에 荀子는 "사람의 性이 惡하다."라고 하였고, 揚子는 또 "사람의 性은 善과 惡이 혼재되어 있다."라고 한 것이다.

孟子가 이미 性善을 차지하였으므로 荀子는 性惡에서 나오지 않을 수가 없었고, 사람의 性은 善과 惡이 있을 뿐인데 두 분이 이미 이것을 차지하였으므로, 揚子 또한 善과 惡이 혼재하였다는 데에서 나오지 않을 수 없었던 것이다.

의논을 세울 적에 정밀함을 구하지 않고 힘써 남과 다르고자 하면 분분한 설이 어디에서 그칠지를 알 수 없게 되는 것이다.

且夫夫子未嘗言性也요 **蓋亦嘗言之矣**로되 **而未有必然之論也**[1]라 **孟子之所謂性善者**는 **皆出於其師子思之書**[2]하니 **子思之書**는 **皆聖人之微言篤論**이어늘 **孟子得之而不善用之**하고 **能言其道**로되 **而不知其所以爲言之名**이라 **擧天下之大**하야 **而必之以性善之論**하야 **昭昭乎自以爲的於天下**하야 **使天下之過者**로 **莫不欲援弓射之**라 **故**로 **夫二子之爲異論者**는 **皆孟子之過也**니라

또 夫子께서는 性을 말씀하신 적이 없었고, 또한 말씀하신 적이 있더라도 필연적인 의논은 하지 않으셨다.

孟子가 말씀한 性善은 모두 스승인 子思의 글에서 나왔으니, 子思의 글은 모두 聖人의 은미한 말씀과 독실한 의논이었는데, 孟子는 이것을 얻어 잘 사용하지 못해서 그 道를 말씀할 수 있었으나, 그 말씀한 바의 명칭을 제대로 알지 못하였다.

그리하여 지극히 큰 천하를 가지고 性善의 이론으로 기필하여, 분명하게 스스로 천하의 표적이 되어 천하의 길 가는 자들로 하여금 활을 당겨 쏘고자 하지 않는 이가 없도록 만들었다. 그러므로 荀子와 揚子 두 사람이 異論을 편 것은 모두 孟子의 잘못인 것이다.

1) 且夫夫子未嘗言性也……而未有必然之論也 : 蘇軾이 "夫子께서 性을 말씀하신 적이 없었다.〔夫子未嘗言性〕"라고 말한 것은, ≪論語≫ 〈公冶長〉의 "夫子의 文章은 들을 수 있으나 夫子께서 性과 天道를 말씀하심은 얻어 들을 수 없다.〔夫子之文章 可得而聞也 夫子之言性與天道 不可得而聞也〕"라는 子貢의 말을 근거로 한 것이다.

그러나 〈陽貨〉에 "性은 서로 비슷하나 익힘(습관)에 의하여 서로 멀어지게 된다.〔性相近也나 習相遠也〕"는 孔子의 말씀을 보면, 孔子께서 性에 대해 전혀 말씀하지 않으신 것은 아니다. 그러므로 蘇軾이 이어서 "일찍이 있었다.〔亦嘗言之矣〕"라고 한 것이다. 그러나 이 내용도 性을 특정하여 善하거나 惡하다고 말씀하신 것은 아니므로 蘇軾이 "必然의 論은 하지 않으셨다.〔未有必然之論〕"라고 말한 것이다.

2) 孟子之所謂性善者 皆出於其師子思之書 : 子思의 책은 ≪中庸≫을 이른다. ≪史記≫〈孔子世家〉에 "孔子가 아들 鯉를 낳으니 字가 伯魚이고, 伯魚가 아들 伋을 낳으니 字가 子思이다. 子思가 ≪中庸≫을 지었다.〔孔子生鯉 字伯魚 伯魚生伋 字子思 子思作中庸〕"라고 보인다.

≪中庸≫의 서두는 "하늘이 命하신 것을 性이라 이르고, 性을 따름을 道라 이르고, 道를 品節해놓음을 敎라 이른다.〔天命之謂性 率性之謂道 修道之謂敎〕"라고 시작하여 性을 언급하고 있는데, 孟子는 子思의 문하에게 배워 子思의 學脈을 이었으므로 이렇게 말한 것이다.

若夫子思之論則不然하야 曰 夫婦之愚로도 可以與知焉이로되 及其至也하야는 雖聖人이라도 亦有所不知焉하며 夫婦之不肖로도 可以能行焉이로되 及其至也하야는 雖聖人이라도 亦有所不能焉[1)]이라하시니 聖人之道 造端乎夫婦之所能行하야 而極乎聖人之所不能知하니 造端乎夫婦之所能行이라 是以로 天下無不可學이요 而極乎聖人之所不能知라 是以로 學者不知其所窮이니라 夫如是면 則惻隱足以爲仁이로되 而仁不止於惻隱이요 羞惡足以爲義로되 而義不止於羞惡니 此不亦孟子之所以爲性善之論歟아

子思의 의논으로 말하면 그렇지 않다. 子思는 말씀하시기를 "夫婦의 어리석음으로도 참여하여 알 수 있으나 그 지극함에 이르러서는 비록 聖人이라도 또한 알지 못하는 바가 있으며, 夫婦의 불초함으로도 행할 수 있으나 그 지극함에 이르러서는 비록 聖人이라도 또한 능하지 못한 바가 있다."라고 하였다.

聖人의 道는 夫婦가 능히 행하는 바에서 시작하여 聖人이 능히 알지 못하는 바에까지 이르니, 夫婦가 능히 행하는 바에서 시작하였기 때문에 천하 사람들 중에 배울

수 없는 사람이 없고, 聖人이 알지 못하는 바에까지 이르렀기 때문에 배우는 자가 그 끝나는 바를 알지 못하는 것이다.

이와 같으면 惻隱한 마음이 충분히 仁이 될 수 있으나 仁이 惻隱에만 그치지 않고, 羞惡하는 마음이 충분히 義가 될 수 있으나 義가 羞惡에만 그치지 않으니, 이것이 孟子가 性善論을 펴신 이유가 아니겠는가?

1) 夫婦之愚……亦有所不能焉 : ≪中庸≫ 제12장의 일부를 인용한 것으로, 전문은 아래와 같다.

"君子의 道는 費하여 隱微하다. 夫婦의 어리석음으로도 참여하여 알 수 있으나, 그 지극함에 이르러서는 비록 聖人이라도 또한 알지 못하는 바가 있으며, 夫婦의 不肖함으로도 행할 수 있으나, 그 지극함에 이르러서는 비록 聖人이라도 또한 능하지 못한 바가 있으며, 天地의 큼으로도 사람이 오히려 恨하는 바가 있는 것이다. 그러므로 君子가 큰 것을 말할진댄 너무나도 커서 天下가 싣지 못하며, 작은 것을 말할진댄 너무나도 작아서 天下가 깨뜨리지 못한다.

≪詩經≫에 이르기를 '솔개는 날아 하늘에 이르는데, 물고기는 연못에서 뛰논다.'라고 하였으니, 上下에 이치가 밝게 드러남을 말한 것이다. 君子의 道는 夫婦에게서 시작되니, 그 지극함에 이르러서는 天地에 밝게 드러난다.〔君子之道 費而隱 夫婦之愚 可以與知焉 及其至也 雖聖人亦有所不知焉 夫婦之不肖 可以能行焉 及其至也 雖聖人亦有所不能焉 天地之大也 人猶有所憾 故君子語大 天下莫能載焉 語小 天下莫能破焉 詩云 鳶飛戾天 魚躍于淵 言其上下察也 君子之道 造端乎夫婦 及其至也 察乎天地〕"

子思는 論聖人之道出於天下之所能行하고 而孟子는 論天下之人皆可以行聖人之道하니 此無以異者로되 而子思는 取必於聖人之道하고 孟子는 取必於天下之人이라 故로 夫後世之異議는 皆出於孟子하고 而子思之論은 天下同是而莫或非焉하니 然後에 知子思之善爲論也로라

子思는 聖人의 道가 천하 사람들이 능히 행하는 바에서 나온다고 말씀하였고, 孟子는 천하 사람들이 모두 聖人의 道를 행할 수 있다고 말씀하였으니, 이것은 차이가

없으나, 子思는 聖人의 道에서 기필을 취하였고 孟子는 천하 사람들에게서 기필을 취하였다. 그러므로 후세의 異論은 모두 孟子에게서 나왔고, 子思의 의논은 천하 사람들이 똑같이 옳다고 하여 혹시라도 비난하는 이가 없었으니, 그런 뒤에야 子思의 의논이 뛰어남을 알 수 있는 것이다.

唐荊川曰 借客形主하야 **轉丸於千仞之上**이니라

唐荊川이 말하였다. "客을 빌어 주인을 나타내어 천 길 위에서 彈丸을 굴리는 듯 문장이 시원하다."

03. 孟軻論* 孟軻에 대한 論

* 王文誥의 ≪蘇文忠公詩編注集成總案≫에는 이 글이 蘇軾이 젊은 시절에 지은 작품이라고 하였다. 제목이 本集에는 〈孟子論〉으로 되어 있다. 孟軻(B.C. 372~B.C. 289)는 字가 子輿로 뒤에 鄒國公에 봉해졌다. 子思의 문인에게 수학하여 思孟學派라고도 불리며, 孔門의 적통을 이어받아 亞聖으로 불린다.

此作은 **似未盡長公平生**이라

이 글은 長公의 평소 실력을 다하지 못한 듯하다.

昔者에 **仲尼自衛反魯**[1)]하사 **網羅三代之舊聞**하시니 **蓋經禮三百**과 **曲禮三千**을 **終年不能究其說**[2)]이라 **夫子謂子貢曰 賜**아 **爾以吾爲多學而識之者與**아 **非也**라 **予一貫之**[3)]니라하시니라 **天下苦其難而莫之能用也**하니 **不知夫子之有以貫之也**라 **是故**로 **堯, 舜, 禹, 湯, 文, 武, 周公之法度禮樂刑政**과 **與當世之賢人君子百家之書**와 **百工之技藝**와 **九州之內, 四海之外, 九夷八蠻**[4)]**之事**로 **荒忽誕謾而不可考者 雜然皆列乎胸中**이로되 **而有卓然不可亂者**는 **此固有以一之也**일새라 **是以**로 **博學而不亂**하고 **深思而不惑**하시니 **非天下之至精**이면 **其孰能與於此**리오

옛날에 仲尼(孔子)께서 衛나라에서 魯나라로 돌아오시자, 예전에 들으셨던 三代

의 제도를 망라하여 기록하셨으니, 經禮 3백 가지와 曲禮 3천 가지는 너무 많아서 종신토록 그 설을 다 연구할 수 없는 것이다.

夫子께서 子貢에게 이르시기를 "賜(子貢)야. 너는 나를 많이 배워서 기억하는 자라고 여기느냐? 아니다. 나는 한 가지 이치가 만사를 꿰뚫었다."라고 하셨다. 천하 사람들이 그 어려움을 괴로워하여 능히 활용하지 못하니, 夫子께서 한 가지 이치로써 모든 것을 꿰뚫을 수 있음을 알지 못하였다.

이 때문에 堯·舜과 禹·湯, 文王·武王·周公의 法度와 禮樂과 刑政과 당세의 賢人·君子의 百家의 책과 百工들의 技藝와 九州의 안, 四海의 밖, 九夷와 八蠻의 일로써 막연하고 허탄하여 상고할 수 없는 여러 가지가 이것저것 뒤섞여서 모두 孔子의 가슴속에 나열되어 있었으나 우뚝하여 어지럽힐 수 없는 것이 있었으니, 이는 진실로 하나의 이치가 꿰뚫음이 있었기 때문이었다.

그리하여 박학하여도 어지럽지 않고 깊이 생각하여도 의혹하지 않으셨으니, 천하에 지극히 정밀한 자가 아니라면 그 누가 여기에 참여하겠는가?

1) 仲尼自衛反魯 : 孔子께서는 56세 되시는 定公 14년(B.C. 496)에 魯나라를 떠나 여러 나라를 周流하셨는데, 마지막에 衛나라에 계시다가 季康子가 公華·公賓·公林 등 세 사람에게 예물을 보내 초빙하자, 천하를 떠돌아다니신 지 13년 만에 魯나라로 돌아오셨다. ≪史記 孔子世家≫

2) 蓋經禮三百……終年不能究其說 : 經禮는 큰 禮를 가리키고 曲禮는 의식이나 행사에 있어서의 자잘한 예절을 이른다. ≪禮記≫ 〈禮器〉에 "經禮 3백 가지와 曲禮 3천 가지가 그 이치가 똑같다.〔經禮三百 曲禮三千 其致一也〕"라고 보인다.

이에 대하여 朱子는 "禮儀 3백 가지는 바로 ≪儀禮≫ 중에 士의 冠禮와 諸侯의 冠禮와 天子의 冠禮와 같은 따위이니, 이것은 큰 禮節로 3백 가지 조항이 있다. 그리고 〈冠義〉의 始加·再加·三加와 또 〈曲禮〉의 앉을 때에는 尸童과 같이 하고, 설 때에는 齋戒하는 것과 같이 하라는 따위는 모두 그 가운데의 작은 조목이다."라고 하였다.

또한 趙氏는 "經禮는 冠禮·婚禮·喪禮·祭禮·朝覲·會同하는 것과 같은 따위이고, 曲禮는 나아가고 물러가고 오르고 내리고 굽어보고 우러르고 揖하고 遜讓하는 것과 같은 따위이다."라고 하였다.

3) 子謂子貢曰……予一貫之 : 이 내용은 ≪論語≫ 〈衛靈公〉의 내용을 그대로 인용하였다. 이에 대하여 謝良佐는 "聖人의 道가 커서 사람들이 두루 보고 다 알지 못하니, 당연히 많이 배우고서 그것을 기억하는 분이시라고 여길 것이다. 그러나 聖人이 어찌 博學하기를 힘쓰시겠는가? 마치 하늘이 여러 형상에 대해서 물건마다 조각하여 만든 것이 아님과 같다. 그러므로 '나는 하나의 이치가 모든 사물을 꿰뚫는다.'고 말씀하신 것이다.〔聖人之道 大矣 人不能遍觀而盡識 宜其以爲多學而識之也 然聖人豈務博者哉 如天之於衆形 匪物物刻而雕之也 故曰予一以貫之〕"라고 하였다. ≪論語集註≫

4) 九夷八蠻 : 九夷는 고대 중국의 동쪽에 있던 아홉 종족의 이민족을 가리킨다. ≪論語≫ 〈子罕〉에 "孔子께서 九夷에 살려고 하셨다.〔子欲居九夷〕"라고 하였는데, 集註에 "東方의 夷族은 아홉 종족이 있다."라고 하였으며, ≪後漢書≫ 〈東夷傳〉에는 "夷族은 아홉 종족이 있으니, 畎夷・干夷・方夷・黃夷・白夷・赤夷・玄夷・風夷・陽夷이다."라고 하였다.

八蠻은 고대 중국의 남쪽에 있던 여덟 종족의 이민족을 가리키는데, ≪爾雅≫의 李巡의 注에 "八蠻은 天竺・咳首・僬僥・跛踵・穿胸・儋耳・狗軹・旁脊이다."라고 하였다. 여기서의 九夷, 八蠻은 중국 주변의 이민족 모두를 가리킨 것으로 보인다.

蓋嘗求之於六經[1]하야 至於詩與春秋之際而後에 知聖人之道始終本末이 各有條理로라 夫王化之本은 始於天下之易行이라 天下固知有父子也하니 父子不相賊이면 而足以爲孝矣요 天下固知有兄弟也하니 兄弟不相奪이면 而足以爲悌矣라 孝悌足而王道備하니 此固非有深遠而難見하고 勤苦而難行者也라 故로 詩之爲教也는 使人歌舞佚樂하야 無所不至로되 要在於不失正焉而已矣라

내 일찍이 六經에서 이것을 찾아 ≪詩經≫과 ≪春秋≫에 이른 뒤에야 聖人의 道에 始와 終, 本과 末이 각각 조리가 있음을 알게 되었다.

王化의 근본은 천하 사람들이 행하기 쉬운 데서 시작되었다. 천하 사람들은 진실로 부자간이 있는 줄을 아나니 부자간이 서로 해치지 않으면 충분히 효도가 될 수 있고, 천하 사람들은 진실로 형제간이 있음을 아나니 형제간이 서로 빼앗지 않으면 충분히 공경이 될 수 있는 것이다.

孝悌가 충분하면 王道가 구비되니, 이것은 진실로 심원하여 보기 어렵고 몹시 괴로워 행하기 어려운 것이 아니다. 그러므로 詩의 가르침은 사람으로 하여금 歌舞를 하며 편안하고 즐거워하여 이르지 못하는 곳이 없게 하면서도 요점은 바름을 잃지 않게 하는 데에 있을 뿐이다.

1) 六經 : 儒家의 기본 경전인 ≪詩經≫·≪書經≫·≪周易≫·≪春秋≫·≪禮記≫·≪樂經≫을 이르는데, ≪樂經≫은 전해지지 않는다.

雖然이나 **聖人**이 **固有所甚畏也**하니 **一失容者**는 **禮之所由廢也**요 **一失言者**는 **義之所由亡也**니 **君臣之相攘**하고 **上下之相殘**하야 **天下大亂**이 **未嘗不始於此道**라 **是故**로 **春秋**는 **力爭於毫釐之間**하고 **而深明乎疑似之際**하야 **截然其有所必不可爲也**하니 **不觀於詩**면 **無以見王道之易**요 **不觀於春秋**면 **無以知王政之難**이니라

그러나 聖人은 진실로 매우 두려워하신 바가 있었으니, 이는 용모를 한 번 잃음으로 말미암아 禮가 폐해지고, 말을 한 번 잘못함으로 말미암아 義가 없어지는 것이다. 군주와 신하가 서로 빼앗고 위아래가 서로 해쳐서 천하의 큰 혼란이 일찍이 여기에서 시작하지 않은 적이 없었다.

이 때문에 ≪春秋≫는 털끝만 한 사이를 강력히 다투고 유사한 사이를 깊이 밝혀서 엄격하여 반드시 할 수 없는 바가 있었으니, ≪詩經≫을 보지 않으면 王道의 쉬움을 알 수 없고, ≪春秋≫를 보지 않으면 王政의 어려움을 알 수 없는 것이다.

自孔子沒로 **諸子各以所聞著書**나 **而皆不得其源流**라 **故**로 **其言**이 **無有統要**하니 **若孟子**는 **可謂深於詩而長於春秋者矣**라 **其道始於至粗而極於至精**하야 **充乎天地**하고 **放乎四海**하야 **而毫釐有所必計**하야 **至寬而不可犯**하고 **至密而可樂者**에 **此其中**은 **必有所守**어늘 **而後世或未之見也**니라

孔子가 별세하신 뒤에 여러 제자들은 자신들이 각기 들은 것을 가지고 책을 지었으나 모두 그 源流를 얻지 못하였다. 그러므로 그 말이 統紀와 요점이 없는데, 孟子

로 말하면 ≪詩經≫에 조예가 깊고 ≪春秋≫에 뛰어난 분이라고 이를 만하다.

그 道가 지극히 거친 데서 시작하여 지극히 정밀한 데까지 이르러서 天地에 충만하고 四海에 도달하여, 털끝만 한 것도 반드시 따지는 바가 있어서 지극히 너그러우면서도 범할 수 없고 지극히 치밀하면서도 즐거울 수 있으니, 이는 그 마음속에 반드시 지키는 바가 있어 그러한 것인데, 후세에서는 이것을 알지 못하였다.

且孟子嘗有言矣하사 **人能充其無欲害人之心**이면 **而仁不可勝用也**요 **人能充其無欲爲穿窬之心**이면 **而義不可勝用也**라 **士未可以言而言**이면 **是以言餂之也**요 **可以言而不言**이면 **是以不言餂之也**니 **是皆穿窬之類也**[1)]라하시니 **唯其不爲穿窬也**면 **而義至於不可勝用**이니 **唯其未可以言而言**하고 **可以言而不言也**면 **而其罪遂至於穿窬**라 **故**로 **曰 其道始於至粗而極於至精**하야 **充乎天地**하고 **放乎四海**하야 **而毫釐有所必計**라하노니 **嗚呼**라 **此其所以爲孟子歟**인저 **後之觀孟子者**는 **無觀之他**요 **亦觀諸此而已矣**니라

또 孟子는 일찍이 말씀하시기를 "사람이 남을 해치려고 하지 않는 마음을 채운다면 仁을 이루 다 쓰지 못할 것이며, 사람이 남의 집 담을 뚫거나 넘어가서 도둑질하지 않으려는 마음을 채운다면 義를 이루 다 쓰지 못할 것이다. 선비가 말해서는 안 될 적에 말한다면 이는 말로써 물건을 핥아(훔쳐)먹는 것이요, 말을 해야 할 적에 말하지 않는다면 이는 말하지 않음으로써 물건을 핥아먹는 것이니, 이는 모두 남의 집 담을 뚫거나 넘어가서 도둑질하는 종류이다."라고 하셨다.

오직 남의 집 담을 뚫거나 담을 넘어가 도둑질하지 않으면 義를 이루 다 쓰지 못하는 경지에 이르니, 오직 말을 해서는 안 될 적에 말하고 말을 해야 할 적에 말하지 않으면, 그 죄가 마침내 남의 집 담을 뚫고 담을 넘어가 도둑질하는 데에 이르는 것이다.

그러므로 나는 "그 道가 지극히 거친 데서 시작하여 지극히 정밀한 데까지 이르러 천지에 충만하고 사해에 도달하여, 털끝만 한 것도 반드시 따지는 바가 있다."고 말한 것이다.

아! 이것이 孟子가 孟子가 되신 이유일 것이다. 후세에 孟子를 보려는 자들은 다

른 것을 보지 말고 또한 이것을 볼 뿐이다.

1) 孟子嘗有言矣……是皆穿窬之類也 : 穿窬는 남의 집 담에 구멍을 뚫고 남의 집 담을 넘어가 도둑질하는 것이다. 餂은 더듬어 취한다는 뜻으로 혓바닥으로 핥아 물건을 취한다는 뜻이다.

≪孟子≫ 〈盡心 下〉에 "사람들은 모두 차마 못하는 마음을 가지고 있으니, 차마 할 수 있는 것에까지 도달한다면 仁이요, 사람들은 모두 하지 않는 것(지조)이 있으니, 할 수 있는 바에까지 도달한다면 義이다. 사람이 남을 해치려고 하지 않는 마음을 채운다면 仁을 이루 다 쓰지 못할 것이며, 사람이 남의 집 담을 뚫거나 넘어가 도둑질하지 않으려는 마음을 채운다면 義를 이루 다 쓰지 못할 것이다.

사람이 爾汝(너)라고 천대하는 말을 받지 않으려는 실제를 채운다면 가는 곳마다 義가 아님이 없을 것이다. 선비가 말해서는 안 될 적에 말한다면, 이는 말로써 물건을 핥아먹는 것이요, 말을 해야 할 적에 말하지 않는다면, 이는 말하지 않음으로써 물건을 핥아먹는 것이니, 이는 모두 남의 집 담을 뚫거나 담을 넘어가 도둑질하는 종류이다.〔人皆有所不忍 達之於其所忍 仁也 人皆有所不爲 達之於其所爲 義也 人能充無欲害人之心 而仁不可勝用也 人能充無穿踰之心 而義不可勝用也 人能充無受爾汝之實 無所往而不爲義也 士未可以言而言 是以言餂之也 可以言而不言 是以不言餂之也 是皆穿踰之類也〕"라고 하였다.

'차마 할 수 없는 것'이란 사람을 해치는 것을 이르고, '하지 않는 것'이란 죽어도 하지 않는 의지와 지조를 이른다. 爾汝는 사람이 나쁜 짓을 하여 남들로부터 천시받는 칭호이다.

蘇氏父子於聖學及老氏之學에 **竝未能達**이라 **故其議論多渺茫**이나 **然而行文處**는 **特圓矣**라 **唐荊川曰 此篇縱恣不羈**니라

蘇氏 父子는 聖學과 老氏의 학문에 대하여 모두 제대로 통달하지 못하였다. 그러므로 그 의논이 모호함이 많다. 그러나 문장을 써 내려간 곳은 특별히 원만하다.

唐荊川은 평하기를 "이 편은 제멋대로 방종하여 얽매이지 않았다."라

고 하였다.

04. 荀卿論* 荀卿에 대한 論

* 이 글은 東坡가 젊은 시절에 지은 것으로 추정된다. 荀卿(B.C. 313~B.C. 238)은 이름이 況이고 字가 卿으로 전국시대 趙나라 사람이다. 儒學을 기본으로 하였으나 인간의 본성은 악하다는 性惡說을 주장했으며, 法家를 대표하는 韓非子와 李斯는 모두 그의 제자이다. 저서에는 ≪荀子≫가 있다.

以其所傳으로 **攻其所蔽**하니 **荀卿當深服**이리라

그가 전수한 바를 가지고 그의 폐단을 공격하였으니, 荀卿이 마땅히 그 죄줌에 깊이 복종했을 것이다.

嘗讀孔子世家하야 **觀其言語文章**호니 **循循莫不有規矩**하야 **不敢放言高論**하야 **言必稱先王**하니 **然後**에 **知聖人憂天下之深也**로라 **茫乎不知其畔岸而非遠也**요 **浩乎不知其津涯而非深也**라 **其所言者**는 **匹夫匹婦之所共知**로되 **而所行者**는 **聖人有所不能盡也**[1)]하니 **嗚呼**라 **是亦足矣**라 **使後世有能盡吾說者**는 **雖爲聖人**이라도 **無難**이요 **而不能者**라도 **不失爲寡過而已矣**[2)]니라

내 일찍이 ≪史記≫ 〈孔子世家〉를 읽어서 그(孔子) 언어와 문장을 보았는데, 차근차근하여 법도가 있지 않음이 없어서 감히 흰소리 치고 고상한 의논을 하지 않아 말씀마다 반드시 先王을 칭하셨으니, 그런 뒤에야 聖人이 천하를 우려함이 깊음을 알았다.

아득하여 그 언덕(끝)을 알 수 없으나 먼 것이 아니요, 넓어서 그 나루터를 알 수 없으나 깊은 것이 아니었다. 그러므로 그 말씀한 것은 匹夫와 匹婦도 모두 아는 것이지만 그 행하신 것은 聖人도 다하지 못하는 바가 있었으니, 아! 이 또한 충분한 것이다.

만일 후세에 나(孔子)의 말씀을 다 따르는 자가 있다면 비록 聖人이 되는 것도

무난할 것이요, 능하지 못한 자라도 허물을 적게 함이 되는 것은 잃지 않을 것이다.

1) 其所言者……聖人有所不能盡也 : 이 말은 ≪中庸≫의 "君子의 道는 夫婦의 어리석음으로도 참여하여 알 수 있으나 그 지극함에 이르러서는 비록 聖人이라도 또한 알지 못하는 바가 있으며, 夫婦의 不肖함으로도 행할 수 있으나 그 지극함에 이르러서는 비록 聖人이라도 또한 능하지 못한 바가 있다.〔夫婦之愚 可以與知焉 及其至也 雖聖人 亦有所不知焉 夫婦之不肖 可以能行焉 及其至也 雖聖人 亦有所不能焉〕"라는 내용을 줄여 요약한 것이다.
2) 不失爲寡過而已矣 : 寡過는 자신을 성찰하고 사욕을 이겨 허물을 적게 하는 것으로, 최소한 이러한 사람이 될 수 있음을 말한 것이다.

子路之勇과 **子貢之辯**과 **冉有之智**[1] **此三者**는 **皆天下之所謂難能而可貴者也**라 **然**이나 **三子者**는 **每不爲夫子之所悅**이요 **顔淵**은 **默然不見其所能**하야 **若無以異於衆人者**로되 **而夫子亟稱之**[2]하시니라 **且夫學聖人者**는 **豈必其言之云爾哉**리오 **亦觀其意之所嚮而已**라 **夫子以爲後世**에 **必有不足行其說者矣**요 **必有竊其說而爲不義者矣**라 **是故**로 **其言**이 **平易正直**하야 **而不敢爲非常可喜之論**하시니 **要在於不可易也**라

子路의 용맹과 子貢의 변설과 冉有의 지혜, 이 세 가지는 모두 천하 사람들이 이른바 능하기 어려워서 귀중히 여길 만한 것이었다. 그러나 세 사람은 매번 夫子의 기쁨이 되지 못하였고, 顔淵은 침묵하여 그 능한 바를 드러내지 않아서 보통 사람과 다름이 없는 것처럼 보였으나 夫子께서는 자주 그를 칭찬하셨다. 또 聖人을 배운다는 것이 어찌 반드시 그 말씀을 말하는 것이겠는가? 바로 聖人의 뜻이 향하는 바를 볼 뿐인 것이다.

夫子는 '후세에 반드시 자신의 說을 행할 것이 못 된다고 여기는 자가 있을 것이요, 반드시 자신의 說을 도둑질하여 불의를 행하는 자가 있을 것'이라고 여기셨다. 이 때문에 그 말씀이 평이하고 정직하여 감히 크게 비범하여 기뻐할 만한 의논을 하지 않으셨으니, 요컨대 바꿀 수 없음에 있는 것이다.

1) 子路之勇 子貢之辯 冉有之智 : 子路와 子貢과 冉有는 모두 孔子의 高弟로 孔門十哲에 든 제자들이다.

子路(B.C. 542~B.C. 480)는 季路라고도 칭하였는데, 성이 仲이고 이름이 由이며 魯나라 卞 땅 사람으로 孔子보다 9살 어린데, 政事에 뛰어났으며 용맹하였다. 子貢(B.C. 520~?)은 성이 端木이고 이름이 賜이며 衛나라 사람으로 孔子보다 31살 어린데, 言語에 뛰어났다. 冉有(B.C. 552~B.C. 489)는 이름이 求이고 魯나라 사람으로 공자보다 29세 어린데, 政事에 뛰어났으며 다재다능하고 지혜가 뛰어났다.

≪論語≫ 〈雍也〉에 "季康子가 '仲由는 政事에 종사하게 할 만합니까?'라고 묻자, 孔子께서 '由는 果斷性이 있으니 政事에 종사함에 무슨 어려움이 있겠는가.' 하셨다. '賜는 政事에 종사하게 할 만합니까?'라고 물으니, '賜는 사리에 통달했으니 政事에 종사함에 무슨 어려움이 있겠는가.' 하셨다. '冉求는 정사에 종사하게 할 만합니까?'라고 물으니, '求는 다재다능하니 政事에 종사함에 무슨 어려움이 있겠는가.'라고 대답하셨다.〔季康子問 仲由可使從政也與 子曰 由也果 於從政乎何有 曰 賜也可使從政也與 曰 賜也達 於從政乎何有 曰 求也可使從政也與 曰 求也藝 於從政乎何有〕"라고 보인다. 그러므로 東坡가 이들 세 사람을 든 것으로 보인다.

그러나 孔子께서 이들을 칭찬만 하신 것은 아니다. 孔子는 일찍이 子路를 평하여 ≪論語≫ 〈先進〉에서 "由는 제명에 죽지 못할 것이다.〔若由也不得其死然〕"라고 하였고, 또 "由는 속되다.〔由也喭〕"라고 하셨으며, 또 〈公冶長〉에서 "道가 행해지지 않는다. 내가 뗏목을 타고 바다를 항해하려 하노니, 나를 따라올 사람은 아마도 由일 것이다.〔道不行 乘桴浮于海 從我者 其由與〕"라고 하셨는데, 子路가 이 말을 듣고 기뻐하자, 孔子께서는 "由는 용맹을 좋아함이 나보다 나으나 사리를 헤아려 맞게 하지 못한다.〔由也好勇過我 無所取材〕"라고 평하하셨다.

또 子貢에 대해서는 〈先進〉에서 "賜는 天命을 받아들이지 않고 재화를 늘렸으나 억측하면 자주 맞는다.〔賜不受命 而貨殖焉 億則屢中〕"라고 하셨고, 魯定公 15년 邾 隱公이 魯나라에 조회 왔을 적에, 定公에게 玉을 바치면서 너무 높게 바치고 定公은 玉을 받으면서 너무 낮게 받자, 子貢이 이것을 보고 "두 나라 군주가 모두 죽을 것이다."라고 예언하였는데, 과연 그의 말대로 되었다. 孔子께서 이 말을 들으시고 "賜는 불행히도 말을 하면 맞으니, 이는 賜로 하여금 말을 많이 하도록 만드는 것이다.〔賜不幸言而中 是使賜多言也〕"라고 평하하셨다는 내용이 ≪春秋左氏傳≫ 定公 15년에 보인다.

冉有(冉求)에 대해서는, 〈先進〉에 "季氏가 周公보다 부유하였는데도 冉求가 그를 위해 백성들에게 세금을 더 거두어 재산을 증식해주자, 孔子께서 '冉求는 나의 무리가 아니니, 小子들아! 북을 울려 죄를 聲討함이 옳다.'라고 꾸짖으셨다.〔季氏富於周公 而求也爲之聚斂而附益之 子曰 非吾徒也 小子鳴鼓而攻之 可也〕"라는 내용이 보이며, 이외에도 孔子께서 冉有에 대해 책망한 내용이 자주 보인다.

또 〈公冶長〉에 "孟武伯이 '子路는 仁합니까?'라고 묻자, 孔子께서 '내 알지 못하겠다.'라고 대답하셨다. 다시 묻자, 孔子께서 '由는 千乘의 나라에 軍政을 다스리게 할 수는 있어도 그가 仁한지는 알지 못하겠다.'라고 대답하셨다. 孟武伯이 '求는 어떻습니까?' 하고 묻자, 孔子께서 '求는 千室의 큰 고을과 百乘의 卿大夫 집안에 宰가 되게 할 수는 있어도 그가 仁한지는 알지 못하겠다.'라고 대답하셨다.〔孟武伯問 子路仁乎 子曰 不知也 又問 子曰 由也千乘之國 可使治其賦也 不知其仁也 求也何如 子曰 求也千室之邑 百乘之家 可使爲之宰也 不知其仁也〕"라는 내용이 보인다.

2) 顔淵……而夫子亟稱之 : 顔淵(B.C. 521~B.C. 490)은 이름이 回이고 字가 子淵이며 魯나라 사람으로 孔子보다 30세가 어린데 德行에 뛰어났다. 安貧樂道하여 孔子께서 가장 뛰어난 제자로 꼽았으며, 후대 사람들은 '復聖'으로 칭하였다.

≪論語≫ 〈爲政〉에 孔子께서 "내가 顔回와 더불어 온종일 이야기를 하였으나 내 말을 어기지 않아 어리석은 사람인 듯하였는데, 물러간 뒤에 그가 사사로이 거처하는 것을 살펴봄에 충분히 發明하니, 顔回는 어리석지 않구나!〔吾與回言終日 不違如愚 退而省其私 亦足以發 回也不愚〕"라고 칭찬하였다.

또 〈雍也〉에 "顔回는 그 마음이 3개월 동안 仁을 떠나지 않고, 그 나머지 사람들은 하루나 한 달에 한 번 仁에 이를 뿐이다.〔回也 其心三月不違仁 其餘則日月至焉而已矣〕"라고 하시고, 또 뒤이어 말씀하시기를 "어질다, 顔回여. 한 대그릇의 밥과 한 표주박의 음료로 누추한 시골에 있는 것을 딴 사람들은 그 근심을 견뎌내지 못하는데, 顔回는 그 즐거움을 변치 않으니, 어질다, 顔回여.〔賢哉回也 一簞食一瓢飮 在陋巷 人不堪其憂 回也不改其樂 賢哉回也〕"라고 칭찬한 내용이 보인다.

그리고 〈述而〉에는 "孔子께서 顔淵에게 '써주면 道를 행하고 버리면 은둔하는 것을 오직 나와 너만이 이것을 가지고 있다.'라고 하시자, 子路가 '夫子께서 三軍을 出動(통솔)하신다면 누구와 함께하시겠습니까?'라고 물었다. 孔子께서 '맨손으로 범을 잡으려 하고 맨몸으로 江河를 건너려 하여 죽어도 후회함이 없는 자를 나는 함께하지 않을 것이니, 반드시 일에 임하여 두려워하며 도모하기를 좋아하여 成功하는 자와 함께할 것이다.'라고 하셨다.〔子謂顔淵曰 用之則行 舍之則藏 惟我與爾有是夫 子路曰 子行三軍 則誰與 子曰 暴虎馮河 死而無悔者 吾不與也 必也臨事而懼 好謀而成者也〕"라는 내용이 보인다.

또한 〈公冶長〉에 "孔子께서 子貢에게 '너는 顔回와 더불어 누가 나으냐?'라고 물으시니, 子貢은 대답하기를 '제가 어찌 감히 顔回를 바라겠습니까. 顔回는 하나를 들으면 열을 알고, 저는 하나를 들으면 둘을 압니다.'라고 하였다. 孔子께서 말씀하셨다. '네가 顔回만 못하다. 나는 네가 그만 못함을 인정한다.'〔子謂子貢曰 女與回也孰愈 對曰 賜也何敢望回 回也聞一以知十 賜也聞一以知二 子曰 弗如也 吾與女弗如也〕"라고 보인다. 이처럼 孔子는 顔回가 여러 제자들 가운데 가장 어짊을 여러 자리에서 누누이 강조하셨다.

昔者에 **常(嘗)怪李斯事荀卿**이라가 **旣而**오 **焚滅其書**[1]하고 **大變古先聖王之法**하야 **於其師之道**에 **不啻若寇讐**러니 **及今觀荀卿之書然後**에 **知李斯之所以事秦者 皆出於荀卿**하야 **而不足怪也**로라

옛날 나는 李斯가 荀卿을 사사하다가 이윽고 그 책을 불태워 없애버리고, 옛날 先聖王의 법을 크게 변경해서 그 스승의 道에 대하여 원수처럼 여길 뿐만이 아닌 것을 괴이하게 여겼다. 그런데 지금 荀卿의 책(≪荀子≫)을 본 뒤에야 李斯가 秦나라를 섬겼던 것이 모두 荀卿에게서 나와서 굳이 괴이하게 여길 것이 못 됨을 알았다.

1) 昔者……焚滅其書 : 李斯는 楚나라 上蔡 사람으로 荀卿에게서 수학하고 秦나라에 가서 客卿이 되어 法治主義로 始皇帝의 천하통일을 도왔으며, 그 공으로 丞相의 지위에 올랐다. 封建制를 폐지하고 郡縣制를 실시하였으며 문자를 통일하여 小篆을 제정하는 등 왕업의 기초를 닦았으나, 始皇帝가 죽자 간신 趙高의 말을 따라 始皇帝의 詔書를 위조하여 太子 扶蘇와 장군 蒙恬을 죽이고

二世皇帝 胡亥를 세우는 데 결정적인 역할을 하였는데, 뒤에 趙高의 모함을 받아 삼족이 멸하였다.

焚滅其書는 秦 始皇 34년(B.C. 213)에 李斯가 秦 始皇에게 秦나라의 사상적 통일을 위하여 ≪詩經≫·≪書經≫과 百家의 서적을 불태울 것을 上奏하면서 "오늘날 諸生들이 지금의 것을 스승삼지 않고 옛것을 배워 當世를 비난하고 백성들을 미혹시키고 혼란시키며, 서로 법을 비난하는 것으로 사람을 가르칩니다. 그리하여 명령이 새로 내렸다는 말을 들으면 각기 자신이 배운 것을 가지고 비판하여, 집에 들어가서는 마음으로 그르다 하고 나와서는 골목에서 모여 비판하고 있습니다. 이와 같이 하는 것을 금하지 않으면 군주의 권위가 위에서 내려가고 黨與가 아래에서 이루어질 것이니, 이것을 금하는 것이 편리합니다.

신은 청컨대 史官이 보관하고 있는 책들 중에 秦나라의 기록이 아니면 모두 불태우고, 博士의 관직을 맡은 자가 아니면서 천하에 ≪詩經≫·≪書經≫과 百家의 서적을 보관한 자가 있으면 모두 郡의 守와 尉에게 나아가서 모두 불태우며, 두 사람 이상이 모여서 ≪詩經≫·≪書經≫을 말하는 자가 있거든 棄市하고 옛날 법을 가지고 지금을 비판하는 자는 三族을 멸할 것을 청합니다." 하였다.

秦 始皇은 그의 의견을 받아들여 ≪詩經≫·≪書經≫과 百家의 서적들을 모두 불태움으로써 백성들을 우매하게 만들었는데, 李斯의 스승 荀卿의 저작들도 이때 같이 불태워졌다.

荀卿者는 **喜爲異說而不讓**하고 **敢爲高論而不顧者也**라 **其言**은 **愚人之所驚**이요 **小人之所喜也**라 **子思, 孟軻**는 **世之所謂賢人君子也**어늘 **荀卿獨曰 亂天下者**는 **子思, 孟軻也**[1]라하고 **天下之人**이 **如此其衆也**하고 **仁人義士 如此其多也**어늘 **荀卿獨曰 人性惡**하니 **桀, 紂**는 **性也**요 **堯, 舜**은 **僞也**[2]라하니 **由是觀之**하면 **意其爲人**이 **必也剛愎不遜**하고 **而自許太過**하니 **彼李斯者**는 **又特甚者耳**라

荀卿이란 자는 異說을 하기 좋아하여 사양하지 않고, 과감히 高論을 하고도 돌아보지 않은 자였다. 그의 말은 어리석은 사람들이 깜짝 놀라고 小人들이 좋아하는

바였다.

子思와 孟子는 세상의 이른바 賢人·君子인데, 荀卿은 홀로 말하기를 "천하를 어지럽힌 자는 子思와 孟軻(孟子)이다."라고 하였으며, 천하 사람이 이와 같이 많고 仁人과 義士가 이와 같이 많은데도 荀卿은 홀로 말하기를 "사람의 성품은 악하니, 桀王과 紂王은 본성대로 하였고, 堯임금과 舜임금은 거짓을 행한 것이다."라고 하였다.

이것을 가지고 관찰해보면, 짐작하건대 그 사람됨이 반드시 고집스럽고 불손하며 또 스스로 자신을 너무 지나치게 평가한 자였을 것이이요, 저 李斯라는 자는 또 더 심한 자였을 것이다.

1) 荀卿獨曰……子思孟軻也 : 이 내용은 ≪荀子≫ 〈非十二子〉에 보인다.

2) 荀卿獨曰……堯舜僞也 : 이 내용은 ≪荀子≫ 〈性惡〉에 보인다.

今夫小人之爲不善에도 猶必有所顧忌라 是以로 夏, 商之亡에 桀, 紂之殘暴로도 而先王之法度, 禮樂, 刑政이 猶未至於絶滅而不可考者하니 是桀, 紂猶有所存하야 而不敢盡廢也라 彼李斯者는 獨能奮而不顧하야 焚燒夫子之六經하고 烹滅三代之諸侯하며 破壞周公之井田[1)]하니 此亦必有所恃者矣라 彼見其師歷詆天下之賢人하야 自是其愚하고 以爲古先聖王이 皆無足法者라하니 不知荀卿이 特以快一時之論이요 而荀卿亦不知其禍之至於此也라

지금 小人들이 不善을 할 적에도 오히려 반드시 돌아보고 꺼려하는 바가 있다.

이 때문에 夏나라와 商나라가 멸망할 적에 桀王과 紂王의 잔인함과 포악함으로도 先王의 法度와 禮樂과 刑政이 아직 완전히 끊어지고 없어져서 상고할 수 없음에 이르지 않았으니, 이는 桀王과 紂王도 오히려 남겨둔 바가 있어서 감히 다 없애지 않은 것이다.

그런데 저 李斯란 자는 홀로 분발하여 뒤돌아보지 않고서 夫子의 六經을 불태우고 三代에 세운 諸侯들을 삶아 죽였고 周公의 井田制度를 파괴하였으니, 이 또한 반드시 믿는 바가 있어서였을 것이다.

저 李斯는 그 스승이 천하의 현인들을 차례로 비방하여 스스로 자기의 어리석음을 옳게 여김을 보고는 옛 聖王이 모두 본받을 만한 자가 없다고 여겼을 것이니,

이것은 荀卿이 다만 한때의 의논을 통쾌하게 한 것임을 알지 못한 것이요, 荀卿 또한 그 禍가 여기에 이를 줄은 알지 못한 것이다.

1) 周公之井田 : 井田은 井田法으로, 사방 1里의 농지(900畝)를 井자 모양으로 9등분해서 8가구의 농민들에게 지급하여 경작하게 하는 법이다. 이때 배분받은 면적은 각 100畝인데 이것이 私田이 되며, 한가운데의 100畝는 公田이라 하여 국가에 바치는 세금으로 충당하였다. 이 제도는 周 文王 때부터 시행하였는바, 농민들에게 가장 좋은 租稅制度로 알려져 있다.

其父殺人報仇하면 **其子必且行劫**하나니 **荀卿**이 **明王道**하고 **述禮樂**이어늘 **而李斯以其學**으로 **亂天下**하니 **其高談異論**이 **有以激之也**라 **孔孟之論**은 **未嘗異也**로되 **而天下卒無有及者**하니 **苟天下果無有及者**면 **則尙安以求異爲哉**리오

그 아버지가 사람을 죽여 원수를 갚으면 그 자식도 반드시 장차 겁박하는 짓을 행한다.

荀卿이 王道를 밝히고 禮樂을 기술하였는데, 李斯가 그의 학문을 가지고 천하를 어지럽혔으니, 이것은 荀卿의 고상한 말과 異論이 李斯를 격동시킴이 있었던 것이다.

孔子와 孟子의 의논은 일찍이 다르지 않았으나 천하에 끝내 그들에게 미친 자가 없으니, 만일 천하에 과연 미친 자가 없다면 오히려 어찌 異說을 구할 필요가 있겠는가?

王遵巖曰 以異說高論四字로 **立案**하니 **煞是荀卿頂門一鍼**이요 **而謂李斯焚書破壞先王之法**이 **皆出於荀卿**이라하니 **尤是長公深文手段**이니라

王遵巖이 말하였다. "'異說高論'의 네 글자를 가지고 罪案을 삼았으니 이것은 荀卿의 頂門一鍼이며, '李斯가 책을 불태우고 先王의 법을 파괴한 것이 모두 荀卿에게서 나왔다.'고 말했으니, 이것은 長公이 더욱 엄하게 비판한 수단이다."

05. 韓非論* 韓非에 대한 論

* 이 글은 東坡가 젊은 시절에 지은 것으로 추정된다. 韓非(B.C. 280~B.C. 233)는 전국시대 韓나라의 사상가로 韓王 安의 서자이다. 그는 李斯와 함께 荀卿의 문하에서 공부하였는데, 諸家의 설을 두로 흡수하여 法家思想을 집대성하였다. 뒤에 秦나라에 사신 갔다가 그의 재능을 질시한 李斯의 무고로 옥에 갇히자 자살하였다. 저서로 ≪韓非子≫가 있다.

韓非於老氏에 若不相及이어늘 而太史遷이 獨以爲申韓竝原於道德之意라하니 東坡亦識得此意하니라

韓非는 老氏에 있어서 서로 상관이 없는 듯한데, 太史公 司馬遷이 홀로 "申不害와 韓非가 모두 ≪道德經≫의 뜻에서 근원했다."라고 하였으니, 東坡 또한 이 뜻을 안 것이다.

聖人之所爲惡夫異端[1]하야 盡力而排之者는 非異端之能亂天下요 而天下之亂이 所由出也라 昔周之衰에 有老聃, 莊周, 列禦寇[2]之徒 更爲虛無淡泊之言하야 而治其猖狂浮游之說하야 紛紜顚倒하야 而卒歸於無有[3]하니 由其道者 蕩然莫得其當이라 是以로 忘乎富貴之樂하고 而齊乎死生之分[4]하니 此는 不得志於天下하야 高世遠擧之人이 所以放心而無憂니 雖非聖人之道나 而其用意는 固亦無惡於天下하니라 自老聃之死로 百餘年에 有商鞅,[5] 韓非著書하야 言治天下無若刑名之賢이러니 及秦用之하야 終於勝, 廣之亂[6]하야 敎化不足而法有餘하야 秦以不祀하고 而天下被其毒하니 後世之學者 知申, 韓之罪하고 而不知老聃, 莊周之使然하니라

聖人이 저 異端을 미워하여 힘을 다해서 배척하는 까닭은 異端이 천하를 어지럽힐 수 있어서가 아니요, 천하의 혼란이 異端으로 말미암아 나오기 때문이다.

옛날 周나라가 쇠퇴할 적에 老聃, 莊周, 列禦寇의 무리가 번갈아 虛無와 淡泊을 주장하는 말을 해서 사람들이 그 猖狂하고 근거없는 말을 전공하여 분분하고 전도되어서 끝내 無有로 돌아가니, 그 道를 따르는 자들이 너무 넓어서 그 마땅함을 얻

지 못하였다.

이 때문에 부귀의 즐거움을 잊고 사생의 분별을 똑같다고 하였으니, 이것은 천하에서 뜻을 얻지 못하고서 세상에 높이 초월하여 멀리 떠나가는 사람들이 마음을 놓아 근심이 없었던 이유이니, 이는 비록 聖人의 道는 아니나 그 마음 씀은 진실로 또한 천하에 나쁠 것이 없었다.

그런데 老聃이 죽은 이후로 백여 년 만에 商鞅과 韓非가 책을 지어서 "천하를 다스리는 것은 刑名보다 더 좋은 것이 없다."라고 하였다. 그런데 秦나라 때에 그들의 말을 따랐다가 끝내 陳勝과 吳廣의 난이 일어나서 敎化가 부족하고 法治가 유여하였다.

秦나라가 이 때문에 망하여 제사받지 못하고 천하가 그 해독을 입었는데, 후세의 학자들은 申不害와 韓非의 죄만 알고 老聃과 莊周가 이렇게 만든 것은 알지 못한다.

1) 聖人之所爲惡夫異端 : 異端은 고대부터 儒家에서 자신들의 뜻과 다른 諸家의 학설을 이르는 말이다. 시대에 따라 바뀌었는데, 고대에는 주로 楊朱와 墨翟의 학설을 말하였으나, 후대에는 道家와 法家와 佛敎를 주로 가리켜 말하였다. 蘇軾이 韓非를 비판하면서 法家만을 異端으로 들지 않고 道家까지 든 것은 道家가 法家의 한 연원이라고 여겼기 때문인 듯하다.

2) 列禦寇 : 성이 列이고 이름이 禦寇인데 통칭 列子로 불린다. 춘추시대 鄭나라의 저명한 사상가로 道家의 일맥으로 꼽히며, 黃老學에 근본하여 淸淨無爲를 주장하였다. 저서에 ≪列子≫ 8편이 있다.

3) 卒歸於無有 : 無有는 無를 이르는데, 道家의 중요한 철학적 개념으로 존재의 근원이란 뜻으로 쓰였다. 老子의 ≪道德經≫에는 "천하 만물은 有에서 생겨나고 有는 無에서 생겨난다.〔天下萬物生于有 有生于無〕"라고 하였으며, ≪莊子≫ 〈天地〉에는 "천지의 태초에는 無가 있었다. 존재하는 것이란 아무것도 없고 이름도 없었다. 여기에서 一이 생겨났다.〔泰初有無 無有無名 一之所起〕"라는 표현이 보인다.

4) 忘乎富貴之樂 而齊乎死生之分 : 道家思想의 근본은 無爲와 절대적 道로의 귀의로 요약할 수 있다. 그러므로 道家는 속세를 떠난 淸淨無爲한 삶을 강조하여 세속의 부귀에는 관심이 없었으며, 유일무이의 절대적인 道로 귀의할 것을 주장하여 生·死나 善·惡이나 是·非 등의 분별을 부질없는 것으로 여겼다.

그러므로 이렇게 말한 것이다.

5) 商鞅：B.C. 390～B.C. 338. 衛나라 公族 출신으로 法家의 대표적 인물인데, 저서로 ≪商君書≫ 24편이 있다.

6) 勝廣之亂：陳勝과 吳廣의 난을 이른다. 陳勝과 吳廣은 秦나라의 虐政에 맨 먼저 반기를 들고 일어난 인물들이다. 이들은 본래 秦나라 戍卒들이었는데, 장맛비로 인해 도착시기를 놓쳐 사형을 받게 될 처지에 놓이자, 戍卒들을 데리고 봉기하였다. 이들이 봉기하자 이곳저곳에서 반란이 일어나 秦나라는 걷잡을 수 없는 혼란에 빠져 끝내 멸망하였다.

何者오 **仁義之道**는 **起於夫婦, 父子, 兄弟相愛之間**하고 **而禮法刑政之原**은 **出於君臣上下相忌之際**하나니 **相愛則有所不忍**이요 **相忌則有所不敢**이니 **不敢與不忍之心**이 **合而後**에 **聖人之道 得存乎其中**이라 **今老聃, 莊周**는 **論君臣, 父子之間**을 **汎汎乎若萍游於江湖而適相値也**라 **夫是以**로 **父不足愛**하고 **而君不足忌**하니 **不忌其君**하고 **不愛其父**면 **則仁不足以懷**요 **義不足以勸**이요 **禮樂不足以化**니 **此四者皆不足用**하야 **而欲置天下於無有**라 **夫無有**를 **豈誠足以治天下哉**리오 **商鞅, 韓非求爲其說而不得**하고 **得其所以輕天下而齊萬物之術**이라 **是以**로 **敢爲殘忍而無疑**하니라

이는 어째서인가? 仁義의 道는 夫婦와 父子와 兄弟가 서로 사랑하는 사이에서 시작되고, 禮法과 刑政의 근원은 君臣과 上下가 서로 두려워하는 사이에서 나온다. 서로 사랑하면 차마 못하는 바가 있고 서로 두려워하면 감히 하지 못하는 바가 있으니, 감히 하지 못하는 것과 차마 못하는 마음이 합쳐진 뒤에야 聖人의 道가 그 사이에서 보존될 수 있는 것이다.

지금 老聃과 莊周는 君臣間과 父子間을 논하기를 마치 부평초가 물결을 따라 江湖를 떠돌아다니다가 우연히 서로 만난 것처럼 여긴다. 이 때문에 아버지가 사랑할 대상이 못 되고 인군이 두려워할 대상이 못 된다. 인군을 두려워하지 않고 아버지를 사랑하지 않게 되면, 仁이 사람들을 품어줄 수가 없고 義가 사람들을 권장할 수가 없고 禮樂이 사람들을 교화할 수가 없게 되니, 仁과 義, 禮와 樂 이 네 가지가 모두 쓸 것이 못 된다고 하여 천하를 無有에 두고자 하였다.

그러나 저 無有라는 것이 어찌 진실로 천하를 다스릴 수 있는 것이겠는가? 商鞅과 韓非는 그 설을 알려고 하였으나 얻지 못하였고, 老聃과 莊周가 천하를 가볍게 여겨서 만물을 똑같이 하는 방법만을 얻었다. 이 때문에 과감히 잔인한 짓을 하면서도 의심하지 않은 것이다.

今夫不忍殺人而不足以爲仁이요 **而仁亦不足以治民**이면 **則是殺人不足以爲不仁**이요 **而不仁亦不足以亂天下**니 **如此**면 **則擧天下唯吾之所爲**니 **刀鋸斧鉞**을 **何施而不可**리오 **昔者**에 **夫子未嘗一日易其言**하사 **雖天下之小物**이라도 **亦莫不有所畏**어시늘 **今其視天下眇然**하야 **若不足爲者**하니 **此其所以輕殺人歟**인저

지금 차마 남을 죽이지 못하는데도 이것이 仁이 될 수 없고 仁 또한 백성을 다스릴 수 없다고 한다면, 이는 사람을 죽이는 것이 不仁이 될 수 없고 不仁 또한 천하를 어지럽힐 수 없는 것이다. 이와 같다면 온 천하를 오직 내가 하고 싶은 대로 하는 것이니, 형벌의 도구인 칼과 톱과 斧鉞을 어디에 베푼들 불가하겠는가?

옛날 夫子께서는 일찍이 단 하루도 그 말씀을 쉽게 하지 않으셔서 비록 천하의 작은 사물이라도 또한 두려워하지 않음이 없으셨는데, 지금 이들은 천하를 하찮게 보아서 굳이 할 것이 없는 것처럼 여겼으니, 이것이 가볍게 사람을 죽인 이유일 것이다.

太史遷曰 申子는 **卑卑**하야 **施於名實**하고 **韓子**는 **引繩墨**하야 **切事情**하고 **明是非**하야 **其極慘核少恩**하니 **皆原於道德之意**라하니 **嘗讀而思之**컨대 **事固有不相謀而相感者**하니 **莊, 老之後**에 **其禍爲申, 韓**이라 **由三代之衰**로 **至於今**히 **凡所以亂聖人之道者 其弊固已多矣**하야 **而未知其所終**하니 **奈何其不爲之所也**리오

太史公 司馬遷이 말하기를 "申子(申不害)는 아주 분발하고 힘써서 名實에 베풀었고, 韓子는 繩墨(법률)을 이끌어서 事情에 절실하고 시비를 밝혀 지극히 혹독하여 은혜가 적었으니, 이는 모두 《道德經》의 뜻에서 근원하였다."라고 하였다.

내 일찍이 이 글을 읽고 생각해보건대 일은 진실로 서로 도모하지 않아도 서로

감동되는 것이 있으니, 莊周와 老聃의 뒤에 그 禍가 申不害와 韓非子가 된 것이다.

三代가 쇠퇴할 때로부터 지금에 이르기까지 무릇 聖人의 도를 어지럽히는 것들이 그 병폐가 진실로 너무 많아서 끝마칠 바를 알지 못하니, 어찌 이에 대한 대처를 하지 않겠는가?

06. 揚雄論* 揚雄에 대한 論

* 이 글은 젊은 시절의 작품으로 추정된다. 揚雄(B.C. 53~A.D. 18)은 漢나라의 유학자, 문인으로 字가 子雲이며 蜀郡 成都 사람이다. 저서로 ≪易經≫을 모방하여 지은 ≪太玄經≫과 ≪論語≫를 모방하여 지은 ≪法言≫이 있다.

性道는 自宋儒濂洛[1]以後에 纔說得分明하니 而蘇家論性道處는 不免癡人說夢矣라 然이나 通篇因主論客하고 因客見主는 自是文家一法門이니라

性과 道는 宋나라 儒者들인 濂洛 이후로부터 겨우 분명하게 말해졌으니, 蘇氏 집안에서 性과 道를 논한 부분은 어리석은 사람이 꿈 얘기하는 정도를 면치 못하였다. 그러나 全篇에 걸쳐 주인을 인하여 객을 논하고, 객을 인하여 주인을 나타낸 것은 본래 문장가의 한 법칙이다.

1) 濂洛 : 濂溪와 洛陽을 축약한 것으로, 濂溪는 周敦頤가 거처한 곳이고, 洛陽은 明道 程顥와 伊川 程頤가 거주한 곳인데, 인신하여 周敦頤와 二程子를 가리킨다. 이들은 宋代 性理學의 元祖이다.

昔之爲性論者多矣하야 而不能定于一이라 始에 孟子以爲善하고 而荀子以爲惡하고 揚子以爲善惡混[1]이어늘 而韓愈[2]者又取夫三子之說하야 而折之以孔子之論하야 離性以爲三品[3]하야 曰 中人은 可以上下어니와 而上智與下愚는 不移[4]로라하고 以爲三子者皆出乎其中而遺其上下[5]라하니 而天下之所是者於愈之說多焉하니라

옛날에 性에 대해 논한 자들이 많아서 하나로 결정되지 못하였다. 처음에 孟子는 善하다고 하였고, 荀子는 惡하다고 하였고, 揚子는 善과 惡이 혼재한다고 하였는데,

韓愈라는 분은 또 이 세 분의 말을 취하여 孔子의 의논으로 절충해서 性을 분리하여 세 가지로 만들었다.

그리하여 말하기를 "中人(중간 정도의 사람)은 위로 올라갈 수도 있고 아래로 내려갈 수 있지만, 上智와 下愚는 옮길 수 없다."라 하고, 또 말하기를 "세 분의 말씀은 모두 그 中人에서 나왔고 上智와 下愚는 빠뜨렸다."라고 하였는데, 천하에서 韓愈의 말을 옳게 여기는 자들이 많았다.

1) 揚子以爲善惡混 : 揚雄의 ≪法言≫〈修身〉에 "사람의 性은 善과 惡이 혼재되어 있어서 善을 닦는 자는 善人이 되고 惡을 닦는 자는 惡人이 된다.〔人之性也善惡混 修其善者則爲善人 修其惡者則爲惡人〕"라고 보인다.

2) 韓愈 : 768~824. 唐나라의 대문호이자 정치가로 字는 退之이고 諡號는 文이며, 뒤에 昌黎伯에 봉해졌으므로 '韓昌黎'로 불린다. 唐宋八大家의 한 사람으로, 古文復興運動을 주창하였으며, ≪昌黎先生集≫ 등 많은 저작을 남겼다. 性에 대한 韓愈의 견해는 그가 지은 〈原性〉에 보인다.

3) 折之以孔子之論 離性以爲三品 : '孔子之論'은 ≪論語≫〈陽貨〉에 "오직 上智와 下愚는 변화되지 않는다.〔唯上知(智)與下愚 不移〕"라고 말씀한 내용을 이른다. 上智는 지극히 지혜로운 자로 聖人을 가리키고, 下愚는 가장 어리석은 자를 가리키며, 三品은 사람의 性을 셋으로 나누어 上智, 中人, 下愚의 세 등급으로 구분함을 이른다.

4) 中人可以上下 而上智與下愚不移 : 이 내용은 〈原性〉에 "그렇다면 上智와 下愚는 끝내 변화할 수 없는 것인가? 나는 '上智는 학문에 나아가면 더욱 밝아지고, 下愚는 위엄을 두려워하면 죄를 적게 짓는다.'라고 생각한다. 그러므로 上智는 가르칠 수 있고 下愚는 제어할 수 있는 것이며, 그 등급은 孔子께서 말씀하신 변화할 수 없다는 것이다.〔然則性之上下者 其終不可移乎 曰 上之性就學而愈明 下之性畏威而寡罪 是故上者可教 而下者可制也 其品則孔子謂不移也〕"라고 보인다.

5) 三子者皆出乎其中而遺其上下 : 三子는 孟子·荀子·揚子를 이르며, 性을 세 등급으로 나눈 것 중에 中은 中人을, 上下는 上智와 下愚를 이른다.

〈原性〉에 "孟子는 '사람의 性은 善하다.'고 하였고, 荀子는 '사람의 性은 惡하다.'고 하였고, 揚子는 '사람의 性은 善과 惡이 혼재되어 있다.'고 하였는데,

이는 처음에는 善했다가 惡으로 나아간 것인가? 처음에는 惡했다가 善으로 나아간 것인가? 처음에는 善과 惡이 혼재되어 있다가 善해지거나 惡해지는 것인가? 세 분은 모두 中人만을 들고 上智와 下愚는 빠뜨린 것이니, 그 하나만을 얻고 그 둘은 잃은 것이다.〔孟子之言性曰人之性善 荀子之言性曰人之性惡 揚子之言性曰人之性善惡混 夫始善而進惡與 始惡而進善與 始也混而今也善惡 皆擧其中而遺其上下者也 得其一而失其二者也〕"라고 하였다.

嗟夫라 **是未知乎所謂性者**하야 **而以夫才者**로 **言之**라 **夫性與才**는 **相近而不同**하야 **其別**이 **不啻若黑白之異也**라 **聖人之所與小人共之**하야 **而皆不能逃焉**이 **是眞所謂性也**요 **而其才**는 **固將有所不同**이라 **今夫木**이 **得土而後生**하야 **雨露風氣之所養**에 **暢然而遂茂者**는 **是木之所同也**니 **性也**요 **而至於堅者爲轂**하고 **柔者爲輪**하고 **大者爲楹**하고 **小者爲桷**하야 **桷之不可以爲楹**하고 **輪之不可以爲轂**하야는 **是豈其性之罪耶**리오 **天下之言性者 皆雜乎才而言之**라 **是以**로 **紛紛而不能一也**니라

아! 이것은 이른바 性이란 것을 제대로 알지 못하여, 才라는 것을 가지고 말한 것이다. 性과 才는 서로 비슷하나 똑같지 않아서 그 분별이 흑과 백이 다른 것과 같을 뿐만이 아니다.

聖人과 小人이 똑같아서 모두 도피할 수 없는 것이 참으로 이른바 性이란 것이고, 才는 진실로 똑같지 않은 것이다.

지금 나무가 흙을 얻은 뒤에 싹이 나서 비와 이슬과 바람과 기운이 길러주는 바에 자라나서 마침내 무성해지는 것은 모든 나무가 똑같은 것이니 本性이요, 나무 중에 단단한 것은 바퀴통이 되고 부드러운 것은 바퀴가 되고 큰 것은 기둥이 되고 작은 것은 서까래가 되어서, 서까래가 기둥이 될 수 없고 바퀴가 바퀴통이 될 수 없음에 이르러는 이것이 어찌 그 性의 책임이겠는가?

천하에 性을 말하는 자들이 모두 才를 뒤섞어서 性을 말하였다. 이 때문에 분분하여 통일되지 못한 것이다.

孔子所謂中人可以上下나 **而上智與下愚不移者**는 **是論其才也**요 **而至於言性**하야는

則未嘗斷其善惡하사 曰 性相近也나 習相遠也[1]而已라하시니라 韓愈之說은 則又有甚者하야 離性以爲情하고 而合才以爲性[2]이라 是故로 其論終莫能通이라 彼以爲性者 果泊然而無爲耶인댄 則不當復有善惡之說이요 苟性而有善惡也인댄 則夫所謂情者는 乃吾所謂性也라 人生而莫不有饑寒之患과 牝牡之欲하니 今告乎人曰 饑而食과 渴而飮과 男女之欲이 不出於人之性也라하면 可乎아 是天下知其不可也라 聖人無是면 無由以爲聖이요 而小人無是면 無由以爲惡이니라

孔子께서 말씀하신 '中人은 위로도 올라가고 아래로도 내려갈 수 있으나 上智와 下愚는 변화할 수 없다.'는 것은 才를 말씀한 것이다. 性을 말씀함에 이르러는 일찍이 그 善·惡을 결단하지 않으셔서 말씀하시기를 "性은 서로 비슷하나 습관에 따라 서로 거리가 멀어진다."라고 하셨을 뿐이다.

그런데 韓愈의 설은 또 이보다 더 심하여, 性을 분리하여 情이라 하고 才를 합하여 性이라 하였다. 이 때문에 그 의논이 끝내 통할 수 없는 것이다.

韓愈가 말하는 性이라는 것이 과연 淡泊하여 작위함이 없는 것이라면 다시는 善·惡의 설이 있을 수 없는 것이요, 만일 性에 善과 惡이 있다고 한다면 韓愈가 말하는 情이라는 것은 바로 내가 말하는 性이다.

사람이 태어나면 누구나 굶주리고 추위에 떠는 근심과 남녀의 정욕이 없을 수 없으니, 지금 남에게 말하기를 "굶주리면 밥을 먹고 목마르면 물을 마시는 것과 남녀의 정욕이 사람의 본성에서 나오지 않는다."라고 한다면 되겠는가?

이것은 천하 사람들이 그 불가함을 아는 것이다. 聖人이 이것이 없으면 말미암아 聖人이 될 수가 없고, 小人이 이것이 없으면 말미암아 악행을 할 수가 없는 것이다.

1) 性相近也 習相遠也 : 이 내용은 ≪論語≫ 〈陽貨〉에 보인다. 蘇軾은 이를 孔子께서 性을 말씀함에 있어 일찍이 善과 惡을 결단하지 않으신 근거로 삼았으나, 程伊川은 "이는 氣質之性을 말한 것이요, 本然之性을 말한 것이 아니다. 만약 本然을 말하면 性은 곧 理이고 理는 善하지 않음이 없으니, 孟子가 말씀하신 性善이 바로 이것이다. 어찌 서로 비슷함이 있겠는가?〔此言氣質之性 非言性之本也 若言其本 則性卽是理 理無不善 孟子之言性善 是也 何相近之有哉〕"라고 하였다. ≪論語集註≫

2) 韓愈之說……而合才以爲性 : 韓愈는 〈原性〉에서 "性은 사람이 태어날 적에 함께 생기는 것이고, 情은 물건과 접할 적에 생기는 것이다. 性의 등급은 上·中·下 세 가지가 있고, 그 要素는 仁·義·禮·智·信의 다섯 가지가 있으며, 情의 등급은 上·中·下 세 가지가 있고, 그 要素는 喜·怒·哀·懼·愛·惡·欲의 일곱 가지가 있다.〔性也者 與生俱生也 情也者 接于物而生也 性之品有三 而其所以爲性者五 情之品有三 而其所以爲情者七〕"라고 하여, 性과 情을 분리하였고, 또 性을 세 등급으로 나누었는데, 蘇軾은 이것을 性에 才를 합하여 생각한 것이라고 여긴 듯하다.

聖人은 **以其喜怒哀懼愛惡欲**[1] **七者御之**하야 **而之乎善**하고 **小人**은 **以是七者御之**하야 **而之乎惡**이니 **由此觀之**하면 **則夫善惡者**는 **性之所能之**요 **而非性之所能有也**라 **且夫言性者 安以其善惡爲哉**리오 **雖然**이나 **揚雄之論**은 **則固已近之**하야 **曰 人之性**은 **善惡混**하야 **修其善則爲善人**이요 **修其惡則爲惡人**이라하니 **此其所以爲異者**는 **唯其不知性之不能以有夫善惡**하야 **而以爲善惡之皆出乎性也而已**니라

聖人은 喜·怒·哀·懼·愛·惡·欲의 일곱 가지 情을 사용하여 善으로 가고, 小人은 이 일곱 가지 情을 사용하여 惡으로 가니, 이것을 가지고 본다면 善과 惡이라는 것은 性이 가게 할 수는 있고 性이 소유하고 있을 수 있는 것은 아니다.

또 性을 말하는 자가 어찌 그 善과 惡을 따질 필요가 있겠는가? 그러나 揚雄의 의논은 진실로 이치에 가까워서 말하기를 "사람의 性은 善과 惡이 혼재되어 있어서 善을 닦으면 善人이 되고 惡을 닦으면 惡人이 된다."라고 하였으니, 여기에서 다른 것은 오직 性이 善·惡을 소유하지 못한다는 것을 알지 못해서 善·惡이 모두 性에서 나온다고 말한 것일 뿐이다.

1) 喜怒哀懼愛惡欲 : 사람의 七情을 가리킨다. ≪禮記≫ 〈禮運〉에 "무엇을 사람의 情이라 이르는가? 喜·怒·哀·懼·愛·惡·欲이니, 이 일곱 가지는 배우지 않아도 능하다.〔何謂人情 喜怒哀懼愛惡欲 七者弗學而能〕"라고 보인다.

夫太古之初에 **本非有善惡之論**하야 **唯天下之所同安者**를 **聖人指以爲善**하고 **而一**

人之所獨樂者를 則名以爲惡이라 天下之人이 固將卽其所樂而行之하니 孰知夫聖人唯其一人之獨樂이 不能勝天下之所同安하야 是以로 有善惡之辨이리오 而諸子之意는 將以善惡으로 爲聖人之私說하니 不已疏乎아 而韓愈는 又欲以書傳之所聞(一)〔昔〕人之事迹으로 而折夫三子之論하야 區區乎以后稷之岐嶷과 文王之不勤과 瞽, 鯀, 管, 蔡之迹而明之[1]하니라 聖人之論性也는 將以盡萬物之天理와 與衆人之所共知者하야 以折天下之疑어늘 而韓愈는 欲以一人之才로 定天下之性하고 且其言曰 今之言性者 皆雜乎佛, 老라하니라 愈之說에 以爲性之無與乎情하야 而喜怒哀樂이 皆非性者는 是愈流入於佛, 老而不自知也니라

저 태고시대에는 본래 善・惡의 의논이 있지 않아서 오직 천하 사람들이 똑같이 편안히 여기는 것을 聖人이 가리켜 善이라 하고, 군주 한 사람이 홀로 즐거워하는 것을 일러 惡이라 하였다.

천하 사람들은 진실로 장차 자기가 좋아하는 것에 나아가서 이를 행하니, 저 聖人께서 오직 군주 한 사람이 홀로 즐거워하는 것이 천하 사람들이 똑같이 편안히 여기는 것을 이길 수 없다고 생각하여, 이 때문에 善・惡의 分辨이 있게 한 것임을 그 누가 알겠는가?

그런데 諸子의 뜻은 장차 善과 惡을 聖人의 사사로운(개인적) 말씀이라고 여겼으니, 너무 엉성하지 않은가?

그리고 또 韓愈는 책에서 전하여 들은 옛사람들의 事迹을 가지고 세 사람의 의논을 꺾고자 하였다. 그리하여 구구하게 后稷이 어려서 영특하고 숙성한 것과, 文王이 어머니를 수고롭게 하지 않은 것과, 瞽叟와 鯀과 管叔과 蔡叔의 행적을 가지고 善・惡을 밝혔다.

聖人이 性을 논하신 것은 장차 만물의 이치와 衆人들이 함께 아는 것을 다해서 천하의 의심을 꺾고자 해서였는데, 韓愈는 한 사람의 재주를 가지고 천하 사람들의 性을 결정하고자 하고, 또 그 말에 이르기를 "지금 性을 말하는 자들은 모두 佛・老의 이론에 뒤섞여 있다."라고 하였다.

韓愈의 말에 "性은 情과 관계가 없어서 喜・怒・哀・樂이 모두 性이 아니다."라고 하였으니, 이는 韓愈가 佛・老로 흘러 들어갔으면서도 스스로 알지 못한 것이다.

1) 欲以書傳之所聞(一)〔昔〕人之事迹……瞽鯀管蔡之迹而明之：昔人은 韓愈가 지은 〈原性〉에서 例로 든 后稷 이하 여러 사람들로, 韓愈는 이들의 事迹을 예로 들어 세 분(孟子・荀子・揚子)의 설에 대해 의문을 제기하였다.

后稷은 周나라의 시조로 성은 姬이고 이름은 棄이다. 舜임금을 섬겨 백성들에게 농사를 가르쳐 그 공으로 后稷이라는 벼슬에 올랐다. 어머니는 有部氏의 딸로 이름은 姜嫄인데 帝嚳의 부인이었다. 어머니가 거인의 발자국을 밟고 잉태하였으므로 불길하다 하여 세 차례나 버려졌으나, 새와 짐승들이 아기를 보호하는 기이한 일들이 일어나자 다시 데려다 길렀다. 岐嶷은 영특하고 숙성함을 이른다. ≪詩經≫ 〈大雅 生民〉에 "后稷은 실로 기어 다니면서부터 능히 영특하고 숙성하셨다.〔誕實匍匐 克岐克嶷〕"라고 보인다.

文王은 周나라를 창건한 武王의 아버지로 이름은 昌이다. 殷나라 말기에 太公望 등의 어진 선비들을 모아 국정을 바로잡아 고대의 이상적인 聖君의 전형으로 꼽힌다. 文王은 독실한 효성으로 이름이 높았으며, 자랄 적에 어머니인 太任에게 전혀 근심을 끼쳐드리지 않았다고 한다.

瞽는 장님이란 뜻으로 舜帝의 아버지 瞽叟를 이른다. 瞽叟는 瞽瞍로도 쓰는데, 後妻에게 빠져 後妻와 그의 소생인 象과 함께 舜임금을 죽이려 하였으나, 舜임금의 지극한 효성에 결국 감화되어 단란한 가정을 만들었다. 이에 사람들은 그가 효자를 몰라보았다 하여 장님이라는 뜻으로 瞽叟라 칭했다 한다.

鯀은 禹王의 아버지로 崇나라의 군주였는데, 堯임금의 명령을 받고 홍수를 다스렸으나 물길을 막아 도리어 피해를 키워 귀양 가서 죽었다. 그는 또한 성질이 고집스러워 ≪書經≫ 〈虞書 堯典〉에 堯임금은 鯀을 평하여 "왕명을 거역하고 族類들을 무너뜨린다.〔方命圮族〕"라고 하였으며, 屈原의 ≪離騷經≫에는 "鯀은 고집스럽고 강직함으로써 몸을 망쳐, 끝내 羽山의 들판에서 죽었다.〔曰鯀婞直以亡身兮 終然殀乎羽之野〕"라고 하였다.

管蔡는 管叔 鮮과 蔡叔 度로 모두 成王의 숙부이며 周公의 庶兄弟들이다. 武王이 죽고 어린 成王이 즉위하여 周公이 섭정하자, 殷나라를 감시하던 管叔과 蔡叔 등은 "周公이 成王을 폐위하고 자신이 천자가 될 것이다."라는 유언비어를 퍼뜨리고, 殷나라에 봉해진 武庚과 함께 반란을 일으켰다. 이에 周公이 成王의 명을 받아 이들을 정벌하여 武庚과 管叔을 죽이고 蔡叔을 유배 보냈다.

韓愈는 〈原性〉에서 后稷과 文王을 들어 性惡說에 의문을 제기하였고, 瞽叟와 鯀과 管叔·蔡叔을 들어 善惡混在說에 의문을 제기하였다.

唐荊川曰 題是揚雄이로되 **而專辨韓愈**하니 **亦一體也**니라

唐荊川이 말하였다. "題目은 揚雄이나 오로지 韓愈를 변론하였으니, 이 또한 문장의 한 體이다."

07. 韓愈論* 韓愈에 대한 論

* 이 글은 젊은 시절의 작품으로 추정된다. 韓愈(768~824)는 唐나라의 대문호이자 정치가로 字는 退之이고 昌黎伯에 봉해져 韓昌黎라 하였으며, 諡號는 文이다.

前後數段이 **各自爲說**이로되 **而綱目整然**하니라

앞뒤 몇 단락을 각각 따로 말하였으나 綱領과 條目이 정연하다.

聖人之道를 **有趍其名而好之者**하고 **有安其實而樂之者**라 **珠璣象犀**를 **天下莫不好**하야 **奔走出力**하야 **爭鬪奪取**하니 **其好之不可謂不至也**라 **然**이나 **不知其所以好之之實**이요 **至於粟米蔬肉桑麻布帛**하야는 **天下之人**이 **內之於口**하야 **而知其所以爲美**하고 **被之於身**하야 **而知其所以爲安**하니 **此**는 **非有所役乎其名也**라

聖人의 道를 그 이름만 따라 좋아하는 자가 있고, 그 실제〔實〕를 편안히 여겨서 즐거워하는 자가 있다.

진주와 구슬과 象牙와 犀角을 천하 사람들이 좋아하지 않는 이가 없어서 분주히 힘을 다해 다투고 빼앗아 취하니, 그 좋아함이 지극하다고 말하지 않을 수 없다. 그러나 그 좋아하는 바의 실제는 알지 못하며, 곡식과 쌀, 채소와 고기, 뽕나무와 삼베와 명주베에 이르러서는 천하 사람들이 이것을 입에 넣어서 아름다운 음식이 되는 것을 알고 몸에 입어서 편안함이 됨을 아니, 이것은 실제를 따르는 것이요 그

이름〔名〕에 힘쓰는 것이 아니다.

韓愈之於聖人之道에 蓋亦知好其名矣요 而未能樂其實하니 何者오 其爲論甚高하야 其待孔子, 孟軻甚尊이요 而拒楊, 墨, 佛, 老甚嚴하니 此其用力이 亦不可謂不至也라 然이나 其論이 至於理而不精하고 支離蕩佚하야 往往自叛其說而不知하니라

韓愈는 聖人의 道에 있어서 또한 그 이름만을 좋아할 줄 알고 그 실제를 좋아하지는 못했으니, 이는 어째서인가? 그가 논한 것이 매우 높아서 孔子와 孟子를 대한 것은 매우 높았고, 楊朱와 墨翟, 佛敎와 老莊을 배척한 것은 매우 엄격하였으니, 이 또한 그가 힘쓴 것이 지극하다고 말하지 않을 수 없다.

그러나 그 의논이 이치를 말함에 있어서는 정밀하지 못하며 지리하고 방탕하여 왕왕 스스로 자기 주장에 위배되면서도 알지 못하였다.

昔者에 宰我, 子貢, 有若이 更稱其師하야 以爲生民以來로 未有如夫子之盛이라하야 雖堯舜之賢으로도 亦所不及[1)]이라하니 其尊道好學이 亦已至矣나 然而君子不以爲貴하야 曰宰我, 子貢, 有若은 智足以知聖人之汚而已矣[2)]라하니라 若夫顔淵은 豈亦云爾哉리오 蓋亦曰 夫子循循焉善誘人[3)]이라하니 由此觀之하면 聖人之道는 果不在於張而大之也니라 韓愈者는 知好其名이요 而未能樂其實者也라

옛날 宰我와 子貢과 有若은 번갈아 스승(孔子)을 칭송하여, 生民이 있은 이래로 夫子(孔子)처럼 盛大한 분은 있지 않다고 말하여, 비록 堯·舜의 어짊으로도 또한 미치지 못하는 바라고 하였으니, 孔子의 道를 높이고 배우기를 좋아함이 또한 이미 지극하였다.

그러나 군자들이 이것을 귀하게 여기지 아니하여 말하기를 "宰我와 子貢과 有若은 그 지혜가 聖人의 낮은 경지만을 알기에 충분할 뿐이었다."라고 하였다.

顔淵으로 말하면 어찌 또한 이렇게 말한 적이 있었겠는가? 顔淵은 말하기를 "夫子께서는 차근차근히 사람을 잘 이끄셨다."라고 하였으니, 이것을 가지고 관찰하면 聖人의 道는 과연 과장하여 크게 하는 데 달려 있지 않은 것이다.

韓愈란 자는 그 이름만을 좋아할 줄 알고 그 실제는 즐거워하지 못한 자이다.

1) 昔者宰我子貢有若……亦所不及 : 宰我(B.C. 522~B.C. 458)는 孔子의 제자로 이름이 予이며, 子貢(B.C. 520~?)은 성이 端木이고 이름이 賜인데, 두 사람은 모두 말을 잘하여 孔門十哲의 言語科에 들었다. 有若은 字가 子有이며 魯나라 사람이다.

≪孟子≫ 〈公孫丑 上〉에 "宰我가 말하기를 '나로서 夫子(孔子)를 관찰하건대 堯·舜보다 훨씬 더 나으시다.'라고 하였다.

子貢이 말하기를 '禮를 보면 그 나라의 政事를 알 수 있고 音樂을 들으면 그 君主의 德을 알 수 있으니, 百世의 뒤에서 百世의 王들을 차등해 보건대 이것을 도피할 자가 없는데, 生民이 있은 이래로 夫子와 같은 분은 계시지 않았다.'라고 하였다.

有若이 말하기를 '어찌 다만 사람뿐이겠는가. 기린이 달리는 짐승에 있어서와, 봉황새가 나는 새에 있어서와, 태산이 언덕과 개밋둑에 있어서와, 河海가 길바닥에 고인 장마물에 있어서와 똑같으며, 聖人이 일반인에 있어서도 이와 같은 것이다. 그 종류 중에서 빼어나며 그 모인 것 중에서 높이 솟아났으나, 生民이 있은 이래로 孔子보다 더 훌륭한 분은 계시지 않다.' 하였다."라고 보인다.

2) 宰我子貢有若 智足以知聖人之汚而已矣 : 이 내용 역시 ≪孟子≫ 〈公孫丑 上〉에 '宰我子貢有若智足以知聖人汚不至阿其所好'라고 보이는데, 이것을 蘇軾은 '汚'를 '聖人'에 붙여 "宰我와 子貢과 有若은 지혜가 충분히 聖人의 낮은 경지를 알아 자기들이 좋아하는 사람에게 아첨하는 데에는 이르지 않았을 것이다."라고 해석한 것이다.

그러나 朱子는 ≪論語集註≫에서 '汚'를 아래에 붙여 "宰我와 子貢과 有若은 지혜가 충분히 聖人을 알 수 있었으니, 최소한 자신들이 좋아하는 분에게 아첨하는 데에는 이르지 않았을 것이다."라고 해석하여 汚를 '최소한'의 뜻으로 보았다.

3) 顔淵豈亦云爾哉……夫子循循焉善誘人 : 顔淵(B.C. 521~B.C. 490)은 이름이 回이고 字가 子淵인데 顔淵으로 많이 칭하였는바, 德行에 뛰어났다.

≪論語≫ 〈子罕〉에 "顔淵이 크게 탄식하며 '〈夫子의 道는〉 우러러볼수록 더

욱 높고 뚫을수록 더욱 견고하며, 바라봄에 앞에 있더니 갑자기 뒤에 있도다. 夫子께서 차근차근히 사람을 잘 이끄시어, 文으로써 나의 지식을 넓혀주시고, 禮로써 나의 행실을 요약하게(묶게) 해주셨다. 〈공부를〉 그만두고자 해도 그만둘 수 없어 이미 나의 재주를 다하니, 〈夫子의 道가〉 마치 내 앞에 우뚝 서 있는 듯하다. 〈그리하여〉 비록 이것을 따르고자 하나 말미암을 데가 없도다.' 라고 했다.〔顏淵喟然歎曰 仰之彌高 鑽之彌堅 瞻之在前 忽焉在後 夫子循循然善誘人 博我以文 約我以禮 欲罷不能 既竭吾才 如有所立卓爾 雖欲從之 末由也已〕" 하였다.

愈之原人에 **曰 天者**는 **日月星辰之主也**요 **地者**는 **山川草木之主也**요 **人者**는 **夷狄禽獸之主也**니 **主而暴之**하면 **不得其爲主之道矣**라 **是故**로 **聖人**이 **一視而同仁**하고 **篤近而擧遠**[1]이라하니라 **夫聖人之所爲異乎墨者**는 **以其有別焉耳**어늘 **今愈之言曰 一視而同仁**이라하니 **則是**는 **以待人之道**로 **待夷狄**하고 **待夷狄之道**로 **待禽獸也**니 **而可乎**아

韓愈의 〈原人〉에 이르기를 "하늘은 해와 달과 星辰의 주인이고, 땅은 山川과 草木의 주인이고, 사람은 夷狄과 禽獸의 주인이니, 주인으로서 夷狄과 禽獸를 포악하게 하면 주인 된 도리를 못하는 것이다. 이 때문에 聖人이 한결같이 보아 똑같이 사랑하고 가까운 사람을 돈독히 하면서도 먼 사람을 드는 것이다."라고 하였다.

聖人이 墨翟과 다른 까닭은 그 분별이 있기 때문인데, 지금 韓愈의 말에 이르기를 "한결같이 보아 똑같이 사랑해야 한다."라고 하였으니, 이는 사람을 대하는 道를 가지고 夷狄을 대하는 것이고, 夷狄을 대하는 道를 가지고 禽獸를 대하는 것이니, 이것이 옳겠는가?

1) 天者……篤近而擧遠 : 이 내용은 韓愈의 〈原人〉에 보이는데, 全文은 아래와 같다.

"위에 형체가 있는 것을 하늘이라 이르고, 아래에 형체가 있는 것을 땅이라 이르고, 그 둘 사이에 命을 받은 것을 사람이라 이르니, 위에 형체가 있는 것은 日·月·星辰이 모두 하늘이요, 아래에 형체가 있는 것은 草·木과 山·川이 모두 땅이요, 그 둘 사이에서 命을 받은 것은 夷狄과 禽獸가 모두 사람이다.

그렇다면 내가 금수를 일러 사람이라 하여도 되겠는가. 아니다. 산을 가리켜 '산인가?' 하고 물으면 산이라고 대답하는 것은 可하니, 산에 있는 초목과 금수를 모두 든 것이다. 그러나 산의 풀 한 포기를 가리키면서 '산인가?' 하고 물으면 산이라고 대답하는 것은 옳지 못하다.

그러므로 天道가 혼란함에 日·月·星辰이 그 운행을 얻지 못하고, 地道가 혼란함에 草·木과 山·川이 그 평함을 얻지 못하고, 人道가 혼란함에 夷狄과 禽獸가 그 실정을 얻지 못하니, 하늘은 日·月·星辰의 주인이요, 땅은 草·木과 山·川의 주인이요, 사람은 夷狄과 禽獸의 주인이니, 주인으로서 포악하게 하면 주인 된 도리를 못하는 것이다.

이 때문에 聖人은 한결같이 보아 똑같이 사랑하고 가까운 것을 돈독히 하면서도 먼 것을 드는 것이다.〔形於上者 謂之天 形於下者 謂之地 命於其兩間者 謂之人 形於上 日月星辰皆天也 形於下 草木山川皆地也 命於其兩間 夷狄禽獸皆人也 曰 然則吾謂禽獸曰人可乎 曰 非也 指山而問焉曰山乎 曰山可也 山有草木禽獸皆擧之矣 指山之一草而問焉曰山乎 曰山則不可 故天道亂 而日月星辰不得其行 地道亂 而草木山川不得其平 人道亂 而夷狄禽獸不得其情 天者日月星辰之主也 地者草木山川之主也 人者夷狄禽獸之主也 主而暴之 不得其爲主之道矣 是故聖人一視而同仁 篤近而擧遠〕"

敎之使有能하고 **化之使有知**는 **是待人之仁也**요 **不薄其禮而致其情**하고 **不責其去而厚其來**는 **是待夷狄之仁也**요 **殺之(有)〔以〕時**하고 **而用之有節**은 **是待禽獸之仁也**니 **若之何其一之**리오 **儒墨之相戾 不啻若胡越**이로되 **而其疑似之間**에 **相去不能以髮**이니 **宜乎愈之以爲一也**니라 **孔子曰 泛愛衆**호되 **而親仁**[1]이라하시니 **仁者之爲親**이면 **則是孔子不兼愛也**요 **祭如在**하고 **祭神如神在**[2]하시니 **神不可知**어늘 **而祭者之心**이 **以爲如其存焉**이면 **則是孔子不明鬼也**시니라

사람을 가르쳐서 그로 하여금 능함이 있게 하고, 사람을 교화해서 그로 하여금 앎이 있게 하는 것은, 이는 사람을 대하는 仁이다. 그 禮를 박하지 않게 하고 그 情을 지극히 하며, 가는 것을 꾸짖지 않고 오는 것을 후대함은, 이는 夷狄을 대하는 仁이다. 죽이는 데에 때가 있고 쓰는 데에 절도가 있는 것은, 이는 禽獸를 대하는

仁이다. 그러니 어떻게 똑같이 할 수 있겠는가?

儒子와 墨子가 서로 다른 것이 북쪽의 오랑캐와 남쪽의 越 지방과 같을 뿐만이 아니나, 그 비슷한 사이에 서로의 차이는 털끝 하나도 되지 못하니, 韓愈가 이것을 똑같게 여겨야 한다고 말한 것은 당연한 듯하다.

孔子께서 말씀하시기를 "널리 사람들을 사랑하되 仁者를 친근히 해야 한다."라고 하셨으니, 仁者를 친근히 해야 한다면 이것은 공자께서 兼愛하지 않은 것이요, 先祖를 제사할 적에는 先祖가 계신 것처럼 하셨고 鬼神을 제사할 적에는 鬼神이 계신 것처럼 하셨으니, 鬼神은 알 수 없는데 제사하는 자의 마음에 鬼神이 계신 것처럼 여긴다면, 이는 孔子께서 鬼神을 밝히지 않으신 것이다.

1) 孔子曰 泛愛衆而親仁 : ≪論語≫ 〈學而〉에 "孔子께서 '자제들이 들어가서는 효도하고 나와서는 공손하며, 행실을 삼가고 말을 성실하게 하며, 널리 사람들을 사랑하되 仁한 자를 친근히 해야 하니, 이것을 행하고 餘力(餘暇)이 있으면 여가를 이용하여 글을 배워야 한다.'라고 하셨다.〔子曰 弟子入則孝 出則弟 謹而信 汎愛衆 而親仁 行有餘力 則以學文〕"라고 보이는데, 蘇軾은 이것을 인용하여 墨翟의 兼愛說과 韓愈의 '一視同仁'을 비판한 것이다.

2) 祭如在 祭神如神在 : ≪論語≫ 〈八佾〉에 보이는 孔子의 말씀인데, 程伊川은 해석하기를 "祭는 先祖에게 제사함이요, 祭神은 外神(先祖 이외의 神)에게 제사함이다. 先祖를 제사함은 孝를 위주로 하고, 神을 제사함은 敬을 위주로 한다."라고 하였다.

墨翟의 ≪墨子≫에 上·中·下 세 편의 〈明鬼〉가 있는데, 이는 귀신이 실제로 있음을 밝힌 것이다. 그러므로 蘇軾은 孔子의 일을 인용하여 墨翟의 〈明鬼〉가 옳지 않음을 비판한 것이다.

儒者之患은 **患在於論性**하야 **以爲喜怒哀樂**이 **皆出於情**이요 **而非性之所有**니라 **夫有喜有怒而後**에 **有仁義**하고 **有哀有樂而後**에 **有禮樂**하니 **以爲仁義禮樂**이 **皆出於情而非性**이라하면 **則是相率而叛聖人之敎也**니라 **老子曰 能嬰兒乎**[1]아하니 **喜怒哀樂**이 **苟不出乎性而出乎情**이면 **則是相率而爲老子之嬰兒也**니라

儒者의 병통은 性을 논하여 이르기를 "喜, 怒, 哀, 樂은 모두 情에서 나오고 性에

있는 것이 아니다."라고 하는 데에 있는 것이다.

기쁨이 있고 노여움이 있은 이후에 仁義가 있고, 슬픔이 있고 즐거움이 있은 이후에 禮樂이 있으니, 仁義와 禮樂이 모두 情에서 나오고 性이 본래 소유한 것이 아니라고 한다면, 이것은 사람들을 서로 이끌고 聖人의 가르침을 배반하는 행위이다.

老子가 말하기를 "능히 갓난아기와 같을 수 있겠는가?"라고 하였으니, 喜, 怒, 哀, 樂이 만일 性에서 나오지 않고 情에서 나온다면, 이는 사람들을 서로 이끌고 老子의 갓난아기가 되게 하는 것이다.

1) 老子曰 能嬰兒乎 : 이 내용은 ≪道德經≫에 "기운을 오롯이 하고 부드러움을 지극히 해서 능히 갓난아기와 같을 수 있겠는가?〔專氣致柔 能嬰兒乎〕"라고 보인다.

儒者或曰 老易이라하니 **夫易豈老子之徒歟**아 **而儒者至有以老子說易**[1]하니 **則是離性以爲情者**니 **其弊固至此也**니라 **嗟夫**라 **君子之爲學**에 **知其人之所長**하고 **而不知其弊**하면 **豈可謂善學耶**리오

그런데 儒者 중에 혹자는 말하기를 "老易이다."라고 하니, ≪周易≫이 어찌 老子의 무리들이 할 수 있는 것이겠는가? 그런데도 儒者들이 심지어 老子의 ≪道德經≫을 가지고 ≪周易≫을 설명하기까지 하니, 이것은 性을 분리하여 情으로 삼는 것이니, 그 병폐가 진실로 여기에까지 이른 것이다.

아! 군자가 학문을 할 적에 그 사람의 장점만을 알고 그 병폐를 알지 못한다면, 어찌 이것을 잘 배운다고 말할 수 있겠는가?

1) 儒者至有以老子說易 : 王弼의 ≪周易注≫가 바로 여기에 해당된다고 한다.

唐荊川曰 此文이 **截然四段**이로되 **而綱整目亂**하니라 **細觀此文體**하면 **乃絶是模擬原道**[1]**爲之**니 **坡翁之滑稽若此**하니라 **予竊以愈之闢佛老也**는 **特其門戶之間**이어늘 **而東坡所論**도 **亦猶不得乎其門而爲之言**[2]이니라

唐荊川이 말하기를 "이 문장은 분명히 네 단락인데, 綱領은 정돈되었으나 條目은 혼란스럽다. 이 문체를 자세히 관찰하면 바로 〈原道〉를 크

게 模擬하여 지은 것이니, 東坡翁의 익살스러움이 이와 같다."라고 하였다. 나는 생각하건대 韓愈가 佛·老를 배척한 것은 다만 그 門戶의 사이일 뿐인데, 東坡가 논한 것도 여전히 그 門을 얻지 못하고서 말한 것이다.

1) 原道 : 韓愈가 지은 글의 편명인데, 여기에는 孔子와 孟子의 儒道를 높이고, 楊朱와 墨翟, 老莊과 佛家를 크게 비판하였다.
2) 不得乎其門而爲之言 : 門은 집에 들어가는 첫 번째 요소이므로 중요한 관건이나 기본적인 소양을 비유하여 '入道之門', '入德之門'이라 하고, 또 이것을 줄여 '入門'이라 하기도 한다. 茅坤과 唐順之 등은 程伊川과 朱子의 性理學을 신봉하여 程·朱 이전에 나온 性理說에 대해서는 부정적인 견해를 갖고 있었으므로 이렇게 말한 것이다.

宋大家蘇文忠公文抄 卷16

論

01. 書論* 《書經》에 대한 論

* 이 글은 東坡가 젊은 시절에 지은 작품이다. 書는 《書經》으로 제목은 '《書經》에 대한 論'이지만, 내용은 《書經》에 대해 논한 것이 아니고, 고대 군주들이 政令을 시행하는 과정을 《書經》을 통해 商鞅의 變法과 대비하여 평론한 것이다.

挈出一事作議論호되 三四層跌入하야 極有法度하니라

한 가지 일을 끄집어내어 의논을 하였는데, 서너 층에 차례로 들어가서 지극히 법도가 있다.

愚讀史記商君列傳하야 **觀其改法易令**하고 **變更秦國之風俗**하야 **誅秦民之議令者以數千人**이요 **黥太子之師**하고 **殺太子之傅而後**에 **法令大行**[1)]하니 **蓋未嘗不壯其勇而有決也**라 **曰 嗟夫**라 **世俗之人**은 **不可以慮始而可樂成也**[2)]니 **使天下之人**으로 **各陳其所知**하고 **而守其所學**하야 **以議天子之事**하면 **則事將有格而不得成者**리라

내가 《史記》〈商君列傳〉을 읽어보니, 秦나라의 법령을 바꾸고 풍속을 개혁하면서 秦나라 백성 중에 법령을 비판하는 자들을 죽인 것이 수천 명이었고, 太子의 師를 刺字하고 太子의 傅를 죽인 뒤에야 법령이 크게 행해졌으니, 나는 일찍이 그가 용감하고 결단성이 있음을 장하게 여기지 않은 적이 없었다.

商鞅은 말하기를 "아! 세속 사람들과는 처음을 걱정하여 시작할 수는 없고 성공을 즐길 수는 있으니, 만일 천하 사람들로 하여금 각각 자기가 아는 바를 말하게 하고 그 배운 바를 지켜서 天子의 일을 비판하게 한다면, 일이 장차 막히고 이루어지지

못할 것이다."라고 하였다.

1) 觀其改法易令……法令大行 : 商君은 商鞅(B.C. 390~B.C. 338)을 이른다. 法家의 대표적 인물인데, 衛나라 公族 출신이므로 公孫鞅이라고도 칭하고 衛鞅이라고도 칭하였으며, 商於(오)라는 땅에 봉해져 商君이라고 불렸기 때문에 보통 商鞅이라 칭하게 되었다.

秦 孝公에게 등용되자 많은 반대파들을 무력으로 탄압하며 국가의 법령과 제도를 대대적으로 변혁하여 부국강병을 이루었다. 그러나 법령을 개혁하는 과정에서 수많은 사람을 처벌한 결과 원성이 자자하여, 결국 자신이 만든 법에 의해 사형에 처해졌다. 黥은 墨刑으로 五刑 가운데 하나인데 죄인의 얼굴에 먹물로 죄명을 써넣던 형벌이다.

≪史記≫ 〈商君列傳〉에 "법령이 반포되어 시행된 지 한 해가 지났는데, 秦나라 백성들이 처음부터 법령이 불편하다고 호소하는 자가 수천 명에 달하였다. 그러다가 太子가 법령을 범하자 商鞅이 이르기를 '법이 제대로 시행되지 않는 것은 윗사람들이 스스로 법을 어기기 때문이다.'라고 하고, 태자 대신 그의 師傅인 公子虔을 형벌하고 公孫賈를 黥刑에 처하니, 다음날이 되자 秦나라 사람들이 모두 법령을 따랐다."라고 보인다.

2) 世俗之人 不可以慮始而可樂成也 : 이 말은 〈商君列傳〉에 "백성들은 시작은 함께 도모할 수 없고 성공은 함께 즐길 수 있으니, 지극한 덕을 논하는 자는 속세와 화합하지 못하고, 큰 공을 성취하는 자는 민중과 함께 의논하지 않는다.〔民不可與慮始而可與樂成 論至德者不和於俗 成大功者不謀於衆〕"라는 商鞅의 말을 원용한 것이다.

然이나 及觀三代之書[1]라가 至其將有以矯拂世俗之際면 則其所以告諭天下者 常丁寧激切하야 亹亹而不倦하야 務使天下로 盡知其君之心하고 而又從而折其不服之意하야 使天下皆信하야 以爲如此而後에 從事라 其言이 迴曲宛轉하야 譬如平人自相議論而詰其是非하니 愚始讀而疑之하야 以爲近於濡滯迂遠而無決이라호라

그러나 三代의 글을 보다가 세속을 바로잡는 즈음에 이르게 되면, 군주가 천하 사람들에게 告諭한 것이 항상 丁寧하고 激切해서 끊임없이 계속하고 게으르지 아니

하여 되도록 천하 사람들로 하여금 군주의 마음을 모두 알게 하고, 또 따라서 복종하지 않는 마음을 꺾어서 천하 사람들로 하여금 모두 믿어 이와 같다고 생각하게 한 뒤에야 일에 종사하였다.

그 말이 우회하고 완곡하여 비유하면 신분이 같은 사람들이 자기들끼리 서로 의논하여 옳고 그름을 힐난하는 것처럼 하였으니, 나는 처음에 이 글을 읽고 의심하여 생각하기를 '너무 지체하고 오활하여 결단력이 없음에 가깝다.'고 여겼다.

1) 三代之書 : ≪書經≫을 이른다. ≪書經≫은 〈虞書〉, 〈夏書〉, 〈商書〉, 〈周書〉로 이루어져 그 내용이 주로 三代에 관한 것이므로 이렇게 말한 것이다.

然이나 **其使天下樂從**하야 **而無黽(민)勉不得已之意**하고 **其事旣發**에 **而無紛紜異同之論**하니 **此則王者之意也**라 **故**로 **常以爲 當堯舜之時**하야 **其君臣相得之心**이 **歡然樂而無間**하야 **相與吁兪嗟嘆唯諾**[1]**於朝廷之中**을 **不啻若朋友之親**이요 **雖其有所相是非論辨**하야 **以求曲直之際**라도 **當亦無足怪者**라호라 **及至湯武征伐之際**[2]하야 **周旋反覆**하야 **自述其用兵之意**하야 **以明曉天下**하니 **此又其勢然也**라

그러나 천하 사람들로 하여금 기꺼이 따르게 해서 억지로 힘써 부득이한 마음이 없게 하고, 그 일이 시작되면 분분하게 다른 의논이 없었으니, 이것은 王者의 마음이다.

그러므로 나는 항상 생각하기를 '堯·舜의 때를 당하여 군주와 신하가 서로 화합한 마음이 歡然히 즐거워하여 간격이 없었다. 그리하여 서로 함께 조정의 가운데에서 안 된다 하고 옳다 하고 또 감탄하고 응답하기를 붕우간처럼 친하게 할 뿐만이 아니었고, 비록 서로 옳다 하고 그르다 하며 논변함이 있어서 曲直을 추구하는 즈음이 있더라도 또한 이상하게 여길 것이 없다.'라고 여겼다.

그리고 湯王과 武王이 정벌하는 즈음에 이르러서는 주선하고 반복하여 스스로 用兵(전쟁)하는 뜻을 말씀해서 천하 사람들을 분명하게 효유하였으니, 이는 또 형세가 그러한 것이었다.

1) 吁兪嗟嘆唯諾 : 吁兪은 '吁咈都兪'의 줄임말로, 주로 ≪書經≫ 〈虞書〉에서 쓰였는데, 대화체에 쓰이는 감탄사들이다. 吁는 '아니다.' 정도의 보통의 부정을 의

미하고, 咈은 '절대 아니다.'의 강한 부정을 의미하며, 都는 '매우 좋다.'의 강한 긍정을 의미하고, 兪는 '좋다.' 정도의 보통의 긍정을 의미한다. 嗟嘆은 감탄을 이르며, 唯諾은 승낙하는 것을 이른다. 〈虞書〉는 〈堯典〉과 〈舜典〉, 〈大禹謨〉와 〈皐陶謨〉·〈益稷〉을 이르는데, 이들을 요약하여 '典謨'라 칭하기도 한다.

2) 湯武征伐之際 : 湯王이 夏나라를 멸망시키고, 武王이 商나라를 멸망시킨 일을 이른다. 湯王의 일은 ≪書經≫ 〈商書 湯誓〉에, 武王의 일은 ≪書經≫ 〈周書 泰誓·牧誓·武成〉에 기재되어 있다.

惟其天下旣安이면 君民之勢 闊遠而不同이라 天(下)〔子〕有所欲爲하면 而其匹夫匹婦 私有異論於天下하야 以齟齬(저어)其上之畫策하야 令之而不肯聽하니 當此之時하야 刑驅而勢脅之면 天下에 夫誰敢不聽從이리오마는 而上之人이 優游而徐譬之하야 使之信之而後에 從하니 此非王者之心이면 誰能處而待之而不倦歟아

오직 천하가 이미 편안해지면 군주와 백성과의 세력에 차이가 커져서 동등하지 못하였다. 그리하여 天子가 하고자 하는 바가 있으면 匹夫와 匹婦들이 천하에서 사사로이(은밀히) 다른 의논을 하여 윗사람이 계획한 것을 가로막아 명령하여도 따르려 하지 않으니, 이때를 당하여 형벌로 몰고 권세로 위협한다면 천하에 그 누가 감히 말을 들어 따르지 않았겠는가?

그런데도 윗사람이 여유를 갖고서 백성들을 서서히 비유하여 깨우쳐서 백성들로 하여금 자신(임금)을 믿게 한 뒤에 따르게 하였으니, 이는 王者의 마음이 아니라면 그 누가 이와 같이 게으르지 않고 편안하게 기다릴 수 있겠는가?

蓋盤庚之遷[1]에 天下皆咨嗟而不悅이어늘 盤庚이 爲之稱其先王盛德明聖으로도 而猶五遷하야 以至于今하니 今不承於古하면 恐天之斷棄汝命하야 不救汝死[2]라하고 旣又恐其不從也하면 則又曰 汝罔暨(기)余同心이면 我先后將降爾罪하고 暨乃祖先父亦將告我高后하야 曰 作大戮于朕孫[3]이라하니 蓋其所以開其不悟之心하야 而諭之以其所以當然者 如此其詳也하니라

盤庚이 遷都할 적에 천하 사람들이 모두 원망하면서 기뻐하지 않았는데, 盤庚은

이들을 위해서 말하기를 "先王의 훌륭한 德과 밝고 聖스러움으로도 오히려 다섯 번 천도하여 지금에 이르렀으니, 지금 옛날을 계승하지 않으면 하늘이 너희들의 命을 끊어버려서 너희들의 죽음을 구원하지 않을 것이다."라고 하였다.

盤庚은 그러고서도 백성들이 따르지 않을까 두려워하여 또 말하기를 "너희들이 나와 마음을 함께하여 천도하지 않으면 우리 先后(湯王)께서 장차 너희들에게 죄를 내릴 것이고, 또 너희들의 돌아가신 할아버지와 아버지의 영혼들 또한 장차 우리 高后에게 아뢰기를 '朕의 손자에게 큰 벌을 내리소서.'라고 할 것이다."라고 하였으니, 깨닫지 못하는 백성들의 마음을 열어주어서 당연한 바로써 효유함이 이와 같이 상세하였다.

1) 盤庚之遷 : 盤庚은 商나라의 군주로 湯王의 9대손인데, 형 陽甲의 뒤를 이어 즉위하였다. 商나라는 仲丁 이후 잦은 왕위 분쟁으로 국세가 기울었는데, 盤庚이 즉위한 뒤에 祖乙 때로부터 도읍하였던 耿이 河水에 무너졌으므로 殷으로 遷都하고자 하였다. 그러나 大家와 世族들이 반발하고 유언비어를 퍼뜨려 백성들을 선동하였으며, 백성들 또한 利害에 현혹되어 천도하려 하지 않았다. ≪書經 商書 盤庚≫

2) 其先王盛德明聖……不救汝死 : 先王은 湯王으로부터 盤庚 이전에 재위했던 商나라 君主들을 이른다.

五遷은 다섯 번 遷都한 것을 이르는데, 〈盤庚〉의 蔡沈의 集傳에 "五邦은 漢나라 孔氏(孔安國)가 이르기를 '湯은 亳에 천도하고, 仲丁은 囂에 천도하고, 河亶甲은 相에 거하고, 祖乙은 耿에 거하였으니, 盤庚이 殷에 천도한 것까지 아울러 五邦이 된다.'라고 하였다.

그러나 아랫글에 '이제 옛날을 계승하지 않는다.'는 文勢로 살펴본다면 盤庚 이전에 별도로 다섯 번 천도가 있었을 것이다. ≪史記≫에 '祖乙이 邢에 천도했다.'라고 하였으니, 혹 祖乙이 두 번 천도하였나 보다."라고 보인다.

본문의 내용은 東坡가 〈盤庚〉을 요약하여 말한 것으로, 원문은 아래와 같다. "先王께서 일이 있으시면 天命을 삼가시되 오히려 항상 편안하지 않으시어 그 도읍을 한 곳에 하지 않으신 것이 지금 다섯 고을이니, 이제 옛날을 계승하지 않으면 하늘이 命을 끊을지도 모르는데 하물며 '능히 先王의 功烈을 따른다.'고 말하겠는가?……

옛날 우리 先后께서 이미 너희들의 祖·父를 수고롭게 하셨다. 그리하여 너희들이 함께 나의 기르는 백성이 되었으니, 국가의 일을 해롭게 하려는 생각이 너희들 마음속에 있으면, 우리 先后께서 너희들의 祖·父를 회유하실 것이니, 그러면 너희들의 祖·父는 마침내 너희들을 끊고 버려서 너희들의 죽음을 구원하지 않을 것이다.〔先王有服 恪謹天命 茲猶不常寧 不常厥邑 于今五邦 今不承于古 罔知天之斷命 矧曰其克從先王之烈……古我先后 既勞乃祖乃父 汝共作我畜民 汝有戕 則在乃心 我先后綏乃祖乃父 乃祖乃父 乃斷棄汝 不救乃死〕" 先后는 先王과 같은 말로 여기서는 湯王(成湯)을 가리킨 것이다.

3) 汝罔暨(기)余同心……作大戮于朕孫 : 이 내용 또한 〈盤庚〉을 축약한 것으로 원문은 아래와 같다.

"나의 政事를 다스려 지위를 함께한 자들이 貨貝와 玉을 모으면, 너희들의 祖·父가 크게 우리 高后에게 아뢰어 '나의 손자에게 큰 형벌을 내리소서.'라고 말하고, 高后를 인도하여 크게 祥瑞롭지 못함을 많이 내릴 것이다.〔茲予有亂政同位 具乃貝玉 乃祖乃父 丕乃告我高后 曰作丕刑于朕孫 迪高后 丕乃崇降弗祥〕" 高后는 바로 湯王을 가리킨 것이다.

若夫商君則不然하야 **以爲 要使汝獲其利**니 **而何郵乎吾之所爲**리오하니 **故**로 **無所求於衆人之論**하고 **而亦無以告諭天下**라 **然**이나 **其事亦終于有成**이라 **是以**로 **後世之論**에 **以爲 三代之治 柔懦不決**이라 **然**이나 **此乃王霸**[1] **之所以爲異也**니라

그런데 저 商君으로 말하면 그렇지 않아서, 생각하기를 '요컨대 너희들로 하여금 이익을 얻게 할 뿐이니, 내가 하는 일에 무슨 상관이 있겠는가?'라고 하였다. 그러므로 衆人의 의논을 수렴하는 바가 없고, 또한 천하 사람들에게 告諭한 일이 없었다.

그러나 그 일이 또한 끝내 성공하였다. 이 때문에 후세 사람들의 의논에 "三代의 정치는 유약하고 나약하여 결단하지 못했다."라고 말하는 것이다. 그러나 이것이 바로 王道와 霸道가 다른 이유인 것이다.

1) 王霸 : 王霸는 王道와 霸道를 이른다. 王道는 仁義에 의해 천하를 다스리는 德政을 이르고, 霸道는 무력과 형벌 또는 權謀로 천하를 통치하는 것을 이른다.

夫三代之君은 **惟不忍鄙其民而欺之**라 **故**로 **天下有故**면 **而其議及于百姓**하야 **以觀其意之所嚮**하고 **及其不可聽也**면 **則又反覆而諭之**하야 **以窮極其說**하야 **而服其不然之心**이라 **是以**로 **其民**이 **親而愛之**하니 **嗚呼**라 **此王霸之所爲不同也哉**인저

저 三代의 군주들은 차마 그 백성을 비루하게 여겨서 능멸하지 못하였다. 그러므로 천하에 일이 있으면 의논이 백성들에게까지 미쳐서 백성들의 뜻이 향하는 바를 관찰하였고, 백성들의 뜻을 따를 수 없게 되면 또 반복하여 曉諭해서 말을 다하여 옳지 않다고 여기는 백성들의 마음을 복종시켰다.

이 때문에 그 백성들이 군주를 친근히 하고 사랑하였으니, 아! 이것이 바로 王者와 霸者가 똑같지 않은 이유인 것이다.

長公이 **有感於商君變法之驟**라 **故**로 **於商周之書所以告戒其民處**에 **反覆爲論**하니 **要之**컨대 **王道**는 **以得民爲本**이라 **故**로 **易曰 先甲三日**하고 **後甲三日**[1]이라하고 **又曰 已日乃孚**[2]라하고 **而魯論亦曰 君子信而後勞其民**[3]이라하니 **先王之使民**이 **原如此**라 **此篇紆徐曲折**이나 **然亦稍開衰宋之門戶矣**니라

長公은 商君이 법을 너무 급히 변경한 것에 느낀 바가 있었다. 그러므로 〈商書〉와 〈周書〉 가운데 백성들에게 고유하고 경계한 부분에 대해 반복하여 논하였다.

요컨대 王道는 민심을 얻는 것을 근본으로 삼는다. 그러므로 ≪周易≫에 "甲보다 먼저 三日을 하고 甲보다 뒤에 三日을 한다."라고 하였고, 또 말하기를 "하루가 끝나야 비로소 믿는다."라고 하였으며, ≪魯論≫에도 이르기를 "군자가 백성들에게 믿음을 받은 뒤에 그 백성을 수고롭게 한다."라고 하였으니, 先王이 백성을 부림이 원래 이와 같았다.

이 편은 매우 여유가 있고 곡절이 있으나, 또한 쇠하는 宋나라의 門戶를 다소 열어놓았다.

1) 先甲三日 後甲三日 : 이 내용은 ≪周易≫ 蠱卦 卦辭에 "蠱는 크게 善하여 亨通

하다. 大川을 건넘이 이로우니, 甲보다 먼저 3일을 하고 甲보다 뒤에 3일을 하여야 한다.〔蠱元亨 利涉大川 先甲三日 後甲三日〕"라고 보인다.

이에 대해 程伊川의 ≪易傳≫에 이르기를 "혼란함을 다스리는 방법은 마땅히 그 앞뒤 3일을 思慮하여야 하니, 앞뒤를 미루어 근원해서 병폐를 바로잡고 장구히 할 수 있는 방도를 마련하여야 한다.

'先甲'은 이보다 앞서 함을 이르니 그 所以然을 연구하는 것이요, '後甲'은 이보다 뒤에 함을 이르니 장차 그러할 것을 염려하는 것이다. 1, 2일로부터 3일에 이르니, 생각함이 깊고 推原함이 멂을 말한 것이다.

所以然을 연구하면 병폐를 바로잡을 방법을 알고, 장차 그러할 것을 염려하면 대비할 방법을 알 것이니, 병폐를 잘 바로잡으면 전일의 병폐를 개혁할 수 있고, 장차 그러할 것을 잘 대비하면 후일의 이익을 장구히 할 수 있다. 이는 옛날 聖王이 天下를 새롭게 하고 후세에 드리워준 것이다.〔治蠱之道 當思慮其先後三日 蓋推原先後 爲救弊可久之道 先甲 謂先於此 究其所以然也 後甲 謂後於此 慮其將然也 一日二日 至於三日 言慮之深 推之遠也 究其所以然 則知救之之道 慮其將然 則知備之之方 善救則前弊可革 善備則後利可久 此古之聖王所以新天下而垂後世也〕"라고 하였다.

또한 孔穎達의 疏에는 "甲보다 먼저의 3일은 辛이고, 甲보다 뒤의 3일은 庚이니, 辛은 新의 뜻이 있고, 庚은 更(변경)의 뜻이 있다. 법령을 새롭게 변경하려면 신중히 하여 미리 신신당부하여야 한다."라고 하였다.

蠱卦는 山을 상징하는 艮(☶)과 風을 상징하는 巽(☴)이 만나 이루어진 卦로, 일이 있는 卦이기 때문에 개혁하고 변경하는 일을 말한 것이다.

2) 已日乃孚 : 이 내용은 ≪周易≫ 革卦 〈彖傳〉에 "革은 물과 불이 서로 滅息하며 두 여자가 한 곳에 같이 살되 그 뜻이 서로 맞지 못하는 것이 革이다. 하루가 지나서야 개혁하여 믿게 하는 것이다.〔彖曰 革 水火相息 二女同居 其志不相得曰革 已日乃孚 革而信之〕"라고 보인다.

이에 대해 程伊川의 ≪易傳≫에 이르기를 "일을 變革할 적에 사람들의 마음이 어찌 대번에 믿겠는가. 반드시 하루가 지난 뒤에야 믿어준다. 위에 있는 자가 改革하는 즈음에 마땅히 상세히 알리고 거듭 명령하여, 하루가 지남에 이르러 사람들로 하여금 믿게 하여야 하니, 사람들의 마음이 믿지 않으면, 비록 억지로 시행하더라도 성공하지 못한다.

先王의 政令을 처음에는 의심하는 자들이 있었으나 오래되면 반드시 믿었으니, 끝내 믿게 하지 않고서 善治를 이룬 자는 있지 않다.〔事之變革 人心豈能便信 必終日而後孚 在上者於改爲之際 當詳告申令 至於已日 使人信之 人心不信 雖强之行 不能成也 先王政令 人心始以爲疑者有矣 然其久也必信 終不孚而成善治者 未之有也〕"라고 하였다.

革卦는 위에는 兌(☱), 아래에는 離(☲)가 있는데, 兌는 못이고 離는 불이며, 兌는 少女이고 離는 中女이므로, 〈彖傳〉에 "물과 불이 서로 滅息하며 두 女子가 한 곳에 같이 살되 그 뜻이 서로 맞지 못함이 革이다.〔革 水火相息 二女同居 其志不相得 曰革〕"라고 한 것이다.

3) 魯論亦曰 君子信而後勞其民 : '魯論'은 魯 지방에 유행하던 ≪論語≫로 齊 지방에 유행하던 齊論과 상대되는 명칭인데, 지금의 ≪論語≫가 바로 이것이다.

≪論語≫ 〈子張〉에 "君子는 백성들에게 신임을 얻은 뒤에 백성을 수고롭게 하니, 백성들이 믿지 않으면 자기들을 괴롭힌다고 여긴다. 군주에게 신임을 얻은 뒤에 간하니, 군주가 믿지 않으면 자신을 비방한다고 여긴다.〔君子信而後 勞其民 未信則以爲厲己也 信而後諫 未信則以爲謗己也〕"라고 한 子夏의 말이 보인다.

02. 禮論* 禮에 대한 論

* 이 글은 東坡가 젊은 시절에 지은 작품이다.

文特紆徐曲折하야 **可誦**이라 **然**이나 **言禮而於器之異宜**하니 **何關於禮之大者**리오

문장이 특별히 여유가 있고 곡절이 있어서 읊을 만하다. 그러나 禮를 말하면서 器物에 마땅함이 다름을 언급하였으니, 禮의 器物이 禮의 큰 것과 무슨 상관이 있단 말인가?

昔者商, 周之際에 **何其爲禮之易也**오 **其在宗廟朝廷之中**에 **籩豆, 簠簋, 牛羊, 酒醴**[1]**之薦**이 **交於堂上**이어든 **而天子, 諸侯, 大夫, 卿, 士 周旋揖讓**[2]하야 **獻酬百拜**[3]하며 **樂作于下**하고 **禮行于上**하야 **雍容和穆**하야 **終日而不亂**하니라 **夫古之人**은 **何其知禮而行之不勞也**오 **當此之時**하야 **天下之人**이 **惟其習慣而無疑**하야 **衣服, 器皿, 冠冕, 佩玉**이 **皆其所常用也**라 **是以**로 **其人**이 **入於其間**이면 **耳目聰明**하고 **而手足無所忤**하야 **其身**이 **安於禮之曲折**하고 **而其心**이 **不亂**하야 **以能深思禮樂之意**라 **故**로 **其廉恥退讓之節**이 **睟然見於面**하고 **而盎然發於其躬**하니라 **夫是以**로 **能使天下觀其行事**하야 **而忘其暴戾鄙野之氣**하니라

옛날 商나라와 周나라의 즈음에는 어쩌면 그리도 禮를 행하기가 쉬웠던가? 宗廟와 朝廷 가운데에 있을 적에 籩・豆와 簠・簋, 소와 양, 술과 단술이 堂上에 교대로 올려지면, 天子와 諸侯, 大夫와 卿・士가 주선하고 揖讓해서 술잔을 올리고 권하면서 백 번 절하였으며, 음악은 堂下에서 연주되고 禮는 堂上에서 행해져서 온화하고 화목하여 하루를 마쳐도 문란하지 않았다.

저 옛날 사람들은 어쩌면 그리도 禮를 알아서 禮를 행하는 데 수고로워하지 않았던가? 이때에 천하 사람들이 오직 이것을 익숙히 익혀서 의심이 없어, 衣服과 器皿, 冠冕과 佩玉이 모두 일상생활에 사용하던 것들이었다.

이 때문에 사람들이 그 사이에 들어가면 耳目이 총명하고 手足이 거슬리는 바가 없어서, 禮의 세세한 곡절에 몸이 편안하고 마음이 혼란하지 아니하여 禮樂의 뜻을 깊이 생각할 수 있었다. 그러므로 廉恥와 謙讓하는 예절이 순수하게 얼굴에 나타나고 가득히 몸에 드러났다. 이 때문에 능히 천하 사람들로 하여금 그 행하는 일을 보고서 포악하고 야비한 기운을 잊게 하였던 것이다.

1) 籩豆簠簋牛羊酒醴 : 籩・豆・簠・簋는 모두 祭祀 등의 禮式에 사용하는 器物들이다. 籩은 竹器로 과실이나 乾肉을 담았고, 豆는 木器로 김치나 젓갈을 담았으며, 簠는 네모난 竹器로 쌀을 담았고, 簋는 둥근 竹器로 黍稷을 담았다. 牛・羊은 제사에 쓰는 犧牲을 이르고, 酒・醴는 술과 甘酒(단술)를 이른다.

2) 周旋揖讓 : 禮를 행함에 있어 나아가고 물러나고 揖하고 사양하는 모든 행동을 이른다.

3) 獻酬百拜 : 獻酬는 술을 마실 적에 주인과 손님이 공경하게 서로 술잔을 올림을 이르고, 百拜는 여러 번 禮를 행함을 이른다.

至於後世하야는 風俗變易하고 更(경)數千年하야 以至于今하야는 天下之事 已大異矣라 然이나 天下之人이 尙皆記錄三代禮樂之名하야 詳其節目하고 而習其俯仰하야 冠古之冠하고 服古之服하고 而御古之器皿하야 傴僂拳曲하야 勞苦於宗廟朝廷之中이나 區區而莫得其紀하야 交錯紛亂而不中節하니 此는 無足怪也라 其所用者 非其素所習也어늘 而强使焉일새니 甚矣夫라 後世之好古也여

후세에 이르러서는 풍속이 바뀌었고, 또 수천 년이 지나 지금에 이르러서는 천하의 일이 이미 크게 달라졌다.

그런데도 천하 사람들이 아직도 모두 三代 禮樂의 이름을 기록하여 그 節目을 자세히 밝히고, 몸을 구부리고 우러르는 것을 익힌다. 그리하여 옛날의 관을 쓰고 옛날의 의복을 입고 옛날의 器皿을 사용한다. 이에 몸을 구부리고 몸을 굽혀 宗廟와 朝廷에서 노고를 하면서도 구구히 그 줄거리(法度)를 알지 못해서 交錯하고 분란하여 예절에 맞지 못하니, 이것은 이상하게 여길 것이 없다. 그 사용하는 것이 평소 익힌 바가 아닌데 억지로 사용하기 때문이니, 심하다! 후세 사람들이 옛 것을 좋아함이여.

昔者上古之世에 蓋嘗有巢居穴處하고 汚(와)樽抔飮하며 燔黍捭(벽)豚하고 蕢桴土鼓[1]하니 而以爲是足以養生送死하야 而無以加之者矣러니 及其後世聖人하야 以爲不足以大利于天下라 是故로 易之以宮室하고 新之以籩豆鼎俎之器하야 以濟天下之所不足하야 而盡去太古之法이라 惟其祭祀以交於鬼神이라야 乃始薦其血毛하고 豚解而腥之하고 體解而爓(염)之[2]하니 以爲是不忘本이요 而非以爲後世之禮不足用也라 是以로 退而體其犬豕牛羊하고 實其簠簋籩豆鉶羹[3]하야 以極今世之美하나니 未聞其牽於上古之說하야 選愞(연)[4]而不決也로라

옛날 上古時代에는 사람들이 일찍이 둥지에서 살고 토굴 속에서 거처하며 웅덩이

를 술동이로 삼고 손으로 움켜 마시며, 기장을 볶고 돼지의 몸통을 가르고 蕢桴와 土鼓를 만들어 사용하였는데, 이것으로 충분히 산 사람을 봉양하고 죽은 이를 葬送하면서 이보다 더할 것이 없다고 생각하였다.

그런데 후세의 聖人에 이르러서는 이것으로 천하를 크게 이롭게 할 수 없다고 여겼다. 이 때문에 사는 곳을 宮室로 바꾸고 籩·豆와 솥과 도마의 그릇을 새로 만들어서 천하의 부족한 바를 구제하여 太古의 법을 모두 없애버렸다.

오직 鬼神을 사귀는 제사에 있어서야 비로소 피와 털을 올리고 돼지를 해체하여 날고기를 올리고 또 四體를 분해하여 데쳐 올렸으니, 이것은 근본을 잊지 않기 위한 것이고 후세의 禮를 쓸 수 없다고 여겼기 때문이 아니었다.

그러므로 물러가서 개와 돼지, 소와 양의 몸통을 나누고 簠·簋와 籩·豆와 鉶羹(국그릇)에 담아 지금 세상의 아름다운 맛을 지극히 하였으니, 上古의 학설에 이끌려 미약하고 나약해서 결단하지 못했다는 말을 나는 듣지 못하였다.

1) 巢居穴處……蕢桴土鼓 : '巢居穴處'는 사람들이 아직 집을 짓고 살 줄을 몰라서 나무 위에 둥지를 틀어 살고 땅속에 굴을 파서 사는 것인데, 상고시대 有巢氏가 처음으로 집 짓는 방법을 백성들에게 가르쳤다고 하며, 堯임금 때에도 홍수가 범람하여 이렇게 살았다고 한다.

이에 대해 ≪孟子≫ 〈滕文公 下〉에 "堯임금의 때를 당하여 물이 역류해서 中國에 범람하여 뱀과 용이 사니, 사람들이 안정할 곳이 없어서 낮은 지역에 사는 자들은 둥지를 만들었고, 높은 지역에 사는 자들은 굴을 파고 살았다.〔當堯之時 水逆行 氾濫於中國 蛇龍居之 民無所定 下者爲巢 上者爲營窟〕"라고 보인다.

'汚樽抔飮'은 옛날 그릇이 없을 적에 땅을 파 웅덩이를 만들고서 이것을 동이로 대용하고 손으로 움켜 마시는 것이며, 蕢桴는 흙덩이로 만든 북채이고, 土鼓는 진흙을 다져서 만든 북이다.

≪禮記≫ 〈禮運〉에 "禮의 처음은 飮食에서 시작되었으니, 기장쌀을 굽고 돼지를 가르며, 웅덩이로 술동이를 만들고, 손으로 움켜마시며, 진흙으로 북채를 만들고, 진흙으로 북을 만들었는데도, 오히려 그 恭敬을 鬼神에게 지극히 할 수 있었다.〔夫禮之初 始諸飮食 其燔黍捭豚 汚尊而抔飮 蕢桴而土鼓 猶若可

以致其敬於鬼神〕"라고 하였다.

그 注에 "燔黍는 기장쌀을 불로 달군 돌 위에 놓아서 구워 익게 하는 것이요, 捭豚은 돼지고기를 갈라서 달군 돌 위에서 익히는 것이다. 汚尊은 땅을 파 구덩이를 만들어서 물을 담는 것이요, 抔飮은 손으로 움켜 마시는 것이다. 蕢桴는 흙덩이를 다져서 북채를 만드는 것이요, 土鼓는 진흙을 다져서 북을 만드는 것이다.

上古時代에는 사람들의 마음이 거짓이 없어서 비록 간략하고 누추함이 이와 같았으나, 또한 스스로 鬼神에게 恭敬을 다할 수 있었다.〔燔黍 以黍米 加於燒石之上 燔之使熟也 捭豚 擘析豚肉 加於燒石之上 而熟之也 汙尊 掘地爲汙坎 以盛水也 抔飮 以手掬而飮之也 蕢桴 摶土塊 爲擊鼓之椎也 土鼓 築土爲鼓也 上古 人心無僞 雖簡陋如此 亦自可以致敬於鬼神也〕"라고 보인다.

2) 薦其血毛……體解而爓(염)之 : 腥은 날고기를 이르고, 爓은 데친 고기를 이른다. 고대의 제사에는 郊祭에는 血을 올리고, 大饗에는 날고기를 올리고, 社稷과 五祀의 祭祀에는 데친 고기를 올렸다. ≪禮記 禮器≫

3) 鉶羹 : 고기로 국을 끓여 鉶에 담는 것을 이른다. 鉶은 1斗 정도를 담을 수 있는 그릇으로, 두 귀와 세 다리로 구성되어 있으며, 뚜껑이 있는데, 士는 鐵, 大夫는 銅, 제후는 白金(銀), 천자는 黃金으로 만들었다. 鉶羹은 소금과 채소를 가미하여 다섯 가지 맛을 낸 육즙을 이르기도 한다. 鉶에 담아내므로 鉶羹이라고 하였다.

4) 選愞 : 選懦로도 쓰는데, 유순하고 나약한 것을 이른다. 選은 巽과 통한다.

且方今之人이 佩玉服韍하고 冕而垂旒하고 拱手而不知所爲하면 而天下之人이 亦且見而笑之하리니 是何所復望於其有以感發天下之心哉리오 且又有所大不安者하니 宗廟之祭는 聖人所以追求先祖之神靈하야 庶幾得而享之하야 以安卹孝子之志者也라 是以로 思其平生起居飮食之際하야 而設其器用하고 薦其酒食(사)호되 皆從其生하야 以冀其來而安之어늘 而後世宗廟之祭는 皆用三代之器하니 則是先祖終莫得而安也니라

또 지금 시대의 사람들이 佩玉을 차고 슬갑을 차고 면류관에 술을 늘이고 拱手하

고서 어찌 할 바를 모르면 천하 사람들이 장차 보고 비웃을 것이니, 어찌 다시 천하 사람들의 아름다운 마음을 感發할 수 있기를 바랄 수 있겠는가?

그리고 또 이보다 크게 온당치 못한 것이 있으니, 宗廟의 제사는 聖人이 선조의 신령을 追求해서 선조를 祭享하여 孝子의 마음을 편안하게 하고 돌아보기 위한 것이다. 이 때문에 평소 그 선조들이 기거하며 음식을 마시고 먹던 즈음을 생각하여 쓰시던 器用을 진설하고 술과 밥을 올리되, 모두 생전의 것을 따라서 선조의 신령이 오시어 편안히 흠향하시기를 기대하는 것인데, 후세의 宗廟의 제사는 모두 三代의 기물을 사용하니, 이렇다면 선조의 영혼이 끝내 편안히 여길 수가 없는 것이다.

蓋三代之時에 席地而食이라 是以로 其器用이 各因其所便하야 而爲之高下大小之制러니 今世之禮는 坐於牀而食於牀上이라 是以로 其器不得不有所變이니 雖正使三代之聖人이 生於今而用之라도 亦將以爲便安이시리라 故로 夫三代之視上古는 猶今之視三代也니라

三代에는 자리를 깔지 않고 땅을 자리로 삼아서 먹었다. 이 때문에 그 器用이 각각 그 편리한 바를 따라서 높고 낮고 크고 작은 제도를 만들었는데, 지금 세상에서 행하는 禮는 평상에 앉고 평상 위에서 밥을 먹는다. 이 때문에 기물이 변하지 않을 수 없는 것이니, 비록 三代의 聖人이 지금 태어나서 이 기물을 사용하시더라도 장차 편안하다고 여기실 것이다.

그러므로 三代에서 上古時代를 보는 것은 지금 세상에서 三代를 보는 것과 똑같은 것이다.

三代之器는 不可復用矣나 而其制禮之意는 尙可依倣以爲法也라 宗廟之祭는 薦之以血毛하고 重之以體薦하야 有以存古之遺風矣어니와 而其餘者는 可以易三代之器하고 而用今世之所便하야 以從鬼神之所安이라 惟其春秋社稷釋奠釋菜[1]로 凡所以享古之鬼神者는 則皆從其器니 蓋周人之祭蜡(사)與田祖也[2]에 吹葦籥(약)[3]하고 擊土鼓하니 此亦各從其所安耳라

三代의 기물은 다시 쓸 수 없으나 그 禮를 제정한 뜻은 아직도 그대로 모방하여 법으로 삼을 수 있다. 宗廟의 제사에는 짐승의 피와 털을 올리고 犧牲을 해체하여 올리는 것을 소중히 여겨서 옛날의 유풍을 보존할 수 있지만, 그 나머지 제사에는 三代의 기물을 바꾸고 지금 세상에 쓰기 편리한 것을 사용하여 귀신(영혼)들이 편안히 여기심을 따라야 한다.

오직 봄과 가을에 지내는 社稷의 제사와 先聖과 先師에 대한 釋奠과 釋菜로서, 무릇 옛날에 귀신을 祭享하는 것들은 모두 그 당시의 기물을 따라야 한다.

周나라 사람들이 臘祭(臘平제사)와 田祖인 神農에게 제사할 적에 갈대로 만든 피리를 불고 흙으로 만든 북을 쳤으니, 이 또한 각기 그 편안한 바를 따랐을 뿐이다.

1) 春秋社稷釋奠釋菜 : 社는 土地神이고 稷은 穀神으로, 이들에게 仲春(2월)과 仲秋(8월)에 제사 지내므로 春秋社稷이라 하였다. 釋奠은 고대에 학교에서 술과 음식을 차려 先聖과 先師에게 제사하는 일종의 典禮이며, 釋菜는 고대에 학교에서 학생이 입학할 적에 미나리와 마름 따위의 채소를 차려놓고 先聖과 先師에게 올리는 典禮이다.

≪禮記≫ 〈文王世子〉에 "무릇 배움은 봄에는 가르치는 官員이 그 先師에게 釋奠을 올리니, 가을과 겨울에도 이와 같이 한다. 무릇 처음에 太學을 세우는 자는 반드시 先聖과 先師에게 釋奠을 올린다.〔凡學 春教官釋奠于其先師 秋冬亦如之 凡始立學者 必釋奠于先聖先師〕"라고 하였다.

陳澔의 集說에 "官은 詩書와 禮樂의 가르침을 관장하는 官員이다. 예컨대 봄에 詩歌를 외고 여름에 弦樂을 가르치게 되면 太師가 釋奠을 하고, 창과 방패로 춤추는 것을 가르치게 되면 小樂正과 樂師가 釋奠을 하며, 가을에 禮를 배우고 겨울에 ≪書經≫을 읽게 되면 그 가르치는 官員이 또한 이와 같이 하는 것이다.

釋奠은 다만 祭祀 지내는 물건을 갖다 놓을 뿐이요, 尸童이 없고 음식을 먹고 마시거나 酬酌하는 등의 일이 없으니, 이와 같이 하는 까닭은 그 禮를 행함을 주장하고 功勞에 보답함이 아니기 때문이다.

先師는 前代에 이 일을 밝게 익힌 스승을 이른다. 諸侯가 처음 封地를 받았을 적에 天子가 백성들을 가르칠 것을 명하거든 이에 太學을 세우니, 이른바

'처음 太學을 세운다.'는 것이다. 太學을 세우는 일은 중요하기 때문에 先聖과 先師에게 釋奠을 올리니, 四時의 가르침은 평상시의 일일 뿐이므로 先師에게만 釋奠을 올리고 先聖에게는 미치지 않는 것이다.〔官 掌教詩書禮樂之官也 若春誦夏弦 則太師釋奠 教干戈 則小樂正及樂師釋奠也 秋學禮 冬讀書 則其官亦如之 釋奠者 但奠置所祭之物而已 無尸 無食飮酬酢等事 所以若此者 以其主於行禮 非報功也 先師 謂前代明習此事之師也 諸侯初受封 天子命之教 於是立學 所謂始立學也 立學事重 故釋奠于先聖先師 四時之教 常事耳 故惟釋奠于先師而不及先聖也〕"라고 하였다.

또 ≪禮記≫ 〈月令〉에는 "上丁(上旬의 丁日)에 樂正에게 명하여 춤을 익히고 釋菜를 올리게 한다.〔上丁 命樂正 習舞釋菜〕"라고 하였는데, 陳澔의 集說에 "樂正은 樂官의 우두머리이다. 춤을 익히고 釋菜한다는 것은 장차 춤추는 자에게 춤을 가르치고 익히게 하려면 먼저 釋菜하는 禮로써 先師에게 고함을 이른다.〔樂正 樂官之長也 習舞釋菜 謂將教習舞者 則先以釋菜之禮 告先師也〕"라고 하였다.

2) 周人之祭蜡(사)與田祖也 : 蜡는 蜡祭로 한 해의 농사가 무사히 끝난 것을 감사드리는 제사이다. 周나라 때 12월에 농사에 관련된 여덟 神에게 제사하는 臘平祭를 이르는데, 여덟 신은 先嗇・司嗇・百種・農・郵表畷・禽獸・貓虎・坊水庸이다. 田祖는 처음으로 농사를 경작한 사람으로, 곧 神農氏를 가리킨다.

3) 吹葦籥(약) : 葦籥은 고대의 관악기로 갈대로 만든 피리이다. ≪禮記≫ 〈明堂位〉에 "흙으로 만든 북과 흙덩이로 만든 북채와 갈대로 만든 피리는 伊耆氏의 음악이다.〔土鼓 蕢桴 葦籥 伊耆氏之樂也〕"라고 보인다.

그 集說에 "흙으로 북을 만든 것은 아직 가죽으로 만든 북의 소리가 있지 않았기 때문이고, 흙덩이로 북채를 만든 것은 아직 나무를 깎는 편리함이 있지 않았기 때문이고, 갈대로 피리를 만든 것은 대나무를 자르는 정교함이 있지 않았기 때문이다.〔以土爲鼓 未有韗革之聲故也 以凷爲桴 未有斲木之利故也 以葦爲籥 未有截竹之精故也〕"라고 하였다.

嗟夫라 天下之禮 宏闊而難言하니 自非聖人이면 而何以處此리오 故로 夫推之而不明하고 講之而不詳은 則愚實有罪焉이어니와 唯其近於正而易行하야 庶幾天下之安而從之는

是則有取焉耳니라

아! 天下의 禮가 매우 크고 넓어서 말하기 어려우니, 만일 聖人이 아니면 어떻게 이것을 잘 대처할 수 있겠는가? 그러므로 이것을 미루어 부연하면서 분명히 하지 못하고, 강론하면서 자세히 하지 못하는 것은 참으로 나의 죄이지만, 오직 바름에 가깝고 행하기 쉬워서 거의 천하 사람들이 편안히 여기고 따름에 있어서는 취할 점이 있는 것이다.

03. 春秋論* ≪春秋≫에 대한 論

* 이 글 역시 東坡가 젊은 시절에 지은 작품이다.

文甚嫋(뇨)**娜**나 **而見似未透**하니라

문장은 아주 아름다우나 식견은 통투하지 못한 듯하다.

事有以拂乎吾心이면 **則吾言**이 **忿然而不平**하고 **有以順適乎吾意**면 **則吾言**이 **優柔而不怒**하나니 **天下之人**의 **其喜怒哀樂之情**을 **可以一言而知也**라 **喜之言**이 **豈可以爲怒之言耶**리오 **此天下之人**이 **皆能辨之**요 **而至於聖人**하야는 **其言**이 **丁寧反覆**하야 **布於方冊者甚多**하고 **而其喜怒好惡之所在者 又甚明而易知也**니라

일이 내 마음에 거슬리면 내 말이 노여워져서 불평해하는 기색이 드러나고, 일이 내 마음에 순하고 맞으면 내 말이 부드럽고 조용하여 노기를 띠지 않으니, 천하 사람들의 기뻐하고 노여워하고 슬퍼하고 기뻐하는 情을 한마디 말로써 알 수 있는 것이다.

기뻐하는 말이 어찌 노여워하는 말이 될 수 있겠는가? 이는 天下 사람들이 모두 분간할 수 있으며, 聖人에 이르러서는 말씀이 丁寧(간절)하고 反覆해서 書冊에 나열되어 있는 것이 매우 많으며, 기뻐하고 노여워하고 좋아하고 미워하는 감정이 들어 있는 부분은 또 매우 분명해서 알기가 쉽다.

然이나 天下之人이 常患求而莫得其意之所主하니 此는 其故何也오 天下之人이 以爲聖人之文章은 非復天下之言也라하야 而求之太過라 是以로 聖人之言이 更爲深遠而不可曉니라 且天下何不以己推之也오 將以喜夫其人이로되 而加之以怒之之言이면 則天下且以爲病狂하리니 而聖人이 豈有以異乎人哉시리오 不知其好惡之情하고 而不求其言之喜怒는 是所謂大惑也니라

그러나 천하 사람들이 聖人의 주장하신 뜻을 찾아도 이를 얻지 못함을 항상 염려하니, 이는 그 이유가 어째서인가? 천하 사람들이 생각하기를 '聖人의 문장은 다시는 天下 사람들의 말이 아니다.'라고 여겨서 추구하기를 너무 지나치게 한다. 이 때문에 聖人의 말씀이 다시 심원해져서 알 수 없는 것이 되어버렸다.

또 天下 사람들은 어찌하여 자기 마음을 가지고 미루어보지 않는가? 장차 그 사람을 기쁘게 하려고 하면서 그 사람이 노여워할 말을 가한다면, 天下 사람들은 장차 그 사람을 미친병을 앓는 사람이라고 여길 것이니, 聖人이 어찌 일반인과 다름이 있겠는가?

聖人의 좋아하고 미워하는 情을 알지 못하고 그 말씀의 기뻐함과 노여워함을 추구하지 않는다면, 이것이 이른바 큰 의혹이라는 것이다.

昔者에 仲尼刪詩於衰周之末[1]하사 上自商, 周之盛王[2]으로 至於幽, 厲[3]失道之際하고 而下訖於陳靈[4]하시니 自詩人以來로 至於仲尼之世히 蓋已數百餘年矣라 愚嘗怪大雅, 小雅之詩 當幽, 厲之時어늘 而稱道文, 武, 成, 康之盛德하고 及其終篇하야도 又不見幽, 厲之暴虐하니 此誰知其爲幽, 厲之詩而非文, 武, 成, 康之詩者리오 蓋察其辭氣하면 有幽憂不樂之意라 是以로 系之幽, 厲而無疑也하니라

옛날 仲尼께서 쇠퇴한 周나라의 말기에 詩를 刪削하시어 위로는 商나라와 周나라의 盛王으로부터 道를 잃은 군주인 幽王과 厲王의 즈음에까지 이르렀고 아래로는 陳 靈公에까지 미치셨으니, 詩人이 나온 이래로 仲尼의 세대에 이르기까지 이미 수백 년이 지났다.

내가 일찍이 괴이하게 생각하였다. 〈大雅〉와 〈小雅〉의 詩는 幽王과 厲王의 때를

당하였는데도 文王·武王과 成王·康王의 거룩한 덕을 칭송하였고, 그 끝 편에 이르러서도 또 幽王과 厲王의 暴虐함을 비판한 것을 볼 수 없으니, 그 누가 이것이 幽王과 厲王의 詩이고 文王·武王·成王·康王의 詩가 아닌 줄을 알겠는가?

그러나 말씀한 내용을 자세히 살펴보면 여기에는 깊이 근심하고 즐거워하지 않는 뜻이 있다. 이 때문에 이것을 幽王과 厲王의 詩에 붙이고 의심하지 않는 것이다.

1) 仲尼刪詩於衰周之末 : 仲尼는 孔子의 字이다. 孔子께서 詩를 刪削한 사실은 ≪史記≫ 〈孔子世家〉에 "옛날에 詩가 3천여 편이 있었으나 孔子 때에 이르러 그 중복된 것을 제외하고 禮義에 베풀 수 있는 것만 취하였다.……

≪詩經≫의 305편을 孔子께서 모두 거문고를 뜯으며 노래하여 韶·武·雅·頌의 음악에 맞추고자 하였다. 禮樂이 이로부터 말할 수 있게 되었고, 王道가 갖추어지고 六藝가 완성되었다.〔古者詩三千餘篇 及至孔子 去其重 取可施於禮義……三百五篇 孔子皆弦歌之 以求合韶武雅頌之音 禮樂自此可得而述 以備王道 成六藝〕"라고 보인다.

韶는 舜임금의 음악이고, 武는 武王의 음악이며, 雅는 ≪詩經≫의 〈大雅〉와 〈小雅〉이고, 頌은 ≪詩經≫의 〈周頌〉, 〈商頌〉, 〈魯頌〉을 이른다.

2) 盛王 : 王朝 전성기의 유덕한 군주를 이른다.

3) 幽厲 : 幽는 昏愚하다는 뜻으로 周나라의 幽王을 가리키고, 厲는 포악하다는 뜻으로 周나라의 厲王을 가리킨다.

厲王(?~B.C. 828)은 이름이 胡로 제10대 왕인데, 포학하고 재물을 좋아하여 백성을 괴롭혔으며, 충신들의 간언을 듣지 않고 멀리하였다. 이에 참다 못한 제후들과 백성들이 봉기하자, 彘 땅으로 도망갔다가 끝내 돌아오지 못하고, B.C. 828년에 망명지에서 죽었다.

幽王(B.C. 795~B.C. 771)은 이름이 宮涅(날)로 厲王의 손자이다. 褒姒를 총애하여 왕후인 申后를 축출하고 申后의 소생인 태자 宜臼를 폐위한 다음 褒姒의 아들 伯服을 후사로 세우자, 國舅인 申侯가 犬戎을 불러들여 周나라를 공격하고 幽王을 驪山 아래에서 시해하였다. 宜臼가 제후들에 의지하여 王으로 추대되고 洛邑으로 천도하니, 이가 곧 平王이다. 그러나 周나라는 이후로 유명무실한 왕실이 되었다.

4) 下訖於陳靈 : 陳靈은 춘추시대 陳 靈公(B.C. 613~B.C. 599)을 이른다. ≪史記≫ 〈陳杞世家〉에 靈公의 행적이 자세히 보이는데, 大夫인 孔寧과 儀行父와 함께 夏姬와 사통하고, 夏姬의 속곳을 朝堂에 가지고 와서 희롱할 정도로 荒淫無道하였다. 靈公 15년(B.C. 599)에 孔寧·儀行父와 함께 夏姬의 집에서 술을 마시다가, 마침내 夏姬의 아들인 夏徵舒에게 시해되었으며, 夏徵舒는 楚 莊王에게 토벌되어 죽임을 당하였다. ≪詩經≫ 〈陳風〉에 靈公의 이러한 음행을 풍자한 〈株林〉이란 詩가 있으므로 "아래로 여기에 미쳤다."고 이른 것이다.

若夫春秋二百四十二年之間[1)]은 **天下之是非 雜然而觸乎其心**이라 **見惡而怒**하고 **見善而喜**하니 **則求其是非之際**에 **又可以求諸其言之喜怒之間矣**라 **今夫人之於事**에 **有喜而言之者**하고 **有怒而言之者**하고 **有怨而言之者**하니 **喜而言之**면 **則其言**이 **和而無傷**하고 **怒而言之**면 **則其言**이 **厲而不溫**하고 **怨而言之**면 **則其言**이 **深而不洩**(설)하니 **此其大凡也**라

춘추시대 242년 동안을 말하면 天下의 옳고 그름이 뒤섞여 있어 내 마음에 저촉된다. 악한 것을 보면 노여워하고 선한 것을 보면 기뻐하니, 옳고 그름을 추구하는 즈음에 또 그 말의 기뻐하고 노여워하는 사이에서 천하의 옳고 그름을 추구할 수 있는 것이다.

지금 사람들이 일에 있어서 기뻐하여 말하는 경우가 있고 노여워하여 말하는 경우가 있고 원망하여 말하는 경우가 있으니, 기뻐하여 말하면 그 말이 화평하여 서글퍼함이 없고, 노여워하여 말하면 그 말이 거칠어서 온화하지 못하고, 원망하여 말하면 그 말에 원망이 깊어서 드러나지 않으니, 이것이 그 대체적인 것이다.

1) 春秋二百四十二年之間 : 孔子는 魯 隱公 원년(B.C. 722)에서 哀公 14년(B.C. 481)까지 242년 동안, 모두 12명의 군주가 다스렸던 시기에 周나라 전체의 주요사건들을 기록하고 ≪春秋≫라고 이름하였는데, 후세의 사가들이 책 이름을 빌어 이 시기를 춘추시대라고 칭하였다. 隱公 원년은 周 平王 49년이며, 魯나라의 12명의 군주는 隱公을 위시하여 桓公·莊公·閔公·僖

公・文公・宣公・成公・襄公・昭公・定公・哀公이다.

春秋之於仲孫湫之來에 **曰 齊仲孫來**라하고 **於季友之歸**에 **曰 季子來歸**라하니 **此所謂喜之之言也**[1]요 **於魯, 鄭之易田**에 **曰 鄭伯以璧假許田**[2]이라하고 **於晉文之召王**에 **曰 天王狩于河陽**[3]이라하니 **此所謂怒之之言也**요 **於叔牙之殺**에 **曰 公子牙卒**[4]이라하고 **於慶父**(보)**之奔**에 **曰 公子慶父如齊**[5]라하니 **此所謂怨之之言也**라 **夫喜之而和**하고 **怒之而厲**하고 **怨之而深**은 **此三者 無以加矣**니라

≪春秋≫에 仲孫湫가 왔을 적에 기록하기를 "齊나라 仲孫이 왔다."라고 하였고, 季友가 돌아왔을 적에 "季子가 來歸하였다."라고 하였으니 이것이 이른바 기뻐하는 말이란 것이요, 魯나라와 鄭나라가 밭을 교환할 적에 "鄭伯이 璧玉을 가지고 許田을 빌렸다."라고 하였고, 晉 文公이 天王을 부름에 대하여 기록하기를 "天王이 河陽에서 사냥하였다."라고 하였으니 이것이 이른바 노여워하는 말이란 것이요, 叔牙가 독살되었을 적에 "公子 牙가 卒(죽음)하였다."라고 하였고, 慶父가 도망갔을 적에 "公子 慶父가 齊나라에 갔다."라고 하였으니 이것이 이른바 원망하는 말이라는 것이다.
기뻐하면 온화하고 노여워하면 거칠고 원망하면 깊어짐은 이 세 가지보다 더할 수가 없는 것이다.

1) 春秋之於仲孫湫之來……此所謂喜之之言也 : 仲孫湫는 齊나라 대부로, 仲孫은 字이고 湫는 이름이다. 季友는 魯 桓公의 아들이고 莊公의 동복아우로 季孫氏의 시조인데, 季子는 그의 字이다. 그는 慶父의 난으로 빚어진 혼란을 극복하고 僖公을 세워 魯나라를 안정시켰다. ≪春秋≫에 이름 대신 字를 기록하는 것은 아름답게 여긴 것이다.

魯 閔公 원년에 慶父의 환란이 있었는데, 齊나라 仲孫湫가 齊 桓公의 명을 받아 이를 살피고 돌아가 齊 桓公에게 魯나라를 도와 환란을 안정시킬 것을 청하였기 때문에 '齊仲孫來'라고 字를 기록하였으며, 또 季子는 나라에 충성하여 國人들이 사모하였기 때문에 그를 어질게 여겨 ≪春秋≫에 '季子來歸'라고 字를 기록한 것인데, 이를 蘇軾이 기뻐하는 말이라고 표현한 것이다. ≪春秋左氏傳 閔公 원년≫

2) 魯鄭之易田曰 鄭伯以璧假許田 : 鄭伯은 鄭 莊公을 이른다. 魯 桓公 원년에 桓公이 莊公과 垂 땅에서 회합하고 鄭나라의 祊田과 魯나라의 許田을 교환하면서 璧玉을 더 얹어주었는데, 이는 隱公 8년(B.C. 715)에 鄭나라가 魯나라의 始祖인 周公을 제사 지낸다는 명분으로 이미 약속했던 일이었다.

그러나 ≪春秋≫에 '鄭伯以璧假許田'이라고 기록하여 許田을 祊田과 바꾼 것이 아니고 璧玉을 주고 鄭나라에게 許田을 임차한 것처럼 말하였는데, 이는 許田이 祊田보다 커서 魯나라가 손해를 보는 부당함과 魯나라가 鄭나라로 하여금 周公을 제사 지내도록 허락한 부당함을 諱하기 위해서였다. 그러므로 蘇軾은 노여워하는 말이라고 표현한 것이다. ≪春秋左氏傳 桓公 원년≫

3) 晉文之召王曰 天王狩于河陽 : 晉文은 晉 文公으로 이름은 重耳이며, 天王은 당시의 周 襄王이고, 河陽은 溫邑으로 晉나라 땅이다. 魯 僖公 28년에 晉 文公이 여러 제후들과 溫邑에서 會盟하면서 먼저 天王을 불러 함께 사냥을 하고 이어 會盟에서 여러 제후들을 朝見하게 하였다.

그러나 ≪春秋≫에는 會盟을 먼저 쓰고, 다시 '天王狩于河陽'이라고 써서 會盟과 상관없이 天王이 스스로 사냥한 것처럼 기록하였는데, 蘇軾이 이를 노여워하는 말이라고 표현한 것이다.

그러나 ≪春秋左氏傳≫에는 "이번 會盟에 晉侯가 王을 불러 제후를 거느리고 朝見하게 하고 또 王에게 사냥하게 하였는데, 이에 대해 仲尼께서는 '신하로서 임금을 부른 것은 교훈이 될 수 없다.'고 생각하였다. 그러므로 經에 '天王이 河陽에서 사냥하였다.'라고 기록하였으니, 이는 王이 사냥할 땅이 아님을 말한 것이고, 또 晉 文公의 德을 밝힌 것이다.〔是會也 晉侯召王 以諸侯見 且使王狩 仲尼曰 以臣召君 不可以訓 故書曰 天王狩于河陽 言非其地也 且明德也〕"라고 하였다.

4) 叔牙之殺曰 公子牙卒 : 叔牙는 魯나라 대부인 僖叔으로 字가 牙이다. 桓公은 夫人이 낳은 네 아들이 있었는데, 큰 아들은 莊公이며, 다음은 慶父로 孟孫氏(仲孫氏)의 시조이고, 다음은 叔牙(僖叔)로 叔孫氏의 시조이고, 막내는 季友로 季孫氏의 시조이다.

魯 莊公 32년에 莊公이 병이 들자, 아우 僖叔을 불러 후사에 대해 의견을 물었다. 본래 莊公은 자신의 아들 子般을 마음에 두고 있었는데, 僖叔은 동복

형인 慶父를 천거하였다. 이에 莊公의 뜻을 잘 알고 있던 季友가 僖叔을 독살하였는데, ≪春秋≫에는 '公子牙卒'이라고만 기록하였다. 그러므로 蘇軾이 원망하는 말이라고 표현한 것이다.

5) 慶父之奔曰 公子慶父如齊 : 慶父는 莊公의 부인인 哀姜과 사통하고 哀姜의 동생인 叔姜의 소생 開를 임금의 자리에 앉히려고 하였다. 그러다가 莊公이 죽자, 季友가 莊公의 뜻을 받들어 孟任의 소생인 子般을 세웠다. 이에 慶父가 莊公 32년 10월 己未日에 圉人인 犖(락)을 시켜 黨氏의 집에 있던 子般을 죽이고 공자 開를 임금의 자리에 앉히니, 이가 바로 閔公이다. 이때 季友는 亂을 피하여 陳나라로 도망하였다.

이 사실을 ≪春秋≫에는 '冬十月己未子般卒'이라고만 기록하여 弑害된 것을 숨겼고, 또 '公子慶父如齊'라고 기록하였는바, 이를 蘇軾이 원망하는 말이라고 표현한 것이다. 慶父가 齊나라에 간 것은 赴告의 禮를 가탁하여 齊나라의 후원을 얻기 위한 것이었다.

그 후 慶父는 哀姜과의 통정이 깊어지자, 閔公을 시해하고 스스로 魯나라 임금이 되고자 하였다. 그리하여 閔公 2년에 대부 卜齮를 시켜 武闈에서 閔公을 시해하였는데, 이때 陳나라에 망명하고 있던 季友가 이를 알고 閔公의 동생 公子申과 함께 邾나라로 가서 魯나라의 國人들과 연락하여 公子申을 세우려고 하였다. 季友의 통고를 받은 國人들이 들고 일어나 慶父를 죽이려고 하자, 慶父가 두려워하여 莒나라로 도망하였다. ≪春秋左氏傳 莊公 32년·閔公 2년≫, ≪史記 魯世家≫

至於公羊, 穀梁之傳[1]하야는 **則不然**하야 **日月土地 皆所以爲訓也**[2]라 **夫日月之不知**와 **土地之不詳**이 **何足以爲喜**며 **而何足以爲怒**리오 **此**는 **喜怒之所不在也**니라 **春秋**에 **書曰 戎伐凡伯于楚丘**라한대 **而以爲衛伐凡伯**[3]이라하고 **春秋**에 **書曰 齊仲孫來**라한대 **而以爲吳仲孫**[4]이라하야 (怒)〔甚〕**而至於變人之國**하니 **此**는 **又喜怒之所不及也**라 **愚故曰 春秋者**는 **亦人之言而已**니 **而人之言**은 **亦觀其辭氣之所嚮而已矣**라하노라

그런데 ≪春秋公羊傳≫과 ≪春秋穀梁傳≫에 이르러서는 그렇지 아니하여 날짜와 土地를 모두 訓(해석)하였다. 日月을 알지 못하는 것과 土地를 자세히 알지 못하는

것이 어찌 기뻐할 만한 것이 되며, 어찌 노여워할 만한 것이 될 수 있겠는가? 이것은 辭氣(문장)에 기뻐할 것도 없고 노여워할 것도 없는 것이다.

≪春秋≫에 "戎이 楚丘에서 凡伯을 정벌했다."라고 기록하였는데, ≪春秋公羊傳≫에서는 "衛나라가 凡伯을 정벌했다."라고 기록하였고, ≪春秋≫에 "齊나라 仲孫이 왔다."라고 기록하였는데, ≪春秋公羊傳≫에서는 "吳나라 仲孫이다."라고 기록하여, 심지어는 남의 나라를 뒤바꿔놓기까지 하였으니, 이것은 또 기뻐하고 노여워함이 미치지 않는 것이다.

나는 그러므로 말하기를 "≪春秋≫라는 것도 사람의 말일 뿐이니, 사람의 말은 그 辭氣가 향하는 바를 살펴볼 뿐이다."라고 하는 것이다.

1) 公羊穀梁之傳 : 公羊은 ≪春秋≫의 해설서인 ≪春秋公羊傳≫을 이르는데, ≪春秋公羊傳≫이라고도 한다. 저자는 전국시대 齊나라 사람인 公羊高로 子夏의 제자라 하는데 확실한 고증은 있지 않다.

穀梁은 ≪春秋穀梁傳≫으로 또한 ≪春秋≫의 해설서인데, ≪春秋穀梁傳≫이라고도 하는바 역시 子夏의 제자인 穀梁赤의 저작으로 알려져 있다.

이 두 책에 ≪春秋左氏傳≫을 더하여 '春秋三傳'이라고 부르는데, 일반적으로 ≪春秋左氏傳≫은 사실관계에 치중하였고, ≪春秋公羊傳≫과 ≪春秋穀梁傳≫은 ≪春秋≫의 義理的 측면을 중시하여 微言大義를 해석하는 데 힘썼다고 평가된다.

2) 日月土地 皆所以爲訓也 : 日月은 연월일을 가리키고 土地는 지방을 가리키는데, 訓을 하였다는 것은 모두 해설을 붙였음을 뜻한다.

3) 春秋書曰……而以爲衛伐凡伯 : 戎은 북방의 戎狄을 이른다. 凡伯은 凡은 국명이고 伯은 爵名으로 곧 凡나라의 군주이며, 楚丘는 지금 山東省 成武縣 동남쪽에 있던 地名이다.

≪春秋≫ 隱公 7년에 '戎伐凡伯于楚丘以歸'라고 기록되어 있는데, ≪春秋左氏傳≫에는 "당초에 戎이 周나라에 朝見하러 가서 公卿들에게 폐백을 보냈으나, 凡伯이 戎을 귀빈의 禮로 대우하지 않았다. 겨울에 周王이 凡伯을 魯나라에 보내어 빙문하였는데, 凡伯이 빙문을 마치고 돌아갈 적에 戎이 楚丘에서 凡伯을 공격하여 사로잡아 데리고 갔다.〔初戎朝于周 發幣于公卿 凡伯弗賓 冬

王使凡伯來聘 還 戎伐凡伯于楚丘以歸〕"라고 해설하였다.

그러나 ≪春秋穀梁傳≫ 隱公 4年에서 11年에는 "戎은 衛나라이다. 衛나라를 戎이라고 한 것은 天子의 사자를 정벌하였기 때문에 폄하하여 말한 것이다. 楚丘는 衛나라의 읍이다.〔戎者衛也 戎衛者 爲其伐天子之使 貶而戎之也 楚丘衛之邑也〕"라고 해설하고 있으므로 이렇게 말한 것이다.

4) 春秋書曰……而以爲吳仲孫 : 蘇軾의 이 말은 魯 閔公 원년에 齊나라 대부인 仲孫湫가 齊 桓公의 명을 받고 慶父의 환란을 살피기 위해 魯나라를 방문하자, ≪春秋≫에 이를 '齊仲孫來'라고 기록하였는데, ≪春秋公羊傳≫의 해설에는 仲孫湫를 '吳仲孫'이라 하여 국적을 뒤바꿔 해설하였다는 것이다.

그러나 ≪春秋公羊傳≫에는 '吳仲孫'이란 표현이 없고 ≪春秋≫ 경문을 해석하면서 "齊仲孫이란 자는 누구인가? 공자 慶父이다. 공자 慶父인데 어찌하여 齊仲孫이라고 하였는가? 齊나라에 달았기 때문이다. 어찌하여 齊나라에 달았는가? 外人으로 여긴 것이다.〔齊仲孫者何 公子慶父也 公子慶父則曷爲謂之齊仲孫 繫之齊也 曷爲繫之齊 外之也〕"라고 해설하여 仲孫을 慶父로 본 것인데, 東坡가 착각한 것으로 보인다. 齊나라에 달았다는 것은, 慶父는 魯나라 大夫인데 '魯仲孫'이라 쓰지 않고, 齊仲孫이라 하여 齊나라 밑에 그의 이름을 注記하였음을 말한 것이다.

04. 中庸論 上* ≪中庸≫에 대한 論 上

* ≪中庸≫은 ≪大學≫과 함께 원래 ≪禮記≫의 편명이었는데, 孔子의 손자인 子思의 저작으로 알려져 있으며, 儒家의 중요한 경전으로 인식되어 唐나라 때부터 별행본으로 나왔고, ≪論語≫, ≪孟子≫, ≪大學≫과 함께 四書로 불렸다. 中庸이란 말은 ≪中庸≫에 자주 보이며, ≪論語≫ 〈雍也〉에도 "中庸의 德이 지극하다.〔中庸之爲德也 其至矣乎〕"라고 보인다.

程子(伊川)는 이를 "치우치지 않음을 中이라 하고 변치 않음을 庸이라 하니, 中은 天下의 바른 道이고 庸은 천하의 정해진 理이다.〔不偏之謂中 不易之謂庸 中者 天下之正道 庸者 天下之定理〕"라고 注하였으며, 朱子는 "中은 편벽되지 않고 치우치지 않고 過와 不及이 없음의 이름이요, 庸은 平常함이다.〔中

者 不偏不倚無過不及之名 庸 平常也〕"라고 해석하였다.

此等文은 **非子瞻之佳者**로되 **以其是蘇家說理文字故**로 **錄而存之**하노라

이러한 글은 子瞻의 아름다운 문장은 아니지만, 蘇氏 집안의 성리학을 논한 문자(문장)이므로 기록하여 남겨두는 것이다.

甚矣라 **道之難明也**여 **論其著者**는 **鄙滯而不通**하고 **論其微者**는 **汗漫而不可考**하니 **其弊**는 **始於昔之儒者 求爲聖人之道而無所得**이라 **於是**에 **務爲不可知之文**하야 **庶幾乎後世之以我爲深知之也**라 **後之儒者 見其難知**하고 **而不知其空虛無有**하야 **以爲將有所深造乎道者**라하고 **而自恥其不能**하야 **則從而和之曰然**이라하야 **相欺以爲高**하고 **相習以爲深**하야 **而聖人之道 日以遠矣**니라

심하다! 道를 밝히기 어려움이여. 그 드러난 것을 논하면 매우 비루하고 막혀서 통하지 못하고, 그 은미한 것을 논하면 너무 광활하고 아득해서 상고할 수가 없으니, 이러한 병폐는 옛날 儒者들이 聖人의 道를 행하려고 하였으나 얻을 수가 없자, 이에 되도록 이해할 수 없는 글을 지어 행여 후세에서 자신의 글을 보고 道를 깊이 안다고 여기길 바란 데에서 시작되었다.

후세의 儒者들은 이 알기 어려운 글을 보고는 이것이 공허하여 아무것도 없다는 것을 알지 못하고, 마땅히 道에 깊이 나아간 바가 있는 자라고 생각하고는 자신이 그 내용을 제대로 알지 못하는 것을 부끄러워하여 덩달아 화답하기를 "이 말이 옳다."라고 하였다. 그리하여 서로 속이면서 높음으로 삼고, 서로 익히면서 道에 심오하다고 여겨서, 聖人의 道가 날로 멀어지게 되었다.

自子思作中庸으로 **儒者皆祖之**하야 **以爲性命之說**[1]하나니 **嗟夫**라 **子思者 豈亦斯人之徒歟**리오 **蓋嘗試論之**호리라 **夫中庸者**는 **孔氏之遺書而不完者也**니 **其要有三**[2]**而已矣**라 **三者**는 **是周公, 孔子之所從以爲聖人**이요 **而其虛詞蔓延**은 **是儒者之所以爲文也**라 **是故**로 **去其虛詞**하고 **而取其三**하시니 **其始**는 **論誠明之所入**[3]하고 **其次**는 **論**

聖人之道所從始하야 **推而至於其所終極**하고 **而其卒**은 **乃始內(納)之於中庸**하니 **蓋以爲聖人之道 略見於此矣**니라

子思가 ≪中庸≫을 지은 이래로 儒者들이 모두 이것을 祖宗으로 삼아서 性命의 말을 하니, 아! 子思란 분이 또한 어찌 이런 부류의 사람이시겠는가?

내가 한번 논해보겠다. 저 ≪中庸≫은 孔氏의 遺書로서 완전하지 못한 책이니, 그 요점은 세 가지가 있을 뿐이다. 이 세 가지는 바로 周公과 孔子가 따라서 聖人이 되신 이유이고, 虛言으로 견강부회한 것은 儒者들이 문장을 지은 것이다.

이 때문에 子思가 그 虛言을 제거하고 세 가지를 취하셨으니, 그 처음은 誠과 明에 들어가는 바를 논하였고, 그 다음은 聖人의 道가 말미암아 시작한 바를 논하고 미루어서 終極에 이르렀으며, 마지막에는 마침내 다시 처음 中庸으로 귀납하였으니, 이는 聖人의 道를 대략 여기에서 볼 수 있다고 여긴 것이다.

1) 自子思作中庸……以爲性命之說 : 子思는 孔子의 손자로 이름은 伋인데, 曾子에게서 배워 孔門의 心法을 터득하고 ≪中庸≫을 저술하여 후세에 述聖이라고 일컬어졌다.

性命은 儒家에서 가장 중요한 철학적 개념 중의 하나로 만물이 하늘로부터 품부 받은 理를 이른다. 子思는 ≪中庸≫에서 性命에 대해 "하늘이 命하신 것을 性이라 이르고, 性을 따름을 道라 이르고, 道를 品節해놓음을 敎라 이른다.〔天命之謂性 率性之謂道 修道之謂敎〕"라고 하였다.

또 이르기를 "오직 天下에 지극히 성실한 분이어야 능히 그 性을 다할 수 있으니, 그 性을 다하면 능히 사람의 性을 다할 것이요, 사람의 性을 다하면 능히 물건의 性을 다할 것이요, 물건의 性을 다하면 天地의 化育을 도울 것이요, 天地의 化育을 도우면 天地와 더불어 참여하게 될 것이다.〔惟天下至誠 爲能盡其性 能盡其性 則能盡人之性 能盡人之性 則能盡物之性 能盡物之性 則可以贊天地之化育 可以贊天地之化育 則可以與天地參矣〕"라고 하였다.

2) 三 : 여기서 세 가지는 ≪中庸≫의 "天命之謂性 率性之謂道 修道之謂敎"를 이른다.

3) 誠明之所入 : 誠은 至誠의 마음을 이르고 明은 모든 이치를 밝게 아는 것을 이른다. 이 내용은 ≪中庸≫에 "誠으로 말미암아 밝아짐을 性이라 이르고, 明으

로 말미암아 성실해짐을 教라 이르니, 성실하면 밝아지고 밝아지면 성실해진다.〔自誠明謂之性 自明誠謂之教 誠則明矣 明則誠矣〕"라고 보인다.

記曰 自誠明을 **謂之性**이요 **自明誠**을 **謂之教**니 **誠則明矣**요 **明則誠矣**[1]라하니라 **夫誠者**는 **何也**오 **樂**(락)**之之謂也**니 **樂之則自信**이라 **故**로 **曰誠**이요 **夫明者**는 **何也**오 **知之之謂也**니 **知之則達**이라 **故**로 **曰明**이니라 **夫惟聖人**은 **知之者未至**로되 **而樂之者先入**하니 **先入者爲主**하야 **而待其餘**는 **則是樂之者爲主也**요 **若夫賢人**은 **樂之者未至**하고 **而知之者先入**하니 **先入者爲主**하야 **而待其餘**면 **則是知之者爲主也**라 **是故**로 **有所不知**언정 **知之**면 **未嘗不行**하고 **知之者爲主**라 **是故**로 **雖無所不知**라도 **而有所不能行**이니라

≪禮記≫에 이르기를 "誠으로 말미암아 밝아짐을 性이라 이르고 明으로 말미암아 성실해짐을 教라 이르니, 성실하면 밝아지고 밝아지면 성실해진다."라고 하였다.

誠이라는 것은 무엇인가? 즐거워함을 말하니, 즐거워하면 스스로 진실해지므로 誠이라 말한 것이다. 明이라는 것은 무엇인가? 앎을 말하니, 알면 통달해지므로 明이라 한 것이다.

오직 聖人만은 아는 것이 지극하지 못하더라도 즐거워하는 것이 먼저 들어가니 먼저 들어가는 것이 주장이 되어서 그 나머지를 기다리면 이것은 즐거워하는 것이 주장이 되는 것이요, 賢人으로 말하면 즐거워하는 것은 지극하지 못하고 아는 것이 먼저 들어가니 먼저 들어가는 것이 주장이 되어서 그 나머지를 기다리면 이것은 아는 것이 주장이 되는 것이다.

聖人은 즐거워하는 것이 주장이 되기 때문에 알지 못하는 바가 있을지언정 알면 일찍이 행하지 않는 적이 없고, 賢人은 아는 것이 주장이 되기 때문에 비록 알지 못하는 바가 없더라도 행하지 못하는 바가 있는 것이다.

1) 記曰……明則誠矣 : 記는 ≪禮記≫를 가리키는바, ≪中庸≫은 본래 ≪禮記≫의 한 편이었으므로 이렇게 말한 것이다. 이 내용은 ≪中庸≫ 제21장에 그대로 보이는데, 이에 대해 鄭玄은 "自는 말미암음이다. 至誠으로 말미암아 明德을 소유하는 것은 聖人이 本性대로 하는 것이요, 明德을 말미암아 至誠에 이르는 것은 賢人이 배워서 아는 것이니, 至誠이 있으면 반드시 明德이 있고 明德이

있으면 반드시 至誠이 있다.〔自 由也 有至誠而有明德 是聖人之性者也 有明德而有至誠 是賢人學以知之也 有至誠則必有明德 有明德則必有至誠〕"라고 注하였다.

또 제20장에 "성실히 하는 것은 하늘의 道이고 성실히 하려는 것은 사람의 道이니 성실히 하는 자는 힘쓰지 않아도 道에 맞고 생각하지 않아도 터득하여 從容히 道에 맞게 하니, 이는 聖人이요, 성실히 하려는 자는 善을 가려 굳게 지키는 자이다.〔誠者天之道也 誠之者人之道也 誠者不勉而中 不思而得 從容中道 聖人也 誠之者 擇善而固執之者也〕"라고 하였다.

이에 대해 朱子는 誠은 성실한 것으로 行을 이르고 明은 밝게 아는 것으로 知를 이른다고 보고, 集註에 두 절을 묶어서 "自는 말미암음이다. 德이 성실하지 않음이 없고 밝음이 비추지 않음이 없는 자는 聖人의 德으로서 性대로 하여 간직한 자이니 하늘의 道이고, 먼저 善을 밝게 안 뒤에 그 善을 성실히 하는 자는 賢人의 배움으로서 가르침을 말미암아 들어가는 자이니 사람의 道이다. 성실해지면 밝지 않음이 없고 밝아지면 성실함에 이를 수 있다.〔自 由也 德無不實而明無不照者 聖人之德 所性而有者也 天道也 先明乎善而後 能實其善者 賢人之學 由敎而入者也 人道也 誠則無不明矣 明則可以至於誠矣〕"라고 해석하였다.

子曰 知之者不如好之者요 **好之者不如樂之者**[1]라하시니 **知之者與樂之者**는 **是聖人, 賢人之辨也**니 **好之者**는 **是賢人之所由以求誠者也**라 **君子之爲學**은 **愼乎其始**하니 **何則**고 **其所先入者重也**일새라 **知之多而未能樂焉**이면 **則是不如不知之愈也**라 **人之好惡莫如好色而惡臭**는 (則)〔**是**〕**人之性也**요 **好善如好色**하고 **惡惡如惡臭**는 **是聖人之誠也**라 **故**로 **曰 自誠明**을 **謂之性**이라하니라

孔子가 말씀하시기를 "아는 자가 좋아하는 자만 못하고, 좋아하는 자가 즐거워하는 자만 못하다."라고 하셨다. 아는 자와 즐거워하는 자는 바로 聖人과 賢人의 분변이니, 그 중간에 있는 좋아하는 자는 바로 賢人이 말미암아 성실해지기를 구하는 자이다.

君子가 학문할 적에 그 처음을 삼가야 하니, 어째서인가? 먼저 들어가는 것이 중

요하기 때문이다. 아는 것이 많으나 능히 즐거워하지 못하면 이는 모르는 것만 못한 것이다.

사람의 좋아하고 미워함은 여색을 좋아하고 악취를 싫어하는 것보다 더한 것이 없으니 이는 사람의 본성이요, 善을 좋아하기를 아름다운 여색을 좋아하는 것처럼 하고, 惡을 미워하기를 악취를 미워하는 것처럼 하는 것은 聖人의 성실함이다. 그러므로 말씀하기를 "誠으로 말미암아 밝아짐을 性이라 한다."라고 한 것이다.

1) 子曰……好之者不如樂之者 : 이 내용은 ≪論語≫ 〈雍也〉에 그대로 보이는데, 程伊川의 제자인 尹焞은 "안다는 것은 이 道가 있음을 아는 것이요, 좋아한다는 것은 좋아하되 아직 얻지 못한 것이요, 즐거워한다는 것은 얻음이 있어 즐거워하는 것이다.〔尹氏曰 知之者 知有此道也 好之者 好而未得也 樂之者 有所得而樂之也〕"라고 하였다.

또한 張敬夫(張栻)는 "五穀에 비유하면 아는 자는 그것이 먹을 수 있음을 아는 것이요, 좋아하는 자는 먹고서 좋아하는 것이요, 즐거워하는 자는 좋아하여 배불리 먹은 것이다. 알기만 하고 좋아하지 못하면 이는 앎이 지극하지 못한 것이요, 좋아하기만 하고 즐거워함에 미치지 못하면 이는 좋아함이 지극하지 못한 것이니, 이는 옛날 배우는 자들이 스스로 힘써 쉬지 않은 이유일 것이다.〔譬之五穀 知者 知其可食者也 好者 食而嗜之者也 樂者 嗜之而飽者也 知而不能好 則是知之未至也 好之而未及於樂 則是好之未至也 此古之學者 所以自强而不息者與〕" 하였다. ≪論語集註≫

孔子蓋長而好學하사 **適周觀禮**하고 **問於老聃**(담), **師襄之徒而後**에 **明於禮樂**[1)]하며 **五十而後讀易**[2)]하시니 **蓋亦有晩而後知者**라 **然**이나 **其所先得於聖人者**는 **是樂之而已**라 **孔子厄於陳, 蔡之間**하실새 **問於子路, 子貢**하신대 **二子不悅**하고 **而子貢**은 **又欲少貶焉**[3)]하니 **是二子者 非不知也**로되 **其所以樂之者 未至也**니라 **且夫子路能死於衛**로되 **而不能不慍於陳, 蔡**하니 **是豈其知之罪耶**리오 **故**로 **夫弟子之所爲從孔子游者**는 **非專以求聞其所未聞**이요 **蓋將以求樂其所有也**라 **明而不誠**이면 **雖挾其所有**나 **倀倀乎不知所以安之**니 **苟不知所以安之**면 **則是可與居安**이나 **而未可與居憂患也**라

夫惟憂患之至而後에 **誠明之辨**을 **乃可以見**이니 **由此觀之**컨대 **君子安可以不誠哉**리오

孔子께서는 장성하여서도 배우기를 좋아하셨다. 그리하여 周나라에 가서 禮를 행하는 것을 보시고 老聃과 師襄의 무리에게 禮와 樂을 물은 뒤에야 禮·樂에 밝으셨으며, 50세가 된 이후에 ≪周易≫을 읽으셨으니, 아마도 또한 말년이 된 뒤에야 아신 것이 있었을 것이다. 그러나 먼저 聖人의 경지를 얻은 까닭은 그 道를 즐거워하셨기 때문일 뿐이다.

孔子가 陳나라와 蔡나라의 사이에서 곤궁하실 적에 子路와 子貢에게 묻자, 두 사람은 기뻐하지 않았고 子貢은 또 夫子의 道를 조금 낮추기를 바랐으니, 이 두 사람은 알지 못한 것이 아니나 즐거워한 것은 지극하지 못한 것이었다.

또 子路는 衛나라에서 용감히 죽을 수 있었으나 陳나라와 蔡나라에서 곤궁할 적에 노여움을 참지 못하였으니, 이것이 어찌 알기만 한 죄가 아니겠는가?

그러므로 弟子들이 孔子를 따라 배운 것은 오로지 아직 듣지 못했던 것을 들으려고 하였을 뿐이 아니요, 장차 孔子가 소유하신 바를 즐거워하려고 한 것이었다.

밝기만 하고 성실하지 못하면 비록 그 소유한 바를 가지고 있으나 아득하여 편안히 여길 바를 알지 못하니, 만일 편안히 여길 바를 알지 못한다면 함께 편안함에는 처할 수 있으나 우환에는 함께 처할 수가 없는 것이다.

오직 우환이 이른 뒤에야 성실함과 밝음의 분별을 비로소 볼 수 있으니, 이로 말미암아 본다면 君子가 어찌 성실하지 않을 수 있겠는가?

1) 適周觀禮……明於禮樂 : 老聃은 바로 老子이며, 師襄은 魯나라의 樂師인데, ≪史記≫에는 師襄子라고 되어 있다. 孔子가 老子에게 禮를 배운 일은 ≪史記≫ 〈孔子世家〉에 "孔子가 周나라에 가서 禮에 대해 물었으니, 이는 老子를 만난 것이다.〔適周問禮 蓋見老子云〕"라고 보이며, 師襄에게 樂을 배운 일은 〈孔子世家〉에 "孔子가 樂師인 師襄子에게 거문고 타는 법을 배웠다.〔孔子學鼓琴師襄子〕"라고 보인다.

2) 五十而後讀易 : 이 내용은 ≪史記≫ 〈孔子世家〉에 "孔子는 말년에 ≪周易≫에 심취하여 〈彖傳〉, 〈繫辭傳〉, 〈象傳〉, 〈說卦傳〉, 〈文言傳〉을 서술하였으며, ≪周易≫을 반복해서 읽어 책을 엮은 가죽 끈이 세 번이나 끊어졌다. 孔子는 '나에

게 몇 년의 수명을 빌려주어 이와 같이 하면 내 ≪周易≫에 彬彬할 것이다.'라고 말씀하였다.〔孔子晩而喜易 序彖繫象說卦文言 讀易 韋編三絶 曰 假我數年若是 我於易則彬彬矣〕"라고 보인다.

3) 孔子厄於陳蔡之間……而子貢又欲少貶焉 : 孔子가 초빙을 받고 楚나라로 가는 길에, 陳나라와 蔡나라의 大夫들은 이것이 자신들에게 불리하리라 생각하고 군대를 동원하여 孔子의 일행을 포위하고 楚나라로 가는 것을 막았다. 孔子의 일행이 식량이 떨어지니, 따르던 제자들 중에 병이 들어 일어나지 못하는 자도 있었다.

그러나 孔子는 계속하여 강론하고, 거문고를 타고 노래를 부르며 전혀 걱정하지 않았다. 子路가 성난 얼굴로 孔子를 뵙고, "君子도 곤궁할 때가 있습니까?"라고 묻자, 孔子는 "君子라야 진실로 곤궁한 것이니, 小人은 곤궁하면 넘친다."라고 대답하였다. 子貢의 얼굴색이 변하자, 孔子가 "賜(子貢)야! 너는 내가 많이 배우고 그것을 기억하는 자라고 여기느냐?"라고 물으셨다. 子貢이 "그렇습니다."라고 대답하자, 孔子는 "아니다. 나는 하나의 이치가 모든 사물을 꿰뚫은 것이다."라고 하였다.

孔子는 제자들이 화가 난 것을 보고 子路를 불러 물었다. "詩에 이르기를 '외뿔소가 아니며 범이 아닌데도 저 曠野를 따르게 한단 말인가?'라고 하니, 나의 道가 잘못인가? 내 어찌하여 이 지경이 되었는가?"라고 물으시자, 子路가 "그것은 아마도 우리가 어질지 못해서 사람들이 우리를 믿지 못하는 것이 아니겠습니까? 또 우리가 지혜롭지 못해서 사람들이 우리를 가지 못하게 하는 것이 아니겠습니까?〔意者吾未仁耶 人之不我信也 意者吾未知(智)耶 人之不我行也〕"라고 대답하였다.

子貢이 들어와 뵙자, 孔子께서 똑같은 질문을 하니, 子貢은 "선생님의 道는 참으로 커서 천하 사람들이 선생님을 용납하지 못하는 것입니다. 선생님께서는 조금 도를 낮추십시오.〔夫子之道至大也 故天下莫能容夫子 夫子蓋少貶焉〕"라고 하였다.

그러나 顔淵은 똑같은 질문을 듣고 "용납되지 못하시는 것이 어찌 나쁘겠습니까? 소인들에게 용납되지 못한 뒤에야 군자를 만나보는 법입니다.〔不容何病 不容然後見君子〕"라고 하였는데, 얼마 있지 않아 楚王이 보낸 사자가 와서

위기를 벗어날 수 있었다.≪史記 孔子世家≫

05. 中庸論 中 ≪中庸≫에 대한 論 中

君子之欲誠也인댄 莫若以明이니라 夫聖人之道 自本而觀之하면 則皆出於人情이요 不循其本하고 而逆觀之於其末이면 則以爲聖人有所勉彊力行하되 而非人情之所樂者라하니 夫如是면 則雖欲誠之나 其道無由라 故로 曰 莫若以明이라하니 使吾心曉然知其當然하야 而求其樂이니라

君子가 성실하고자 하면 밝음으로써 하는 것보다 더 좋은 것이 없다. 聖人의 道는 근본적인 면에서 보면 모두 인정에서 나왔고, 근본을 따르지 않고 거슬려서 말단적인 면에서 보면 '聖人이 억지로 힘써 禮를 행하신 것이 있지만 사람의 마음에 즐거워하는 바가 아니다.'라고 생각하니, 이와 같다면 비록 성실히 하고자 하나 이를 방법이 없는 것이다.

그러므로 나는 "밝음으로써 하는 것보다 더 좋은 것이 없다."라고 하는 것이니, 내 마음으로 하여금 당연한 것임을 분명히 알아 그 즐거움을 추구하게 할 뿐이다.

今夫五常之教에 惟禮爲若彊人者[1]라 何則고 人情이 莫不好逸豫而惡勞苦어늘 今吾必也使之不敢箕踞하고 而磬折[2]百拜以爲禮하며 人情이 莫不樂富貴而羞貧賤이어늘 今吾必也使之不敢自尊하고 而卑讓退抑以爲禮하며 用器之爲便이어늘 而祭器之爲貴하고 褻衣之爲便이어늘 而衰冕[3]之爲貴하며 哀欲其速已어늘 而伸之三年하고 樂欲其不已어늘 而不得終日하니 此禮之所以爲彊人하야 而觀之於其末者之過也니 盍亦反其本而思之리오

지금 五常의 가르침 가운데에 오직 禮가 사람에게 억지로 행하도록 강요하는 듯하다. 어째서인가?

사람의 마음은 편안함과 즐거움을 좋아하고 勞苦를 싫어하지 않는 경우가 없는데 지금 나는 반드시 사람들로 하여금 감히 두 다리를 뻗고 걸터앉지(箕踞) 못하게 하고 허리를 굽혀(磬折) 백 번 절하는 것을 禮로 삼으며, 사람의 마음은 부귀를 좋아

하고 빈천을 수치로 여기지 않는 경우가 없는데 지금 나는 반드시 사람들로 하여금 감히 스스로 높이지 않고서 揖讓하고 겸손하고 억제하는 것을 禮로 삼으며, 일상 사용하는 기물이 편리한데 祭器를 귀하게 여기고 평상복이 편한데 袞冕을 귀하게 여기며, 슬픔은 빨리 그치고자 하는데 늘려서 三年喪을 하게 하고 즐거움은 그치지 않고자 하는데 하루를 마칠 수 없게 하였으니, 이는 禮가 사람을 억지로 행하도록 하는 것이라고 생각하여 그 말단적인 면만을 관찰하는 자의 잘못이니, 어찌 또한 근본적인 면으로 돌아가서 생각하지 않는가?

1) 五常之敎 惟禮爲若彊人者 : 五常은 하늘이 인간에게 품부해준 다섯 가지 변치 않는 本性으로 仁·義·禮·智·信을 이른다. 漢나라 董仲舒의 〈賢良策 一〉에 "仁·義·禮·智·信은 다섯 가지의 변하지 않는 道이니, 군왕이 마땅히 닦고 신칙하여야 한다.〔夫仁義禮智信 五常之道 王者所當修飭也〕"라고 보인다.

   또한 인간이 당연히 행해야 할 윤리도덕인 父子有親 등의 五倫을 가리키기도 한다. 五常 가운데에 '禮가 사람에게 억지로 행하도록 강요하는 듯하다.'는 것은 禮는 개인적 덕목이 아니라 天理의 節文, 人事의 儀則으로 사회질서를 규범하기 위해 강제하는 실천적 덕목의 성격을 갖기 때문에 이렇게 말한 것이다.

2) 磬折 : ㄱ字 모양으로 허리를 숙이는 것을 이른다. 磬은 악기 이름으로 ㄱ字 모양을 하고 있다. ≪禮記≫ 〈曲禮 下〉에 "서 있으면 경쇠처럼 허리를 굽혀 佩玉을 드리우니, 君主의 佩玉이 몸에 붙어 있으면 신하의 佩玉은 드리워져야 하고, 君主의 佩玉이 드리워지면 신하의 佩玉은 땅에 닿아야 한다.〔立則磬折垂佩 主佩倚 則臣佩垂 主佩垂 則臣佩委〕"라고 보인다.

3) 袞冕 : 곤룡포와 면류관으로 임금과 대신들의 禮服이다. 조회나 행사 때에 입었다.

今吾以爲磬折이 不如立之安也라하야 而將惟安之求인댄 則立不如坐요 坐不如箕踞요 箕踞不如偃仆(부)요 偃仆而不已면 則將裸袒而不顧하리니 苟爲裸袒而不顧면 則吾無乃亦將病之리오 夫豈獨吾病之리오 天下之匹夫匹婦 莫不病之也리라 苟爲病之면 則是其勢將必至於磬折而百拜하리니 由此言之하면 則是磬折而百拜者는 生於不欲裸袒之間而已也라 夫豈惟磬折百拜리오 將天下之所謂彊人者 其皆必有所從生也리니

辨其所從生而推之하야 **至於其所終極**이면 **是之謂明**이니라

지금 나는 생각하건대, 허리를 굽히는 것이 서 있는 것처럼 편안하지 못하다 하여, 장차 오직 편안함만을 추구한다면 서 있는 것은 앉아 있는 것만 못하고, 앉아 있는 것은 두 다리를 뻗거나 걸터앉는 것만 못하고, 두 다리를 뻗거나 걸터앉는 것은 누워 있는 것만 못하며, 누워 있는 데에서 그치지 않으면 반드시 장차 옷을 다 벗고 있으면서도 돌아보지 않을 것이니, 만일 옷을 다 벗고 있으면서도 돌아보지 않는다면 내 또한 장차 이것을 나쁘게 여기지 않겠는가?

어찌 나만 이것을 나쁘게 여길 뿐이겠는가? 온 天下의 匹夫·匹婦들도 이것을 나쁘게 여기지 않는 이가 없을 것이다.

만일 이것을 나쁘게 여긴다면 이는 형편상 장차 반드시 허리를 굽혀 백 번 절함에 이르게 될 것이니, 이것을 가지고 말한다면 허리를 굽혀서 백 번 절하는 것은 원래 옷을 다 벗고자 하지 않는 사이에서 생겼을 뿐인 것이다.

어찌 다만 허리를 굽혀서 백 번 절하는 것뿐이겠는가? 천하의 이른바 禮가 사람을 강요한다는 것들은 모두 반드시 말미암아 생긴 연유가 있을 것이니, 그 말미암아 생긴 연유를 분변하여 미루어서 終極에 이른다면 이것을 明이라고 이르는 것이다.

故로 **記曰 君子之道**는 **費而隱**[1)]이니라 **夫婦之愚**로도 **可以與知焉**이로되 **及其至也**하야는 **雖聖人**이라도 **亦有所不知焉**하며 **夫婦之不肖**로도 **可以能行焉**이로되 **及其至也**하야는 **雖聖人**이라도 **有所不能焉**이라하니 **君子之道**는 **推其所從生而言之**하면 **則其言約**하니 **約則明**이어늘 **推其逆而觀之**라 **故**로 **其言**이 **費**하니 **費則隱**이니라 **君子欲其不隱**이라 **是故**로 **起於夫婦之有餘**하야 **而推之**하야 **至於聖人之所不及**하고 **擧天下之至易**하야 **而通之於至難**하야 **使天下之安其至難者**를 **與其至易**로 **無以異也**하니라

그러므로 ≪禮記≫에 이르기를 "君子의 道는 너무 많아서(범위가 넓어서) 은미하다. 어리석은 夫婦도 참여하여 알 수 있으나 지극한 경지에 이르러서는 비록 聖人이라도 알지 못하는 바가 있으며, 불초한 夫婦도 능히 행할 수 있으나 지극한 경지에 이르러서는 비록 聖人이라도 능하지 못한 바가 있다."라고 하였다.

君子의 道는 그 말미암아 생긴 이유를 미루어보면 그 말이 간략하니, 간략하면 분명해서 알기가 쉽다. 그런데 그 逆으로 미루어서 보기 때문에 그 말이 많으니, 많으면 은미해지는 것이다.

君子는 은미하지 않고자 한다. 이 때문에 夫婦의 有餘함에서 시작하여 미루어서 聖人도 미치지 못하는 바에까지 이르고, 온 天下에 지극히 쉬운 것을 들어 지극히 어려운 것에까지 통하게 하였다. 그리하여 천하의 지극히 어려운 것을 편안히 여기기를 지극히 쉬운 것과 다름없이 하였다.

1) 君子之道費而隱 : 이 글은 ≪中庸≫ 제12장 앞부분에 보인다. 문맥으로 보건대, 蘇軾은 費를 '많다' 혹은 '범위가 넓다'로 해석하여 '君子의 道에 대한 해설이 너무 많아서(범위가 넓어서) 오히려 君子의 道가 은미해졌다.'라고 본 듯하다. 그러나 朱子는 集註에서 費를 '쓰임이 지극히 넓은 것이다.〔用至廣也〕'라고 보아, '君子의 道는 쓰임이 넓으면서도 은미하다.'라고 해석하여, 겉으로 드러나는 用은 지극히 넓으나 그 본체는 지극히 은미한 것으로 풀이하였다.

孟子曰 簞食(사)**豆羹**을 **得之則生**하고 **不得則死**라도 嘑(호)**爾而與之**면 **行道之人**도 **弗受**하며 **蹴爾而與之**면 **乞人**도 **不屑也**니라 **萬鍾則不辨禮義而受之**하나니 **萬鍾**이 **於我**에 **何加焉**이리오 **向爲身死**에 **而不受**라가 **今爲朋友妻妾之奉而爲之**하니 **此之謂失其本心**[1]이라하시니라 **且萬鍾之不受**는 **是王公大人之所難**이어늘 **而以行道乞人之所不屑**로 **而較其輕重**하니 **是何以異於匹夫匹婦之所能行**으로 **通而至於聖人之所不及**이리오 **故**로 **凡爲此說者**는 **皆以求安其至難**하야 **而務欲誠之者也**라 **天下之人**이 **莫不欲誠**이로되 **而不得其說**이라 **故**로 **凡此者**는 **誠之說也**니라

孟子가 말씀하시기를 "한 그릇의 밥과 한 그릇의 국을 얻어먹으면 살고 얻어먹지 못하면 죽더라도, 혀를 차면서 주면 길 가는 사람도 받지 않으며 발로 차면서 주면 걸인도 좋게 여기지 않는다. 그런데 萬鍾의 祿은 禮義를 따지지 않고 받으니, 萬鍾이 내 몸에 무슨 보탬이 되는가? 지난번에는 내 몸이 죽는데도 받지 않다가 지금 朋友와 妻妾의 받듦을 위해서 받으니, 이것을 일러 '그 本心을 잃었다.'라고 하는 것이다."라고 하였다.

또 萬鍾의 祿을 받지 않는 것은 王公과 大人도 하기 어려운 것인데, 길 가는 사람과 걸인이 달갑게 여기지 않는 바를 가지고 그 경중을 비교하였으니, 이 어찌 匹夫와 匹婦가 능히 행할 수 있는 바를 가지고 통하여 聖人의 미치지 못하는 바에까지 이르게 한 것과 다르겠는가?

그러므로 무릇 이러한 說을 하신 분들은 모두 그 지극히 어려운 것을 편안히 여겨 되도록 성실하게 하려는 것이다. 天下 사람들이 성실하고자 하지 않는 이가 없으나 그 說을 알지 못하였다. 그러므로 나의 이 모든 말은 誠에 대하여 말한 것이다.

1) 孟子曰……此之謂失其本心 : 簞은 대그릇(소쿠리)이고, 豆는 나무로 만든 그릇이며, 嘑는 혀를 차고 꾸짖는 모양이고, 不屑은 좋게 여기지 않는 것이며, 鍾은 6斛 4斗이다.

《孟子》〈告子 上〉에 "한 그릇의 밥과 한 그릇의 국을 얻으면 살고 얻지 못하면 죽더라도, 혀를 차고 꾸짖으면서 주면 길 가는 사람도 받지 않으며, 발로 차서 주면 乞人도 좋게 여기지 않는다.

萬鍾의 祿은 禮義를 분별하지 않고 받으니, 萬鍾의 祿이 나에게 무슨 보탬이 있겠는가. 宮室의 아름다움과 妻妾의 받듦과 내가 알고 있는 궁핍한 자가 나를 고맙게 여김을 위해서일 것이다.

지난번에는 내 몸이 죽는데도 받지 않다가 이제 宮室의 아름다움을 위하여 그 짓을 하며, 지난번에는 내 몸이 죽는데도 받지 않다가 이제 妻妾의 받듦을 위하여 그 짓을 하며, 지난번에는 내 몸이 죽는데도 받지 않다가 이제 내가 알고 있는 궁핍한 자가 나를 고맙게 여김을 위하여 그 짓을 하니, 이 또한 그만둘 수 없는가. 이것을 일러 '그 本心을 잃었다.'라고 하는 것이다.〔一簞食 一豆羹 得之則生 弗得則死 嘑爾而與之 行道之人弗受 蹴爾而與之 乞人不屑也 萬鍾則不辨禮義而受之 萬鍾於我何加焉 爲宮室之美 妻妾之奉 所識窮乏者得我與 鄕爲身死而不受 今爲宮室之美 爲之 鄕爲身死而不受 今爲妻妾之奉 爲之 鄕爲身死而不受 今爲所識窮乏者得我而爲之 是亦不可以已乎 此之謂失其本心〕" 하였다.

06. 中庸論 下 ≪中庸≫에 대한 論 下

夫君子雖能樂之나 而不知中庸이면 則其道必窮이니라 記曰 君子遵道而行하다가 半途而廢하나니 吾弗能已矣[1]라하니 君子非其信道之不篤也요 非其力行之不至也로되 得其偏而忘其中하야 不得終日安行乎通塗하면 夫雖欲不廢나 其可得耶리오 記曰 道之不行也를 我知之矣로니 賢者는 過之하고 不肖者는 不及也[2]라하니 以爲過者之難歟아 復之中者之難歟아 宜若過者之難也라 然이나 天下有能過而未有能中하니 則是復之中者之難也니라

君子가 비록 道를 즐거워할 수 있으나 中庸을 알지 못하면 그 道가 반드시 궁하게 된다.

≪禮記≫에 이르기를 "君子가 道를 따라 행하다가 중도에 폐지하니, 나는 그만두지 못한다."라고 하였으니, 君子가 道를 믿는 마음이 독실하지 않은 것도 아니고 힘써 행하는 것이 지극하지 않은 것도 아니지만, 한쪽만 얻고 中道를 잊어서 종일토록 사통오달의 큰길을 편안히 가지 못한다면, 비록 폐지하지 않고자 하나 어찌 되겠는가?

≪禮記≫에 이르기를 "나는 道가 행해지지 못하는 이유를 알겠으니, 어진 자는 지나치고 불초한 자는 미치지 못하기 때문이다."라고 하였다.

그렇다면 지나치는 것이 어려운가? 中道로 돌아오는 것이 어려운가? 당연히 지나치는 것이 어려운 듯하다. 그러나 천하에는 능히 지나친 자는 있어도 능히 중도에 맞는 자는 없으니, 그렇다면 中道로 돌아오는 것이 어려운 것이다.

1) 君子遵道而行……吾弗能已矣 : ≪中庸≫ 제11장에 보이는데, 朱子의 集註에 "道를 따라 행함은 능히 善을 택한 것이요, 中途에 폐함은 힘이 부족한 것이다. 이는 그 知가 비록 충분히 미칠 수 있으나 行이 미치지 못함이 있는 것이니, 마땅히 강하게 해야 할 경우에 강하게 하지 않는 자이다. 聖人이 이에 대하여 억지로 힘써서 감히 폐지하지 못하는 것이 아니요, 지극히 성실하고 쉼이 없어서 저절로 그만둘 수 없는 바가 있으신 것이다.〔遵道而行 則能擇乎善矣 半塗而廢 則力之不足也 此其知雖足以及之 而行有不逮 當强而不强者也 聖人於此 非勉焉而不敢廢 蓋至誠無息 自有所不能止也〕"라고 하였다.

2) 道之不行也……不肖者不及也：≪中庸≫ 제4장에 "道가 행해지지 못하는 이유를 내 알겠으니, 지혜로운 자는 지나치고 어리석은 자는 미치지 못하기 때문이다. 道가 밝아지지 못하는 이유를 내 알겠으니, 어진 자는 지나치고 어질지 못한 자는 미치지 못하기 때문이다.〔道之不行也 我知之矣 知(智)者過之 愚者不及也 道之不明也 我知之矣 賢者過之 不肖者不及也〕"라고 하였다.

이에 대해 朱子는 "道는 天理의 當然함이니, 中일 뿐이다. 智・愚와 賢・不肖의 過하고 不及함은 타고난 資稟이 달라 그 中을 잃은 것이다. 지혜로운 자는 앎이 지나쳐 이미 道를 행할 것이 못 된다고 생각하고, 어리석은 자는 앎에 미치지 못하고 또 행할 바를 알지 못하니, 이것이 道가 항상 행해지지 못하는 이유이다. 어진 자는 行이 지나쳐 이미 道를 알 것이 못 된다고 생각하고, 어질지 못한 자는 行에 미치지 못하고 또 알 바를 구하지 않으니, 이것이 道가 항상 밝아지지 못하는 이유이다."라고 하였다.

記曰 天下國家를 可均也며 爵祿을 可辭也며 白刃을 可蹈也로되 中庸은 不可能也[1)]라하니 旣不可過요 又不可〔不〕及이면 如斯而已乎아 曰 未也라 孟子曰 執中爲近이나 執中無權이 猶執一也[2)]라하시고 書曰 不協於極이라도 不罹於咎어든 皇則受之[3)]라하고 又曰 會其有極하고 歸其有極[4)]이라하고 而記曰 君子之中庸也는 君子而時中[5)]이라하니 皇極者는 有所不極而會於極이요 時中者는 有所不中而歸於中이니 吾見中庸之至於此而尤難也로라 是以로 有小人之中庸焉하니라 有所不中而歸於中이 是道也라 君子之所以爲時中이요 而小人之所以爲無忌憚이니 記曰 小人之中庸也는 小人而無忌憚也라하니라

≪禮記≫에 이르기를 "天下와 國・家(나라와 집안)를 똑 고르게 다스릴 수 있으며 관작과 녹봉을 사양할 수 있으며 시퍼런 칼날을 밟을 수 있으나, 中庸은 능히 할 수 없다."라고 하였으니, 지나쳐서도 안 되고 또 미치지 못해서도 안 된다면 이와 같이 중간에 할 뿐인가?

아니다. 孟子가 말씀하시기를 "中(중간)을 잡는 것이 道에 가까우나 중간을 잡고 權道가 없는 것은 어느 한 가지를 잡은 것과 같다."라고 하였으며, ≪書經≫에 이르기를 "極에 맞지 않더라도 허물에 걸리지 않으면 임금이 이것을 받아주어야 한다."라고

하였고, 또 이르기를 "그 極에 모이게 하고 그 極으로 돌아오게 한다."라고 하였고, ≪禮記≫에 이르기를 "君子의 中庸은 君子이면서 때에 맞게 한다."라고 하였다.

皇極이라는 것은 極에 맞지 않는 바가 있으면 極에 모이게 하는 것이고, 時中이라는 것은 맞지 않는 바가 있으면 이것을 中에 돌아오게 하는 것이니, 나는 中庸이 여기에 이르러서 더욱 어려움을 알겠다.

이 때문에 小人의 中庸이 있는 것이다. 맞지 않는 바가 있더라도 中에 돌아오게 하는 것이 바로 道이다. 이는 君子가 時中이 되고 小人이 기탄함이 없는 이유이니, ≪禮記≫에 이르기를 "小人의 中庸은 小人이면서 기탄함이 없다."라고 하였다.

1) 天下國家可均也……中庸不可能也 : 이 내용은 ≪中庸≫ 제9장에 보이는데, 이에 대해 朱子는 集註에서 "이 세 가지 또한 智·仁·勇의 일이니, 천하에 지극히 어려운 일이다. 그러나 모두 한쪽에 치우쳐 있기 때문에 資稟이 이에 가깝고 功力을 힘쓰는 자는 모두 충분히 할 수 있지만, 中庸에 이르러서는 비록 능하기 쉬울 것 같으나 義가 精하고 仁이 익숙하여 一毫라도 人慾의 私가 없는 자가 아니면 미치지 못한다. 세 가지는 어려우면서도 쉽고 中庸은 쉬우면서도 어려우니, 이는 사람 중에 능한 이가 적은 이유이다."라고 하였다.

2) 孟子曰……猶執一也 : ≪孟子≫ 〈盡心 上〉에 "楊子는 자신을 위함을 취하였으니, 한 털을 뽑아서 天下가 이롭더라도 하지 않았다. 墨子는 兼愛를 하였으니, 이마(정수리)를 갈아 발꿈치에 이르더라도 天下에 이로우면 하였다. 子莫은 중간을 잡았으니, 중간을 잡는 것이 道에 가까우나 중간을 잡고 저울질함이 없는 것은 한쪽을 잡는 것과 똑같다. 한쪽을 잡는 것을 미워하는 까닭은 道를 해치기 때문이니, 하나를 들고 백 가지를 폐하는 것이다.〔楊子取爲我 拔一毛而利天下 不爲也 墨子兼愛 摩頂放踵 利天下爲之 子莫執中 執中爲近之 執中無權 猶執一也 所惡執一者 爲其賊道也 擧一而廢百也〕"라고 하였다.

楊子는 楊朱이고, 墨子는 墨翟이다. 子莫은 魯나라의 賢者인데 楊朱와 墨翟이 中道를 잃었음을 알았다. 그러므로 두 사람의 사이를 헤아려 중간을 잡은 것이다.

權은 저울의 추를 이르는데, 여기서는 물건의 輕重을 달아서 알맞음을 취하듯이 일을 행할 적에 일의 경중을 헤아려서 시의적절하게 처리한다는 의미로 쓰였다. 그러므로 '중간을 잡고 저울질함(權道)이 없다면 일정한 中에 교착되어 변화를 알지 못하니, 이 또한 한쪽을 잡는 것일 뿐이다.'라는 뜻이다.

朱子는 集註에서 "爲我는 仁을 해치고 兼愛는 義를 해치고 중간을 잡는 것은 時中을 해치니, 모두 하나를 들고 백 가지를 폐하는 것이다.〔爲我害仁 兼愛害義 執中者 害於時中 皆擧一而廢百者也〕"라고 하였다.

3) 書曰……皇則受之 : 이 내용은 ≪書經≫ 〈周書 洪範〉에 보이는데, 蔡沈의 集傳에 "極에 합하지 않는다는 것은 善에 합하지 않는 것이고, 허물에 걸리지 않는다는 것은 惡에 빠지지 않는 것이다. 善에 합하지는 못하나 惡에는 빠지지 않음은 이른바 中人이라는 것이니, 나아가면 더불어 善을 할 수 있고 버리면 惡에 흐르니, 君主가 마땅히 받아주어야 할 바이다."라고 해석하였다.

4) 會其有極 歸其有極 : 이 역시 ≪書經≫ 〈周書 洪範〉의 皇極에 대한 설명 가운데 한 부분인데, 원문은 아래와 같다.

"偏僻됨이 없고 기욺이 없어 王의 義를 따르며, 뜻에 사사로이 좋아함을 일으키지 말아 王의 道를 따르며, 뜻에 사사로이 미워함을 일으키지 말아 王의 길을 따르라. 편벽됨이 없고 편당함이 없으면 王의 道가 蕩蕩하며, 편당함이 없고 편벽됨이 없으면 王의 道가 平平하며, 常道에 위배됨이 없고 기욺이 없으면 王의 道가 正直할 것이니, 그 極에 모이고 그 極에 돌아오게 하는 것이다.〔無偏無陂 遵王之義 無有作好 遵王之道 無有作惡 遵王之路 無偏無黨 王道蕩蕩 無黨無偏 王道平平 無反無側 王道正直 會其有極 歸其有極〕"

5) 記曰……君子而時中 : 이 내용은 ≪中庸≫ 제2장에 "君子의 中庸은 君子이면서 時中을 하고, 小人의 中庸은 小人이면서 忌憚이 없다.〔君子之中庸也 君子而時中 小人之中庸也 小人而無忌憚也〕"라고 보인다.

이에 대해 朱子는 王肅의 本을 근거로 '小人之' 아래에 反字가 빠진 것으로 보아 '小人이 中庸을 반대로 함은'으로 해석하고, 集註에서 아래와 같이 해석하였다.

"君子가 中庸을 하는 까닭은 君子의 德이 있고 또 능히 때에 따라 中에 처하기 때문이요, 小人이 中庸을 반대로 하는 까닭은 小人의 마음이 있고 또 忌憚하는 바가 없기 때문이다.

中은 一定한 體가 없어 때에 따라 있으니, 이것이 바로 平常의 理이다. 君子

는 이것이 자신에게 있음을 안다. 이 때문에 보지 않을 때에도 戒愼하고 듣지 않을 때에도 恐懼하여 때마다 맞지 않음이 없고, 小人은 이것이 있음을 알지 못하니 욕심을 부리고 망령되이 행동하여 忌憚하는 바가 없는 것이다.〔君子之所以爲中庸者 以其有君子之德 而又能隨時以處中也 小人之所以反中庸者 以其有小人之心 而又無所忌憚也 蓋中無定體 隨時而在 是乃平常之理也 君子知其在我 故能戒謹不覩 恐懼不聞 而無時不中 小人不知有此 則肆欲妄行 而無所忌憚矣〕"

嗟夫라 **道之難言也**여 **有小人焉**하야 **因其近似而竊其名**하니 **聖人**이 **憂思恐懼**라 **是故**로 **反覆而言之不厭**하시니라 **何則**고 **是道也**는 **固小人之所竊以自便者也**라 **君子見危則能死**로되 **勉而不死**하야 **以求合於中庸**하고 **見利則能辭**로되 **勉而不辭**하야 **以求合於中庸**하나니 **小人**이 **貪利而苟免**에도 **而亦欲以中庸之名**으로 **私自便也**하니 **此孔子, 孟子之所爲惡**(오)**鄕愿也**시니라 **一鄕**이 **皆稱愿人焉**이면 **無所往而不爲愿人**이어늘 **同乎流俗**하고 **合乎汚世**하야 **曰 古之人**은 **行何爲踽踽凉凉**고 **生斯世也**하야 **善斯可矣**[1)]라하야 **以古之人爲迂**하고 **而以今世之所善**으로 **爲足以已矣**면 **則是不亦近似於中庸耶**아 **故**로 **曰 (似)〔惡〕紫**는 **恐其亂朱也**요 **惡莠**는 **恐其亂苗也**[2)]라하시니 **何則**고 **惡其似也**시니라

아! 道를 말하기 어려움이여. 小人이 있어서 道와 유사한 것을 가지고 그 이름을 도둑질하니, 聖人이 이것을 걱정하고 두려워하였다. 이 때문에 싫어하지 않고 반복하여 말씀하신 것이다. 어째서인가? 이 道는 진실로 小人들이 도둑질하여 스스로 편리하게 하는 것들이다.

君子는 위태로움을 보면 능히 죽을 수 있으나 억지로 참고 죽지 않아서 中庸에 부합하기를 구하고, 이익을 보면 능히 사양할 수 있으나 억지로 참고 사양하지 않아서 中庸에 부합하기를 구한다.

그런데 小人들이 이익을 탐하고 죽음을 구차히 면할 적에도 中庸이라는 이름을 가지고 사사로이 스스로 편리하게 하고자 하니, 이것이 孔子와 孟子가 鄕愿을 미워하신 이유인 것이다.

한 지방 사람들이 모두 삼가는 사람(愿人)이라고 칭찬한다면 가는 곳마다 삼가는

사람이 되지 않음이 없을 것이다. 그런데도 流俗에 동화하고 더러운 세상에 영합하여 "옛날 사람들은 행실이 어찌 이렇게도 외롭고 쓸쓸하였는가? 이 세상에 태어나서 이 사람들과 잘 지내면 된다."라고 말한다. 그리하여 옛사람을 오활하다 하고, 지금 세상 사람들이 좋게 여기는 것을 이만 하면 충분하다고 말한다면 이것은 中庸에 유사한 것이 아니겠는가?

그러므로 孔子께서 말씀하시기를 "자주색을 미워함은 붉은색을 어지럽힐까 염려해서이고, 가라지를 미워함은 벼싹을 어지럽힐까 두려워해서이다."라고 하셨으니, 어째서인가? 그 유사함을 미워하신 것이다.

1) 一鄕皆稱愿人焉……善斯可矣：鄕愿은 시골에서 삼가고 공손히 처신하는 사람으로 사이비 有德者를 가리키는데, ≪論語≫와 ≪孟子≫에는 모두 鄕原으로 표기되었는바, 옛날 原은 愿과 통용하였기 때문이다. 踽踽는 홀로 행하여 외로운 모양을 이르고, 涼涼은 薄함으로 남에게 親厚함을 받지 못하는 모양을 이른다.

이 말은 ≪孟子≫ 〈盡心 下〉에 "萬章이 '孔子께서 말씀하시기를 「내 문 앞을 지나면서 내 집에 들어오지 않더라도 내 서운해하지 않는 자는 오직 鄕原일 것이다. 鄕原은 德의 賊이다.」라고 하셨으니, 어떠하면 鄕原이라 이를 수 있습니까?'라고 묻자, 孟子께서 말씀하셨다. '〈鄕愿이 狂者를 비난하기를〉 어찌하여 이처럼 말과 뜻이 커서 말은 행실을 돌아보지 않으며 행실은 말을 돌아보지 않고 말하기를 「옛사람이여, 옛사람이여.」라고 하는가.' 하며, 또 〈狷者를 비난하기를〉 「행실을 어찌하여 이처럼 외롭고 쓸쓸하게 하는가. 이 세상에 태어났으면 이 세상 사람들을 위하여 남들이 善하다고 하면 可하다.」라고 하여, 閹然히 세상에 아첨하는 자가 鄕原이다.'

萬章이 묻기를 '한 지방이 모두 原人이라고 이른다면 가는 곳마다 原人이 되지 않음이 없을 터인데, 孔子께서 德의 賊이라고 하심은 어째서입니까?'라고 묻자, 孟子께서 말씀하시기를 '鄕原은 비난하려 해도 들 것이 없으며 풍자하려 해도 풍자할 것이 없어서 流俗과 동화하며 더러운 세상에 영합하여, 居함에 忠信과 같으며 행함에 淸廉潔白과 같아서 여러 사람들이 다 좋아하거든 스스로 옳다고 여기나, 堯·舜의 道에 들어갈 수 없다. 그러므로 德의 賊이라고 하신 것이다.'라고 하였다.〔孔子曰 過我門而不入我室 我不憾焉者 其惟鄕原乎 鄕原 德之賊也 曰 何如 斯可謂之鄕原矣 曰 何以是嘐嘐也 言不顧行 行不顧言 則曰古之人古之人 行何爲踽踽涼涼 生斯世也 爲斯世也 善斯可矣 閹然媚於世也者 是鄕原也 萬章曰 一鄕皆稱原人焉 無所往而不爲原人 孔子以爲德之賊何哉 曰 非之無擧也 刺之無刺也 同乎流俗 合乎汚世 居之似忠信 行之似廉潔 衆皆悅之 自以爲是 而不可與入堯舜之道 故曰德之賊也〕"라고 보인다.

2) (似)〔惡〕紫恐其亂朱也 惡莠恐其亂苗也 : 紫는 間色(黑과 朱의 중간색)이고 朱는 正色(바른 색)으로 옛날에 正色을 좋게 여기고 間色을 좋지 않게 여겼기 때문에 말한 것이다. 莠는 가라지(피)인데, 볏과의 한해살이풀로 벼와 흡사한 잡초이다.

≪孟子≫ 〈盡心 下〉에 "孔子께서 말씀하시기를 '나는 같으면서 아닌 것〔似而非〕을 미워하노니, 가라지를 미워함은 벼싹을 어지럽힐까 두려워해서요, 말재주가 있는 자를 미워함은 義를 어지럽힐까 두려워해서요, 말 잘하는 입을 가진 자를 미워함은 信을 어지럽힐까 두려워해서요, 鄭나라 音樂을 미워함은 正樂을 어지럽힐까 두려워해서요, 자주색을 미워함은 붉은색을 어지럽힐까 두려워해서요, 鄕原을 미워함은 德을 어지럽힐까 두려워해서이다.'라고 하셨다.〔孔子曰 惡似而非者 惡莠 恐其亂苗也 惡佞 恐其亂義也 惡利口 恐其亂信也 惡鄭聲 恐其亂樂也 惡紫 恐其亂朱也 惡鄕原 恐其亂德也〕"라고 보인다.

信矣라 **中庸之難言也**여 **君子之欲從事乎此**인댄 **無循其迹**이요 **而求其味**면 **則幾矣**니라 **記曰 人莫不飮食也**언마는 **鮮能知味也**[1]라하니라

참으로 中庸은 말하기가 어렵다. 君子가 이 中庸에 종사하고자 한다면, 그 행적을 따르지 말고 의미를 찾는다면 거의 가까울 것이다.

≪禮記≫에 이르기를 "사람들이 마시고 먹지 않는 이가 없지만 그 맛을 제대로 아는 이는 적다."라고 하였다.

1) 記曰……鮮能知味也 : 이 내용은 ≪中庸≫ 제4장의 일부로 사람들이 道를 제대로 알지 못함을 비유한 말인데, 朱子의 集註에 "道는 떠날 수가 없는데 사람들이 스스로 살피지 않는다. 이 때문에 過하고 不及한 폐단이 있는 것이다.

〔道不可離 人自不察 是以 有過不及之弊〕"라고 하였다.

唐荊川曰 數段貫穿하야 **作一篇**하니라

唐荊川이 말하였다. "몇 단락이 일관되어 한 篇이 되었다."

07. 續歐陽子朋黨論* 歐陽子 〈朋黨論〉의 續篇

* 이 글은 東坡가 젊은 시절에 지은 작품이다. 郎曄本에는 '歐陽子' 세 字가 없는데, 歐陽子는 歐陽脩(1007~1072)의 경칭이다.

歐陽脩는 字가 永叔이며 醉翁 또는 六一居士로 自號하였다. 唐宋八大家 중의 한 사람으로 韓愈와 함께 古文運動의 영수로 꼽히며 벼슬이 參知政事에 이르렀다. 嘉祐 2년(1056) 당시 禮部侍郎으로 知貢擧(과거시험위원장)의 직책을 맡았는데, 이때 蘇軾이 급제하였기 때문에 蘇軾은 평생 그를 스승으로 섬겼다.

仁宗 慶曆 연간 초기에 范仲淹이 재상 呂夷簡을 비판하다가 知饒州로 좌천되었는데, 歐陽脩가 范仲淹을 비호하다가 朋黨으로 몰려 夷陵縣令으로 좌천되자, 歐陽脩는 〈朋黨論〉을 지어 논박하였다. 이 글은 歐陽脩의 의논 중에 일부 미진한 뜻을 蘇軾이 보충하여 쓴 것이다. 그러므로 '續'자를 앞에 붙인 것이다.

長公此論은 **眞可以補歐陽子之不足**이니 **元祐紹聖之間**에 **豈其說不用耶**아 **通篇轉摺**(납)**處 皆如游龍**하니라

長公의 이 論은 참으로 歐陽子의 부족함을 보충할 수 있는데, 元祐와 紹聖 연간에 어찌하여 그의 說이 쓰이지 못했단 말인가? 全篇에 걸쳐 돌리고 꺾은 부분이 마치 자유자재로 노니는 龍과 같다.

歐陽子曰 小人이 **欲空人之國**인댄 **必進朋黨之說**[1)]이라하니 **嗚呼**라 **國之將亡**은 **此其徵歟**인저 **禍莫大於權之移人**이요 **而君莫危於國之有黨**하니 **有黨則必爭**이요 **爭則小人者必勝**하야 **而權之所歸也**니 **君安得不危哉**아 **何以言之**오 **君子**는 **以道事君**하니 **人**

主必敬之而疏하고 **小人**은 **唯予言而莫予違**하니 **人主必狎之而親**이라 **疏者**는 **易間**하고 **而親者**는 **難睽也**하며 **而君子者**는 **不得志**면 **則奉身而退**하야 **樂道不仕**하고 **小人者**는 **不得志**면 **則儌(요)倖復用**하야 **唯怨之報**하니 **此其所以必勝也**니라

歐陽子가 말씀하기를 "小人이 남의 나라를 텅 비게 만들려고 하면 반드시 朋黨의 說을 임금에게 올린다."라고 하였다. 아! 나라가 장차 망하려면 이 朋黨이 바로 그 조짐이라 할 것이다.

군주의 禍는 권세가 남에게 옮겨지는 것보다 더 큰 것이 없고, 군주는 나라에 朋黨이 있는 것보다 더 위태로운 것이 없으니, 朋黨이 있으면 반드시 다투고 다투면 小人들이 반드시 이겨서 권세가 小人들에게 돌아가게 된다. 그러니 군주가 어찌 위태롭게 여기지 않을 수 있겠는가?

무슨 이유로 이렇게 말하는가? 君子는 道로써 군주를 섬기니, 군주가 반드시 그를 공경하여 소원히 하고, 小人은 군주가 무슨 말을 하더라도 어기지 않으니, 군주가 반드시 그를 가까이하여 친애한다.

소원한 자는 간격이 벌어지기 쉽고 친한 자는 반목하게 하기가 어려우며, 君子는 뜻을 얻지 못하면 몸을 받들고 물러가서 道를 즐거워하고 벼슬하지 않는데, 小人은 뜻을 얻지 못하면 요행으로 다시 등용되어 오직 원한을 보복하려 하니, 이것이 小人이 반드시 승리하는 이유이다.

1) 歐陽子曰……必進朋黨之說 : 歐陽脩의 〈朋黨論〉에 보이는 내용으로 〈朋黨論〉은 본서 11권 〈大臣論 上〉의 부록에 全文이 있다.

蓋嘗論之컨대 **君子**는 **如嘉禾也**하야 **封植之甚難**하고 **而去之甚易**하며 **小人**은 **如惡草也**하야 **不種而生**하고 **去之復蕃**하니 **世未有小人不除而治者也**라 **然**이나 **去之爲最難**하야 **斥其一**이면 **則援之者衆**하고 **盡其類**면 **則衆之致怨也深**이라 **小者**는 **復用而肆威**하고 **大者**는 **得志而竊國**하야 **善人**이 **爲之掃地**하고 **世主爲之屛息**하니 **譬之斷蛇不死**하고 **刺虎不斃**하야 **其傷人則愈多矣**니 **齊田氏, 魯季孫**[1]이 **是已**라

내 한번 논해보겠다. 君子는 아름다운 곡식과 같아서 북돋아 심어주기는 매우 어

렵고 제거하기는 매우 쉬우며, 小人은 나쁜 잡초와 같아서 심지 않아도 저절로 자라고 제거하여도 다시 무성해지니, 세상에 小人을 제거하지 않고서 나라가 다스려지는 경우는 있지 않다.

그러나 小人을 제거하기가 가장 어려워서 小人 중의 한 사람을 배척하면 구원하는 자가 많고, 무리를 다 배척하면 여러 사람들의 원망을 크게 부른다.

그리하여 작은 경우에는 다시 등용되어 위엄을 부리고 큰 경우에는 뜻을 얻어 나라를 도둑질한다. 그리하여 善人이 이 때문에 땅을 쓸듯이 남김없이 다 없어지고 세상의 군주가 이 때문에 숨을 죽인다.

비유하면 뱀을 잘라도 죽지 않고 범을 찔러도 죽지 않아서 사람을 더욱 많이 상하게 하는 것과 같으니, 齊나라의 田氏와 魯나라의 季孫氏가 이 경우이다.

1) 齊田氏魯季孫 : 齊田氏는 춘추시대 齊나라의 대부인 田氏 가문을 이른다. 공족이었던 田氏는 본래 陳나라 陳完의 후손들이다. 陳나라에 내란이 일어나자 齊 桓公 14년(B.C. 672)에 齊나라로 망명하였는데, 桓公의 신임을 얻어 工官으로 등용되었으며, 성을 陳과 발음이 같은 田氏로 바꾸었다. 이후 田氏는 대대로 齊나라의 대부가 되어 국정을 전횡하였는데, 康公 19년(B.C. 386)에 田和가 康公을 폐위하고 齊나라를 찬탈하였다. ≪史記 田敬仲田完世家≫
'魯季孫'은 춘추시대 魯나라의 世卿인 季孫氏 가문을 이른다. 魯 桓公의 후손들로 孟孫氏, 叔孫氏와 함께 三桓으로 불렸는데, 이들은 대대로 魯나라의 國政을 맡아 권력이 公室을 위협할 만큼 막강하였다. 그러나 이중에도 季孫氏가 魯나라의 4분의 2를 소유하여 더욱 강성하였다. 孔子가 집정하여 이들의 권력을 억누르고자 하였으나 성공하지 못하고 벼슬을 내놓았으며 마침내 魯나라를 떠나셨다.

齊, 魯之執事 莫匪田, 季之黨也니 歷數君토록 不忘其誅로되 而卒之簡公弑하고 昭, 哀失國[1)]하니 小人之黨은 其不可除也如此요 而漢黨錮之獄[2)]과 唐白馬之禍[3)]에 忠義之士 斥死無餘하니 君子之黨은 其易盡也如此라 使世主知易盡者之可戒하고 而不可除者之可懼면 則有瘳矣리라

齊나라와 魯나라의 執事(官吏)들은 田氏와 季孫氏의 黨이 아닌 사람들이 없었으니, 여러 군주가 그들을 죽일 것을 잊은 적이 없었으나, 결국에는 齊나라 簡公이 田氏에게 弑害당하였고, 魯나라 昭公과 哀公이 季孫氏 때문에 나라를 잃었으니, 小人의 黨은 제거할 수 없음이 이와 같은 것이다.

그리고 漢나라 黨錮의 獄事와 唐나라 白馬驛의 禍에 忠義로운 선비들이 배척받아 죽어서 남김이 없었으니, 君子의 黨은 다하기 쉬움이 이와 같은 것이다.

만일 군주가 다하기 쉬운 君子들이 경계할 만한 것임을 알고 제거할 수 없는 小人들이 두려워할 만한 것임을 안다면 이런 화가 그칠 것이다.

1) 卒之簡公弑 昭哀失國：簡公은 齊 悼公의 아들로 이름은 壬이다. 대부 鮑牧이 悼公을 시해하자 簡公이 齊侯의 자리에 올랐는데, 이때 田恒과 闞止가 左相과 右相을 맡아 簡公을 보좌하였다. 두 집안은 서로 반목하였는데 闞止가 簡公의 총애를 얻자 田恒은 백성들에게 양식을 빌려줄 적에는 큰 되를 쓰고 받을 적에는 작은 되로 받는 등 은혜를 베풀어 민심을 얻기 위해 노력하였다. 闞止의 族人인 子我(闞止 본인이라는 설도 있음)가 田氏를 멸족시키고자 하였는데, 이를 알아차린 田氏들이 반란을 일으켜 闞止를 죽이고 나라 밖으로 도망친 簡公을 추격하여 마침내 徐州에서 시해하였다. 田恒이 簡公의 아우 驁를 齊侯로 세우니, 이가 바로 平公이다. ≪史記 田敬仲田完世家≫

田恒은 시호가 成子이며 후대에는 漢 文帝의 이름을 휘하여 田常으로 표기하기도 하였다. ≪論語≫ 〈憲問〉에 "陳成子가 簡公을 시해하자, 孔子께서 목욕재계하고 조회하여 哀公에게 아뢰시기를 '陳恒이 그 군주를 시해하였으니, 토벌하시기를 청합니다.' 하였다."라고 보인다.

昭哀는 魯나라 군주인 昭公과 哀公을 이른다. 昭公은 이름이 裯이고 哀公은 이름이 蔣인데, 이들은 모두 季孫氏에게 쫓겨 국외로 도망하였다. 그러므로 失國이라고 한 것이다. 昭公은 평소 지나치게 강성한 三桓을 미워하였는데, 昭公 25년(B.C. 517)에 군대를 이끌고 季孫氏를 정벌하다가 오히려 三桓의 군대에게 패배하여 齊나라로 도망하였다. 哀公은 평소 越나라의 힘을 빌려 三桓을 정벌하려 하였는데, 三桓이 이를 미리 알고 힘을 합쳐 哀公 27년(B.C. 468)에 哀公을 공격하니, 哀公은 衛나라로 도망하였다. ≪史記 魯世家≫

2) 漢黨錮之獄 : 黨錮之獄은 두 번에 걸친 黨錮의 옥사를 이르는데, 黨錮는 朋黨의 무리를 禁錮시킨다는 의미이다.

後漢 桓帝 때에 외척들을 주살하고 桓帝가 친정하는 과정에서 환관들이 공을 세워 정권을 잡았다. 환관들에 의한 정치적 폐단이 심해지자, 司隷校尉 李膺과 太傅 陳蕃 등이 太學生들과 함께 연합하여 스스로 淸流라 칭하며 환관들에게 적극적으로 대항하였다. 이에 환관들이 주동하여 延熹 9년(166) 詔令을 내려 淸流의 黨人 200여 명을 체포하고, 다음해에 黨人의 禁錮詔令을 내려 이들을 종신토록 관리가 되지 못하게 하니, 이것이 제1차 黨錮의 옥사이다.

桓帝가 후사 없이 죽자 河間孝王의 曾孫인 靈帝(168~189)가 즉위하였는데, 이때 나이가 12세였다. 외척 竇武가 정권을 장악하고 陳蕃과 함께 환관들을 모두 죽이려 하다가 도리어 반역죄로 몰려 멸족의 화를 당하였다. 환관들이 다시 득세하여 李膺, 杜密 등을 주륙하고, 黨人과 太學生들을 대거 체포하였으며, 이들과 관련이 있는 자들을 모두 폐출하거나 禁錮하니, 이것이 제2차 黨錮의 옥사이다. ≪後漢書 黨錮列傳≫

3) 唐白馬之禍 : 白馬는 驛名으로 滑州 白馬縣에 있었다.

唐 昭宗 때에 黃巢의 난을 토벌한 朱全忠이 입조하여, 天復 4년(904)에 昭宗을 시해하고 13세의 昭宣帝(哀帝)를 허수아비 황제로 세우고 국정을 전횡하였다.

이때 하늘에 혜성이 나타났는데, 朱全忠의 심복인 諫議大夫 李瑧과 靑州留後 李振이 이를 빌미로 삼아 평소 자신들이 미워하던 獨孤損, 裴樞 등을 죽이고자 朱全忠에게 아뢰기를 "이들은 모두 우리들을 원망하고 마음속으로 비방하니 마땅히 이들로써 재앙을 막아야 됩니다."라고 하고, 또 "이들은 항상 스스로 淸流라고 말하니, 마땅히 이들을 黃河에 던져 濁流가 되게 해야 합니다."라고 하자, 朱全忠이 이 말을 따라 獨孤損, 裴樞, 崔遠, 陸扆, 王溥, 趙崇, 王贊 등 30여 명을 白馬驛으로 데려가서 모두 죽이고 시신을 黃河에 던졌는데, 이를 '白馬의 禍'라고 한다.

且夫君子者 世無若是之多也요 小人者도 亦無若是之衆也니 凡才智之士로 銳於功名而嗜於進取者는 隨所用耳라 孔子曰 仁者安仁하고 智者利仁[1)]이라하시니 未必皆

君子也라 **冉有從夫子**면 **則爲門人之選**이요 **從季氏**면 **則爲聚斂之臣**[2]이며 **唐柳宗元, 劉禹錫**이 **使不陷叔文之黨**[3]이면 **其高才絶學**이 **亦足以爲唐名臣矣**리라

또 君子가 세상에 이와 같이 많지 않으며 小人도 이와 같이 많지 않으니, 무릇 재주 있고 지혜로운 선비로서 功名에 뜻을 다하고 진취를 탐하는 자들은 쓰는 바에 따라 달라지게 마련이다.

孔子께서 말씀하시기를 "仁者는 仁을 편안히 여기고, 지혜로운 자는 仁을 이롭게 여긴다."라고 하셨으니, 반드시 다 君子는 아닌 것이다.

冉有가 夫子를 따르면 門人 중에 뛰어난 사람이 되고 季氏를 따르면 聚斂하는 신하가 되며, 唐나라 柳宗元과 劉禹錫이 만일 王叔文의 黨에 빠지지 않았더라면 높은 재주와 뛰어난 학문으로 또한 충분히 唐나라의 유명한 신하가 되었을 것이다.

1) 孔子曰……智者利仁 : 이 내용은 ≪論語≫ 〈里仁〉에 "仁하지 못한 자는 오랫동안 곤궁한 데 처할 수 없으며 장구하게 즐거움에 처할 수 없으니, 仁者는 仁을 편안히 여기고, 智者는 仁을 이롭게 여긴다.〔子曰 不仁者 不可以久處約 不可以長處樂 仁者安仁 知者利仁〕"라고 보인다.

謝良佐는 이에 대해 "仁者는 마음에 內와 外, 遠과 近, 精과 粗의 간격이 없어서 보존하려는 마음이 있지 않아도 저절로 없어지지 않고, 다스리는 마음이 있지 않아도 저절로 혼란해지지 않으니, 마치 눈이 보고 귀가 듣고 손으로 잡고 발로 걸어가는 것과 같은 것이다.

智者는 所見이 있다고 이르는 것은 괜찮지만 얻은 바가 있다고 이르는 것은 안 된다. 보존하려는 마음이 있어야 없어지지 않고 다스리려는 마음이 있어야 혼란해지지 않아서 意識이 없지 못하다.

安仁은 하나요, 利仁은 둘인 것이다. 仁을 편안히 여기는 것은 顔子(顔回)와 閔子(閔損) 이상으로 聖人과의 거리가 멀지 않은 자가 아니면, 이러한 맛을 알지 못한다. 여러 弟子들은 비록 탁월한 才質이 있으나, 道를 봄에 의혹하지 않았다고 이르는 것은 괜찮지만, 이것을 이롭게 여김을 면치 못하였다.〔謝氏曰 仁者 心無內外遠近精粗之間 非有所存而自不亡 非有所理而自不亂 如目視而耳聽 手持而足行也 知者 謂之有所見則可 謂之有所得則未可 有所存 斯不亡 有所理 斯不亂 未能無意也 安仁則一 利仁則二 安仁者 非顔閔以上去聖人爲

不遠 不知此味也 諸子雖有卓越之才 謂之見道不惑則可 然未免於利之也〕"라고 부연설명하였다. ≪論語集註≫

2) 冉有從夫子……則爲聚斂之臣：冉有(B.C. 552~B.C. 489)는 魯나라 사람으로 이름은 求이고 字는 子有인데, 冉有로 많이 칭하였다. 孔門十哲 중의 한 사람으로 政事에 뛰어났으며 다재다능하고 지혜가 뛰어났다. '選'은 선발된 뛰어난 인재라는 뜻이다. '聚斂'은 백성들에게 세금을 많이 거둠을 이른다.

이 일은 ≪論語≫ 〈先進〉에 "季氏가 周公보다 부유하였는데도, 冉求가 그를 위해 聚斂하여 재산을 더 늘려주자, 孔子께서 말씀하셨다. '〈冉求는〉 우리 무리가 아니니, 小子들아! 북을 울려 죄를 聲討함이 옳다.'〔季氏富於周公 而求也爲之聚斂而附益之 子曰 非吾徒也 小子 鳴鼓而攻之 可也〕"라고 보인다.

3) 唐柳宗元劉禹錫 使不陷叔文之黨：柳宗元(773~819)은 唐나라 德宗, 順宗, 憲宗 때의 문신이자 문장가로 唐宋八大家 중의 한 사람이다. 字가 子厚이며 長安 출생인데, 조상의 본적이 河東이기 때문에 柳河東이라고도 불리며, 마지막 벼슬이 柳州刺史였으므로 柳柳州라고도 불린다. 柳宗元은 德宗 貞元 9년(793)에 進士로 출사하여 集賢殿正字, 監察御史, 禮部員外郎의 관직을 지냈으며 韓愈, 劉禹錫 등과 친교를 맺었는데, 王叔文의 新政에 참여하였다가 그가 실패하자 외직으로 좌천되었다.

劉禹錫(772~842)은 唐나라 德宗, 順宗, 憲宗 때의 문신이자 詩人으로, 字가 夢得이며 蘇州 嘉興 사람인데, 太子賓客에 제수된 적이 있어 劉賓客으로도 불린다. 德宗 貞元 9년(793)에 柳宗元과 함께 進士로 출사하여 監察御史, 屯田員外郎 등의 관직을 역임하였는데, 王叔文의 新政에 참여하였다가 그가 실패하자 외직으로 좌천되었다.

叔文은 王叔文(753~806)으로 越州 山陰 사람이다. 德宗 때 太子의 侍讀이 되어 총애를 받았는데, 永貞 원년(805)에 太子가 즉위하여 順宗이 되자, 翰林學士를 거쳐 재상에 제수되고, 柳宗元, 劉禹錫 등과 정치를 개혁하기 위해 혁신정책을 폈으나 너무 급진적이고 무계획적이었는데, 順宗이 즉위 당년에 병들어 퇴위하고 太子인 憲宗이 즉위하자, 渝州司戶로 좌천되었다가 이듬해 賜死되었다.

柳宗元과 劉禹錫은 모두 뛰어난 자질로 전도가 유망하였으나, 王叔文의 新

政에 연좌되어 외직을 전전해서 名臣으로 이름을 떨치지 못했기 때문에 이렇게 말한 것이다.

昔에 **欒懷子得罪於晉**하야 **其黨**이 **皆出奔**[1]한대 **樂王鮒謂范宣子曰 盍反州綽, 邢蒯**(기)오 **勇士也**라하니 **宣子曰 彼欒氏之勇也**니 **余何獲焉**이리오 **王鮒曰 子爲彼欒氏**면 **乃子之勇也**[2]리라하니 **嗚呼**라 **宣子早從王鮒之言**이런들 **豈獨獲二子之勇**이며 **且安有曲沃之變**[3]**哉**리오

옛날 欒懷子가 晉나라에서 죄를 얻어 그 黨들이 모두 쫓겨나자, 樂王鮒가 范宣子에게 이르기를 "어찌 欒懷子의 무리 중에 州綽과 邢蒯를 돌아오게 하지 않습니까? 그들은 용사입니다."라고 하니, 范宣子가 대답하기를 "저들은 欒氏의 용사이니, 내가 어떻게 쓸 수 있겠는가?"라고 하였다. 그러자 樂王鮒가 말하기를 "그대가 저들의 欒氏가 된다면(欒氏처럼 저들을 아낀다면) 저들이 그대의 용사가 될 것이다."라고 하였다.

아! 范宣子가 진작 樂王鮒의 말을 따랐더라면 어찌 다만 두 사람의 용맹만을 얻었을 뿐이며, 또 어찌 曲沃의 변란이 있었겠는가?

1) 欒懷子得罪於晉 其黨皆出奔 : 欒懷子는 춘추시대 晉나라의 대부로 이름이 盈이고 懷子는 그의 시호이며, 范宣子는 이름이 匄(개)이고 宣子는 그의 시호이다.
   欒盈의 어머니 范祁는 당시 晉나라 국정을 맡고 있던 范宣子(范匄)의 딸이었는데, 남편인 欒桓子(欒黶)가 죽자 家老인 州賓과 사통하여 가산을 탕진하였다. 欒盈이 이를 걱정하자, 范祁는 아들(欒盈)이 자신의 情夫를 죽일까 염려하여, 친정아버지인 范匄에게 아들이 반란을 획책하고 있다고 모함하였다. 范匄는 欒盈이 평소 은혜를 베풀어 주변에 인사들이 많이 모이는 것을 두려워하였는데, 이를 빌미삼아 欒盈을 著邑으로 보내 城을 쌓게 하다가 마침내 축출하니, 欒盈은 무리를 거느리고 楚나라로 도망하였다. ≪春秋左氏傳 襄公 21년≫
2) 樂王鮒謂范宣子曰……乃子之勇也 : 樂王鮒는 晉나라 대부로 시호가 桓子인데, 晉侯와 范匄에게 신망이 두터웠다. 州綽과 邢蒯는 모두 晉나라의 대부로

무용이 뛰어난 자들인데, 欒盈이 齊나라로 망명할 적에 동행하였다. '子爲彼欒氏乃子之勇也'는 "그대가 저들을 欒氏처럼 우대한다면 저들도 그대의 사람이 될 것이다."라는 뜻이다. ≪春秋左氏傳 襄公 21년≫

3) 曲沃之變 : 曲沃은 晉나라에 있는 欒盈의 봉읍이다. 欒盈은 襄公 23년에 齊나라에서 曲沃으로 들어와 읍민을 이끌고 반란을 일으켜 도읍인 絳城으로 쳐들어갔다. 그러나 范宣子와 范鞅(范獻子)의 군대에 패퇴하여 曲沃으로 달아났으나 끝내 曲沃이 함락되어 欒氏 일족이 모두 족멸되었다. ≪春秋左氏傳 襄公 23년≫

愚以謂 治道는 **去泰甚耳**니 **苟黜其首惡而貸其餘**하야 **使才者不失富貴**하고 **不才者無以致憾**이면 **將爲吾用之不暇**리니 **又何怨之報乎**아 **人之所以爲盜者**는 **衣食不足耳**니 **農夫, 市人**이 **焉保其不爲盜**며 **而衣食旣足**이면 **盜豈有不能返農夫市人也哉**리오 **故**로 **善除盜者**는 **開其衣食之門**하야 **使復其業**하고 **善除小人者**는 **誘以富貴之道**하야 **使隳**(휴) **其黨**이니 **以力取威勝者**는 **蓋未嘗不反爲所噬**니라

어리석은 나는 생각하건대 나라를 다스리는 방도는 너무 심한 것을 제거할 뿐이니, 만약 惡의 괴수를 내치고 나머지 사람들을 용서해주어서 재주 있는 자가 부귀를 잃지 않고 재주 없는 자가 유감을 갖지 않게 한다면, 장차 나의 쓰임이 되기에 겨를이 없을 것이니, 또 어찌 원한을 갚을 것이 있겠는가?

人民들이 도둑이 되는 이유는 옷과 밥이 부족하기 때문이니, 농부와 상인들이 어찌 도둑이 되지 않는다고 보장하겠는가? 그리고 또 옷과 밥이 풍족하다면 도둑이 어찌 농부와 상인으로 돌아오지 못하겠는가?

그러므로 도둑을 잘 제거하는 자는 옷과 밥을 얻을 門(길)을 열어주어서 도둑으로 하여금 생업을 회복하게 하고, 小人을 잘 제거하는 자는 부귀한 길로써 유인해서 小人으로 하여금 그 黨을 무너뜨리게 하는 것이니, 힘으로써 취하고 위엄으로써 이기려 하는 자는 일찍이 도리어 도둑이나 小人들에게 당하지 않는 경우가 없었다.

昔曹參之治齊에 **曰 愼無擾獄市**[1]라하니 **獄市**는 **奸人之所容也**니 **如此**면 **亦庶幾於善**

治矣리라 **奸固不可長**이나 **而亦不可不容也**니 **若奸無所容**이면 **君子豈久安之道哉**리오 **牛, 李之黨**[2)]이 **偏天下**어늘 **而李德裕以一夫之力**으로 **欲窮其類而致之必死**하니 **此其所以不旋踵**에 **罹仇人之禍也**라 **奸臣復熾**하야 **忠義益衰**하니 **以力取威勝者**는 **果不可耶**인저 **愚是以**로 **續歐陽子之說**하야 **而爲君子小人之戒**하노라

옛날 曹參이 齊나라를 다스릴 적에 말하기를 "부디 刑獄과 市場을 동요하지 말라."고 하였다. 刑獄과 市場은 간사한 사람들을 용납하는 곳이니, 이와 같이 한다면 또한 거의 나라를 잘 다스린다고 말할 수 있을 것이다.

간사한 사람들은 진실로 키워서는 안 되나 또한 용납하지 않을 수 없으니, 만약 간사한 자들이 용납될 곳이 없다면 君子들이 어찌 오랫동안 편안할 수 있는 방법이 있겠는가?

옛날 牛僧孺와 李德裕의 黨이 온 天下에 널려 있었는데, 李德裕는 한 사람의 힘으로 牛僧孺의 무리를 모두 몰아서 반드시 죽을 자리에 두고자 하였으니, 이 때문에 얼마 되지 않아서 원수들의 화를 만났던 것이다.

그 후 唐나라는 간신들이 다시 번성하여 충의로운 선비가 모두 쇠했으니, 힘으로 취하고 위엄으로 이기려는 것이 과연 옳지 않은 것이다.

나는 이 때문에 歐陽子의 朋黨說을 이어서 君子와 小人의 경계로 삼는 것이다.

1) 曹參之治齊曰 愼無擾獄市 : 曹參(?~ B.C. 190)은 字가 敬伯으로 沛縣의 옥리였는데, 漢 高祖(劉邦)가 봉기하자 그를 도와 漢나라의 開國功臣이 되었다. 惠帝 2년(B.C. 193)에 승상 蕭何가 죽자, 齊나라 재상으로 있던 그가 蕭何의 후임으로 조정에 들어오게 되었다.

'愼無擾獄市'는 曹參이 齊나라를 떠나면서 후임자에게 당부한 내용으로, 獄과 市場을 흔들게 되면 간사한 자들이 용납될 곳이 없어져 오히려 혼란을 초래하기 때문에 한 말이다. ≪史記 曹相國世家≫

2) 牛李之黨 : 牛는 牛僧孺, 李는 李德裕를 가리킨다. 이들은 唐나라 中期의 인물로 牛僧孺는 진사 출신의 관료 계급을 이끌고, 李德裕는 귀족 계급을 이끌고서 조정에서 수십 년 동안 상대방을 공격하여, 唐나라의 몰락을 재촉한 소위 牛李黨爭의 당사자들이다.

牛僧孺(780~848)는 字가 思黯으로 安定 鶉觚 사람인데, 德宗 貞元 21년(805)에 進士로 출사하여 監察御史, 禮部員外郎 등의 관직을 역임하고, 穆宗 長慶 3년(823)에 승상이 되었다. 武宗 때에 李德裕가 국정을 맡자 循州長史로 좌천되었으나, 宣宗이 즉위하자 다시 집권하여 李德裕를 좌천시켰다.

李德裕(787~849)는 字가 文饒이며 元和 연간에 宰相을 지낸 李吉甫의 아들로 趙州 사람인데, 武宗 때 재상이 되었으며 衛國公에 봉해졌다. 開成 5년(840)에 武宗이 즉위하자 재상이 되어 藩鎭을 억누르고 위구르를 물리치는 등 공적을 세웠으나, 李宗閔을 축출하는 등 牛僧孺 일파를 지나치게 탄압하여 당쟁을 격화시켰다. 武宗이 죽고 宣宗이 즉위하여 牛僧孺 일파가 다시 집권하게 되자, 李德裕는 崖州司戶參軍事로 좌천되었다가 그곳에서 죽었다.

08. 續楚語論* 楚語論에 대한 續篇

* 이 글은 東坡가 젊은 시절에 지은 작품이다. 本集에는 이 글의 제목이 〈屈到嗜芰論〉으로 되어 있다. 이 글은 柳宗元의 〈非國語下 嗜芰〉에 屈建을 비판한 내용에 대해 반박하는 형식을 취했기 때문에 제목에 續이라고 붙인 것이다.

이 내용은 ≪國語≫ 〈楚語〉에 "屈到가 세모난 마름을 좋아하였는데 병이 심해지자, 그 宗老(家老)를 불러서 부탁하기를 '나를 제사할 적에 반드시 세모난 마름을 올리도록 하라.'고 하였다.

그가 죽은 지 期年이 되어 小祥에 제사할 적에 宗老가 장차 세모난 마름을 올리려고 하자, 屈建이 이것을 제거하라고 명하니, 宗老가 말하기를 '夫子께서 부탁하신 것입니다.'라고 하였다.

子木(屈建)이 말하기를 '그렇지 않습니다. 夫子께서 楚나라의 정치를 받들어 다스리시면서 그 형법이 백성들의 마음에 심어져 있고, 또 왕실의 문서 창고에도 보관되어 있습니다. 위로는 선왕의 훌륭한 덕과 비교될 수 있고 아래로는 후세에 교훈이 될 수 있어, 초나라뿐만 아니라 제후국들에서도 기리지 않음이 없었습니다.

제사에 관한 法典에 이르기를 「나라의 군주는 소를 제사에 올리고, 대부는 羊을 올리고, 士는 돼지와 개를 제사 음식으로 차리고, 庶人들은 구운 생선을 올린다. 그리고 마른 음식을 올리는 대나무 제기(籩)와 진음식을 올리는 나무 제기(豆), 脯와 醢는 상하가 함께 사용한다.」라고 하여, 진기하거나 기이한 음식은 올리지 않고, 여러 가지 음식을 늘어놓지도 않습니다.

夫子께서는 사사로운 욕심으로 나라에서 제정한 법들을 범하고자 하지 않으실 것입니다.'라고 하고, 마침내 마름을 사용하지 않았다.〔屈到嗜芰 有疾 召其宗老而屬之曰 祭我必以芰 及祥 宗老將薦芰 屈建命去之 宗老曰 夫子屬之 子木曰 不然 夫子承楚國之政 其法 刑在民心 而藏在王府 上之可以比先王 下之可以訓後世 雖微楚國 諸侯莫不譽 其祭典有之 曰 國君有牛享 大夫有羊饋 士有豚犬之奠 庶人有魚炙之薦 籩豆脯醢 則上下共之 不羞珍異 不陳庶侈 夫子不以其私 欲干國之典 遂不用〕"라고 보인다.

이에 대해 柳宗元은 〈非國語下 嗜芰〉에서 "집안의 도리는 은혜가 義를 가린다. 부자지간은 은혜의 지극한 것이니, 마름을 제사에 올리는 것이 義에 허물이 되지 않는데, 屈子(屈建)가 禮의 지엽적인 것을 가지고 아버지가 장차 죽으려 할 적에 내린 유언을 차마 끊어버렸으니, 나는 그를 감히 어질다고 여길 수 없다.

제사에 羊을 올릴 적에 대나무 제기(籩)에 마름을 담아 올리는 것은 진실로 잘못이 되지 않는다. 그리고 禮에는 '齋戒하는 날에 부모님이 좋아하시던 바를 생각하고 기호하시던 바를 생각한다.'는 내용이 있으니, 屈建은 일찍이 부모님이 기호하시던 바를 생각함이 없었는가?

또 이르기를 '아버지의 명령을 어겼으나 道理에 맞는다.'라고 하나, 나는 道理를 어겼다고 여긴다.〔門內之理 恩掩義 父子 恩之至也 而芰之薦 不爲愆義 屈子以禮之末 忍絶其父將死之言 吾未敢賢乎爾也 苟薦其羊饋 而進芰於籩 是故不爲非 禮之言齋也 曰思其所嗜 屈建曾無思乎 且曰違而道 吾以爲逆也〕"라고 屈建을 비판하였는데, 東坡가 다시 이것을 반박한 것이다.

辨而正이라

분명하면서도 바르다.

屈到嗜芰(기)[1]러니 有疾에 召其宗老而屬之曰 祭我에 必以芰하라 及祥에 宗老將薦

芰어늘 屈建이 命去之[2)]한대 君子曰 (不)違而道라하니라 唐柳宗元이 非之曰 屈子以禮之末로 忍絶其父將死之言이로다 且禮有齋之日에 思其所樂(요)하고 思其所嗜[3)]하니 子木去芰가 安得爲道리오하니라

屈到가 세모난 마름을 좋아하였는데 병이 심해지자, 그 宗老(家老)를 불러서 부탁하기를 "내가 죽거든 나를 제사할 적에 반드시 세모난 마름을 쓰라."고 하였다.

그가 죽은 지 期年이 되어 小祥에 제사할 적에 宗老가 장차 세모난 마름을 올리려고 하자, 屈建이 이것을 제거하라고 명하였는데, 君子가 말하기를 "아버지의 명령을 어겼으나 道에 맞는다."라고 하였다.

그런데 唐나라의 柳宗元은 이것을 비판하기를 "屈子(屈建)가 禮의 지엽적인 것을 가지고 아버지가 장차 죽으려 할 적에 내린 유언을 차마 끊어버렸도다. 또 禮에는 '齋戒하는 날에 부모님이 좋아하시던 바를 생각하고 기호하던 바를 생각한다.'는 내용이 있으니, 子木(屈建)이 세모난 마름을 제사상에서 제거한 것이 어찌 자식의 도리라고 할 수 있겠는가?"라고 하였다.

1) 屈到嗜芰(기) : 屈到는 춘추시대 楚나라의 卿으로 屈蕩의 아들인데, 字가 子石이며 국정을 담당하여 많은 업적을 남겼다. 芰는 수초의 일종인데 열매는 삼각형으로 식용된다.

2) 及祥……屈建命去之 : 祥은 3年喪에 있어 朞年에 올리는 小祥과 2년에 올리는 大祥을 통칭하는데, 여기서는 첫 번째로 맞이하는 小祥을 뜻하는 듯하다. 宗老는 같은 宗族으로서 家臣의 우두머리인 家老가 된 자를 이른다. 屈建은 屈到의 아들로 字가 子木이다. 宗老가 屈到의 유언에 따라 小祥의 제사상에 세모난 마름을 올리려 하였는데, 喪主인 屈建이 이를 치우도록 명한 것이다.

3) 禮有齋之日……思其所嗜 : 齋는 제사를 지내기 전에 몸과 마음을 깨끗이 하고 不淨한 일을 멀리하여 경건히 지내는 것을 이른다. 보통 큰 제사에는 散齊 7일과 致齊 3일을 지내는데, 散齊 때에는 정상적인 생활을 하면서 술과 음악을 멀리하고, 상을 당한 자와 형벌을 받은 자를 멀리하는 등 몸을 경건히 하며, 致齊 때에는 목욕하고 옷을 갈아입고 재실에 들어가 제사 지낼 분의 생전의 일을 생각하면서 오직 제사에 정신을 집중한다.

≪禮記≫ 〈祭義〉에 "안에서 致齊를 하고 밖에서 散齊를 하여, 재계하는 날에 제사하는 분의 거처하시던 것을 생각하며, 웃고 말씀하시던 것을 생각하며, 뜻하시던 것을 생각하며, 즐거워하시던 것을 생각하며, 嗜好하시던 것을 생각해서 재계한 지 3일이 되면, 비로소 위하여 齋戒하는 분을 볼 수 있는 것이다.〔致齊於內 散齊於外 齊之日 思其居處 思其笑語 思其志意 思其所樂 思其所嗜 齊三日 乃見其所爲齊者〕"라고 보인다.

甚矣라 **柳子之陋也**여 **子木**은 **楚卿之賢者也**니 **夫豈不知爲人子之道**에 **事死如事生**이리오 **況於將死丁寧之言**을 **棄而不用**하니 **人情之所忍乎**아 **是**는 **必有大不忍於此者**하야 **而奪其情也**리라 **夫死生之際**는 **聖人嚴之**하야 **薨於路寢**하고 **不死於婦人之手**[1]하며 **至於結冠纓 啓手足之末**[2]하야도 **不敢不勉**하니 **其於死生之變**에 **亦重矣**라 **父子平日之言**은 **可以恩掩義**어니와 **至於死生至嚴之際**하야는 **豈容以私害公乎**아

심하다! 柳子(柳宗元)의 고루함이여. 子木은 楚나라의 어진 卿이었는데, 그가 어찌 자식 된 도리에 죽은 분(아버지)을 섬기기를 살아 계신 분을 섬기는 것과 같이 해야 함을 몰랐겠는가? 더구나 자기 아버지가 장차 죽을 적에 간곡하게 당부한 말씀을 버리고 따르지 않았으니, 이것은 인정에 차마 못하는 바이다. 이는 반드시 여기에 차마 할 수 없는 것이 크게 있어서 그 정을 빼앗았던 것이다.

사람이 죽고 사는 즈음은 聖人이 매우 엄격하게 여겨서 路寢에서 죽되 婦人의 손에서는 죽지 않으며, 갓끈을 매고 수족을 열어 보이는 등의 작은 일에 이르러서도 감히 태만하게 하지 못하였으니, 그 죽고 사는 변고에 있어서 또한 중한 것이다.

부자간에 평소의 말은 은혜로써 公義를 가릴 수 있으나, 죽고 사는 지극히 엄격한 즈음에 이르러서는 어찌 사사로운 정을 가지고 公義를 해칠 수 있겠는가?

1) 薨於路寢 不死於婦人之手 : 薨은 諸侯의 죽음을 이르며, 路寢은 천자나 제후가 국정을 다스리는 正寢을 이른다. '不死於婦人之手'는 죽음을 엄격하게 여기고 男女有別을 끝까지 지켜서 男子는 부인의 손(품)에서 운명하지 않고 女子는 男子의 손에서 운명하지 않는 것이다.

2) 至於結冠纓 啓手足之末 : '結冠纓'은 죽을 적에 갓끈을 고쳐 매고 죽는 것이다.

衛나라의 蒯聵(괴외)가 자신의 아들 出公(衛輒)에게서 임금의 자리를 빼앗기 위해 내란을 일으키자, 당시 衛나라에서 벼슬을 하고 있던 孔子의 제자 子路가 적군의 창에 갓끈이 끊어지자, "君子는 죽어도 관을 벗을 수 없다."라고 하고, 갓끈을 고쳐 매고 죽은 일을 이른다.

'啓手足'은 임종에 앞서 제자들에게 이불을 헤치고 손과 발을 보여주는 것으로, 曾子가 병환이 있으시자, 門下의 弟子들을 불러 이불을 헤치고 자신의 발과 손을 보인 일을 이른다.

이 내용은 ≪論語≫ 〈泰伯〉에 보이는데, 朱子의 集註에 "曾子는 평소에 '신체는 父母에게 받았으니, 감히 훼상할 수 없다.'라고 하였다. 그러므로 이때에 弟子들로 하여금 이불을 헤쳐 〈하나도 손상됨이 없는 자신의 손과 발을〉 보게 한 것이다.〔曾子平日 以爲身體受於父母 不敢毁傷 故於此 使弟子開其衾而視之〕"라고 하였다.

曾子有疾에 **稱君子之所貴乎道者三**[1)]하시고 **孟僖子卒**에 **使其子**로 **學禮於仲尼**[2)]하고 **管仲病**에 **勸威公**하야 **去三豎**[3)]하니라 **夫數君子之言**이 **或主社稷**하고 **或勤於道德**하고 **或訓其子孫**하야 **雖所趣不同**이나 **然皆篤於大義**하야 **不私其躬也如此**하니라 **今赫赫楚國**에 **若敖氏**[4)]**之賢**이 **聞於諸侯**어늘 **身爲正卿**하야 **死不在民**하고 **而口腹是憂**하면 **其爲陋亦甚矣**라 **使子木行之**하야 **國人誦之**하고 **太史書之**하면 **天下後世 不知夫子之賢**하고 **而唯陋是聞**하리니 **子木**이 **其忍爲此乎**아 **故**로 **曰 是**는 **必有大不忍者而奪其情也**라하노라

曾子가 병환이 있자 "君子가 道를 귀하게 여기는 것이 세 가지가 있다."라고 말씀하셨고, 孟僖子가 죽을 적에 그 아들들로 하여금 仲尼에게서 禮를 배우게 하였고, 管仲이 병이 위독하자 威公(桓公)에게 권하여 세 명의 소인을 제거하게 하였다.

이 몇 君子들의 말씀은 혹은 社稷을 위주하고 혹은 道德을 힘쓰고 혹은 그 子孫들을 훈계하여 비록 나아간 바가 똑같지 않았으나, 모두 大義에 돈독하여 자기의 몸을 사사로이 돌보지 않음이 이와 같았다.

이제 혁혁한 楚나라에 若敖氏의 어짊이 諸侯들에게 알려져 있는데, 자신이 正卿

이 되어서 죽을 적에 관심이 백성들에게 있지 않고 입과 배를 걱정하였다면, 그 누추함이 매우 심한 것이다.

만일 子木이 자기 아버지의 명령을 실행하여 국민들이 이것을 외고 太史가 이것을 역사책에 썼다면, 天下와 후세 사람들이 夫子(屈到)의 어짊은 알지 못하고 오직 누추한 것만 알려졌을 것이니, 子木이 어찌 차마 이런 것을 그대로 둘 수 있겠는가?

그러므로 나는 말하기를 "이는 반드시 차마 하지 못함이 크게 있어서 그 정을 빼앗았던 것이다."라고 하는 것이다.

1) 曾子有疾 稱君子之所貴乎道者三 : 曾子는 孔子의 제자인 曾參으로 자는 子輿이다.

≪論語≫ 〈泰伯〉에 "曾子가 병환이 있자, 孟敬子가 問病을 갔는데, 曾子가 말씀하였다. '새가 장차 죽을 적에는 그 울음소리가 애처롭고, 사람이 장차 죽을 적에는 그 말이 착한 법이다. 君子가 귀중히 여기는 道가 세 가지이니, 용모를 움직일 적에는 거칠고 태만한 모습을 멀리하며, 얼굴빛을 바룰 때에는 誠實함에 가깝게 하며, 말소리를 낼 때에는 비루함과 도리에 위배되는 것을 멀리하여야 한다. 籩豆의 소소한 일은 有司(담당자)가 있는 것이다.'〔曾子有疾 孟敬子問之 曾子言曰 鳥之將死 其鳴也哀 人之將死 其言也善 君子所貴乎道者三 動容貌 斯遠暴慢矣 正顔色 斯近信矣 出辭氣 斯遠鄙倍矣 籩豆之事則有司存〕"라고 보인다.

孟敬子는 魯나라 大夫인 仲孫氏(孟孫氏)로 이름은 捷이고 敬子는 그의 시호이다. 籩은 대나무 그릇이고 豆는 나무 그릇인데, 모두 禮를 행할 적에 사용하는 기물이다.

2) 孟僖子卒……學禮於仲尼 : 孟僖子는 춘추시대 魯나라의 卿으로 이름은 貜이고 僖는 諡號이며, 三桓 중의 하나인 孟孫氏의 종주이다. 아들은 南宮敬叔(南宮适)과 孟懿子(孟彘)를 이르는데, 이들은 아버지의 유언에 따라 孔子의 문하에서 수학하였다. 仲尼는 孔子의 字이다.

≪春秋左氏傳≫ 昭公 7년에 "孟僖子가 말하기를 '禮는 사람이 되는 근본이니, 禮가 없으면 立身할 수가 없다. 내 듣건대 장차 顯達할 자로 孔丘라는 사람이 있는데, 그는 聖人의 후예로 그 가문이 宋나라에서 멸망하였다고 한다. ……

臧孫紇의 말에 「聖人의 후예로서 밝은 덕을 가진 사람이 君主가 되어 국정을 담당하지 못하면 그 후손 가운데 반드시 達人이 나온다.」라고 하였으니, 지금 그 達人이 아마도 孔丘인 듯하다.

내가 만약 수명을 다하고 죽거든 반드시 說(南宮敬叔)과 何忌(孟懿子)를 夫子에게 맡겨 夫子를 師事하여 禮를 배워 그 지위를 安固하게 하라.'고 하였다."라고 보인다. 그러므로 南宮敬叔과 孟懿子가 仲尼를 師事한 것이다.〔禮人之幹也 無禮無以立 吾聞將有達者曰孔丘 聖人之後也 而滅於宋……臧孫紇有言曰 聖人有明德者 若不當世 其後必有達人 今其將在孔丘乎 我若獲沒 必屬說與何忌於夫子 使事之而學禮焉 以定其位 故孟懿子與南宮敬叔師事仲尼〕"라고 보인다.

3) 管仲病……去三竪 : 管仲은 춘추시대 齊나라의 名相으로 이름이 夷吾이며, 仲은 그의 字인데, 평생 字로 행세하였다. 桓公을 도와 霸業을 이루고 仲父로 일컬어졌다. 威公은 桓公으로 춘추시대 五霸의 우두머리인데 이름이 小白이다.

三竪는 桓公이 총애한 內侍들로 易牙와 竪刁, 開方을 이른다. 管仲이 생전에 이들을 제거하지 못하고, 죽음에 임박하여 桓公에게 이들의 행동이 人情에 가깝지 않다는 이유로 멀리할 것을 간곡히 청하였으나, 管仲이 죽은 다음 桓公이 이들을 중용하였다가 결국 나라가 혼란에 빠지고 말았다. ≪史記 齊太公世家≫

4) 若敖氏 : 楚나라의 명문대가 중의 하나인 屈氏는 원래 若敖氏에서 갈려 나왔기 때문에 이렇게 말한 것이다.

然이나 **禮之所謂思其所樂, 思其所嗜**는 **此言人子追思之道也**라 **曾晳**이 **嗜羊棗**어늘 **而曾子不忍食**[1)]하시고 **父沒而不能讀父之書**하고 **母沒而不能執母之器**[2)]는 **皆人子之情**에 **自然也**니 **豈待父母之命耶**리오 **今薦芰之事**가 **若出於子**면 **則可**어니와 **自其父命**이면 **則爲陋耳**니 **豈可以飮食之故**로 **而成父莫大之陋乎**아

그러나 ≪禮記≫에 이른바 "부모님의 좋아하시던 바를 생각하고 기호하시던 바를 생각한다."는 것은, 人子가 부모를 추후에 생각하는 도리를 말한 것이다.

曾晳이 羊棗를 좋아하였는데, 曾子가 차마 羊棗를 먹지 못하셨고, 아버지가 죽으

면 아버지의 책을 읽지 못하고 어머니가 죽으면 어머니의 기물을 잡지 못하는 것은 모두 人子의 정에 자연스러운 것이니, 어찌 부모의 명령을 기다리겠는가?

지금 세모난 마름을 올리는 일이 만일 아들에게서 나왔다면 괜찮지만, 아버지의 遺命에서 나왔다면 누추함이 되는 것이다. 어찌 마시고 먹는 음식 때문에 아버지의 막대한 누추함을 이룰 수 있겠는가?

1) 曾晳嗜羊棗 而曾子不忍食 : 曾晳은 춘추시대 魯나라 사람으로 이름은 點이고 晳은 그의 字이며 曾參의 아버지로 孔子의 제자이다.

羊棗는 ≪孟子集註≫에 "열매가 작고 색깔이 검으며 둥근 과일로 羊矢棗라고도 한다." 하였고, ≪爾雅翼≫에는 "늦가을에 열매가 맺는데 붉은색이며 이를 말리면 검붉은 색으로 포도와 비슷하니, 지금은 丁香柹, 혹은 牛乳柹라고 한다." 하였다.

≪孟子≫ 〈盡心 下〉에 "曾晳이 羊棗를 좋아했었는데, 曾晳이 죽자 曾子께서 차마 羊棗를 먹지 못하셨다.〔曾晳 嗜羊棗 而曾子不忍食羊棗〕"라고 보이는데, 朱子의 集註에 "曾子는 아버지가 羊棗를 좋아하셨기 때문에 아버지가 별세한 뒤에 먹을 때마다 반드시 어버이가 생각났으므로 차마 먹지 못하신 것이다." 하였다.

2) 父沒而不能讀父之書 母沒而不能執母之器 : ≪禮記≫ 〈玉藻〉에 "아버지가 돌아가시면 아버지의 서책을 차마 읽지 못함은 아버지의 손때가 남아 있기 때문이며, 어머니가 돌아가시면 잔과 그릇을 사용하여 차마 마시지 못함은 어머니의 입의 기운이 남아 있기 때문이다.〔父沒而不能讀父之書 手澤存焉爾 母沒而杯圈 不能飮焉 口澤之氣存焉爾〕" 한 말을 요약한 것이다.

曾子寢疾에 曾元이 難於易簀한대 曾子曰 君子之愛人也는 以德이요 細人之愛人也는 以姑息[1]이라하시니 若以柳子之言爲然이면 是는 曾元은 爲孝子요 而童子는 顧禮之末하야 易簀於病革(극)之中이니 爲不仁之甚也니라

曾子가 병환이 위독할 적에 曾元이 대자리를 바꾸는 것을 어렵게 여기자, 曾子가 말씀하시기를 "君子가 사람을 사랑하는 것은 덕으로써 하고, 小人들이 사람을 사랑하는 것은 姑息으로써 한다."라고 하셨다.

만약 柳子의 말을 옳다고 한다면 曾元이 孝子가 되고, 童子는 禮의 지엽적인 것을 돌아보아서 병환이 심한 가운데 대자리를 바꾸게 한 것이니, 심한 不仁이 되는 것이다.

1) 曾子寢疾……以姑息 : 曾元은 曾子의 아들이고 細人은 小人과 같은 말이다.
《禮記》〈檀弓 上〉에 "曾子가 병이 들어 위독하였다. 제자인 樂正子春은 평상 아래에 앉아 있고 아들인 曾元과 曾申은 발끝에 앉아 있었으며, 童子는 귀퉁이에 앉아 촛불을 잡고 있었다.
그런데 童子가 대자리를 가리키며 '화려하고도 고우니, 大夫가 사용하는 대자리일 것입니다.'라고 하였다. 樂正子春이 '그만두어라'고 타일렀으나, 曾子는 이 말을 들으시고 '아!' 하고 탄식하였다. 童子가 다시 '화려하고 고우니 大夫가 사용하는 대자리일 것입니다.'라고 하자, 曾子가 '그러하다. 이는 季孫氏가 준 것인데 내가 바꾸지 못했으니, 曾元은 일어나 대자리를 바꾸어라.'라고 하였으나, 曾元은 '夫子의 병환이 심하시어 바꿀 수가 없으니, 다행히 내일 아침이 되거든 공경히 바꾸겠습니다.'라고 대답하였다.
이에 曾子는 '네가 나를 사랑하는 것이 저 童子만도 못하구나. 君子가 사람을 사랑함은 德으로써 하고 小人이 사람을 사랑함은 당장 편한 姑息으로써 하니, 내 무엇을 바라겠는가. 내 바름을 얻고 죽으면 이뿐이다.'라고 하였다. 이에 몸을 들어 부축하여 대자리를 바꾸었는데, 대자리로 돌아와 편안해지기도 전에 별세했다."라고 하였다.

中行偃이 死에 視不可含이어늘 范宣子盟而撫之曰 事吳를 敢不如事主리잇고호되 猶視러니 欒懷子曰 主苟終에 所不嗣事於齊者면 有如河라한대 乃瞑[1]하니라 嗚呼라 范宣子는 知事吳爲忠於主하고 而不知報齊以成夫子憂國之美가 其爲忠則大矣하니라

中行偃이 죽었을 적에 눈을 뜨고 있어서 飯含할 수가 없었다. 范宣子가 맹세하면서 시신을 어루만지고 말하기를 "아들 吳를 섬기기를 감히 主(中行偃)를 섬기는 것과 같이 하지 않겠습니까?"라고 하였으나 그대로 눈을 뜨고 있었는데, 欒懷子가 말하기를 "主가 만일 별세하신 뒤에 제가 맹세하건대 齊나라에 대한 토벌을 계속하지 않는다면 河水의 神이 벌을 내릴 것입니다."라고 하자, 그제야 눈을 감았다.

아! 范宣子는 아들 吳를 섬기는 것이 주인에게 충성하는 것이라는 것만 알았고,

齊나라에 보복하여 大夫가 나라를 걱정하는 아름다움을 이루는 것이 큰 충성이 됨을 알지 못하였다.

1) 中行偃死……乃瞑 : 中行偃은 춘추시대 晉나라의 卿으로 성은 荀이고 이름이 偃이며 中行은 관직의 칭호인데 뒤에 氏가 되었다. 含은 珠玉과 米貝 따위를 死者의 입에 넣는 것을 이른다. 范宣子는 晉나라 대부인 士匄(개)이다. 吳는 荀偃의 후계자이고, 欒懷子는 晉나라 대부인 欒盈이고, '有如河'는 河水를 두고 맹세한다는 말이다. 이 내용은 ≪春秋左氏傳≫ 襄公 19년에 거의 그대로 보인다.

古人이 以愛惡로 比之美疢(진)藥石하야 曰 石猶生我어니와 疢之美者는 其毒滋多[1]라하니 由是觀之하면 柳子之愛屈到는 是疢之美요 子木之違父命은 藥石也哉인저

옛사람이 사랑하는 것과 미워하는 것을 가지고 아름다운 病(고통이 없는 病)과 藥石에 비유하여 말하기를 "藥石은 오히려 나를 살게 할 수 있지만, 병의 아름다운 것은 그 害毒이 더욱 많다."라고 하였으니, 이것을 가지고 관찰하면 柳子가 屈到를 사랑한 것은 병을 아름답게 여긴 것이요, 子木이 아버지의 명령을 어긴 것은 藥石이 되는 것이다.

1) 古人以愛惡……其毒滋多 : 美疢는 고통이 없는 병으로, 여기서는 상대가 나를 사랑하여 듣기 좋은 말만 하고 잘못을 지적해주지 않는 것은 내 몸을 망치는 질병과 같다는 의미로 비유한 것이다. 藥石은 藥과 鍼石을 이르는데, 여기서는 상대가 나를 미워하여 항상 나의 잘못을 말하는 것은 나의 병을 치료하는 藥石과 같다는 비유이다.

臧紇은 춘추시대 魯나라의 대부인데, 당시 가장 강성하였던 三桓 중에 孟孫氏(莊子)는 그를 미워하였고, 季孫氏(武子)는 그를 좋아하였다. 孟孫氏가 죽자 臧紇(臧孫紇)이 문상을 가서 곡을 하는데, 매우 슬퍼하고 눈물을 많이 흘렸다.

이에 御者가 "孟孫氏은 당신을 미워하였는데 이처럼 슬퍼하시니, 만일 季孫氏가 죽는다면 슬픔이 어떠하겠습니까?"라고 묻자, 臧紇이 대답하기를 "季孫氏

가 나를 좋아하는 것은 나에게 질병과 같고, 孟孫氏가 나를 미워하는 것은 나에게 藥石과 같다. 고통이 없는 질병이 고통이 있는 藥石만 못하다. 藥石은 오히려 나를 살게 할 수 있지만 고통이 없는 질병은 그 해독이 더욱 많다. 孟孫氏가 죽었으니, 내가 멸망할 날도 멀지 않았다."라고 하였다. ≪春秋左氏傳 襄公 23년≫ 그 후 臧孫氏는 과연 季孫氏에 의해 魯나라에서 축출되고 말았다.

唐荊川曰 此文은 **逐段關鎖**하니 **似諱辨體**[1)]하니라

唐荊川이 말하였다. "이 글은 단락마다 뜻을 거두어 맺었으니, 韓愈의 〈諱辨〉의 체재와 같다."

1) 諱辨體 : 〈諱辨〉은 唐나라의 문장가인 韓愈가 지은 작품이다. 詩人 李賀의 아버지의 이름이 晉肅으로 中國音으로 進士와 비슷하였는데, 李賀가 進士試에 급제하자, 일부 선비들이 李賀는 아버지의 이름을 諱해야 하기 때문에 進士試에 응시해서는 안 된다는 주장을 펴므로 韓愈가 〈諱辨〉을 지어 논박하였다. 그런데 이 글은 단락마다 마지막에 의문사를 사용하여 자신의 주장이 옳다는 것으로 결론을 맺고 있으므로 이렇게 말한 것이다.

宋大家蘇文忠公文抄 卷17

試論

01. 刑賞忠厚之至* 刑罰과 褒賞은 충후함이 지극하여야 한다는 論

* 이 글은 嘉祐 2년(1057)에 실시된 進士科에 蘇軾이 제출한 답안인데, 이때 蘇軾은 次席으로 급제하였다. 蘇轍의 〈東坡先生墓誌銘〉에 의하면 당시 禮部侍郎이던 歐陽脩가 知貢擧(과거시험위원장)의 직책을 맡았는데, 그는 평소 당시에 유행하던 수사만 화려한 騈儷體의 문장을 배척하고, 典雅하고 간결한 古文을 숭상하였다. 함께 고시관으로 있던 梅聖兪(梅堯臣)가 蘇軾의 이 글을 보여주자, 歐陽脩는 뛰어난 문장과 논리에 감탄하여 수석으로 登第시키려 하다가, 혹 자신의 제자인 曾鞏의 작품이 아닌가 하여 次席으로 낮추었다고 한다.

東坡試論文字는 悠揚宛宕(탕)하야 於今場屋中에 極利者也니라

東坡가 科試에 論한 文字는 悠揚하고 완곡하고 호탕해서 지금 科場에 있어서도 매우 유익한 것이다.

堯, 舜, 禹, 湯, 文, 武, 成, 康之際엔 何其愛民之深하고 憂民之切하야 而待天下以君子長者之道也오 有一善이면 從而賞之하고 又從而詠歌嗟歎之하니 所以樂其始而勉其終이요 有一不善이면 從而罰之하고 又從而哀矜懲創之하니 所以棄其舊而開其新이라 故로 其吁兪之聲[1)]과 歡休慘戚이 見(현)于虞, 夏, 商, 周之書라 成, 康既沒하고 穆王立에 而周道始衰나 然猶命其臣呂侯하야 而告之以祥刑[2)]에 其言이 憂而不傷하고 威而不怒하며 慈愛而能斷하야 惻然有哀憐無辜之心이라 故로 孔子猶有取焉[3)]하시니라

堯帝와 舜帝, 禹王과 湯王, 文王과 武王, 成王과 康王의 때에는 군주들이 어쩌면 그리도 백성들을 사랑하는 마음이 깊고 백성들을 걱정하는 마음이 간절해서 天下

사람들을 君子와 長者의 도리로써 대우하였던가?

한 가지 善行이 있으면 따라서 賞을 주고, 또 따라서 노래로 읊고 감탄하였으니, 이는 그 시작을 즐거워하여 잘 끝마칠 것을 권면한 것이다. 한 가지 不善한 일이 있으면 따라서 벌을 주고, 또 따라서 가엾게 여기고 나무라고 경계하였으니, 이는 옛것을 버리고 새 길을 열어준 것이다.

그러므로 군주와 신하가 서로 반대하고 찬성하는 소리와 환호하고 서글퍼함이 虞·夏·商·周의 글에 나타난 것이다.

成王과 康王이 죽고 穆王이 즉위하자, 周나라의 道가 쇠퇴하기 시작하였다. 그러나 오히려 신하인 呂侯에게 명하여 형벌을 신중히 시행할 것을 말할 적에, 그 말이 근심하면서도 화합을 상하지 않았고, 위엄이 있으면서도 노여워하지 않았으며, 자애로우면서도 능히 결단하여, 惻然히 무죄한 사람들을 슬퍼하고 가엾게 여기는 마음이 있었다. 그러므로 孔子께서 오히려 ≪書經≫에 이것을 취하신 것이다.

1) 吁兪之聲 : 吁兪는 吁咈都兪의 줄임말로, 대화체에 대답으로 쓰이는 감탄사들이다. 吁는 '아니다.' 정도의 보통의 부정을 의미하고, 咈은 '절대 아니다.' 정도의 강한 부정을 의미하며, 都는 '아주 좋다.' 정도의 강한 긍정을 의미하고, 兪는 '좋다.' 정도의 보통의 긍정을 의미한다.

2) 穆王立而周道始衰……而告之以祥刑 : 穆王은 西周의 5대 왕으로 이름은 滿이다. 昭王의 아들로 50세에 즉위하였다. 呂侯는 甫侯라고도 칭하는데, 穆王 때 형벌을 맡은 司寇를 지냈다.

周나라는 昭王 때부터 천자의 위엄이 쇠퇴하기 시작하였는데, 穆王에 이르러 犬戎을 정벌하기 위해 여러 해에 걸쳐 전쟁을 일으켰으나 별다른 성과 없이 국력만을 크게 소모시켜, 천하의 제후들이 불화하기 시작하였다. 이에 呂侯가 穆王에게 刑法의 제정을 상주하자, 穆王이 이를 받아들여 형법을 만들어 천하에 포고하게 하였다. 사관이 이것을 기록하여 편을 만들었으니, 이것이 바로 ≪書經≫의 〈周書 呂刑〉이다. ≪史記 西周本紀≫

3) 孔子猶有取焉 : 고대에는 ≪書經≫을 孔子께서 편집한 것으로 여겼으므로 이렇게 말한 것이다. 본문에서 蘇軾은 〈呂刑〉을 긍정적으로 보아 孔子께서 이를 좋게 여겨 취하신 것으로 말했으나, 蔡沈은 ≪書經集傳≫ 〈周書 呂刑〉의 小序

에서 穆王의 형법을 부정적으로 보아, 당시 부실해진 재정을 충당하기 위한 일시 방편으로 여겼으며, 孔子께서 이를 취하신 까닭도 경계를 삼기 위한 것이라고 하여, 蘇軾과는 의견을 달리하였다. 蔡沈의 〈呂刑〉의 小序는 다음과 같다.

"살펴보건대, 이 篇은 오로지 贖刑을 훈계하였으니, 〈舜典〉에 '金으로 贖刑을 만든다.'는 말에 근본한 것이나 이제 이 글을 살펴보면 실제는 그렇지 않다. 〈舜典〉에 이른바 '贖刑'이라는 것은 官府와 學校의 가벼운 형벌일 뿐이요, 五刑으로 말하면 진실로 일찍이 贖罪해 주지 않았다. 五刑의 관대함은 오직 流刑으로 처리하였고, 채찍과 회초리의 관대함이라야 비로소 贖罪를 허락하였는데, 이제 穆王의 贖罪法은 비록 大辟(死刑)이라도 또한 贖免에 참여시켰다.

漢나라 張敞이 오랑캐를 토벌할 적에 兵食(군량)이 부족하다 하여 곡식을 납입하고 속죄받는 법을 만들 것을 건의하였는데, 애당초 또한 일찍이 살인자와 도둑질을 한 죄인에게는 미치지 않았다. 그러나 蕭望之 등은 오히려 말하기를 '이와 같이 하면 부유한 자들은 살고 가난한 자들만이 죽을 것이니, 이익의 길을 열어 治化를 손상할까 두렵다.'라고 하였으니, 일찍이 唐・虞의 세대에 이러한 贖法이 있었다고 말하겠는가.

穆王은 巡遊하기를 끝없이 하여 재물이 탕진되고 백성들이 수고로웠으며, 末年에 이르러서는 계책을 할 수 없으므로, 마침내 이러한 일체 權宜의 방법을 만들어 백성들의 재물을 거둔 것이니, 夫子가 기록함은 또한 경계를 보인 것이다.〔按此篇 專訓贖刑 蓋本舜典金作贖刑之語 今詳此書 實則不然 蓋舜典所謂贖者 官府學校之刑爾 若五刑則固未嘗贖也 五刑之寬 惟處以流 鞭扑之寬 方許其贖 今穆王贖法 雖大辟 亦與其贖免矣 漢張敞以討羌兵食不繼 建爲入穀贖罪之法 初亦未嘗及夫殺人及盜之罪 而蕭望之等 猶以爲 如此 則富者得生 貧者獨死 恐開利路 以傷治化 曾謂唐虞之世 而有是贖法哉 穆王巡遊無度 財匱民勞 至其末年 無以爲計 乃爲此一切權宜之術 以斂民財 夫子錄之 蓋亦示戒〕"

五刑은 古代의 다섯 가지 肉刑으로 이마에 刺字하는 墨刑, 코를 베어내는 劓刑, 발을 자르는 刖刑, 생식기를 자르는 宮刑, 死刑인 大辟의 다섯 가지 형벌을 이른다.

傳曰 賞疑從與는 **所以廣恩也**요 **罰疑從去**는 **所以愼刑也**[1]라하니 **當堯之時**하야 **皐陶爲士**하야 **將殺人**할새 **皐陶曰 殺之**를 **三**이라호되 **堯曰 宥之**를 **三**[2]이라하시니 **故**로 **天下畏皐陶執法之堅**하고 **而樂堯用刑之寬**하며 **四岳曰 鯀可用**이라호되 **堯曰 不可**하니 **鯀**은 **方命圮族**이라하시고 **旣而**오 **曰 試之**[3]라하시니 **何堯之不聽皐陶之殺人**하고 **而從四岳之用鯀也**오 **然則聖人之意**를 **蓋亦可見矣**니라

傳에 이르기를 "賞이 의심스러울 적에 賞을 주는 쪽을 따르는 것은 은혜를 넓히는 것이요, 罰이 의심스러울 적에 처벌하지 않는 쪽을 따르는 것은 형벌을 삼가는 것이다."라고 하였다.

堯임금 때를 당하여 皐陶가 士(법관)가 되어 장차 죄인을 죽이려 해서 皐陶가 "죽여야 합니다."라고 세 번 아뢰었으나, 堯임금은 세 번 "용서하라."고 대답하셨다. 그러므로 天下 사람들은 皐陶가 法을 지킴이 견고함을 두려워하고 堯임금이 형벌을 사용함이 너그러움을 좋아한 것이다.

四岳이 아뢰기를 "鯀을 등용할 만하다."라고 하였으나, 堯임금은 말씀하기를 "불가하다. 鯀은 왕명을 거역하고 종족을 무너뜨린다."라고 반대하였으나 이윽고 또 말씀하기를 "그를 시험해보라."고 하였으니, 어째서 堯임금은 皐陶가 죄인을 죽이자는 말은 듣지 않고 四岳이 鯀을 등용하자는 말은 따랐는가? 그렇다면 聖人의 뜻을 여기에서도 볼 수 있는 것이다.

1) 傳曰……所以愼刑也 : 傳은 옛 책을 이른다. ≪書經≫ 〈虞書 大禹謨〉에 "罪가 의심스러운 경우에는 가벼운 쪽을 따르고, 功이 의심스러운 경우에는 무거운 쪽을 따른다.〔罪疑惟輕 功疑惟重〕"라고 하였는데, 孔安國의 傳에 "형벌이 의심스러우면 가벼운 쪽을 따르고 賞이 의심스러우면 무거운 쪽을 따르는 것은 충후함을 지극히 하는 것이다.〔刑疑惟輕 賞疑從重 忠厚之至〕"라고 한 말을 원용한 것이다.

2) 皐陶曰……宥之三 : 皐陶는 堯帝와 舜帝를 보필한 名臣으로, 舜帝 때에 九官 중에 士가 되어 형법을 담당하였다. 이 내용은 ≪書經≫이나 ≪史記≫에 보이지 않는데, 蘇軾이 典據에 없는 말을 지어낸 것이라고 한다.

楊萬里의 ≪誠齋詩話≫에 "歐陽脩가 省試의 知貢擧가 되어 東坡의 글을 얻

고는 놀랍고 기뻐서 首席으로 뽑으려고 하다가, 자신의 문인인 曾子固의 글인가 하는 의심이 들자, 물의를 일으킬까 염려하여 次席으로 뽑았다. 東坡가 와서 사례하니, 歐陽脩는 東坡가 지은 '刑賞忠厚之至論'에 '皐陶가 죽여야 한다고 세 번 아뢰었으나, 堯임금이 세 번 용서하라고 대답하였다.'는 내용이 있는데, 이 글을 어디에서 보았는지를 물었다. 東坡가 이 일은 ≪三國志≫ 〈魏書 孔融傳〉의 注에 있다고 대답하자, 歐陽脩가 물러가 이 글을 찾아보았으나 보이지 않았다.

후일에 다시 물으니, 東坡는 말하기를 '曹操가 袁紹를 멸망시키고 袁熙의 처를 아들 曹丕에게 하사하였는데, 孔融이 「옛날 武王이 紂王을 정벌하고 그의 애첩 妲己를 周公에게 하사하였다.」라고 말하자, 曹操가 놀라 어느 經에서 이 내용을 보았는지를 물었습니다. 孔融은 「금일의 일을 가지고 살펴서 이와 같을 것이라고 생각한다.」고 대답하였는데, 저도 堯임금과 皐陶의 일은 이와 같을 것이라고 생각하였습니다.'라고 대답하였다.

歐陽脩는 물러가서 크게 놀라며 말하기를 '이 사람은 글을 잘 읽고 잘 이용한다고 이를 만하다. 후일에 천하의 독보적인 문장가가 될 것이다.'라고 하였다.〔歐陽作省試知擧 得東坡之文 驚喜 欲取爲第一人 又疑其門人曾子固之文 恐招物議 抑爲第二 坡來謝 歐陽問 坡所作刑賞忠厚之至論 有皐陶曰殺之三 堯曰宥之三 曰 此見何書 坡曰 事在三國志孔融傳注 歐退而閱之 無有 他日再問坡 坡曰 曹操滅袁紹 以袁熙妻賜其子丕 孔融曰 昔武王伐紂 以妲己賜周公 操驚問見何經 融曰 以今日之事觀之 意其如此 堯皐陶之事 某亦意其如此 歐退而大驚曰 此人可謂善讀書 善用書 他日文章 必獨步天下〕"라고 보인다. 曾子固는 曾鞏으로 子固는 그의 字이다.

3) 四岳曰……試之 : 四岳은 관직명으로 四岳에 있는 제후의 일을 총괄하는 자이다. 鯀은 禹王의 아버지로 崇나라의 제후였는데, 9년의 큰 홍수가 있자 堯임금의 명령을 받고 홍수를 다스렸으나, 물길을 막아 도리어 피해를 키우고는 귀양 가서 죽었다.

이 내용은 ≪書經≫ 〈虞書 堯典〉에 "帝堯가 말씀하기를 '아! 四岳아. 넘실대는 홍수가 폐해를 끼쳐서 蕩蕩하게 산을 에워싸고 언덕을 넘어 질펀하게 하늘까지 번지기에 下民들이 한탄하고 있으니, 홍수를 잘 다스릴 자가 있으면 내 다스리게 하리라.'고 하니, 여럿이 말하기를 '아! 鯀입니다.' 하고 천거하였다.

帝堯가 말씀하기를 '아! 너의 말이 옳지 않다. 鯀은 명령을 거역하고 族類들을 敗亡시킨다.'라고 하니, 四岳이 '그만두더라도 可한가를 시험해보고 이에 그만두어야 합니다.'라고 대답하였다.

帝堯는 鯀에게 '가서 공경히 임무를 수행하라.'고 명하였는데, 9년이 되도록 공적이 이루어지지 못하였다.〔帝曰 咨四岳 湯湯洪水方割 蕩蕩懷山襄陵 浩浩滔天 下民其咨 有能 俾乂 僉曰 於 鯀哉 帝曰 吁 咈哉 方命圮族 岳曰 异哉 試可乃已 帝曰 往欽哉 九載績用弗成〕"라고 보인다.

書曰 罪疑는 **惟輕**하고 **功疑**는 **惟重**하며 **與其殺不辜**론 **寧失不經**[1]이라하니 **嗚呼**라 **盡之矣**라 **可以賞**이요 **可以無賞**에 **賞之**면 **過乎仁**이며 **可以罰**이요 **可以無罰**에 **罰之**면 **過乎義**니 **過乎仁**은 **不失爲君子**나 **過乎義**는 **則流而入於忍人**이라 **故**로 **仁**은 **可過也**어니와 **義**는 **不可過也**라

≪書經≫에 이르기를 "罪가 의심스러운 경우에는 가벼운 쪽을 따르고, 功이 의심스러운 경우에는 무거운 쪽을 따르며, 죄 없는 사람을 죽이기보다는 차라리 떳떳한 법대로 하지 않은 실수를 범하겠다."라고 하였으니, 아! 극진하다.

얼핏 보면 賞을 줄 만하고 자세히 보면 賞을 주지 말아야 할 경우에 賞을 주면 仁에 지나치고, 얼핏 보면 罰을 줄 만하고 자세히 보면 罰을 주지 말아야 할 경우에 罰을 주면 義에 지나치니, 仁에 지나치면 君子가 됨을 잃지 않으나 義에 지나치면 흘러서 잔인한 사람으로 들어간다. 그러므로 仁은 지나쳐도 괜찮지만 義는 지나쳐서는 안 되는 것이다.

1) 書曰……寧失不經 : '不經'은 형벌을 정상적으로 시행하지 못하는 것으로, '寧失不經'은 죄가 없는 사람을 처벌하기보다는 차라리 죄인을 풀어주어, 마땅히 형벌해야 할 죄인을 정상적으로 형벌하지 못하는 실수를 범하는 것이 낫다는 뜻이다.

≪書經≫ 〈虞書 大禹謨〉에 "舜임금의 德은 잘못됨이 없으시어 아랫사람들에게 간략함으로써 임하고 무리들을 너그러움으로써 어거(통제)하시며, 罰은

자식에게 미치지 않고 賞은 자손 대대로 미치게 하시며, 과오로 지은 죄는 용서하여 크게 형벌함이 없고 고의로 지은 죄는 형벌하여 작게 처벌함이 없으시며, 罪가 의심스러운 경우에는 가벼운 쪽을 따르고 功이 의심스러운 경우에는 무거운 쪽을 따르며, 죄 없는 사람을 죽이기보다는 차라리 정상적인 법대로 처벌하지 않은 실수를 범하겠다고 하시어 살려주기를 좋아하는 德이 민심에 흡족하십니다. 이 때문에 백성들이 有司를 범하지 않는 것입니다.〔帝德罔愆 臨下以簡 御衆以寬 罰弗及嗣 賞延于世 宥過無大 刑故無小 罪疑惟輕 功疑惟重 與其殺不辜 寧失不經 好生之德 洽于民心 玆用不犯于有司〕"라고 보인다.

古者에 賞不以爵祿하고 刑不以刀鋸하니 賞以爵祿이면 是는 賞之道 行於爵祿之所加요 而不行於爵祿之所不加也며 刑以刀鋸면 是는 刑之威 施于刀鋸之所及이요 而不施于刀鋸之所不及也라 先王이 知天下之善不勝賞하야 而爵祿不足以勸也하고 知天下之惡不勝刑하야 而刀鋸不足以裁也라 是故로 疑則擧而歸之於仁하야 以君子長者之道로 待天下하야 使天下相率하야 而歸於君子長者之道라 故로 曰 忠厚之至也라하노라

옛날에 관작과 녹봉으로써 賞을 주지 않았고 칼과 톱으로써 刑罰을 가하지 않았으니, 관작과 녹봉으로써 賞을 준다면 이는 賞을 주는 방도가 관작과 녹봉이 가해지는 곳에만 행해지고 관작과 녹봉이 가해지는 않는 곳에는 행해지지 않으며, 칼과 톱으로써 형벌을 가한다면 이는 형벌의 위엄이 칼과 톱이 가해지는 곳에만 베풀어지고 칼과 톱이 미치지 않는 곳에는 베풀어지지 않는 것이다.

先王은 天下의 善한 사람들에게 이루 다 賞을 줄 수가 없어서 관작과 녹봉으로는 충분히 권면할 수 없음을 아셨고, 천하의 惡한 사람들에게 이루 다 형벌을 줄 수가 없어서 칼과 톱으로는 충분히 제재할 수 없음을 아셨다.

이 때문에 의심스러우면 모두 인자한 쪽으로 돌려서 君子와 長者의 도리로써 천하 사람들을 대하였다. 그리하여 천하 사람들로 하여금 서로 이끌어 君子와 長者의 도리로 돌아가게 하였다. 그러므로 나는 '忠厚함이 지극하다.'고 말하는 것이다.

詩曰 君子如祉면 亂庶遄已요 君子如怒면 亂庶遄沮[1)]라하니 夫君子之已亂이 豈有異

術哉리오 **時其喜怒**하야 **而無失乎仁而已矣**라 **春秋之義**는 **立法貴嚴**하고 **而責人貴寬**하며 **因其褒貶之義**하야 **以制賞罰**하니 **亦忠厚之至也**니라

≪詩經≫에 이르기를 "君子가 善한 말을 듣고 만일 기뻐한다면 亂이 행여 빨리 종식될 것이요, 君子가 참소하는 말을 듣고 만일 노여워한다면 亂이 행여 빨리 저지될 것이다."라고 하였으니, 君子가 난을 그치게 함이 어찌 다른 방법이 있겠는가? 기뻐하고 노여워함을 제때에 맞게 해서 仁慈함을 잃지 않을 뿐이다.

≪春秋≫의 의리는 法을 세움에는 엄함을 귀하게 여기고 사람을 責하는 것에는 너그러움을 귀하게 여겼으며, 褒貶하는 의리를 인해서 賞과 罰을 만들었으니, 이 또한 忠厚함이 지극한 것이다.

1) 詩曰……亂庶遄沮 : ≪詩經≫〈小雅 巧言〉에 "亂이 처음 생겨남은 不信의 단서를 받아주기 때문이며, 亂이 또 생겨남은 君子가 讒言을 믿기 때문이다. 君子가 讒言을 듣고 만일 노여워한다면 亂이 행여 빨리 저지될 것이요, 君子가 善言을 듣고 만일 기뻐한다면 亂이 행여 빨리 종식되리라.〔亂之初生 僭始既涵 亂之又生 君子信讒 君子如怒 亂庶遄沮 君子如祉 亂庶遄已〕"라고 보이는데, 본문은 약간 순서가 바뀌었다.

朱子의 ≪詩經集傳≫에 다음과 같은 蘇軾의 注가 실려 있다. "小人이 그 君主에게 참언을 할 적에는 반드시 점점 들어가게 한다. 그리하여 처음에 讒言을 올려 시험해보아, 君主가 용납해주고 막지 않으면 말함에 忌憚할 것이 없음을 알고는 이에 다시 올린다. 그리하여 君主가 이것을 믿은 뒤에 亂이 이루어지는 것이다.〔小人爲讒於其君 必以漸入之 其始也進而嘗之 君容之而不拒 知言之無忌 於是復進 既而君信之 然後亂成〕"

唐荊川曰 此文은 **一意**를 **飜作數段**하니라

唐荊川이 말하였다. "이 글은 동일한 뜻을 뒤집어서 여러 단락을 만들었다."

02. 重巽以申命* 거듭된 巽으로써 명령을 거듭해야 한다는 論

* 이 글은 嘉祐 2년(1057)에 蘇軾이 御試에서 지은 답안으로 〈御試重巽以申命論〉이라고도 한다. 御試는 황제가 친히 보는 시험을 이른다. 宋나라 때에는 지방의 解試(鄕試)에 합격한 자를 擧人이라 하였는데, 擧人들은 서울에 올라와 尙書省이 주관하는 省試에 응시하였으며, 여기에 급제한 자들은 다시 황제가 친히 보는 시험인 御試를 거쳤다. 御試는 조선조의 殿試와 같은 것으로 보이나 조선조의 殿試와는 달리 御試에서도 탈락한 자가 적지 않았다.

≪周易≫의 巽卦는 위와 아래가 모두 巽이므로 重巽이라고도 한다. '重巽以申命'은 巽卦 〈彖傳〉에 "거듭된 巽으로 命令을 거듭하니, 剛이 中正에게 공손하고 뜻이 행해지며, 柔가 모두 剛에게 순종한다. 이 때문에 조금 亨通하니, 가는 바를 둠이 이로우며 大人을 봄이 이롭다.〔彖曰 重巽以申命 剛巽乎中正而志行 柔皆順乎剛 是以小亨 利有攸往 利見大人〕"라고 보인다.

이에 대해 程伊川의 ≪易傳≫에 "重巽은 위아래가 모두 巽인 것이다. 위는 道를 순히 하여 명령을 내고 아래는 명령을 받들어 순종하여 위와 아래가 모두 순하니, 이는 거듭 巽順한 象이요 또 重은 중복의 뜻이 된다. 君子가 重巽의 뜻을 體行하여 명령을 거듭하고 반복하니, 申은 중복함이니, 丁寧함을 이른다.〔重巽者 上下皆巽也 上順道以出命 下奉命而順從 上下皆順 重巽之象也 又重爲重複之義 君子體重巽之義 以申復其命令 申重復也 丁寧之謂〕"라고 해석하였다.

昔聖人之始畫卦也[1]에 皆有以配乎物者[2]也하니 巽之配於風者는 以其發而有所動也[3]요 配於木者는 以其仁且順也[4]일새라 夫發而有所動者 不仁이면 則不可以久요 不順이면 則不可以行이라 故로 發而仁하고 動而順하면 而巽之道備矣니라 聖人以爲不重則不可以變이라 故로 因而重之하야 使之動而能變하고 變而不窮이라 故로 曰 重巽以申命이라하니 言天子之號令이 如此而後可也니라

옛날 聖人이 처음 卦를 그으실 적에 卦를 모두 물건에 배합하였으니, 巽卦를 바람에 배합한 것은 發하여 動하는 바가 있기 때문이요, 나무에 배합한 것은 仁하고 또

順하기 때문이었다.

發하여 動하는 바가 있을 적에 仁하지 못하면 오래 갈 수가 없고 順하지 못하면 시행될 수가 없다. 그러므로 發함에 仁하고 動함에 順하면 巽의 道가 구비되는 것이다.

聖人이 생각하기를 '거듭하지 않으면 변할 수가 없다.'고 여기셨다. 그러므로 인하여 巽을 거듭해서 動하면 능히 변하고 변하여 그치지 않게 하신 것이다. 그러므로 "거듭된 巽으로써 명령을 거듭한다."라고 하였으니, 이와 같이 한 뒤에야 天子의 호령이 행해질 수 있음을 말한 것이다.

1) 昔聖人之始畫卦也：≪周易≫은 伏羲氏가 처음 八卦와 64卦를 그렸으며, 周 文王이 이것을 연역하여 卦辭를 달고, 周公이 爻辭를 달고 孔子가 十翼을 지었다고 한다. 그러므로 이렇게 말한 것이다. 十翼은 〈彖傳 上・下〉, 〈象傳 上・下〉, 〈繫辭傳 上・下〉, 〈文言傳〉, 〈說卦傳〉, 〈序卦傳〉, 〈雜卦傳〉을 이른다.
2) 配乎物者：≪周易≫의 八卦는 모두 일정한 자연물을 상징한다. 즉 乾은 하늘, 坤은 땅, 坎은 물, 离는 불, 巽은 바람, 兌는 못, 艮은 산, 震은 우레를 상징한다. 또 팔괘는 우리 일상의 여러 가지들을 상징하는데, 이에 대해서는 〈說卦傳〉에 자세히 보인다.
3) 巽之配於風者 以其發而有所動也：巽卦는 바람을 상징하는데 바람은 천하에 미치지 못하는 곳이 없고 모든 물건에 들어가서 마치 上帝의 命과도 같으므로 이렇게 말한 것이다.
4) 配於木者 以其仁且順也：巽에는 바람 이외에 나무의 象이 있는데, 나무는 大地에서 싹이 터서 자라나고, 또 유순하기 때문에 '仁且順'이라고 하였다. 五行을 四時와 五性에 배합하면 木은 봄으로 仁에 해당하고, 火는 여름으로 禮에 해당하고, 土는 음력 6월로 信에 해당하고, 金은 가을로 義에 해당하고, 水는 겨울로 智에 해당한다.

天地之化育[1)]은 有可以指而言者하고 有不可以求而得之者라 今夫日은 皆知其所以爲煖(暖)이요 雨는 皆知其所以爲潤이요 雷霆은 皆知其所以爲震이요 雪霜은 皆知其所以爲殺이로되 至於風하야는 悠然布於天地之間하야 來不知其所自하고 去不知其所入하야 噓而炎하고 吹而冷하며 大而鼓乎泰山喬嶽之上하고 細而入乎竅(관)室蔀屋

之下하야 **發達萬物**이로되 **而天下不以爲德**하고 **摧拔草木**이로되 **而天下不以爲怒**라 **故**로 **曰 天地之化育**은 **有不可求而得者**라하니 **此**는 **聖人之所法以令天下之術也**니라

天地의 化育은 지적해서 말할 수 있는 것이 있고, 찾아서 알 수 없는 것이 있다. 저 해(태양)는 누구나 다 이것이 따뜻함이 되는 것임을 알고, 비는 누구나 다 이것이 적셔주는 것임을 알고, 우레와 벼락은 누구나 다 震動하는 것임을 알고, 눈과 서리는 누구나 다 초목을 말려 죽이는(肅殺) 것임을 안다.

하지만 바람에 있어서는 조용히 天地의 사이에 펴져서 어디에서 왔는지를 알지 못하고 어디로 들어가는지를 알지 못하여, 뜨거운 바람이 불면 더워지고 차가운 바람이 불면 추워지며, 크게는 泰山喬嶽의 위에 불어대고 작게는 움집과 거적의 아래에까지 들어간다. 그리하여 만물을 발달시키는데도 天下가 은덕으로 여기지 않고, 草木을 꺾고 뽑는데도 천하가 노여워하지 않는다.

그러므로 '天地의 化育은 찾아서 알 수 없는 것이 있다.'라고 하는 것이니, 이는 聖人이 본받아서 天下에 호령하는 방법이다.

1) 天地之化育 : 하늘과 땅의 造化로 만물을 生育함을 이른다.

聖人在上하면 **天下之民**이 **各得其職**하야 **士者皆曰 吾學而仕**라하고 **農者皆曰 吾耕而食**이라하고 **工者皆曰 吾作而用**이라하고 **賈者皆曰 吾負而販**이라하야 **不知聖人之制命令以鼓舞**하고 **通變其道**하야 **而使之安乎此也**라 **聖人之在上也**에 **天下可由而不可知**요 **可言而不可議**는 **蓋得乎巽之道也**니라

聖人이 윗자리에 있으면 天下의 백성들이 각각 그 직분을 얻어서, 선비들은 모두 말하기를 "내가 배워서 벼슬한다."라고 하고, 농사꾼은 모두 말하기를 "내가 밭을 갈아서 먹는다."라고 하고, 工人들은 모두 말하기를 "내가 물건을 만들어서 사용한다."라고 하고, 장사꾼들은 모두 말하기를 "내가 물건을 져다가 팔아먹고 산다."라고 한다.

그리하여 聖人이 명령을 내어서 자기를 고무시키고, 道를 변통하여 자기로 하여금 이것을 편안히 여기게 함을 알지 못한다.

聖人이 윗자리에 있을 적에는 天下 사람들이 도리를 행할 수는 있으나 그 이유를 알지 못하고, 말은 할 수 있으나 비판할 수는 없으니, 이것은 巽卦의 道를 얻은 것이다.

易者는 **聖人之動**이요 **而卦者**는 **動之時也**라 **蠱之彖曰 先甲三日**이요 **後甲三日**[1]이라하고 **而巽之九五**에 **亦曰 先庚三日**이요 **後庚三日**[2]이라하니 **而說者謂甲庚**은 **皆所以申命**이요 **而先後者**는 **愼之至也**라하니라 **聖人**이 **憫斯民之愚**하사 **而不忍使之遽陷於罪戾也**라 **故**로 **先三日而令之**하고 **後三日而申之**하고 **不從而後誅**하시니 **蓋其用心之愼也**라

易이라는 것은 聖人의 動함이고, 卦라는 것은 動하는 때이다. 蠱卦의 彖辭에 이르기를 "甲(시작)으로 먼저 三日을 하고, 甲으로 三日을 뒤에 한다."라고 하였고, 巽卦 九五 爻辭에 또한 이르기를 "庚(변경)으로 三日을 먼저 하고, 庚으로 三日을 뒤에 한다."라고 하였다.

이에 해설하는 자가 이르기를 "甲과 庚은 모두 명령을 거듭하는 것이요, 먼저 하고 뒤에 하는 것은 삼감이 지극한 것이다."라고 하였다.

聖人은 백성들의 어리석음을 민망히 여겨서 차마 백성들로 하여금 대번에 罪戾에 빠지게 할 수가 없었다. 그러므로 3일 앞서 명령하고 3일 뒤에 거듭하고, 명령을 따르지 않은 이후에 처벌하셨으니, 그 마음 쓰심이 신중한 것이다.

1) 蠱之彖曰……後甲三日 : 蠱卦는 ≪周易≫ 64卦 가운데 18번째의 卦이다. 彖은 彖辭로 바로 卦辭를 이르는데, 文王이 지었다고 전해진다. 蠱卦의 彖辭에 "蠱는 크게 善하여 亨通하니, 大川을 건넘이 이로우니, 甲으로 먼저 3일을 하며 甲으로 뒤에 3일을 하여야 한다.〔蠱元亨 利涉大川 先甲三日 後甲三日〕"라고 하였는데, 甲은 日辰의 시작이고 일의 단서를 이른다.

'先甲三日 後甲三日'에 대한 해석은 程伊川의 ≪易傳≫과 朱子의 ≪周易本義≫가 서로 같지 않은데, 程伊川은 "甲은 數의 첫 번째이고 일의 시작이다. 日辰의 甲乙과 甲第·甲令과 같은 것이 모두 첫 번째를 이르니, 일의 단서이다. 혼란함을 다스리는 방법은 마땅히 그 앞뒤 3일을 思慮하여야 하니, 앞뒤를 미루어 근원해서 병폐를 바로잡고 장구히 할 수 있는 방도를 마련하여야

한다.

'先甲'은 이보다 앞서 함을 이르니 그 所以然을 연구하는 것이요, '後甲'은 이보다 뒤에 함을 이르니 장차 그러할 것을 염려하는 것이다. 1일과 2일로부터 3일에 이르니, 생각함이 깊고 推原함이 멂을 말한 것이다.〔甲數之首 事之始也 如辰之甲乙 甲第甲令 皆謂首也 事之端也 治蠱之道 當思慮其先後三日 蓋推原先後 爲救弊可久之道 先甲 謂先於此 究其所以然也 後甲 謂後於此 慮其將然也 一日二日 至於三日 言慮之深 推之遠也〕"라고 하였다.

한편 朱子는 "甲은 日辰의 시작이고 일의 단서이다. 甲보다 앞서 3일은 辛이요 甲보다 뒤에 3일은 丁이니, 앞의 일이 中을 지나 장차 파괴되려 하면 스스로 새롭게 하여 뒷일의 단서를 만들어서 크게 파괴됨에 이르지 않게 하여야 하고, 뒷일이 막 시작되어 새로우나 다시 丁寧한 뜻을 지극히 하여 앞일의 잘못을 거울 삼아 속히 파괴됨에 이르지 않게 하여야 하니, 聖人의 경계하심이 깊다.〔甲 日之始 事之端也 先甲三日 辛也 後甲三日 丁也 前事過中而將壞 則可自新以爲後事之端 而不使至於大壞 後事方始而尙新 然更當致其丁寧之意 以監其前事之失 而不使至於速壞 聖人之戒深也〕"라고 해설하였다.

2) 巽之九五……後庚三日 : 巽卦는 ≪周易≫ 64卦 가운데 57번째의 卦이며, 九五의 五는 卦의 5번째 효를 가리키고 九는 양효임을 이른다. 巽卦 九五 爻辭에 "九五는 貞하면 吉하여 뉘우침이 없어져서 이롭지 않음이 없으니, 初는 없고 終은 있다. 庚으로 3일을 먼저 하고 庚으로 3일을 뒤에 하면 吉하리라.〔九五貞吉 悔亡 无不利 无初有終 先庚三日 後庚三日 吉〕"라고 하였다.

'先庚三日과 後庚三日'에 대한 해석은 程伊川의 ≪易傳≫과 朱子의 ≪周易本義≫가 서로 같지 않다. 程伊川은 蠱卦 彖辭의 해설에서 "庚은 變更의 첫 번째이다. 制作과 政敎 따위는 甲이라고 말하니 첫 번째를 든 것이요, 號令을 발하는 일은 庚이라고 말하니, 庚은 更과 같아서 變更하는 바가 있는 것이다.〔庚者變更之首 制作政教之類則云甲 擧其首也 發號施令之事則云庚 庚猶更也 有所更變也〕"라고 庚을 해석하였다.

한편 朱子는 "庚은 변경함이니, 일을 변경하는 것이다. 庚보다 3일을 먼저 한다는 것은 丁이요, 庚보다 3일을 뒤에 한다는 것은 癸이니, 丁은 변경하기 전에 丁寧(간곡히 반복함)히 하는 것이요, 癸는 변경한 뒤에 헤아리는 것이니, 이처럼 일을 변경하면서 이 占을 얻은 자는 이와 같이 하면 吉하다.〔庚更也 事之變也 先庚三日 丁也 後庚三日 癸也 丁所以丁寧於其變之前 癸所以揆度於其變之後 有所變更而得此占者는 如是則吉也〕"라고 해석하였다.

以至神之化로 **令天下**하야 **使天下不測其端**하고 **以至詳之法**으로 **曉天下**하야 **使天下明知其所避**하니 **天下不測其端**하고 **而明知其所避**라 **故**로 **靡然相率而不敢議也**하나니 **上令而下不議**하고 **下從而上不誅**는 **順之至也**라 **故**로 **重巽之道**는 **上下順也**니라

지극히 신묘한 교화를 가지고 天下 사람들에게 명령하여 천하 사람들로 하여금 단서를 측량하지 못하게 하고, 지극히 상세한 법을 가지고 천하 사람들을 깨우쳐서 천하 사람들로 하여금 피할 바를 분명히 알게 하였으니, 천하 사람들이 단서를 측량하지 못하고 피할 바를 분명히 알기 때문에 모두가 서로 따라서 감히 비판하지 못하는 것이다.

윗사람이 명령하는데 아랫사람이 비판하지 않고 아랫사람이 기꺼이 따라서 윗사람이 처벌하지 않는 것은 順함이 지극한 것이다. 그러므로 巽을 거듭하는 道는 上下가 順한 것이다.

03. 孔子從先進* 孔子는 先進을 따르셨다는 論

* 이 글은 文集에는 제목이 〈學士院試孔子從先進論〉으로 되어 있고, 郎曄의 ≪經進東坡文集史略≫에는 〈孔子從先進〉으로 되어 있다. 이 말은 ≪論語≫ 〈先進〉의 "先進於禮樂 野人也 後進於禮樂 君子也 如用之 則吾從先進"에서 나왔다.

蘇軾이 治平 2년(1065)에 鳳翔府判官에서 判登聞鼓院으로 영전하였는데, 英宗은 藩邸에 있을 때부터 그의 명성을 듣고 있었으므로 唐나라의 故事를 따라 翰林院에 들여 知制誥로 삼고자 하였다.

이때 宰相 韓琦가 아뢰기를 "蘇軾은 遠大한 器局입니다. 후일에 마땅히 천하를 위해 쓰여야 하니, 조정에서는 그를 잘 배양하여야 합니다. 지금 대번에 그를 등용한다면 天下의 선비들이 반드시 옳게 생각하지 않을 것이니, 이는 다만 그에게 누가 될 뿐입니다. 우선 불러서 시험해보시기를 청합니다."라고

하였다.

이에 두 편의 論으로 다시 시험하여 3등에 들자 直史館으로 임명하였는데, 두 편의 論은 바로 이 글과 다음에 있는 〈春秋定天下之邪正論〉이다.

時論中妙手니 其體格이 與今無相遠하니라

時論 가운데 매우 묘한 솜씨이니, 그 文體와 格式이 지금과 큰 차이가 없다.

君子之欲有爲於天下인댄 莫重乎其始進也라 始進以正이라도 猶且以不正繼之어든 況以不正進者乎아 古之人이 有欲以其君王者也하고 有欲以其君霸者也하고 有欲彊其國者也하니 是三者는 其志不同이라 故로 其術有淺深하고 而其成功有巨細하니 雖其終身之所爲를 不可逆知나 而其大節은 必見於其始進之日하나니라 何者오 其中素定也일새니 未有進以彊國而能霸者也요 未有進以霸而能王者也니라

君子가 天下에 훌륭한 일을 하고자 하면, 처음 나아가는 것보다 더 중요한 것이 없다. 처음에 바름으로써 나아가더라도 바르지 못함으로 뒤를 잇는데, 하물며 바르지 못함으로써 나아가는 자에 있어서이랴?

옛날 사람 중에 자신의 군주를 王者로 만들고자 한 자가 있었고, 자신의 군주를 霸者로 만들고자 한 자가 있었고, 나라를 富强하게 만들고자 한 자가 있었으니, 이 세 부류의 사람은 그 뜻이 똑같지 않았다.

그러므로 방법에 깊고 얕음이 있었고 공을 세움에 크고 작음이 있었으니, 비록 終身토록 할 바를 미리 알 수는 없었으나, 大節은 반드시 처음 나아가는 때에 알 수 있었다.

어째서인가? 평소 그 마음속에 정해져 있었기 때문이니, 나라를 부강하게 하는 것을 가지고 나아가서 능히 霸者가 된 자는 있지 않았고, 霸道를 가지고 나아가서 능히 王者가 된 자는 있지 않았다.

伊尹之耕於有莘之野也[1)]에 其心固曰 使吾君爲堯, 舜之君하고 而吾民爲堯, 舜之

民也라하니 **以伊尹**으로 **爲以滋味說湯者**는 **此戰國之策士 以己度**(탁)**伊尹也**[2]니 **君子疾之**하나니라 **管仲**이 **見桓公于纍囚之中**[3]에 **其所言者**는 **固欲合諸侯, 攘戎狄也**니 **管仲**이 **度桓公足以霸**하고 **度其身足以爲霸者之佐**라 **是故**로 **上無侈說**하고 **下無卑論**하니 **古之人**은 **其自知明也如此**하니라

伊尹이 有莘國에서 농사지을 적에 마음속으로 생각하기를 '우리 임금을 堯・舜과 같은 聖君으로 만들고, 우리 백성을 堯・舜의 백성과 같은 善한 백성으로 만들겠다.'라고 하였다.

그런데 伊尹이 "맛있는 음식을 가지고 湯임금을 설득했다."고 말하는 것은 전국시대의 策士들이 자신의 얕은 도량으로 伊尹을 헤아린 것이니, 君子들이 이를 미워하였다.

管仲이 죄수로서 포승줄에 묶여 있는 가운데에 桓公을 만나보았는데, 그가 말한 것은 진실로 諸侯를 규합하고 오랑캐들을 물리치고자 하는 것이었다.

管仲은 桓公이 충분히 霸者가 될 수 있음을 헤아렸고, 자신이 충분히 霸者의 輔佐가 될 수 있음을 헤아렸다. 이 때문에 위로는 과장된 말이 없었고 아래로는 비굴한 의논이 없었으니, 옛사람은 그 스스로를 분명하게 앎이 이와 같았다.

1) 伊尹之耕於有莘之野也 : 伊尹은 商나라를 개국한 成湯의 재상이다. 尹은 관명인 尹正의 尹이고 이름은 摯이다. 후세의 冢宰와 같은 阿衡을 맡고 成湯을 도와 夏나라 桀王을 정벌하고 商나라를 개국하였으며, 周나라의 周公과 함께 역사상 가장 뛰어난 명재상으로 알려졌다. 有莘은 나라 이름으로 지금의 河南省 陳留縣 동북쪽에 있었다.

   伊尹은 有莘에서 농사를 지으며 安貧樂道하였는데, 湯王이 세 번이나 사람을 보내 극진한 禮로 초빙하자, 이에 응해 재상이 되었기 때문에 이렇게 말한 것이다. 옛날에는 國名 앞에 대부분 有자를 붙여 有虞・有夏・有窮・有明이라 하였는바, 有를 大의 뜻으로 보기도 하나 확실하지 않으며, 有莘 또한 莘나라인데 有자를 앞에 붙인 것이다.

2) 以伊尹……以己度(탁)伊尹也 : ≪孟子≫ 〈萬章 上〉에 "萬章이 묻기를 '사람들이 말하기를 「伊尹이 고기를 베어 요리함으로써 湯王에게 등용되기를 요구하

였다.」라고 하니, 그러한 일이 있었습니까?'라고 하자, 孟子께서 '아니다, 그렇지 않다.'라고 대답하셨다.〔萬章問曰 人有言 伊尹以割烹要湯 有諸 孟子曰 否不然〕"라고 보인다.

이에 대해 朱子의 集註에 "≪史記≫ 〈殷本紀〉를 상고해보면 '伊尹이 道를 행하여 훌륭한 人君을 만들고자 하였으나 방법이 없자, 마침내 有莘氏의 媵臣이 되어 솥과 도마를 지고 맛있는 음식으로 湯王을 설득하여 王道에 이르게 하였다.'라고 하였으니, 전국시대에 이런 말을 하는 자들이 있었다.〔按史記 伊尹欲行道以致君而無由 乃爲有莘氏之媵臣 負鼎組 以滋味說湯 致於王道 蓋戰國時有爲此說者〕"라고 보인다. 媵臣은 公主가 제후에게 시집갈 적에 함께 따라가는 신하를 이른다.

3) 管仲見桓公于纍囚之中 : 管仲은 춘추시대 齊나라의 名相으로 이름이 夷吾이며, 仲은 그의 字이다. 潁上 사람으로 젊었을 때부터 鮑叔牙와 친하여 管鮑之交라는 말이 나오게 되었다.

齊 襄公이 무도하자 鮑叔牙는 공자 小白을 받들고 莒나라로 피난하였고, 管仲은 公子 糾를 모시고 魯나라로 피난하였는데, 뒤에 無知가 襄公을 시해하자, 小白과 糾가 각각 莒나라와 魯나라의 군대를 거느리고 齊나라로 들어오다가 싸움을 벌여, 小白이 승리하고 입국하여 즉위하니, 이가 바로 桓公이다.

糾의 군대가 패하자 魯나라에서는 부득이 糾를 죽이고 管仲을 가두었다. 鮑叔牙가 桓公에게 魯나라에 잡혀 있는 管仲을 데려와 재상으로 삼을 것을 청하자, 桓公이 魯나라에 管仲을 보내줄 것을 요청하였다. 魯 莊公은 管仲을 죄인의 신분으로 돌려보내니, 桓公이 管仲을 만나보고 재상으로 삼았다. 그러므로 '纍囚之中'이라고 말한 것이다.

商鞅之見孝公也에 三說(세)而後에 合[1]하니 甚矣라 鞅之懷詐挾術以欺其君也여 彼豈不自知其不足以帝且王哉리오마는 顧其刑名慘刻之學[2]을 恐孝公之不能從이라 是故로 設爲高論以眩之하고 君旣不能是矣면 則擧其國하야 惟吾之所欲爲하니 不然이면 豈其負帝王之略하고 而每見에 輒變以徇人乎아 商鞅之不終於秦也는 是其進之不正也일새니라

商鞅은 孝公을 알현할 적에 세 번 설득한 뒤에 뜻이 부합하였으니, 심하구나! 商鞅이 속임수를 품고 권모술수를 끼고서 군주를 속임이여.

저 商鞅은 孝公이 五帝나 三王이 될 수 없다는 것을 어찌 스스로 알지 못했겠는가마는, 다만 자신의 참혹하고 각박한 刑名學을 孝公이 제대로 따르지 못할까 염려하였다. 이 때문에 매우 고상한 三皇・五帝의 의논을 가설하여 군주를 현혹시켰고, 군주가 이것을 할 수 없다고 하자 온 秦나라를 오직 자기가 하고 싶은 대로 하려고 하였던 것이다.

그렇지 않았다면 어찌 제왕의 경략을 지니고서 매번 군주를 볼 때마다 번번이 자신의 주장을 바꿔서 군주의 비위를 따랐겠는가?

商鞅이 秦나라에서 끝을 잘 맺지 못한 것은 나아갈 적에 바르지 못했기 때문이다.

1) 商鞅之見孝公也 三說(세)而後合 : 商鞅(B.C. 390~B.C. 338)은 춘추시대 秦 孝公을 보좌한 재상으로 원래는 衛鞅 또는 公孫鞅으로 불렸는데, 뒤에 商於(오)라는 땅에 봉해져 商君 또는 商鞅이라고 칭하였다.

孝公은 獻公의 아들로 B.C. 361년부터 B.C. 338년까지 재위하였다. 즉위 이래 여러 제후들이 秦나라를 업신여기는 것에 분개하여 나라를 부강하게 하기 위해 여러 賢者들을 적극적으로 초빙하였다.

母國인 衛나라에서 인정을 받지 못한 商鞅은 秦나라에 와서 孝公의 총신 景監을 통해 孝公을 알현하고 설득하였는데, 처음에 堯・舜의 道를 말하자 孝公은 관심을 두지 않았고, 두 번째로 만나 三王의 王道를 말하였으나 만족하지 못했으며, 세 번째로 霸道에 대해 말하자 깊은 관심을 보였다. 마침내 孝公은 商鞅을 등용하고 刑名學(法家)으로 나라를 다스려 부국강병을 이룩하였는데, 본문의 '三說而後合'은 이를 말한 것이다.

2) 刑名慘刻之學 : 刑名은 刑名學으로 전국시대 申不害가 창시한 法家 중의 한 학파인데 循名責實, 信賞必罰을 내세우며 매우 엄격하고 가혹한 법에 의한 정치를 주장하였다. 그러므로 慘刻之學이라고 한 것이다.

聖人則不然하야 其志愈大故로 其道愈高하고 其道愈高故로 其合愈難이라 聖人이 視天下之不治를 如赤子之在水火也하니 其欲得君以行道가 可謂急矣라 然이나 未嘗以

難合之故而少貶焉者는 **知其始於少貶**이면 **而其漸必至陵遲而大壞也**라 **故**로 **曰 先進于禮樂**은 **野人也**요 **後進于禮樂**은 **君子也**니 **如用之**면 **則吾從先進**[1]이라하시니라

聖人은 그렇지 않아서, 그 뜻이 더욱 크기 때문에 道가 더욱 높고, 그 道가 더욱 높기 때문에 군주와 부합하기가 더욱 어려운 것이다.

聖人은 天下가 다스려지지 않음을 보기를 어린아이가 물속과 불속에 있는 것처럼 안타깝게 여겼으니, 군주를 얻어서 道를 행하고자 하는 것이 급하다고 이를 만하였다. 그러나 일찍이 부합하기 어렵다는 이유로 조금도 자신을 굽히지 않았던 것은 조금 굽혀서 시작하면 반드시 점차 침체하여 크게 파괴됨에 이를 줄을 알았기 때문이다.

그러므로 말씀하시기를 "먼저 禮樂을 올림은 野人이요, 나중에 禮樂을 올림은 君子라 하는데, 만일 내가 쓴다면 나는 먼저 禮樂을 올림을 따르겠다."라고 하신 것이다.

1) 先進于禮樂……則吾從先進 : 이 글은 ≪論語≫ 〈先進〉에 보이는데 해석에 있어서는 이견이 많다.

楊伯峻의 ≪論語譯注≫에는 "먼저 禮樂을 배운 뒤에 관리가 되는 사람은 爵祿을 받은 적이 없는 野人(일반 사람)이고, 먼저 관직을 차지하고 뒤에 禮樂을 배우는 사람은 君子(卿・大夫의 자제)이다. 만일 내가 인재를 등용한다면 나는 먼저 禮樂을 배운 사람을 選用하겠다."라고 하였다.

또 蘇軾은 "먼저 禮樂을 가지고 나아감은 野人이고 뒤에 禮樂을 가지고 나아감은 君子라 하는데, 만일 내가 쓴다면 나는 먼저 禮樂으로 나아감을 따르겠다."라고 보았다.

그러나 朱子는 ≪論語集註≫에서 "先進・後進은 前輩・後輩라는 말과 같다. 野人은 郊外의 백성을 이르고, 君子는 어진 士大夫를 이른다.〔先進後進 猶言前輩後輩 野人 謂郊外之民 君子 謂賢士大夫也〕"라고 해석하고, 程子(伊川)의 "先進은 禮樂에 있어 文과 質이 마땅함을 얻었는데 이제 도리어 그것을 질박하다고 말하여 野人이라 하고, 後進은 禮樂에 있어 文이 그 質을 넘는데 이제 도리어 彬彬(적절히 배합됨)하다고 말하여 君子라고 한다. 이는 周나라 말기에 文에 치우쳤으므로 당시 사람들의 말이 이와 같아서 文에 지나침을 스스로 알지 못한 것이다.〔先進 於禮樂 文質得宜 今反謂之質朴 而以爲野人 後

進之於禮樂 文過其質 今反謂之彬彬 而以爲君子 蓋周末文勝 故時人之言如此 不自知其過於文也〕"라고 한 말을 인용하였다.

그리하여 본문을 "〈지금 사람들이 이르기를〉 선배들은 禮樂에 대하여 野人(촌스러운 사람)이고, 후배들은 禮樂에 대하여 君子라고 한다. 〈내가〉 만일 禮樂을 쓴다면 나는 선배들을 따르겠다."라고 풀이하였다.

孔子之世에 **其諸侯卿大夫 視先王之禮樂**을 **猶方圓氷炭之不相入也**하니 **進而先之以禮樂**이면 **其不合**이 **必矣**라 **是人也**는 **以道言之**하면 **則聖人**이요 **以世言之**하면 **則野人也**라 **若夫君子之急於有功者**는 **則不然**하야 **其未合也**엔 **先之以世俗之所好**하고 **而其旣合也**엔 **則繼以先王之禮樂**하니 **其心則然**이나 **然其進不正**하야 **未有能繼以正者也**라 **故**로 **孔子不從**하시고 **而孟子亦曰 枉尺直尋者**는 **以利言也**니 **如以利**면 **則枉尋直尺而利**라도 **亦可爲歟**[1]아하시니라

孔子 때에 諸侯와 卿·大夫들은 先王의 禮樂을 보기를 네모진 것과 둥근 것이 서로 맞지 않고 얼음과 숯불이 서로 용납하지 못하는 것처럼 여겼으니, 나아가면서 禮樂으로써 먼저 한다면 부합하지 않을 것이 틀림없다. 이런 사람은 道를 가지고 말하면 聖人이요, 당시 세상 사람들의 견해를 가지고 말하면 野人이다.

君子 중에 功을 세우는 것을 급급히 여기는 자들은 그렇지 않아서 부합하기 전에는 세속의 좋아하는 바로써 먼저 설득하고, 부합한 뒤에는 선왕의 禮樂으로써 뒤를 이었으니, 그 마음은 옳으나 그 나아감은 바르지 못하여 바름으로써 계속할 수 있는 자가 있지 않았다.

그러므로 孔子께서 따르지 않으셨고, 孟子 또한 말씀하시기를 "한 자를 굽혀서 한 길을 펴는 것은 이익을 가지고 말한 것이니, 만약 이익을 가지고 말한다면 한 길을 굽혀서 한 자를 펴 이롭더라도 또한 할 수 있겠는가?"라고 하신 것이다.

1) 孟子亦曰……亦可爲歟 : 尺은 한 자를 이르고 尋은 8자를 이른다.

이 말은 ≪孟子≫ 〈滕文公 下〉에 "제자인 陳代가 '선생님께서 諸侯를 만나보지 않으시는 것은 작은 일인 것 같습니다. 이제 한번 만나보시면, 크게는 王者를 이루고 작게는 霸者를 이룰 것입니다. 또 옛 기록에 「한 자를 굽혀

한 길을 편다.」라고 하였으니, 의심컨대 한번 만나볼 만할 듯합니다.'라고 하였다.

그러자 孟子께서 '옛날에 齊 景公이 사냥할 적에 虞人을 旌(깃발)으로 불렀는데 오지 않으니, 장차 그를 죽이려 했었다. 〈孔子께서 虞人을 칭찬하시기를〉「志士는 죽어서 시신이 도랑에 버려짐을 잊지 않고, 勇士는 자기 머리를 잃을 것을 잊지 않는다.」하셨으니, 孔子께서 어찌하여 그를 취하셨는가? 자기의 〈신분에 맞는〉 부름이 아니면 가지 않음을 취하신 것이니, 만일 부름을 기다리지 않고 간다면 어떠하겠는가?

또 한 자를 굽혀서 한 길을 편다는 것은 利로써 말한 것이니, 만일 利로 말한다면 한 길을 굽혀 한 자를 펴서 利가 있더라도 또한 하겠는가?'라고 대답하셨다.〔陳代曰 不見諸侯 宜若小然 今一見之 大則以王 小則以霸 且志曰 枉尺而直尋 宜若可爲也 孟子曰 昔齊景公田 招虞人以旌 不至 將殺之 志士不忘在溝壑 勇士不忘喪其元 孔子奚取焉 取非其招不往也 如不待其招而往 何哉 且夫枉尺而直尋者 以利言也 如以利 則枉尋直尺而利 亦可爲與〕"라고 보인다.

이는 처음에 '正道에 맞지 않는 방법이라도 좋은 목적을 위해서라면 해도 된다.'라고 하여 이를 행한다면, 결국 목적을 위해서 못하는 일이 없게 될 것이라고 경계한 것이다.

君子之得其君也에 **旣度其君**하고 **又度其身**하야 **君能之而我不能**이면 **不敢進也**하고 **我能之而君不能**이면 **不可爲也**하니 **不敢進而進**이면 **是易其君**이요 **不可爲而爲**면 **是輕其身**이니 **是二人者**는 **皆有罪焉**이니라 **故**로 **君子之始進也**에 **曰 君苟用我矣**면 **我且爲是**라하야 **君曰 能之**라하면 **則安受而不辭**하고 **君曰 不能**이라하면 **天下其獨無人乎**아하며 **至於人君**하야도 **亦然**하야 **將用是人也**엔 **則告之以己所欲爲**하야 **要其能否而責成焉**하나니 **其曰 姑用之而試觀之者**는 **皆過也**니라

君子가 군주의 신임을 얻었을 적에는 군주를 헤아리고 또 자기 자신을 헤아려서, 군주가 능히 이것을 할 수 있는데도 자신이 능하지 못하면 감히 나아가지 않고, 자신이 능히 이것을 할 수 있는데도 군주가 능하지 못하면 이것을 할 수 없었다.

자신이 능하지 못하여 감히 나아갈 수 없는데 나아간다면 이는 군주를 깔보는 것

이요, 군주가 할 수 없는데 한다면 이는 자기 몸을 가벼이 여기는 것이니, 이 두 사람은 모두 죄가 있는 것이다.

그러므로 君子가 처음 나아갈 적에 생각하기를 '임금이 진실로 나를 등용할 수 있다면 내 장차 이것을 하겠다.'라고 판단한다. 그리하여 군주가 만일 '내 이것을 잘할 수 있겠다.'라고 말하면 임무를 편안히 받아서 사양하지 않고, 군주가 '내 잘할 수 없다.'라고 말하면 임금에게 아뢰기를 '천하에 저 말고 어찌 딴 사람이 없겠습니까?' 라고 사양하였다.

그리고 군주에 이르러도 또한 그러하여, 장차 이 사람을 등용하려고 하면 자기가 하고자 하는 바를 그에게 말해주어서 그의 능하고 능하지 못한 바를 살펴 성공을 책임지웠다.

그러니 "우선 등용해보고 한번 살펴보겠다."라고 말하는 자들은 모두 잘못인 것이다.

後之君子는 **其進也**에 **無所不至**하야 **惟恐其不合也**하야 **曰 我將權以濟道**라하고 **既而**요 **道卒不行焉**이어든 **則曰 吾君不足以盡我也**라하야 **始不正其身**하고 **終以謗其君**하니 **是人也**는 **自以爲君子**나 **而孟子之所謂賊其君者**[1] **也**니라

후세의 君子들은 나아갈 적에는 못하는 짓이 없어서 행여 뜻이 부합되지 못할까 두려워하여 말하기를 "내 장차 權道로써 道를 이루겠다."라고 하고, 이윽고 道가 끝내 행해지지 못하면 말하기를 "우리 임금이 내 재주를 다 쓰지 못했다."라고 한다.

그리하여 처음에는 자기 몸을 바르게 하지 못하고 종말에는 군주를 비방하니, 이런 사람들은 스스로 자기를 君子라고 생각하나 孟子의 이른바 '군주를 해치는 자'인 것이다.

1) 孟子之所謂賊其君者 : ≪孟子≫ 〈公孫丑 上〉에 "사람이 이 四端을 가지고 있음은 四體를 가지고 있는 것과 같으니, 이 四端을 가지고 있으면서도 스스로 仁義를 행할 수 없다고 말하는 자는 자신을 해치는 자요, 자기 군주가 仁義를 행할 수 없다고 말하는 자는 군주를 해치는 자이다.〔人之有是四端也 猶其有四體也 有是四端 而自謂不能者 自賊者也 謂其君不能者 賊其君者也〕"라고 보인다.

04. 春秋定天下之邪正* ≪春秋≫는 天下의 간사함과 바름을 결정하였다는 論

* 이 글은 앞의 글 〈孔子從先進〉과 함께 治平 2년(1065)에 制科에 응시하여 지은 글이다. 本集에는 〈學士院試春秋定天下之邪正論〉으로 되어 있고, 郎曄의 ≪經進東坡文集史略≫에는 〈春秋定天下之邪正〉으로 되어 있다.

以禮字爲案하니라

禮라는 글자를 가지고 案(주제)을 삼았다.

爲穀梁者曰 成天下之事業하고 **定天下之邪正**은 **莫善於春秋**[1)]라하니 **請因其說而極言之**호리라 **夫春秋者**는 **禮之見於事業者也**라 **孔子論三代之盛**에 **必歸於禮之大成**하고 **而其衰**에 **必本於禮之漸廢**[2)]하시며 **君臣, 父子, 上下 莫不由禮而定其位**하야 **至以爲有禮則生**하고 **無禮則死**[3)]라 **故**로 **孔子自少至老**히 **未嘗一日不學禮**[4)]하야 **而不治其他**하야 **以之出入周旋**하시니 **亂臣彊君**이 **莫能加焉**이라 **知天下莫之能用也**하고 **退而治其紀綱條目**하야 **以遺後世之君子**하사되 **則又以爲不得親見於行事**하야 **有其具而無其施設措置之方**이라하사 **於是**에 **因魯史記**하사 **爲春秋**[5)]하야 **一斷於禮**하시니 **凡春秋之所褒者**는 **禮之所與也**요 **其所貶者**는 **禮之所否也**라

≪春秋穀梁傳≫을 해설하는 자가 말하기를 "天下의 사업을 이루고 天下의 간사함과 바름을 결정하는 것은 ≪春秋≫보다 더한 것이 없다."라고 하였으니, 나는 그 설을 따라 지극히 말해보겠다.

저 ≪春秋≫는 禮가 사업에 나타난 것이다. 孔子께서 三代의 盛함을 논하실 적에는 반드시 禮가 크게 이루어진 것에 돌리셨고, 쇠함을 논하실 적에는 반드시 禮가 점점 폐지됨에 근본하셨으며, 君臣間과 父子間과 上下間의 관계가 禮를 따라 그 자리를 정하지 않음이 없어서, 심지어는 "禮가 있으면 살고 禮가 없으면 죽는다."라고까지 말씀하였다.

그러므로 孔子께서는 젊은 시절부터 노년에 이르기까지 일찍이 단 하루도 禮를 배우지 않은 적이 없으셔서, 다른 것은 다스리지 않고 이 禮로써 나가고 들어오고

주선하시니, 亂臣과 강한 군주들이 능히 害를 가하지 못하였다.

天下가 자신을 제대로 등용하지 못할 줄을 아시고는 물러나와 기강과 조목을 다스려서 후세의 君子에게 물려주셨는데, 또 생각하시기를 '내가 행하는 일에 직접 나타낼 수가 없어서 그 도구만 있고 이것을 시행하고 조처하는 방법이 없다.'라고 여기셨다.

이에 魯나라 史書를 따라 ≪春秋≫를 만들어서 한결같이 禮에 결단하셨으니, 무릇 ≪春秋≫에서 칭찬한 것은 禮가 인정한 바였고, ≪春秋≫에서 폄하한 것은 禮가 부정하는 바였다.

1) 爲穀梁者曰……莫善於春秋 : 穀梁은 ≪春秋≫의 해설서인 ≪穀梁傳≫을 이르는데, ≪春秋穀梁傳≫이라고도 한다. 子夏의 제자인 魯나라 사람 穀梁子의 저작으로 알려져 있다. 穀梁子의 이름에 대해서는 赤과 喜, 叔 등 여러 설이 있어 정론이 없다. 이 책에 ≪春秋公羊傳≫과 ≪春秋左氏傳≫을 더하여 '春秋三傳'이라고 부르는바, 이 내용은 晉나라 范甯의 ≪春秋穀梁傳序≫에 보인다.

2) 孔子論三代之盛……其衰必本於禮之漸廢 : 孔子는 ≪論語≫와 ≪禮記≫에서 禮의 중요성을 누차 말씀하였는바, ≪禮記≫ 〈禮運〉에는 "禹王・湯王・文王・武王・成王・周公이 이로 말미암아 뽑히셨으니, 이 여섯 君子들은 禮를 삼가지 않은 자가 있지 않다.〔禹湯文武成王周公 由此其選也 此六君子者 未有不謹於禮者也〕"라고 보인다.

그리고 아래 내용은 ≪論語≫ 〈季氏〉의 "天下에 道가 있으면 禮樂과 征伐이 天子로부터 나오고, 天下에 道가 없으면 禮樂과 征伐이 諸侯로부터 나온다. 諸侯로부터 나오면 10世에 〈정권을〉 잃지 않는 자가 드물고, 大夫로부터 나오면 5世에 잃지 않는 자가 드물고, 陪臣이 國命을 잡으면 3世에 잃지 않는 자가 드물다.〔天下有道 則禮樂征伐 自天子出 天下無道 則禮樂征伐 自諸侯出 自諸侯出 蓋十世 希不失矣 自大夫出 五世 希不失矣 陪臣 執國命 三世 希不失矣〕"라고 한 孔子의 말씀에 근거한 것으로 보인다.

이에 대해 朱子는 集註에서 "先王의 制度에 諸侯는 禮樂을 변경하고 征伐을 마음대로 할 수 없다. 陪臣은 家臣이다. 이치를 거스름이 더욱 심하면 政權을 잃음이 더욱 빠르니, 대략 代數가 이와 같음에 지나지 않는다."라고 해석하였다.

3) 至以爲有禮則生 無禮則死 : ≪禮記≫ 〈禮運〉에 "言偃이 다시 '이와 같이 禮가 급합니까?'라고 묻자, 孔子께서 '禮는 先王이 이것으로써 하늘의 道를 받들고, 이것으로써 사람의 情을 다스렸다. 그러므로 禮를 잃는 자는 죽고, 禮를 얻는 자는 산다.

≪詩經≫에 이르기를 '쥐를 보건대 四體가 있으니, 사람으로서 禮가 없단 말인가? 사람으로서 禮가 없으면 어찌 빨리 죽지 않겠는가?'라고 하였다.

이 때문에 禮는 반드시 하늘에 根本하고 땅을 본받으며 鬼神에 나열되고, 初喪과 祭祀와 활쏘기와 말 모는 것과 冠禮와 婚禮와 朝會와 聘問에까지 이른다. 그러므로 聖人이 禮로써 天下의 사람들에게 보여주신 것이다. 그러므로 禮는 天下와 國家를 바로잡을 수 있는 것이다.'라고 대답하셨다.〔言偃復問曰 如此乎禮之急也 孔子曰 夫禮 先王以承天之道 以治人之情 故失之者死 得之者生 詩曰 相鼠有體 人而無禮 人而無禮 胡不遄死 是故夫禮必本於天 殽於地 列於鬼神 達於喪祭射御冠昏朝聘 故聖人以禮示之 故天下國家可得而正也〕"라고 보인다.

4) 孔子自少至老 未嘗一日不學禮 : ≪史記≫ 〈孔子世家〉와 ≪論語≫의 내용을 종합하여 이렇게 말한 듯하다.

〈孔子世家〉에 "孔子는 어려서부터 禮를 좋아하여 어린 시절 장난할 적에 俎豆를 늘어놓고 禮를 행하는 容貌를 베풀었으며, 당년 17세에 이미 禮法을 좋아한다는 명성이 나서, 孟僖子가 그의 아들 懿子와 南宮敬叔에게 '지금은 孔丘가 비록 나이가 어리나 禮法을 좋아하니, 그는 귀한 신분에 이르게 될 사람이 아니겠는가? 내가 죽거든 너희들은 반드시 그를 스승으로 모셔야 할 것이다.'라고 당부하여, 이들이 와서 禮를 배운 일이 있었다.

또 30세가 되기 전에 魯나라 군주의 후원을 얻어 周나라에 가서 老子를 만나 禮를 배웠고, 60세가 넘어서는 夏·商·周의 禮에 대한 제도를 찾아 ≪書經≫을 편찬하여 위로는 唐堯와 虞舜으로부터 아래로는 秦 穆公에 이르기까지의 일들을 순서에 따라 정리하였으며, ≪禮記≫를 편찬하여 후대에 전했다."라고 하였다.

≪論語≫ 〈泰伯〉에는 "공손하되 禮가 없으면 수고롭고, 삼가되 禮가 없으면

두렵고, 용맹하되 禮가 없으면 난을 일으키고, 강직하되 禮가 없으면 너무 급하다."라고 하셨고, 〈憲問〉에는 "윗사람이 예를 좋아하면 백성을 부리기 쉽다."라고 하셨으며, 〈季氏〉에는 또 아들 伯魚에게 禮의 중요성을 강조하여 "禮를 배우지 않으면 설 수 없다."는 가르침을 내리시기도 하였다.

5) 因魯史記 爲春秋 : ≪史記≫ 〈孔子世家〉에 "孔子께서 말씀하시기를 '안 되겠다. 군자는 죽어서 이름이 후세에 전해지지 않는 것을 걱정하는데, 나의 道가 행해지지 않으니 그렇다면 나는 무엇으로 후세에 스스로 드러나겠는가?'라고 하시고, 이에 魯나라의 史書를 따라 ≪春秋≫를 지었다.〔弗乎弗乎 君子病沒世而名不稱焉 吾道不行矣 吾何以自見於後世哉 乃因史記 作春秋〕"라고 보인다.

≪春秋≫는 魯 隱公(周 平王 49년(B.C. 722))으로부터 哀公 14년(周 敬王 39년(B.C. 481))까지 魯나라 12명의 公에 걸쳐 242년간의 역사를 기록한 책이다. 魯나라를 중심으로 기록하고 周나라 왕실을 정통으로 받들었으며, 夏·商·周 三代의 道를 논하였다. 그 문장은 간략하지만 말하고자 하는 뜻은 넓고 엄중하여 후대의 亂臣賊子들이 두려워하였다. 공자께서 ≪春秋≫를 지으실 적에 홀로 결단하시어, 기록할 것은 기록하고 삭제할 것은 삭제했기 때문에, 子游, 子夏와 같이 文學을 잘한 제자들도 한마디도 거들 수 없었다고 한다.

≪孟子≫ 〈滕文公 下〉에는 "세상이 쇠하고 道가 미미해져서 부정한 학설과 포학한 행실이 또 일어나 신하로서 군주를 시해하는 자가 있으며, 자식으로서 아버지를 시해하는 자가 있었다. 孔子께서 이를 두려워하여 ≪春秋≫를 지으시니, ≪春秋≫는 天子가 하는 일이다. 이 때문에 孔子께서 말씀하시기를 '나를 알아주는 것도 오직 ≪春秋≫이며, 나를 죄주는 것도 오직 ≪春秋≫이다.'라고 하신 것이다.〔世衰道微 邪說暴行有作 臣弑其君者有之 子弑其父者有之 孔子懼 作春秋 春秋天子之事也 是故孔子曰 知我者其惟春秋乎 罪我者其惟春秋乎〕"라고 하였다.

記曰 禮者는 **所以別嫌, 明疑, 定猶豫也**[1]라한대 **而春秋**에 **一取斷焉**이라 **故**로 **凡天下之邪正**에 **君子之所疑而不能決者 皆至於春秋而定**하니 **非定於春秋**요 **定於禮也**라 **故**로 **太史公曰 春秋者**는 **禮義之大宗也**[2]라하니라

≪禮記≫에 이르기를 "禮라는 것은 혐의를 분별하고 의심스러운 것을 밝히고 이럴까 저럴까 망설여지는 것을 결정하는 것이다."라고 하였는데, ≪春秋≫는 한결같이 禮에서 결단을 취하였다.

그러므로 모든 天下의 간사하고 바른 것으로 君子들이 의심하여 결단하지 못한 것들이 모두 ≪春秋≫에 이르러 결정되었으니, 이는 ≪春秋≫에서 결정된 것이 아니요 禮에서 결정된 것이다. 그러므로 太史公(司馬遷)이 말하기를 "≪春秋≫는 禮義의 大宗이다."라고 한 것이다.

1) 記曰 禮者所以別嫌明疑定猶豫也 : ≪禮記≫ 〈禮運〉에 "禮라는 것은 人君의 큰 權柄(칼자루)이니, 혐의를 분별하고 은미함을 밝히며 鬼神을 대접하고 制度를 상고하며 仁義를 구별하는 것으로, 政事를 다스리고 君主를 편안히 하는 方法이다.〔禮者 君之大柄也 所以別嫌明微 儐鬼神 考制度 別仁義 所以治政安君也〕"라고 한 구절을 원용한 듯하다.

2) 太史公曰 春秋者 禮義之大宗也 : 太史公은 ≪史記≫를 지은 司馬遷의 존칭이다. ≪史記≫ 〈太史公自序〉에 "무릇 禮義의 요지에 통달하지 못한다면, 군주는 군주답지 못하고 신하는 신하답지 못하며, 아비는 아비답지 못하고 자식은 자식답지 못함에 이르게 된다. 군주가 군주답지 못하면 신하들이 범하게 되고 신하가 신하답지 못하면 군주에게 주살되며, 아비가 아비답지 못하면 무도한 아비가 되고 자식이 자식답지 못하면 불효자가 되는 것이다. 이 네 가지 행위는 천하의 큰 잘못인데, 이 천하의 큰 잘못을 붙여 책망하면 그대로 받고 감히 사양하지 못한다. 그러므로 ≪春秋≫는 禮義의 大宗인 것이다.〔夫不通禮義之旨 至于君不君 臣不臣 父不父 子不子 夫君不君則犯 臣不臣則誅 父不父則無道 子不子則不孝 此四行者 天下之大過也 以天下之大過予之 則受而弗敢辭 故春秋者 禮義之大宗〕"라고 보인다.

爲人君父而不知春秋者는 前有讒而不見하고 後有賊而不知하며 爲人臣子而不知春秋者는 守經事而不知其宜하고 遭變事而不知其權하나니라 夫禮義之失이 至於君不君, 臣不臣, 父不父, 子不子로되 其意皆以爲善爲之나 而不知其義라 是以로 被之空言[1)]이로되 而不敢辭하나니라

남의 君父가 되어서 ≪春秋≫를 알지 못하는 자들은 앞에 讒言이 있어도 보지 못하고 뒤에 자기를 해치는 賊이 있어도 알지 못하며, 남의 臣子가 되어서 ≪春秋≫를 알지 못하는 자들은 정상적인 일을 지키면서도 그 마땅함을 알지 못하고 변고의 일을 만났으면서도 저울질하여 權道에 맞출 줄을 알지 못한다.

저 禮義를 잃은 것이 군주가 군주답지 못하고 신하가 신하답지 못하고 아버지가 아버지답지 못하고 자식이 자식답지 못함에 이른다. 그런데도 그들 생각에는 모두 잘하는 것이라고 여겼으나 그 의리를 알지 못하였다. 이 때문에 孔子께서 이것을 빈 말씀에 올렸는데도 감히 그 죄를 사양하지 못한 것이다.

1) 被之空言 : ≪春秋≫는 역사적 사실을 기록하면서 단지 옳고 그름을 가려 포폄하였을 뿐이요, 실질적으로 처벌한 것이 아니므로 "빈 말씀에 올렸다."고 말한 것이다.

夫邪正之不同也 不啻若黑白이니 使天下凡爲君子者 皆如顔淵하고 凡爲小人者 皆如桀跖(척)이면 雖微春秋라도 天下其孰疑之리오 天下之所疑者는 邪正之間也니 其情則邪나 而其跡若正者 有之矣요 其情以爲正이나 而不知其義하야 以陷於邪者 有之矣니 此는 春秋之所以丁寧反覆於其間也니라

간사함과 바름이 똑같지 않은 것은 黑과 白보다도 더 분명하다. 만일 天下의 모든 君子들이 모두 顔淵처럼 善하고 모든 小人들이 모두 桀王이나 盜跖과 같이 나쁘다면, 비록 ≪春秋≫가 없더라도 天下 사람 중에 그 누가 이것을 의심하겠는가?

天下 사람들이 의심하는 것은 간사함과 바름의 중간이니, 그 실정은 간사하나 그 행적은 바른 듯한 자가 있고, 그 실정은 바르게 하려고 하였으나 그 義를 알지 못하여 간사함에 빠지는 자도 있으니, 이 때문에 ≪春秋≫는 간사함과 바름의 중간에서 정녕하고 반복한 것이다.

宋襄公은 疑於仁者也[1)]요 晉荀息은 疑於忠者也[2)]라 襄公이 不修德하고 而疲弊其民하야 以求諸侯하니 此其心이 豈湯武之心也哉리오마는 而獨至於戰하야는 則曰 不禽(擒)二毛하고 不鼓不成列[3)]이라하니 非有仁者之素요 而欲一旦竊取其名하야 以欺後

世하니 **苟春秋不爲正之**면 **則世之爲仁者 相率而爲僞也**니라 **故**로 **其書曰 冬十一月 乙巳朔**에 **宋公及楚人戰於泓**하야 **宋師敗績**[4)]이라하니 **春秋之書戰**이 **未有若此其詳也**하니 **君子以爲其敗固宜**하야 **而無有隱諱不忍之辭焉**이라

宋 襄公은 仁者인가 의심스러운 자였고, 晉나라 荀息은 忠臣인가 의심스러운 자였다.

襄公이 평소 德을 닦지 않고 백성들을 피폐하게 하면서 諸侯들에게 霸者가 되기를 바랐으니, 그 마음이 어찌 湯王과 武王의 仁義의 마음이었겠는가. 그런데도 유독 전쟁에 이르러서는 말하기를 "二毛(노인)를 사로잡지 않고 상대방이 전열을 이루지 않았으면 북을 쳐서 진격하지 않는다."라고 하였다.

이는 평소 仁者의 마음이 있지 않으면서 하루아침에 仁者라는 명칭을 절취하여 후세를 속이고자 한 것이니, 만일 ≪春秋≫에서 이것을 바로잡지 않았다면 세상에서 仁을 행하는 자들이 서로 따라서 거짓을 행할 것이다.

그러므로 ≪春秋≫에 쓰기를 "겨울 11월 乙巳朔日에 宋公(襄公)이 楚나라 사람과 泓水에서 싸워 宋나라 군대가 크게 패했다."라고 한 것이니, ≪春秋≫에 전쟁을 이와 같이 상세하게 쓴 경우가 있지 않다. 이는 君子(孔子)가 宋나라 군대가 패한 것이 진실로 당연하여 숨기고 차마 말하지 못할 것이 없다고 여기신 것이다.

1) 宋襄公疑於仁者也 : 宋 襄公(B.C. 650~B.C. 637)은 宋 桓公의 아들로 이름은 玆父인데, 史家에 따라서는 춘추시대 五霸의 하나로 꼽기도 한다. 襄公은 평소 仁義를 말하기를 좋아하였으나, 鄫나라 임금을 사로잡아 그를 죽여서 次睢의 社祭에 犧牲으로 사용하는 등 행적에 있어서는 仁義롭지 못하였다.

襄公은 魯 僖公 22년에 楚나라의 군대와 泓水에서 싸울 적에도 仁義를 주장하여 초나라의 불리한 처지를 이용하지 않다가 크게 패하였는데, 이에 세상 사람들이 '宋襄之仁'이라 하여 이를 비웃었다. 이 때문에 蘇軾이 이렇게 말한 것이다.

2) 晉荀息疑於忠者也 : 荀息은 춘추시대 晉 獻公의 대부로 이름은 黯이고 息은 그의 字이다. 본래 晉나라의 公族이었는데, 荀邑을 식읍으로 삼았기 때문에 姓이 荀이 되었다. 獻公은 寵姬인 驪姬의 참소를 들어 太子 申生을 자살하게

하고, 또 重耳와 夷吾 두 公子를 핍박하여 다른 나라로 도망하게 한 다음, 驪姬의 아들 奚齊를 후사로 세웠다. 獻公이 임종에 즈음하여 荀息을 불러 어린 아들을 부탁하였는데, 荀息은 죽음으로 보필할 것을 약속하였다.

魯 僖公 10년(B.C. 650), 獻公은 뒤에 大夫 里克이 驪姬의 소행을 미워하여 10월에 奚齊를 시해하자, 荀息이 驪姬의 동생의 아들인 卓子를 세워 보필하였는데, 里克이 11월에 다시 卓子를 시해하자 荀息도 따라 죽었다. 그 후 晉나라는 공자 夷吾가 들어와 즉위하니 이가 바로 惠公이고, 惠公의 아들 懷公 때(魯 僖公 23년)에 공자 重耳가 懷公을 몰아내고 즉위하여 패자가 되니, 이가 바로 文公이다.

荀息의 충성은 獻公과의 사사로운 정에 의한 것으로 나라에 대한 진실한 충성이 아니라는 평가를 받았다. 그러므로 東坡가 이렇게 말한 것이다.≪春秋左氏傳 僖公 9년≫

3) 不禽(擒)二毛 不鼓不成列 : 禽은 擒과 통하며, 二毛는 머리털이 반은 희고 반은 검은 50대의 斑白을 이른다.

≪春秋左氏傳≫ 僖公 22년에 "宋나라의 군대가 대패하여 襄公은 허벅지에 상처를 입었고 좌우에서 임금을 보호하는 門官들은 모두 죽었다. 國人들이 襄公을 원망하자, 襄公이 말하기를 '君子는 부상당한 敵은 거듭 찌르지 않으며, 반백의 노인은 포로로 잡지 않는 것이다. 옛날의 전쟁에는 험한 지형을 이용해 敵을 공격하지 않았으니, 寡人이 비록 亡國의 후손이지만 戰列을 이루지 못한 敵에게 진격을 명하는 북을 치지 않았노라.'고 하였다.〔宋師敗積 公傷股 門官殲焉 國人皆咎公 公曰 君子不重傷 不禽二毛 古之爲軍也 不以阻隘也 寡人雖亡國之餘 不鼓不成列〕"라고 보인다. 宋나라는 殷나라의 후손인 微子 啓를 봉한 나라이므로 襄公이 '亡國의 후손'이라고 칭한 것이다.

4) 其書曰……宋師敗績 : 이 내용은 ≪春秋左氏傳≫ 僖公 22년의 經文에 자세히 보인다.

荀息之事君也는 **君存**에 **不能正其違**하고 **歿**에 **又成其邪志而死焉**하니 **荀息而爲忠**이면 **則凡忠於盜賊**하고 **死於私暱者 皆忠也**니 **而可乎**아 **故**로 **其書曰 及其大夫荀息**[1]이라하니

不然이면 **則荀息**은 **孔父**(보)**之徒也**니 **而可名哉**[2)]아

荀息이 평소 자기 군주를 섬긴 것은, 군주가 살아 있을 적에는 군주의 잘못을 바로잡지 못하였고, 군주가 죽었을 적에는 또 군주의 나쁜 뜻을 이루려고 하다가 죽었으니, 荀息을 忠臣이라고 한다면 도적에게 충성하고 사사로이 친한 자들을 위해서 죽는 자들도 모두 다 忠臣이 될 것이니, 되겠는가?

그러므로 ≪春秋≫에 쓰기를 "죽음이 大夫 荀息에게 미쳤다."라고 한 것이다. 그렇지 않다면 荀息은 孔父의 무리이니, 곧바로 이름을 써서야 되겠는가?

1) 及其大夫荀息 : 이 내용은 ≪春秋左氏傳≫ 僖公 10년 經文에 '晉里克弑其君卓及其大夫荀息'이라고 보인다. 蘇軾은 이를 "晉나라 里克이 그 임금 卓과 그 대부 荀息을 죽였다."라고 해석하지 않고, "晉나라 里克이 그 임금 卓을 시해하였는데, 죽임이 大夫 荀息에게 미쳤다."라고 해석한 것이다. 僖公 9년의 傳에 "里克이 조정에서 공자 卓을 죽이니, 荀息도 그를 위해 죽었다.〔里克弑公子卓于朝 荀息死之〕"라는 기사를 보면 荀息이 살해당한 것이 아니고 스스로 죽은 것이다.

2) 孔父(보)之徒也 而可名哉 : 孔父는 孔父嘉로 孔子의 선조인데, 춘추시대 宋나라의 대부로 宋 殤公 때에 司馬 벼슬을 지냈었다. 성품이 강직하고 충성스러웠으므로 太宰 華督이 殤公을 시해하기 전에 미리 그를 제거하였는데, ≪春秋左氏傳≫ 桓公 2년 經文에는 "春王正月 戊申日에 宋督이 그 군주 與夷와 그의 大夫 孔父를 시해했다.〔春王正月 戊申日 宋督弑其君與夷及其大夫孔父〕"라고 써서 마치 함께 죽인 것처럼 표기하였다. '可名哉'라고 한 것은 ≪春秋≫에 이름을 기록한 경우는 비난의 소지가 있는 경우이므로 이렇게 말한 것이다.

≪春秋左氏傳≫ 僖公 10년 經文에 '晉里克弑其君卓及其大夫荀息'이라 하였는데, 이에 대하여 杜預는 "荀息의 이름을 칭한 것은 그가 비록 말을 실천하고자 하였으나, 원대한 계획을 세우지 못하고 혼미한 임금에게 순종하였기 때문이다."라고 注하였다.

05. 儒者可與守成* 儒者는 더불어 守成할 수가 있다는 論

* 本集에는 이 글의 제목이 〈儒者可與守成論〉으로 되어 있으며, 孔校本 文集의 제목 아래에는 '以下二首俱程試'라고 하였는데, 二首는 이 편과 아래의 〈物不可以苟合〉을 가리킨다. '俱程試'라는 말은 과거시험의 규격을 따랐다는 뜻이므로 이 글이 젊은 시절의 작품임을 알 수 있는 것이다.

論歸於正하고 而文更翩翻하니라

의논이 바름에 돌아갔고 문장은 더욱 반복을 잘하였다.

聖人之於天下也에 無意於取之也라 譬之江海하면 百谷赴焉하고 譬之麟鳳하면 鳥獸萃焉하니 雖欲辭之나 豈可得哉아 禹治洪水하야 排萬世之患하야 使溝壑之地로 疏爲桑麻하고 魚鼈之民으로 化爲衣冠하며 契(설)爲司徒하야 而五教行[1)]하고 棄爲后稷하야 而烝民粒[2)]하야 世濟其德하고 至於湯武하야는 拯塗炭之民하야 而置之於仁壽之域[3)]이라 故로 天下相率而朝之하니 此三聖人者는 蓋推之而不能去하고 逃之而不能免者也라 於是에 益修其政하고 明其教호되 因其民하고 不易其俗하야 以是得之하고 以是守之하야 傳世數十하야 而民不叛하니 豈有他道哉리오

聖人은 天下에 대하여 취하려는 뜻이 없으시다. 이것을 江과 바다에 비유하면 온갖 골짜기의 물이 저절로 달려오고, 기린과 봉황에 비유하면 새와 짐승이 저절로 모여드는 것과 같으니, 비록 천하를 사양하고자 하나 어찌 될 수 있겠는가?

禹王은 洪水를 다스려서 萬世의 우환을 제거하여 물구덩이의 땅을 소통시켜 뽕나무와 삼을 가꾸는 땅으로 만들고, 물고기와 자라를 잡아먹고 사는 백성들로 하여금 변하여 의관을 입는 백성이 되게 하였으며, 契을 司徒로 임명하여 五教가 行해지고 棄를 后稷으로 임명하여 여러 백성들이 곡식을 먹어서 대대로 그 덕을 입었으며, 湯王과 武王에 이르러서는 도탄에 빠진 백성들을 구제하여 仁壽의 경지에 두었다.

그러므로 天下 사람들이 서로 거느리고 와서 조회하였으니, 이 세 聖人들은 帝王의 자리를 밀쳐내려 해도 떠나보낼 수가 없고 도피하려 해도 면할 수가 없었던 것이

다. 이에 더욱 정사를 닦고 가르침을 밝히되 백성들의 마음을 따르고 풍속을 바꾸지 않았다.

그리하여 이 방법으로 천하를 얻고 이 방법으로 천하를 지켜서 수십 대를 물려주었는데도 백성들이 배반하지 않았으니, 어찌 다른 방법이 있었겠는가?

1) 契爲司徒 而五教行 : 契은 舜임금의 신하로 성이 子氏이며 商나라의 시조이다. 司徒는 교육을 관장하는 관원이고, 五教는 父子有親・君臣有義・夫婦有別・長幼有序・朋友有信의 다섯 가지의 당연한 도리로 사람을 가르침을 이른다.

≪書經≫ 〈虞書 舜典〉에 "帝舜이 말씀하였다. '契아! 백성들이 친목하지 않고 五品이 순하지 않으므로 너를 司徒로 삼으니, 공경히 다섯 가지 가르침을 펴되 너그러움에 있게 하라.'〔帝曰 契 百姓不親 五品不遜 汝作司徒 敬敷五教在寬〕"라고 보인다. 五品은 앞에서 언급한 五教의 일을 가리킨다.

2) 棄爲后稷 而烝民粒 : 棄는 周나라의 시조로 성은 姬이며, 帝嚳의 元妃인 姜嫄이 巨人의 발자국을 밟고 잉태하여 낳았는데, 상서롭지 못하게 여겨 내다버렸으나, 마소와 새들이 모두 보호하므로 다시 주워 기르면서 이름을 棄라고 하였다 한다. 后稷은 농사를 담당한 관직의 이름이고, 烝民은 모든 백성을 이른다.

≪書經≫ 〈虞書 舜典〉에 "帝舜이 말씀하였다. '棄야! 백성들이 곤궁하고 굶주리므로 너를 后稷으로 삼으니, 이 백곡을 파종하도록 하라.'〔帝曰 棄 黎民阻飢 汝后稷 播時百穀〕"라고 보인다.

3) 仁壽之域 : 사람들이 모두 인자하고 天壽를 누리는 태평성대를 뜻한다. 仁壽는 원래 ≪論語≫ 〈雍也〉의 "인자는 장수한다.〔仁者壽〕"는 구절에서 온 말인데, 이를 원용하여 ≪漢書≫ 〈禮樂志〉에는 "온 세상의 백성들을 몰아서 仁壽의 영역으로 인도한다면, 풍속이 어찌 周나라 成王과 康王 때와 같지 않겠으며, 군주의 수명이 어찌 殷나라 高宗과 같지 않겠습니까.〔驅一世之民 濟之仁壽之域 則俗何以不若成康 壽何以不若高宗〕"라고 하였다. 高宗은 殷王 武丁의 廟號인데, 장수하여 재위 기간이 59년이나 되었다.

周室既衰에 諸侯竝起하야 力征爭奪者 天下皆是也라 德既無以相過면 則智勝而已요

智旣無以相傾이면 則力爭而已러니 至秦之亂하야 天下蕩然하야 無復知有仁義矣라 漢高祖以三尺劍으로 起布衣하야 五年而幷天下[1)]하니 雖稍輔以仁義나 然所用之人이 常先於智勇하고 所行之策이 常主於權謀라 是以로 戰必勝하고 攻必取하니라

周나라가 이미 쇠약해지자 諸侯들이 함께 일어나서 무력으로 정벌하고 다투어 빼앗으니, 天下가 모두 이러하였다. 德이 상대방보다 뛰어나지 못하면 지혜로 이길 뿐이요, 지혜가 상대방을 넘어뜨릴 수 없으면 힘으로 다툴 뿐이었는데, 秦나라의 혼란에 이르러서는 天下에 仁義가 깨끗이 없어져서 다시는 仁義가 있음을 아는 이가 없었다.

漢 高祖는 三尺의 劍을 가지고 布衣로 군대를 일으켜서 5년 만에 天下를 통일하였으니, 비록 다소 仁義로써 보조하였으나 등용한 사람들은 항상 지혜와 용맹을 우선하였고, 행한 계책은 항상 權謀術數를 위주로 하였다. 이 때문에 싸우면 반드시 승리하고 공격하면 반드시 점령했던 것이다.

1) 漢高祖以三尺劍……五年而幷天下 : 布衣는 평민 출신임을 이른다. 漢 高祖 劉邦은 沛縣 豊邑 사람으로 자가 季인데, 성격이 활달하고 호방하였다. 평소 큰 포부를 지녀 농사일을 하지 않았는데, 장성하여 泗水의 亭長이 되었다가 秦나라 말기에 혼란한 틈을 타고 일어나 마침내 천하를 차지하였다.

漢나라는 B.C. 206년 高祖가 咸陽으로 진격하여 秦王 子嬰으로부터 항복을 받고 황제의 玉璽와 符節을 받은 때를 원년으로 삼았는데, 5년에 垓下의 싸움에서 項羽를 물리치고 천하를 차지하였으므로 5년이라고 말한 것이다.

天下旣平에 思所以享其成功而安於無事하야 以爲子孫無窮之計로되 而武夫謀臣이 擧非其人하야 莫與爲之者라 故로 陸賈譏之曰 陛下以馬上得之어니와 豈可以馬上治之乎[1)]잇가하고 叔孫通亦曰 儒者는 難於進取나 可與守成[2)]이라하니 於是에 酌古今之宜하고 興禮樂之中하야 取其簡而易知하고 近而易行者하야 以爲朝覲會同冠昏喪祭之法하니 雖足以傳數百年하야 上下相安이나 然終莫若三代聖人이 取守一道하야 源深而流長也하니라

漢 高祖는 天下가 이미 평정되자, 그 성공을 누리고 무사함을 편안히 여겨서 자손의 무궁한 계책을 세울 것을 생각하였으나, 武夫와 謀臣들은 모두 마땅한 사람들이 아니어서 더불어 이것을 할 만한 자들이 없었다.

그러므로 陸賈가 비평하여 말하기를 "폐하께서는 馬上에서 천하를 얻었지만 어찌 馬上에서 천하를 다스릴 수 있겠습니까?"라고 하였고, 叔孫通이 또한 말하기를 "儒者들은 진취하기는 어려우나 더불어 守成은 할 수 있습니다."라고 한 것이다.

이에 陸賈와 叔孫通은 고금의 마땅함을 참작하고 禮樂의 알맞음을 일으켜서 간략하여 알기 쉽고 淺近하여 행하기 쉬운 것들을 취해서, 朝覲과 會同과 冠·昏·喪·祭의 禮法으로 삼았으니, 비록 이것들이 충분히 수백 년을 전해가서 上下가 서로 편안하였으나, 끝내 三代 聖人이 취하고 지키기를 한 가지 방법으로 하여 근원이 깊어 흐름이 긴 것만 못하였다.

1) 陸賈譏之曰……豈可以馬上治之乎 : 陸賈(B.C. 240~B.C. 170)는 楚나라 사람으로 漢 高祖 때의 대신이자 외교가·문장가이며, 馬上은 '말 위'란 뜻으로 전쟁을 의미한다.

陸賈가 高祖에게 ≪詩經≫과 ≪書經≫의 중요성에 대하여 자주 말하자, 高祖가 화를 내며 "내가 馬上에서 천하를 얻었는데 어찌 詩·書를 일삼겠는가."라고 하였다. 이에 陸賈는 "폐하께서는 馬上에서 천하를 얻었지만 어찌 馬上에서 천하를 다스릴 수 있겠습니까?"라고 간언하였다. ≪史記 陸賈列傳≫

2) 叔孫通亦曰……可與守成 : 叔孫通은 漢나라 초기의 유학자로 薛 땅 사람이다. 秦나라의 博士였으나 陳勝의 난이 일어나자 귀향하였다가 뒤에 高祖에게 귀순하였다.

高祖가 秦나라의 번거로운 의식을 모두 없애고 간소화시키니, 신하들이 조정에서 술 먹고 떠들며 자신의 공로를 자랑하다가 칼을 뽑아 기둥을 치는 등 기강이 매우 문란해졌다. 高祖가 이를 근심하자, 叔孫通이 "儒者들은 진취하기는 어려우나 더불어 守成은 할 수 있습니다."라고 하며 儀禮의 제정을 건의하였다. 이에 유학자들을 시켜 의례를 제정하고 이를 시행하자, 비로소 조정의 기강이 확립되었다. ≪史記 叔孫通列傳≫

夫武夫謀臣은 **譬如藥石**하야 **可以伐病**이나 **而不可以養生**이요 **儒者**는 **譬之五穀**하야 **可以養生**이나 **而不可以伐病**이라 **宋襄公爭諸侯**에 **不禽二毛**하고 **不鼓不成列**이라가 **以敗於泓**하야 **身夷而國蹙**하니 **此**는 **以五穀伐病也**요 **秦始皇**은 **燔詩書**하고 **殺豪傑**하며 **東城臨洮**하고 **北築遼水**[1)]하야 **民不得休息**하야 **傳之二世**에 **宗廟蕪滅**하니 **此**는 **以藥石養生也**라

武夫와 謀臣들은 비유하면 藥石과 같아서 병을 치료할 수는 있으나 養生은 할 수가 없고, 儒者들은 비유하면 五穀과 같아서 養生은 할 수 있으나 병을 치료할 수는 없다.

宋 襄公은 諸侯들과 패권을 다툴 적에 늙은이를 사로잡지 않고 대열을 이루지 않은 상대방을 공격하지 않았다가, 이 때문에 泓水에서 패하여 몸이 상처를 입고 나라가 위축되었으니, 이것은 비유하자면 五穀을 가지고 병을 치료한 것이다.

秦 始皇帝는 ≪詩經≫과 ≪書經≫을 불태우고 호걸들을 죽였으며, 萬里長城을 쌓을 적에 동쪽으로는 臨洮에서부터 축성하고, 북쪽으로는 遼水에까지 축성하여 백성들이 휴식하지 못해서 帝位를 전한 지 2世 만에 宗廟가 황폐하여 멸망하였으니, 이것은 藥石을 가지고 養生을 한 것이다.

1) 東城臨洮 北築遼水 : 臨洮는 지금의 甘肅省 岷縣이며, 遼水는 遼東(지금의 遼寧省 遼陽市 서북쪽)에 있는 灤河로 추정된다.

燕나라 사람 盧生이 海島에 들어갔다가 돌아와서 始皇帝에게 秘書인 ≪錄圖書≫를 바치며 "秦나라를 망하게 하는 것은 胡입니다.〔亡秦者胡〕"라고 하였다. 이에 秦 始皇은 胡가 북쪽의 胡人(匈奴)들을 가리키는 것으로 생각하고, 즉시 장군 蒙恬으로 하여금 군사 30만을 동원하여 匈奴를 공격하는 한편, 지형에 따라 요새를 만들어 臨洮에서 遼東까지 만여 리의 長城을 쌓았다.

그러나 胡는 匈奴를 가리킨 것이 아니고, 바로 작은 아들인 胡亥를 가리킨 것이었다. 始皇帝는 직간하는 長子 扶蘇를 괘씸하게 여겨 북쪽으로 보내 蒙恬의 군대를 감독하게 하고, 승상 李斯와 환관 趙高와 胡亥를 대동하고 유람을 나갔다가 외지에서 죽었다. 이에 趙高는 李斯를 설득하여 長子 扶蘇를 죽이고 胡亥를 세웠는데, 결국 胡亥가 즉위하여 나라가 혼란에 빠지고 곧 멸망하였

다. ≪史記 秦始皇本紀≫

善夫라 賈生之論이여 曰 仁義不施하고 而攻守之勢異也[1)]라하니 夫世俗之不察하고 直以攻守爲二道라 故로 悉論三代以來所以取守之術하야 使知禹湯文武之盛德이 亦儒者之極功이요 而陸賈, 叔孫通之流는 蓋儒術之粗也하노라

훌륭하다. 賈生(賈誼)의 論이여! 그 論에 이르기를 "秦나라가 망한 것은 仁義를 베풀지 않았고 공격과 수비의 형세가 달라서이다."라고 하였다.

세속에서는 이것을 살피지 못하고, 다만 공격과 수비를 두 가지 방법이라고 여긴다. 그러므로 나는 三代 이후 천하를 취하고 지키는 방법을 자세히 논해서, 사람들로 하여금 禹王과 湯王, 文王과 武王의 盛德은 또한 儒者의 지극한 功이요, 陸賈와 叔孫通의 부류는 儒術 중의 아주 粗惡한 것임을 알게 하노라.

1) 賈生之論曰……而攻守之勢異也 : 賈生은 賈誼(B.C. 200~B.C. 168)를 이른다. 西漢 때 洛陽 사람으로 시문에 뛰어나고 제자백가에 정통하였는데, 그가 지은 〈過秦論〉에 "秦나라가 한 필부 陳勝의 난으로 멸망한 것은 바로 仁義를 베풀지 않았고 공격과 수비의 형세가 달라서이다."라고 설파하였다.

06. 物不可以苟合* 物은 구차히 합할 수가 없다는 論

* 本集에는 이 글의 제목이 〈物不可以苟合論〉으로 되어 있다. '物不可以苟合'은 물건은 구차히 합해서는 안 된다는 뜻으로 ≪周易≫ 〈序卦傳〉에 보이는데, 사람은 반드시 예의와 절도가 있어야 함을 강조한 것이다. 이 편은 위의 〈儒者可與守成〉과 함께 과거시험의 규격을 갖추고 있다. 그러므로 이 글 또한 젊은 시절의 작품임을 알 수 있다.

時論之冠이라 中間君臣等四比로 塡入格眼하니 本屬時論이로되 却能按經傳事情하야 化腐爲新하니 擧了輩得此法이면 可以横四海矣리라

時論의 으뜸이다. 중간에 君臣 등 네 가지 비유를 가지고 格眼(틀)에

메워 넣었다. 본래 時論에 속하나 경전과 사정을 잘 살펴서 진부한 것을 변화시켜 새로운 것으로 만들었으니, 擧子(科生)들이 이런 방법을 배운다면 四海를 횡행할 수 있을 것이다.

昔者에 **聖人**이 **將欲有爲也**인댄 **其始**에 **必先有所甚難**하야 **而其終也**에 **至於久遠而不廢**하시니 **其成之也難故**로 **其敗之也不易**하고 **其得之也重故**로 **其失之也不輕**하고 **其合之也遲故**로 **其散之也不速**하니라

옛날에 聖人이 장차 훌륭한 일을 하려고 하면, 그 처음에 반드시 먼저 매우 어렵게 여기는 바가 있어서 오래고 멂에 이르러도 끝내 폐하지 않게 하셨으니, 어렵게 이루었기 때문에 쉽게 패하지 않고 힘들게 얻었기 때문에 가볍게 잃지 않고, 오랜 시일을 두고 더디게 합했기 때문에 속히 흩어지지 않은 것이다.

夫聖人之所爲詳于其始者는 **非爲其始之不足以成**이요 **而憂其終之易敗也**며 **非爲其始之不足以得**이요 **而憂其終之易失也**며 **非爲其始之不足以合**이요 **而憂其終之易散也**라 **天下之事 如是**면 **足以成矣**요 **如是**면 **足以得矣**요 **如是**면 **足以合矣**로되 **而必曰未也**라하야 **又從而節文之**[1]하야 **綢繆委曲**[2]하야 **而爲之表飾**이라 **是以**로 **至於今不廢**하니라

聖人이 그 처음을 자세하고 신중히 하셨던 이유는 그 처음에 이룰 수 없어서가 아니고 종말에 패망하기 쉬울까 우려해서이며, 또 그 처음에 충분히 얻을 수 없어서가 아니고 종말에 쉽게 잃을까 우려해서이며, 그 처음에 충분히 합하지 못해서가 아니고 종말에 쉽게 흩어질까 우려해서였다.

天下의 일이 이와 같이 하면 충분히 이루어질 수 있고, 이와 같이 하면 충분히 얻을 수 있고, 이와 같이 하면 충분히 합할 수 있는데도, 반드시 '아직 안 된다.'고 생각하고는 따라서 節文하여 치밀하고 곡진하게 해서 表飾을 하였다. 이 때문에 지금에 이르도록 폐하지 않은 것이다.

1) 節文之 : 節文은 절도에 맞게 品節하고 문채 나게 함을 이른다. ≪禮記≫〈檀

弓 下〉에 "가슴을 치고 발로 구르는 것은 슬픔이 지극한 것이니, 여기에 숫자가 있는 것은 節文을 하기 위한 것이다.〔辟踊 哀之至也 有筭 爲之節文也〕"라고 하였다.

이에 대한 陳澔의 集說에 "가슴을 치는 것을 辟이라 하고, 발로 구르는 것을 踊이라 하니, 이는 애통함이 지극한 것이다. 만약 이것을 제한하지 않으면 그 생명을 상할까 두렵다. 그러므로 횟수를 두어서 準節한 것이니, 한 번 踊할 적에 세 번 뛰고, 세 번 踊하여 아홉 번 뛰는 것을 一節로 삼는다. 士는 3일에 세 차례의 踊이 있고, 大夫는 4일에 다섯 차례의 踊이 있고, 諸侯는 6일에 일곱 차례의 踊이 있고, 天子는 8일에 아홉 차례의 踊을 한다. 그러므로 이르기를 '節文을 하기 위한 것이다.'라고 한 것이다."라고 하였다.

2) 綢繆委曲 : 綢繆는 칭칭 감는다는 뜻으로 빈틈없이 자세함을 이른다. ≪詩經≫ 〈豳風 鴟鴞〉의 "하늘이 陰雨하지 않을 때에 미쳐서 저 뽕나무 뿌리를 주워다가 牖戶를 칭칭 감는다면 이제 저 下民들이 혹시라도 나를 업신여기랴.〔迨天之未陰雨 徹彼桑土 綢繆牖戶 今女下民 或敢侮予〕"라는 구절에 따라, 빈틈없이 자세하게 미리 대비함을 이르게 되었다.

委曲은 자상하고 곡진함을 이른다. 桑土는 뽕나무 뿌리인데, 새가 이것을 가지고 둥지를 칭칭 감아 견고하게 만듦을 말한 것이다.

及其後世하야는 **求速成之功**하고 **而勸(倦)於遲久**라 **故**로 **其欲成也**엔 **止於其足以成**하고 **欲得也**엔 **止於其足以得**하고 **欲合也**엔 **止於其足以合**하며 **而其甚者**는 **則又不能待其足**이라 **其始不詳**이면 **其終**에 **將不勝弊**하니 **嗚呼**라 **此天下治亂**과 **享國長短之所從出歟**인저

후세에 이르러서는 功을 빨리 이루기를 추구하고 더디고 오래함에 싫증을 내었다. 그러므로 이루고자 할 적에는 충분히 이루기만 하면 되는 데에서 그치고, 얻고자 할 적에는 충분히 얻기만 하면 되는 데에서 그치고, 합하고자 할 적에는 충분히 합하기만 하면 되는 데에서 그치며, 심한 경우에는 또 충분하기를 기다리지도 않는다.

그 처음을 자세하고 신중히 하지 않으면 종말에 장차 그 병폐를 이루 다 이길 수

가 없으니, 아! 天下의 다스려지고 혼란함과 나라를 향유함의 길고 짧음이 이로부터 나오는 것이다.

聖人之始制爲君臣, 父子, 夫婦, 朋友也에 **坐以治政**하고 **奔走而執事**하면 **此足以爲君臣矣**로되 **聖人**이 **懼其相易而至於相凌也**하야 **於是**에 **爲之車服采章以別之**하고 **朝覲位著以嚴之**[1]하며 **名非不相聞也**로되 **而見必以贄**[2]하고 **心非不相信也**로되 **而入必以籍**[3]하니 **此所以久而不相易也**니라 **杖屨以爲安**하고 **飮食以爲養**하면 **此足以爲父子矣**로되 **聖人**이 **懼其相褻而至於相怨也**하야 **於是**에 **制爲朝夕省問之禮**와 **左右佩服之飾**[4]하며 **族居之爲歡**이어늘 **而異居以爲別**[5]하고 **合食之爲樂**이어늘 **而異膳以爲尊**[6]하니 **此所以久而不相褻也**니라

聖人이 처음 君臣間과 父子間, 夫婦間과 朋友間의 禮를 제정할 적에 군주는 앉아서 정사를 다스리고 신하들은 분주히 일을 집행하면 이로써 충분히 군신간이 될 수 있었으나, 聖人은 서로 쉽게 여겨 능멸함에 이를까 염려하였다.

이에 수레와 복식에 采章을 만들어서 분별하고 朝覲할 적에 위치를 드러내어 신분을 엄격히 하였으며, 이름을 서로 듣지 않은 것이 아니지만 만나볼 적에는 반드시 贄者를 사용하였고, 마음이 서로 믿지 않는 것이 아니지만 궁중에 들어갈 적에는 반드시 증표를 사용하였으니, 이 때문에 오래되어도 서로 쉽게 여겨 능멸하지 않은 것이다.

지팡이와 신으로 편안하게 해드리며 먹고 마실 것으로 봉양하면 충분히 부자간이 될 수 있었으나, 聖人은 서로 설만하게(무례하게) 대하여 원망함에 이를까 염려하였다.

이에 아침저녁으로 문안하고 살피는 禮와 몸의 좌우에 물건을 차고 쓰는 꾸밈을 만들었으며, 집안끼리 모여서 살면 즐거운데도 거처를 달리하여 구별하였고, 부자간에 모여서 먹으면 즐거운데도 반찬을 달리하여 높였으니, 이 때문에 오래되어도 서로 설만하지 않은 것이다.

1) 朝覲位著以嚴之 : 朝覲은 신하가 조회하여 군주를 알현함을 이르고, 位는 조정의 左右로 群臣이 나열해 서는 곳을 이른다.

2) 贊：贊禮者를 이른다. 고대에 禮를 행할 적에 禮의 내용을 贊禮者가 큰 소리로 말하게 하고 이에 따라 진행하였다.

3) 入必以籍：籍는 2자쯤 되는 대나무로 만든 증표로, 개인의 나이와 이름 및 용모를 기록하여 궁문에 걸어놓고 입궁하는 자를 대조한 뒤에 들여보냈다.

4) 左右佩服之飾：자식이 부모를 섬길 적에 필요한 물건을 몸의 좌우에 패용하였는바, 《禮記》〈內則〉에 "왼쪽과 오른쪽에 쓸 물건을 차되 왼쪽에는 행주와 수건, 작은 칼과 숫돌, 작은 뿔송곳과 金燧를 차고, 오른쪽에는 깍지와 팔찌, 필통과 칼집, 큰 뿔송곳과 木燧를 찬다.〔左右佩用 左佩紛帨刀礪小觿金燧 右佩玦捍管遰大觿木燧〕"라고 보인다.

燧는 불을 내는 도구인데, 金燧는 햇볕에서 불씨를 취하는 도구로 銅으로 만들고 모양이 거울처럼 생겼으며, 木燧는 나무를 문질러 불씨를 취하는 도구로 鑽火木이라고도 한다.

5) 族居之爲歡 而異居以爲別：族居는 가족이 한집에서 거처함을 이르며, 異居는 父子가 각각 다른 집에서 거처함을 이른다. 《禮記》〈內則〉에 "命士로부터 이상은 父子間이 모두 집을 달리 한다.〔由命士以上 父子皆異宮〕"라고 하였는데, 鄭玄의 注에 " '집을 달리한다.'는 것은 父母를 높이고 恭敬하는 것이다."라고 하였다. 命士는 임금에게 命을 받은 一命 이상의 士를 이른다. 옛날 品階는 一命에서 九命까지 있었는데, 올라갈수록 官爵이 높아진다.

6) 合食之爲樂 而異膳以爲尊：合食은 부자간에 함께 식사함을 이르고, 異膳은 자식이 어버이를 위해 맛있는 음식을 장만함을 이른다. 《禮記》〈內則〉에 "먼동이 틀 무렵에 가서 뵙고 맛있는 飮食으로써 慈愛로움을 다하며……해가 지면 들어가 뵙고서 맛있는 飮食으로써 慈愛로움을 다한다.〔昧爽而朝 慈以旨甘……日入而夕 慈以旨甘〕"라고 보인다.

生以居於室하고 死以葬於野하면 此足以爲夫婦矣로되 聖人이 懼其相狎而至於相離也하야 於是에 先之以幣帛하고 重之以媒妁하며 不告于廟하면 而終身以爲妾[1)]하고 晝居于內하면 而君子問其疾[2)]히니 此所以久而不相狎也니라 安居以爲黨하고 急難以相救하면 此足以爲朋友矣로되 聖人이 懼其相瀆而至於相侮也하야 於是에 戒其群居

嬉遊之樂하고 **而嚴其射御食飮之節**하며 **足非不能行也**로되 **而待擯相之詔禮**[3)]하고 **口非不能言也**로되 **而待紹介之傳命**하니 **此所以久而不相瀆也**니라

살아서는 한방에 거처하고 죽어서는 들에 함께 장례하면 이로써 충분히 부부간이 될 수 있었으나, 聖人은 서로 친압하여 헤어질까 염려하였다. 이에 폐백으로써 먼저 하고 중매쟁이로써 거듭하며, 사당에 고하지 않으면 종신토록 첩이 되었고 남자가 낮에 내실(正寢)에 거처하면 君子가 문병하였으니, 이 때문에 오래되어도 서로 친압하지 않은 것이다.

편안히 거처하여 무리가 되며 위급하고 어려울 적에 서로 구원하면 이로써 충분히 붕우간이 될 수 있었으나, 聖人은 서로 함부로 대하여 업신여김에 이를까 염려하였다. 이에 여럿이 모여 기쁘게 노는 즐거움을 경계하고는 활 쏘고 말 타는 것과 먹고 마시는 예절을 엄격히 하였으며, 발이 잘 걸어가지 못하는 것이 아니었으나 擯相이 禮를 말해주기를 기다렸고 입이 말하지 못하는 것이 아니었으나 소개하는 사람이 명령을 전달하기를 기다렸으니, 이 때문에 오래되어도 서로 함부로 대하지 않은 것이다.

1) 不告于廟 而終身以爲妾 : 고대에는 婚禮에 問名에서부터 請期까지의 행사를 사당에서 행하였는데, 첩의 경우에는 이 禮를 행하지 않았다.

≪禮記≫ 〈昏義〉에 "혼례는 장차 두 姓의 우호를 합하여 위로는 宗廟를 섬기고 아래로는 후대를 이어가게 하는 것이다. 그러므로 君子가 이것을 소중히 여긴다. 이 때문에 혼례에 納采, 問名, 納吉, 納徵, 請期를 모두 主人이 사당에 자리를 펴고 几를 진열한 다음 문밖에서 절하고 맞이하며, 들어와 읍하고 사양하고 올라가 사당에서 명령을 들으니, 혼례를 공경하고 삼가고 소중히 여기고 바르게 하는 것이다.〔昏禮者 將合二姓之好 上以事宗廟 而下以繼後世也 故君子重之 是以 昏禮納采問名納吉納徵請期 皆主人 筵几於廟 而拜迎於門外 入揖讓而升 聽命於廟 所以敬愼重正昏禮也〕"라고 보인다.

2) 晝居于內 而君子問其疾 : ≪禮記≫ 〈檀弓 上〉에 "丈夫가 낮에 正寢에 거처하면 문병을 하여도 된다.〔夫晝居於內 問其疾 可也〕"라고 보인다. 이는 병이 있어서가 아니고 장부가 낮에 正寢에 있어서는 안 됨을 비판한 것이다.

3) 待擯相之詔禮 : 擯은 나가서 빈객을 영접하는 자이고, 相은 의식을 집행하는

자를 이른다. 詔禮는 의식의 진행을 고하여 알려줌을 이른다.

天下之禍는 莫大於苟可以爲而止하니 夫苟可以爲而止면 則君臣之相凌과 父子之相怨과 夫婦之相離와 朋友之相侮 久矣리니 聖人憂焉이라 是故로 多爲之飾하시니라 易曰 藉用白茅면 無咎[1]라하니라 苟錯諸地라도 而可矣어늘 藉之用茅하니 何咎之有리오하니 此古之聖人이 所以長有天下어늘 而後世之所謂迂闊也니라 又曰 嗑者는 合也니 物不可以苟合이라 故로 受之以賁[2]라하니 盡矣로다

天下의 禍는 그런대로 구차하게 할 만하다 하여 그치는 것보다 더 큰 것이 없으니, 그런대로 구차하게 할 만하다 하여 그친다면 군신간이 서로 능멸하고, 부자간이 서로 원망하고, 부부간이 서로 헤어지고, 붕우간이 서로 업신여긴 지가 오래되었을 것이다.

聖人이 이것을 걱정하셨기 때문에 여러 가지로 꾸밈을 하신 것이다.

≪周易≫에 이르기를 "깔개로 흰 띠풀을 사용하면 허물이 없다."라고 하였는데, 孔子께서 말씀하시기를 "진실로 물건을 땅에 그대로 놓더라도 괜찮은데 깔개로 흰 띠풀을 사용하니, 무슨 허물이 있겠는가?"라고 하셨다. 이는 옛날 聖人들이 天下를 장구하게 소유한 이유인데, 후세에서는 迂闊하다고 말하는 것이다.

≪周易≫에 또 이르기를 "嗑은 합함이니, 물건은 구차히 합해서는 안 된다. 이 때문에 賁卦로써 받았다."라고 하였으니, 참으로 극진하도다.

1) 易曰 藉用白茅無咎 : '藉用白茅無咎'는 ≪周易≫ 大過卦 初六爻의 爻辭인데, 〈繫辭傳 上〉에 孔子께서 해석하시기를 "진실로 물건을 땅에 그대로 놓더라도 괜찮은데 깔개로 흰 띠풀을 사용하니 무슨 허물이 있겠는가? 삼감이 지극한 것이다. 띠풀이란 물건은 하찮으나 쓰임은 소중히 여길 만하니, 이 방법을 삼가서 가면 잘못되는 바가 없으리라.〔苟錯諸地 而可矣 藉之用茅 何咎之有 愼之至也 夫茅之爲物薄 而用可重也 愼斯術也 以往 其无所失矣〕"라고 하였다.

2) 嗑者合也……故受之以賁 : 이 내용은 ≪周易≫ 〈序卦傳〉에 그대로 보인다. ≪周易≫의 64卦의 순서는 噬嗑卦 다음에 賁卦가 있는데, 噬嗑의 嗑은 합한다는 뜻이고, 賁는 꾸민다는 뜻이다. 〈序卦傳〉은 64卦의 순서를 정한 이유를

설명한 글이다.

이에 대해 程子는 ≪易傳≫에서 "물건이 합하면 반드시 文(문채)이 있으니, 文은 바로 꾸밈이다. 예컨대 사람이 모이면 威儀와 上下의 구분이 있고, 물건이 모이면 次序와 行列이 있어서 합하면 반드시 文이 있으니, 賁卦가 이 때문에 噬嗑卦의 다음이 된 것이다.〔物之合 則必有文 文乃飾也 如人之合聚 則有威儀上下 物之合聚 則有次序行列 合則必有文也 賁所以次噬嗑也〕"라고 해설하였다.

07. 形勢不如德* 形勢가 德만 못하다는 論

* 이 글은 治平 2년(1065) 蘇軾의 나이 30세에 쓴 작품이다. 本集의 〈王者不治夷狄論〉의 注에 "이하 6首는 모두 秘閣(學士院)의 시험에 제출한 것이다."라고 하였는데, 이 글 역시 6首 가운데의 하나이다. 蘇軾은 治平 2년에 鳳翔에서 開封府로 돌아와 殿中丞 判登聞鼓院을 제수받고 學士院의 시험을 거쳐 直史館에 임명되었다.

'形勢不如德'은 ≪史記≫ 〈孫子吳起列傳〉에 나오는 司馬遷의 評에 "吳起는 魏 武侯에게 形勢가 德만 못하다고 설득하였다. 그러나 자신이 楚나라에서 행한 정치는 각박하고 포악했으며, 또한 은혜를 베푸는 데 인색하여 몸을 망쳤으니, 슬픈 일이다.〔吳起說武侯以形勢不如德 然行之於楚 以刻暴少恩亡其軀 悲夫〕"라고 보인다.

當時應試에 論合如此라

當時 科試에 應함에 論이 마땅히 이와 같아야 할 것이다.

傳에 有之하니 天時不如地利요 地利不如人和[1)]**라하니 此는 言形勢之不如德也요 而吳起亦云 在德이요 不在險**[2)]**이라하고 太史公以爲 形勢雖彊이나 要以仁義爲本**[3)]**이라하니 儒者之言兵에 未嘗不以藉其口矣니 請拾其遺說而備論之호리라**

傳(옛 책)에 "天時가 地利만 못하고, 地利가 人和만 못하다."는 내용이 있으니, 이는 形勢가 德만 못함을 말한 것이다.

吳起 또한 말하기를 "나라를 지키는 것은 德에 달려 있고, 강산의 험고함에 달려 있지 않다."라고 하였고, 太史公은 말하기를 "形勢가 비록 강하나 요컨대 仁義를 근본으로 삼아야 한다."라고 하였으니, 儒者들이 兵事를 말할 적에 일찍이 이것을 가지고 말하지 않은 적이 없다. 나는 청컨대 그 남은 말을 주워 모아서 자세히 논해 보겠다.

1) 傳有之……地利不如人和 : 傳은 옛 책을 가리키는바, 이 내용은 ≪孟子≫ 〈公孫丑 下〉에 그대로 보인다.

2) 吳起亦云 在德不在險 : 吳起(B.C. 440~B.C. 381)는 전국시대의 저명한 병법가로 衛나라 사람이다. 曾子에게 배우고 魯나라의 將軍이 되어 齊나라와 싸워 전공을 세웠으나, 중상모략을 받자 魏나라로 가서 文侯를 섬겨 많은 전공을 세웠다. 그러나 文侯의 아들 武侯 때에 신임을 잃고는 다시 楚나라에 가서 悼王의 신임을 얻어 재상이 되고 개혁을 추진해서 부국강병을 이루었으나, 悼王이 죽자 평소 원망을 샀던 楚나라의 귀족들에게 죽임을 당하였다. 저서에 병법서 ≪吳子≫가 있다.

≪史記≫ 〈吳起列傳〉에 "武侯가 吳起와 함께 배를 타고 황하의 물길을 따라 내려오다가 중류에 이르자, 吳起를 쳐다보며 '참으로 훌륭하다. 山河의 험고함이여. 이것은 魏나라의 보배로다.'라고 하니, 吳起가 아뢰기를 '나라를 지키는 것은 德에 달려 있고 강산의 험고함에 있지 않습니다.……주군께서 덕을 닦지 않으신다면 이 배 안에 있는 사람들조차도 모두 적국을 위하게 될 것입니다.' 하였다.〔武侯浮西河而下 中流顧而謂吳起曰 美哉 山河之固 此魏國之寶也 起對曰 在德不在險……若君不修德 舟中之人盡爲敵國也〕"라고 보인다.

3) 太史公以爲……要以仁義爲本 : ≪史記≫ 〈漢興以來諸侯王年表序〉에 "臣은 삼가 高祖 이래로 武帝 太初 연간의 제후에 이르기까지 그들의 성하고 쇠한 시기를 기록하여 후세 사람들로 하여금 살필 수 있게 하였으니, 形勢가 비록 강하나 요컨대 仁義를 근본으로 삼아야 합니다.〔臣遷謹記高祖以來至太初諸侯譜其下益損之時 令後世得覽 形勢雖彊 要之以仁義爲本〕"라고 보인다.

凡形勢之說이 有二하니 有以人爲形勢者하니 三代之封諸侯 是也라 天子之所以繫於天下者 至微且危也라 歡然而合하고 合而不去하면 則爲君臣하니 其善을 可得而賞하고 其惡을 可得而罰하며 其穀米를 可得而食하고 其功力을 可得而役使하니 當此之時하야 君臣之勢甚固러니 及其一旦潰然而去하고 去而不返하야는 則爲寇讐하야 彊者起而見攻하고 智者起而見謀하야 彷徨四〔回〕顧로되 而不知其所恃하니 當是之時하야 君臣之勢甚危라 先王이 知其固之不足恃하고 而危之不可以忽也라 故로 大封諸侯하야 錯置親賢하야 以示天下形勢하니 劉頌所謂善爲國者는 任勢而不任人이니 郡縣之察은 小政理而大勢危하고 諸侯爲邦엔 近多違而遠慮固[1)]라하니 此以人爲形勢者也라 然이나 周之衰也에 諸侯肆行이로되 而莫之禁하야 自平王以下로 其去亡이 無幾也[2)]하니 是則德衰而人之形勢 不足以救也니라

무릇 形勢란 말은 두 가지가 있는데, 사람을 가지고 形勢를 삼는 경우가 있으니, 三代에 諸侯를 봉해준 것이 이것이다.

天子가 천하의 인심을 규합하는 것은 지극히 미미하고 또 위태롭다. 즐거워하여 서로 합하고 합하여 떠나가지 않으면 君臣間이 되니, 善한 자에게 賞을 내릴 수 있고 惡한 자에게 罰을 내릴 수 있으며, 신하는 군주의 곡식과 쌀을 녹봉으로 먹을 수 있고 군주는 신하의 功力을 부릴 수 있으니, 이때를 당해서는 君臣間의 形勢가 매우 견고하다.

그러다가 하루아침에 결연히 떠나가고 떠나가서 돌아오지 않게 되면 원수지간이 되어서, 강한 자는 일어나 군주에게 공격을 가하고 지혜로운 자는 일어나 군주를 도모한다. 그리하여 군주가 방황하여 이리저리 돌아보아도 믿을 곳을 알지 못하니, 이때를 당해서는 군신간의 형세가 매우 위태롭다.

先王은 그 견고함이 믿을 것이 못 되고 이 위태로움을 소홀히 할 수 없음을 알았다. 이 때문에 諸侯들을 크게 봉하여 친척과 어진 자를 섞어 배치해서 天下에게 形勢를 보였다.

劉頌의 이른바 "나라를 잘 다스리는 자는 形勢에 맡기고 사람에게 맡기지 않으니, 郡縣을 두어 살피는 것은 작은 정사는 잘 다스려지나 큰 형세는 위태롭고, 諸侯를

세워 나라를 다스리게 하면 가까이는 어기는 자가 많으나 장구히 생각해보면 견고하다."는 것이니, 이것은 사람을 가지고 形勢를 삼은 경우이다.

그러나 周나라가 쇠약해지자, 諸侯들이 제멋대로 행동하였으나 이것을 금지하지 못하여 平王 이후로는 망한 것과 거의 차이가 없었으니, 이는 德이 衰하면 사람의 形勢가 구원하지 못하는 것이다.

1) 劉頌所謂善爲國者……近多違而遠慮固：劉頌은 字가 子雅로 廣陵 사람이다. 晉 武帝 때에 廷尉를 맡아 공정하고 치밀한 일 처리로 명성이 높았으며, 자주 나라를 다스리는 治道를 가지고 간하였다. 위의 이 내용은 ≪晉書≫〈劉頌傳〉에 보인다.

2) 自平王以下……無幾也：平王은 周나라의 王으로 이름은 宜臼이며 幽王의 아들이다. 幽王이 褒姒(포사)를 총애하여 申后를 축출하고 申后의 소생인 태자 宜臼를 폐위한 다음 褒姒의 아들 伯服을 후사로 세우자, 國舅인 申侯가 犬戎을 불러들여 周나라를 공격하고 幽王을 驪山 아래에서 시해하였다.

宜臼가 제후들에 의지하여 王으로 추대되어 즉위하자 洛邑으로 천도하였는데, 이후로 周나라는 권위가 실추되어 천자는 유명무실한 존재가 되었다. 그러므로 이렇게 말한 것이다. 孔子가 지은 ≪春秋≫는 魯 隱公 원년부터 시작되었는데, 隱公 원년은 바로 平王 49년이다.

有以地爲形勢者하니 **秦, 漢之建都**[1] **是也**라 **秦之取天下**는 **非天下心服而臣之也**라 **較之以富**하고 **搏之以力**이로되 **而猶不服**이어든 **又以詐囚其君**[2]하고 **虜其將**[3]**然後**에 **僅得之**하니 **今之臣服而朝貢**은 **皆昔之暴骨於原野之子孫也**니 **則吾安得泰然而長有之**리오 **漢之取天下**는 **雖不若秦之暴**나 **然要之**컨대 **皆不本於仁義也**라 **當此之時**하야 **不大封諸侯**면 **則無以答功臣之望**이요 **諸侯大而京師不安**이면 **則其勢不得不以關中之固而臨之**니 **此雖堯, 舜, 湯, 武**라도 **亦不能使其德一日而信於天下**라 **荀卿所謂合其參者**[4]니 **此**는 **以地爲形勢者也**라 **然**이나 **及其衰也**엔 **皆以大臣專命**하야 **危自內起**하야 **而關中之形勢 曾不及施**(이)하니 **此亦德衰而地之形勢不能救也**니라

땅(지형)을 가지고 형세를 삼은 경우가 있으니, 秦나라와 漢나라가 都邑을 세운

것이 이것이다.

秦나라가 天下를 점령한 것은 天下 사람들이 심복하여 신하 노릇한 것이 아니다. 부유함을 가지고 서로 겨루고 힘을 가지고 서로 공격하였는데도 상대방이 복종하지 않으면, 또 속임수로 군주를 가두고 장수를 사로잡은 뒤에야 겨우 천하를 얻었으니, 지금 신하로 복종하여 朝貢을 바치는 자들은 모두 예전에 原野에서 싸우다가 해골을 드러냈던 자들의 子孫이다. 그렇다면 내 어떻게 태연히 천하를 장구하게 소유할 수 있겠는가?

漢나라가 天下를 점령한 것은 비록 秦나라처럼 포악하지는 않았으나, 요컨대 秦나라와 漢나라가 천하를 얻은 것은 모두 仁義에 근본하지 않았다. 이때를 당하여 諸侯들을 크게 봉해주지 않으면 功臣의 기대에 보답할 수 없고, 제후국이 커지면 天子國의 京師가 불안하게 되니, 그 形勢가 險固한 關中의 지형을 가지고 임하지 않을 수가 없었다.

이는 비록 堯帝와 舜帝, 湯王과 武王이라도 자기 德을 하루아침에 天下에 펼칠 수가 없는 것이다. 荀卿의 이른바 "세 가지를 합한다."는 것이니, 이는 땅을 가지고 形勢를 삼은 경우이다.

그러나 漢나라와 秦나라가 쇠약해짐에 미쳐서는 모두 大臣들이 자기 마음대로 命令하여, 위험이 안으로부터 시작되어 關中의 形勢가 한 번도 멀리 미치지 못하였으니, 이 또한 德이 쇠하면 땅의 形勢가 구원하지 못하는 것이다.

1) 秦漢之建都 : 秦나라는 關中의 咸陽에 도읍하였고, 漢나라는 關中의 長安에 도읍하였는데, 關中은 殽山과 函谷關이 있는 천고의 요새지이므로 이렇게 말한 것이다.

賈誼의 〈過秦論〉에 "始皇帝가 마음속에 스스로 생각하기를 '關中의 견고함은 金城(철옹성) 천 리이니 자손들이 제왕의 지위를 만세토록 누릴 수 있는 基業이다.'라고 여겼다.〔始皇之心 自以爲關中之固 金城千里 子孫帝王萬世之業也〕"라고 보인다.

그리고 ≪史記≫ 〈高祖本紀〉에 "田肯이 하례를 올리고 인하여 高祖에게 아뢰기를 '폐하께서는 韓信을 사로잡으시고 또 秦나라의 關中에 도읍을 정하셨으니, 關中 땅은 험고한 지형으로 깊은 黃河와 높고 험한 山을 끼고 있으며,

제후국들과는 천 리나 떨어져 있으니, 제후들의 군사가 100만이라도 관중은 그 100분의 2인 2만으로도 충분히 막아낼 수 있습니다. 지형이 이처럼 유리하니, 제후들을 향해 용병을 할 경우, 비유하자면 마치 높은 지붕 위에서 동이의 물을 쏟는 것과 같아 아무도 형세를 당해낼 수 없을 것입니다.〔田肯賀 因說高祖曰 陛下得韓信 又治秦中 秦形勝之國 帶河山之險 縣隔千里 持戟百萬 秦得百二焉 地勢便利 其以下兵於諸侯 譬猶居高屋之上建瓴水也〕"라고 보인다.

2) 詐囚其君 : 楚 懷王 16년(B.C. 313)에 秦 惠王이 懷王을 속이고 또 회담하러온 懷王을 가두어 죽게 한 일을 이른다. 秦나라는 蘇秦의 합종책에 의해 결맹하고 있는 齊나라와 楚나라 사이를 이간시키기 위해, 張儀를 楚나라에 보내 懷王에게 齊나라와 절교한다면 商·於의 땅 6백 리를 떼어주겠다고 제안하였다.

그러나 막상 楚나라가 齊나라와 절교하고 땅을 요구하자, 張儀는 楚나라의 사신에게 "본래 6리의 땅을 주는 것이었다."고 거짓말을 하고 땅을 주지 않았다. 이로 인해 두 나라는 분쟁이 계속되었으며, 懷王 30년에 秦 昭王은 楚나라가 齊나라와 다시 강화를 맺은 것을 따지면서 국경지대인 武關에서 회맹할 것을 청하였다.

懷王이 武關으로 들어가자, 秦나라는 懷王을 咸陽으로 끌고 가서 강제로 억류하고, 巫邑과 黔中의 땅을 할양하면 楚나라로 돌려보내주겠다고 하였다. 그러나 懷王은 이를 거절하였는데, 다음 해에 秦나라에서 병이 나서 죽었다. ≪史記 楚世家≫

3) 虜其將 : 秦 孝公 22년(B.C. 340)에 秦나라 商鞅이 衛나라를 공격하자, 衛나라는 公子 卬을 장수로 삼아 秦나라 군대를 막도록 하였는데, 衛나라 출신인 商鞅은 '지난날의 정리'를 운운하며 회맹할 것을 청하였다. 公子 卬이 이를 믿고 회맹에 참석하여 술을 마시자, 商鞅이 군사들을 매복시켰다가 기습공격하여 그를 사로잡고 衛나라 군대를 대파하였다. ≪史記 商鞅列傳≫

4) 荀卿所謂合其參者 : ≪荀子≫ 〈天論〉에 "하늘에는 때가 있고 땅에는 재물이 있고 사람은 이것을 다스릴 수 있는 능력이 있으니, 이를 일러 '세 가지를 합한다.'고 하는 것이다. 이 세 가지를 합할 수 있는 방법(사람의 일)을 버려두고 하늘의 뜻을 알고자 하는 것은 바로 미혹된 짓이다.〔天有其時 地有其財 人

有其治 夫是之謂能參 舍其所以參而願其所參則惑矣〕"라고 보인다.

夫三代, 秦, 漢之君이 慮其後世하야 而爲之備患이 不可謂不至矣라 然이나 至其亡也하야는 常出於其所不慮하니 此豈形勢不如德之明效歟아 易曰 神而明之는 存乎其人[1)]이라하니 人存則德存이니 德存이면 則無諸侯而安이요 無障塞而固矣리라

夏·商·周의 三代와 秦·漢의 군주들이 후세를 염려하여 환란을 대비한 것이 지극하지 않다고 말할 수 없다. 그러나 망할 때에 이르러서는 항상 염려하지 않은 데에서 환란이 나왔으니, 이 어찌 形勢가 德만 못한 분명한 증험이 아니겠는가? ≪周易≫에 이르기를 "신묘하게 하여 밝히는 것은 그 사람에게 달려 있다."라고 하였다. 사람이 있으면 德이 보존되니, 德이 보존되면 諸侯가 없어도 국가가 편안하고, 保障과 要塞가 없어도 국가가 견고한 것이다.

1) 易曰……存乎其人 : ≪周易≫ 〈繫辭傳 上〉에 "化하여 제재함은 변화함에 달려 있고, 미루어 行함은 변통함에 달려 있고, 神妙하게 하여 밝힘은 사람에게 달려 있고, 묵묵히 이루며 말하지 않아도 믿음은 德行에 달려 있다.〔化而裁之 存乎變 推而行之 存乎通 神而明之 存乎其人 默而成之 不言而信 存乎德行〕"라고 보이는데, 蘇軾은 이를 인용하여 중요한 것은 군주의 德이니, 德이 있는 군주가 있으면 형세를 따지지 않아도 국가가 편안할 수 있다고 말한 것이다.

08. 劉愷丁鴻孰賢* 劉愷와 丁鴻이 누가 더 어진가 하는 論

* 이 글 또한 治平 2년(1065)의 秘閣(學士院)의 시험에 제출된 6首 가운데 하나이다.

行文이 勝小蘇라

글을 쓴 것이 小蘇(蘇轍)보다 낫다.

君子之爲善은 非特以適己自便而已라 其取於人也엔 必度其人之可以與我也하고

其予人也엔 必度其人之可以受於我也하나니 我可以取之로되 而其人不可以與我면 君子不取하고 我可以予之로되 而其人不可受면 君子不予라 旣爲己慮之하고 又爲人謀之하야 取之면 必可予하고 予之면 必可受하니 若己爲君子하고 而使人爲小人이면 是亦去小人無幾耳니라

君子가 善行을 하는 것은 다만 자신에게 맞고 스스로 편리하게 할 뿐이 아니다. 남에게서 취할 적에는 반드시 그 사람이 나에게 줄 만한가를 헤아려보고, 남에게 줄 적에는 반드시 그 사람이 나에게서 받을 만한가를 살펴보니, 내가 취할 만하더라도 상대방이 나에게 줄 만하지 않으면 君子는 취하지 않고, 내가 줄 만하더라도 상대방이 나에게서 받을 만하지 않으면 君子는 주지 않는다.

그리하여 자신을 위해 염려하고 또 남을 위해 도모하여, 내가 취하면 상대방이 반드시 줄 만하고 내가 주면 상대방이 반드시 받을 만하게 하였으니, 만약 자신은 君子가 되고 남으로 하여금 小人이 되게 한다면, 이 또한 小人과의 차이가 별로 없는 것이다.

東漢劉愷 讓其弟(荊)〔封〕한대 而詔聽之[1)]러니 丁鴻亦以陽狂으로 讓其弟한대 而其友人鮑駿이 責之以義하니 鴻乃就封[2)]이라 其始에 自以爲義而行之라가 其終也에 知其不義而復之하니 以其能復之로 知其始之所行이 非詐也로니 此范氏之所以賢鴻而下愷也[3)]니라

東漢 때에 劉愷가 아우에게 封侯를 사양하자 황제가 詔命을 내려서 이것을 허락하였는데, 丁鴻 또한 거짓으로 미친 체하여 아우에게 封侯를 사양하자 친구인 鮑駿이 義理로써 꾸짖으니, 丁鴻이 마침내 封地로 나아갔다.

丁鴻이 처음에는 아우에게 封侯를 사양하는 것을 스스로 의롭다고 여겨서 행하다가 결국에는 의롭지 않음을 알고서 돌아왔으니, 그가 능히 돌아온 것을 가지고 처음의 행위가 속임수가 아님을 알 수 있다. 이 때문에 范氏(范曄)가 丁鴻을 어질게 여기고 劉愷를 낮게 여긴 것이다.

1) 東漢劉愷……而詔聽之 : 荊은 本集에 의거하여 封으로 바로잡았다. 劉愷는 後

漢 章帝·和帝 때의 황족으로 字가 伯豫이다. 아버지 劉般은 字가 伯興으로 宣帝의 玄孫인데, 居巢侯에 봉해졌다. 劉般이 죽자 劉愷가 작위를 세습하여야 하는데, 劉愷는 아우 憲에게 양보하고 달아났다.

그 후 和帝 永元 10년(98)에 有司가 劉愷의 죄를 아뢰고 처벌할 것을 상주하자, 侍中 賈逵가 상소하기를 "孔子께서 '禮와 謙讓으로 나라를 다스린다면 무슨 어려움이 있겠느냐.'라고 하셨습니다.

삼가 살펴보니, 居巢侯 劉般의 嗣子 劉愷는 평소의 행실이 효성스럽고 우애가 깊으며 겸손하고 고결하여 아우 憲에게 양위하고 몸을 감추었는데, 有司가 그의 善한 마음을 헤아리지 못하고 평소의 법으로 다스리려 하니, 겸양하는 풍속을 기르지 못하고 큰 교화를 이루지 못할까 두렵습니다.

전대의 扶陽侯 韋玄成과 근간에 陵陽侯 丁鴻, 鄳侯 鄭彪가 모두 행실을 고상하게 하고 몸을 깨끗이 하여 작위를 사양하였으나 그 봉토를 깎았다는 말을 듣지 못하였고, 모두가 이 세 사람의 일을 높이 평가하고 있습니다.

지금 劉愷는 前賢의 덕을 사모하고 우러러보아서 伯夷의 절개를 갖고 있으니, 마땅히 긍휼히 여기고 용서해서 그의 先功을 온전히 하여, 우리 조정에서 덕을 숭상하는 아름다움을 더해야 할 것입니다."라고 하니, 和帝가 그의 말을 따라 劉愷를 불러 郎으로 제수하고, 뒤에 侍中으로 승진시켰다. ≪後漢書 劉愷傳≫

2) 丁鴻亦以陽狂……鴻乃就封 : 丁鴻은 後漢 章帝 때의 명신으로 字가 孝公이며 潁川 定陵 사람이다. 아버지 丁綝이 光武帝(劉秀)를 따라 정벌에 참여하고 공을 세워 陵陽侯에 봉해지고 자신은 嗣子가 되었다. 아버지가 죽자, 丁鴻은 상소하여 아우 盛에게 封侯를 계승할 수 있도록 청하였으나, 허락하지 않으므로 아우에게 글을 남기고 도망하였다.

그 뒤에 벗 鮑駿이 "옛날 伯夷는 난세였으므로 자신의 뜻을 펼칠 수 있었으나, ≪春秋≫의 뜻에 의하면 집안일로 국사를 폐할 수 없다고 하였다. 지금 그대가 형제의 사사로운 정 때문에 부친의 基業을 끊으려 하니, 지혜롭다 할 수 있겠는가."라고 충고하자, 丁鴻이 크게 깨닫고 탄식하며 돌아와 封侯를 이어받았다. ≪後漢書 丁鴻傳≫

3) 此范氏之所以賢鴻而下愷也 : 范氏는 ≪後漢書≫의 저자인 范曄(398~455)

으로 南朝 宋나라의 학자이자 史家이다. 字가 蔚宗이며 順陽 사람이다. 經史를 널리 섭렵하고 문장을 잘하였으며, 南朝 宋 文帝 元嘉 연간에 여러 사가들의 史書를 정리하여 ≪後漢書≫를 완성하였다. 위의 내용은 ≪後漢書≫ 〈丁鴻傳〉의 論에서 평한 것이다.

其論에 **稱太伯, 伯夷未始有其讓也**라 **故**로 **太伯稱至德**하고 **伯夷稱賢人**[1]이러니 **及後世**하야는 **徇其名而昧其致**하니 **於是**에 **詭激之行**이 **興矣**라 **若劉愷之徒 讓其弟**하야 **使弟受非服**하고 **而己受其名**은 **不已過乎**아 **丁鴻之心**은 **主於忠愛**하니 **何其終悟而從義也**오하니라 **范氏之所賢者 固已得之矣**어니와 **而其未盡者**를 **請得畢其說**호리라

范曄의 論에 다음과 같이 말하였다.

"太(泰)伯과 伯夷는 일찍이 그 사양함을 자기 것으로 삼지 않았다. 그러므로 孔子께서 太伯을 至德이라고 칭하고 伯夷를 賢人이라고 칭하셨는데, 후세에 이르러서는 그 이름만 따르고 그 이치에는 어두우니, 이에 詭激한 행실이 일어나게 되었다. 劉愷의 무리가 아우에게 封侯의 자리를 사양해서 아우로 하여금 받아야 할 것이 아닌 封侯를 받게 하고 자신은 사양했다는 명예를 받았으니, 이는 너무 잘못한 것이 아니겠는가? 丁鴻의 마음은 忠愛를 위주로 하였으니, 어쩌면 그리도 끝내 깨달아서 의리를 따랐단 말인가?"

范氏가 어질게 여긴 것은 참으로 道에 맞지만, 그 미진한 부분에 대해 청컨대 내가 그 말을 다해보겠다.

1) 其論……伯夷稱賢人 : '其論'은 ≪後漢書≫ 〈丁鴻傳〉의 論을 이른다. 太伯은 주로 泰伯으로 쓰는데, 周 太王의 長子이다. 太王은 商나라를 칠 생각이 있었는데, 太伯이 따르지 않자 군주의 자리를 셋째 아들 季歷에게 전하여 손자 昌(文王)에게 전해주고자 하였다. 太伯이 이를 알고 둘째인 仲雍과 함께 荊蠻으로 도망하여 나라가 季歷에게 전해지게 하였다.

伯夷는 孤竹君의 長子이다. 孤竹君이 생전에 셋째 아들인 叔齊를 후계자로 삼고자 하였는데, 孤竹君이 죽자 叔齊가 형인 伯夷에게 군주의 자리를 사양하였다. 伯夷는 아버지의 명을 거스를 수 없다고 하여 달아났고, 叔齊 또한 즉위

하지 않고 달아나니, 孤竹國은 결국 둘째 아들을 군주로 세웠다.

그 후 伯夷와 叔齊는 周 文王에게 귀의하였는데, 文王이 죽고 武王이 즉위하여 800여 제후들과 함께 殷나라를 정벌하러 가자, 伯夷와 叔齊는 "제후국인 周나라로서 천자국인 殷나라를 공격하는 것은 의롭지 못한 일이다."라고 하여 말고삐를 붙잡고 만류하였으며, 周나라가 殷나라를 멸망시키고 天子國이 되자 周나라의 녹봉을 먹는 것을 부끄러워하여 首陽山에 들어가 은둔하며 고사리를 뜯어 먹다가 굶주려 죽었다.

'太伯稱至德'은 ≪論語≫ 〈泰伯〉에 "泰伯은 지극한 德이라고 이를 만하다. 세 번 天下를 사양하였으나 백성들이 그 德을 칭송할 수 없게 하였구나.〔泰伯其可謂至德也已矣 三以天下讓 民無得而稱焉〕"라고 보이며, '伯夷稱賢人'은 ≪論語≫ 〈述而〉에 "子貢이 '伯夷와 叔齊는 어떠한 사람입니까?' 하고 묻자, 孔子께서 '옛날의 賢人이시다.'라고 대답하셨다.〔伯夷叔齊 何人也 曰 古之賢人也〕"라고 보인다.

夫先王之制에 **立長**은 **所以明宗**이요 **明宗**은 **所以防亂**이니 **非有意私其長而沮其少也**라 **天子與諸侯 皆有太祖**하니 **其有天下一國**은 **皆受之太祖**요 **而非己之所得專有也**라 **天子不敢以其太祖之天下與人**이요 **諸侯不敢以其太祖之國與人**은 **天下之通義也**라 **夫劉愷, 丁鴻之國**은 **不知二子所自致耶**아 **將亦受之其先祖耶**아 **受之其先祖**어늘 **而傳之於所不當立之人**이면 **雖其弟之親**이라도 **與塗人均耳**라

先王의 제도에 長子를 세움은 宗統을 밝히는 것이요, 宗統을 밝힘은 혼란을 막기 위한 것이니, 長子에게 私情을 두고 작은 아들을 저지하려는 뜻이 있었던 것이 아니다.

天子와 諸侯는 모두 建國한 太祖가 있으니, 소유한 天下와 한 나라는 모두 太祖에게서 받은 것으로, 자신이 마음대로 소유할 수 있는 것이 아니다. 天子가 감히 太祖의 天下를 남에게 줄 수 없고, 諸侯가 감히 太祖의 나라를 남에게 줄 수 없으니, 이것은 天下의 공통된 義理이다.

내 알지 못하겠다, 저 劉愷와 丁鴻의 나라는 두 사람이 스스로 이룬 것인가? 아니면 또한 선조에게서 물려받은 것인가? 선조에게서 물려받았는데 뒤를 이어서는 안

되는 사람에게 물려주었다면 비록 친동생이라 하더라도 길 가는 사람과 똑같은 것이다.

夫吳太伯,[1] 伯夷는 **非所以爲法也**라 **太伯**은 **將以成周之王業**이요 **而伯夷**는 **將以訓天下之讓**하야 **而爲是詭時特異之行**하니 **皆非所以爲法也**라 **今劉愷擧國而讓其弟**하니 **非獨使弟受非服之爲過也**요 **將以壞先王防亂之法**하고 **輕其先祖之國**하야 **而獨爲是非常之行**하니 **考之以禮**하고 **繩之以法**하면 **而愷之罪大矣**니라

저 吳나라 太伯과 伯夷는 모범으로 삼을 수 있는 것이 아니다. 太伯은 장차 周나라의 王業을 이루려고 하였고, 伯夷는 장차 天下 사람들에게 사양함을 가르치려고 해서 세속과 어긋나는 특이한 행동을 하였으니, 太伯과 伯夷는 모두 모범으로 삼을 수 있는 것이 아니다.

지금 劉愷가 나라를 들어서 아우에게 封侯를 사양하였으니, 이는 비단 아우로 하여금 받지 않아야 할 封侯를 받게 한 잘못을 저질렀을 뿐만이 아니라, 장차 혼란을 방지하려 한 先王의 法을 파괴하고 先祖의 나라를 경시하여 홀로 이 비상한 행실을 한 것이니, 禮로써 고찰하고 法으로써 가늠해보면 劉愷의 죄가 큰 것이다.

1) 吳太伯 : 太伯은 泰伯으로 표기하기도 하는데, 古公亶父(보)의 長子이다. 古公亶父가 쇠퇴해가는 殷나라를 정벌할 마음을 갖고 있었고, 막내인 季歷이 昌을 낳으니 聖德이 있었다. 太伯은 제후왕의 자리를 季歷에게 물려주기 위해 아우 虞仲(仲雍)과 함께 荊蠻으로 도망하였다.

그리하여 막내인 季歷이 세습하게 되었는데, 昌의 아들 發이 殷나라를 멸망시키고 天子가 되니, 이가 바로 武王이다. 武王은 天子가 된 뒤에 아버지인 昌을 文王으로, 祖考인 季歷을 王季로, 曾祖考인 古公亶父를 太王으로 각각 추존하였다.

然이나 **漢世**에 **士大夫多以此爲名者**는 **安, 順, 桓, 靈之世**에 **士皆反道矯情**하야 **以盜一時之名**하니 **蓋其弊始於西漢之世**에 **韋玄成**이 **以侯讓其(弟)〔兄〕[1]**하야 **而爲世主所賢**하야 **天下高之**라 **故**로 **漸以成俗**하야 **履常而蹈易者**를 **世以爲無能而擯之**하니 **則**

丁鴻之復於中道는 **尤可以深嘉而屢歎也**니라

그러나 漢代의 士大夫들 가운데 이러한 방법으로 명성을 구하려는 자가 많았던 것은 安帝와 順帝, 桓帝와 靈帝 때에 선비들이 모두 道를 위반하고 실정을 속여서 한때의 명예를 도둑질했기 때문이니, 이 병폐는 西漢時代에 韋玄成이 兄에게 封侯를 사양하자, 세상의 군주가 어질게 여겨서 天下 사람들이 그를 높이면서 시작되었다.

그러므로 점점 이러한 풍속을 이루어서 常道를 행하고 평탄한 길을 가는 자들을 세상에서는 무능하다 하여 배척하였으니, 그렇다면 丁鴻이 中道로 돌아온 것은 더욱더 깊이 가상해하고 여러 번 감탄할 만한 일인 것이다.

1) 西漢之世 韋玄成以侯讓其(弟)〔兄〕: 본문의 '弟'는 文集과 史實에 의거하여 '兄'으로 바로잡았다.

韋玄成은 西漢 宣帝·元帝 때의 문신으로, 자가 少翁인데 五經에 밝아 경학자로 이름이 높았다. 그의 아버지 韋賢은 저명한 경학자로 丞相을 역임하고 扶陽侯로 봉해졌었다.

본래 後嗣였던 玄成의 형 玄弘이 관직에서 잘못을 저질러 옥에 갇혔는데, 韋賢이 위독하자 그의 門人들이 모의하고 韋賢의 遺命을 사칭하여 玄成을 후계자로 삼았다. 玄成은 부친이 죽은 뒤에 이 사실을 알고 거짓으로 미친 체하며 封侯를 받지 않았는데, 얼마 후 벗들의 권유로 부득이함을 알고 封侯를 승계하였다. 宣帝가 그의 절조를 가상히 여겨 河南太守로 제수하였다. ≪漢書 韋玄成傳≫

09. 禮以養人爲本* 禮는 사람을 기르는 것을 근본으로 삼는다는 論

* 이 글 또한 治平 2년(1065)의 秘閣(學士院)의 시험에 제출된 6首 가운데 하나이다. '禮以養人爲本'이라는 말은 ≪漢書≫ 〈禮樂志〉에서 인용한 것이다.

論正이라

의논이 바르다.

三代之衰로 至於今히 且數千歲니 豪傑有意之主와 博學多識之臣을 不可以勝數矣라 然而禮廢樂墜하면 則相與咨嗟發憤이로되 而卒於無成者는 何也오 是는 非其才之不逮와 學之不至요 過於論之太詳하고 畏之太甚也일새라

三代가 쇠퇴함으로부터 지금에 이르기까지 거의 수천 년이 되었는데, 의욕이 있는 호걸스런 군주와 박학다식한 신하들을 이루 다 셀 수가 없다.

그러나 禮가 폐지되고 樂이 무너지면 서로 함께 한탄하고 울분을 터뜨리면서도, 끝내 성공함이 있지 못하였던 것은 어째서인가? 이는 재주가 미치지 못하고 학식이 지극하지 못해서가 아니요, 의논하기를 너무 자세히 하고 禮樂을 고치는 것을 너무 두려워하는 데에서 잘못된 것이다.

夫禮之初는 緣諸人情하야 因其所安者하야 而爲之節文하니 凡人之所安而有節者는 擧皆禮也니 則是禮未始有定論也라 然而不可以出於人情之所不安이면 則亦未始無定論也니 執其無定하야 以爲定論이면 則途之人이 皆可以爲禮리라

禮가 만들어진 시초는 人情에 의거하여 사람이 편안히 여기는 것을 따라서 節文을 한 것이니, 무릇 人情이 편안히 여기고 節文이 있는 것은 모두 禮이다. 그렇다면 이 禮는 일찍이 定論이 있지 않은 것이다.

그러나 禮는 人情이 편안히 여기지 않는 바에서 벗어나지 않는다면 또한 일찍이 定論이 없지 않은 것이니, 그 定論이 없는 것을 잡아서 定論으로 삼는다면 길 가는 보통 사람들도 모두 禮를 행할 수 있을 것이다.

今儒者之論則不然하야 以爲 禮者는 聖人之所獨尊하야 而天下之事에 最難成者也라하야 牽於繁文하고 而拘於小說[1)]하야 有毫毛之差하면 則終以爲不可라 論明堂者는 惑於考工, (呂)〔月〕令之說[2)]하고 議郊廟者는 泥於鄭氏, 王肅之學[3)]하야 紛紜交錯하야 累歲而不決하고 或因而遂罷하야 未嘗有一人果斷而決行之하니 此皆論之太詳而畏之太甚之過也니라

지금 儒者들의 의논은 그렇지 않아서 말하기를 "禮라는 것은 聖人이 유독 높이신

것이어서 천하의 일 가운데 가장 이루기 어려운 것이다."라고 말한다. 그리하여 繁文縟禮에 끌리고 작은 말에 구애되어서 털끝만 한 오차라도 있으면 끝내 시행하여서는 안 된다고 주장한다.

그리하여 明堂을 논하는 자들은 ≪周禮≫ 〈考工記〉와 ≪呂氏春秋≫ 〈月令〉에 현혹되고, 郊祀와 宗廟를 논하는 자들은 鄭玄과 王肅의 학문에 빠져서 어지럽게 서로 얽혀 몇 년이 되어도 결정하지 못하고, 혹 이로 인하여 마침내 그만두어서 일찍이 한 사람도 과감히 결단하여 결행하는 자가 있지 않으니, 이것은 모두 의논하기를 너무 자세히 하고 禮樂을 고치는 것을 너무 두려워한 잘못인 것이다.

1) 小說 : 편파적이고 사소한 논의를 이른다.

2) 論明堂者 惑於考工(呂)〔月〕令之說 : 明堂은 고대에 제왕이 政敎를 베풀던 곳으로 泰山 아래에 있었는데, 朝會, 祭祀, 慶賞, 選士, 養老, 敎學 등의 전례를 이곳에서 행하였다.

考工은 ≪周禮≫ 〈冬官 考工記〉를 이르는데, 여기에 三代의 明堂의 제도에 대해 "夏后氏는 世室이라고 명칭하였는데 堂의 길이는 27이고 넓이는 길이의 4分의 1이며, 殷나라는 重屋이라고 명칭하였는데 堂의 길이는 7尋이고 당의 높이는 3尺이며, 周나라는 明堂이라고 명칭하였는데 길이는 9尺을 1筵이라 하는바, 東西는 9筵이다.〔夏后氏世室 堂脩二七 廣四脩一 殷人重屋 堂脩七尋 堂崇三尺 周人明堂 度九尺之筵 東西九筵〕"라고 보인다.

月令은 본문에 呂令으로 되어 있는데, 郎曄의 ≪經進東坡文集事略≫에 의거하여 바로잡았다. 月令은 ≪禮記≫ 〈月令〉으로 여기에 天子가 봄에는 靑陽에서, 여름에는 明堂에서, 가을에는 總章에서, 겨울에는 玄堂에서 거처한다고 기록되어 있는바, 明堂을 논하는 자들이 이러한 설에 현혹되는 것을 말한다.

3) 議郊廟者 泥於鄭氏王肅之學 : 郊廟는 고대 帝王이 天地에 제사를 올리던 郊宮과 先祖에게 제사를 올리던 宗廟를 이른다. 鄭氏는 後漢의 저명한 經學家인 鄭玄(127~200)으로 字는 康成이며 北海 高密 사람이다. 古文의 經說을 위주로 하되 今文의 經說도 받아들여 여러 경서에 주석을 달아 漢代 경학을 집대성하였으며, 고대의 문헌을 정리하는 데 크게 공헌하여 후대에 그의 학문을 높여 鄭學이라고 칭하였다.

王肅은 삼국시대 魏나라의 經學家로 王郎의 아들이며 자가 子雍인데 東海 사람이다. 賈逵와 馬融의 학문에 밝았고, 經書에 정통하여 ≪書經≫, ≪詩經≫, ≪論語≫, ≪春秋左氏傳≫, ≪國語≫ 등에 注하였으나, 鄭玄의 설을 따르지 않아 郊廟에 대하여 설을 달리하였다. 東坡는 郊廟에 대한 이들의 학설이 잘못되었다고 보았으므로 이렇게 말한 것이다.

夫禮之大意는 **存乎明天下之分**하야 **嚴君臣**하고 **篤父子**하야 **形孝悌而顯仁義也**라 **今不幸去聖人遠**하니 **有如毫毛不合於三代之法**이라도 **固未害其爲明天下之分也**니 **所以嚴君臣, 篤父子**하야 **形孝悌而顯仁義者**는 **猶在也**라 **今使禮廢而不修**하면 **則君臣不嚴**하고 **父子不篤**하야 **孝悌不形**하고 **仁義不顯**하리니 **反不足重乎**아

禮의 대의는 천하의 분수를 밝혀서 군신간의 분별을 엄격히 하고 부자간의 은혜를 돈독히 하여 孝悌가 나타나고 仁義가 드러나게 하는 데에 있다.

지금 불행하게도 聖人이 떠나가신 지 오래되었으니, 설령 三代의 예법에 털끝만큼 부합하지 않는 것이 있더라도 천하의 분수를 밝히는 데에는 진실로 무방하다.

군신간의 분별을 엄격히 하고 부자간의 은혜를 돈독히 하여 孝悌가 나타나고 仁義가 드러나게 하는 것은 그대로 남아 있는 것이다.

지금 만약 禮를 폐지하고 닦지 않는다면, 군신간의 분별이 엄격해지지 못하고 부자간의 은혜가 돈독해지지 못해서 孝悌가 나타나지 못하고 仁義가 드러나지 못할 것이니, 이것이 도리어 중하게 여길 만하지 않은가?

昔者에 **西漢之書**는 **始於仲舒**하고 **而至於劉向**[1]하야 **悼禮樂之不興**이라 **故**로 **其言曰 禮**는 **以養人爲本**하니 **如有過差**라도 **是過而養人也**요 **刑罰之過**는 **或至死傷**이라 **今吏議法**에 **削則削**하고 **筆則筆**이로되 **而至禮樂**하야는 **則不敢**하니 **是**는 **敢於殺人**이요 **而不敢於養人也**라하고 **而范曄**은 **以爲 樂非夔, 襄**이로되 **而新音代作**하고 **律謝皐, 蘇**로되 **而法令亟易**이어늘 **而至於禮**하야는 **獨何難歟**[2]아하니라

옛날 西漢時代의 글은 董仲舒에게서 시작되었고, 劉向에 이르러서 禮樂이 일어나

지 못함을 서글퍼하였다.

그러므로 그의 말에 이르기를 "禮는 사람을 기르는 것을 근본으로 삼으니, 만약 조금 지나침이 있더라도 이는 사람을 기르는 것을 지나치게 하는 것일 뿐이요, 형벌의 지나침은 혹 사람을 죽이고 상하게 함에 이른다. 그런데 지금 관리들이 法을 의논할 적에는 자기들 마음대로 삭제할 것은 삭제하고 기록할 것은 기록하나, 禮樂에 이르러서는 감히 이렇게 하지 못하니, 이것은 사람을 죽이는 데에는 과감하고 사람을 기르는 데에는 과감하지 못한 것이다."라고 하였다.

그리고 范曄은 말하기를 "음악은 夔와 襄이 아닌데도 새로운 음악이 대대로 만들어지고, 법률은 皐陶와 蘇忿生이 없어도 법령이 자주 바뀌는데, 禮에 있어서만은 어찌 고치는 것을 어렵게 여기는가?"라고 하였다.

1) 西漢之書……而至於劉向 : 仲舒는 前漢의 思想家인 董仲舒(B.C. 179~ B.C. 104)로 廣川 사람인데, 젊어서부터 ≪春秋≫를 전공하였다. 武帝 때 박사를 지내고 武帝에게 상주하여 儒教를 국교로 정하게 하였으며, ≪春秋繁露≫를 지었다.

   劉向(B.C. 77~B.C. 6)은 前漢 말기의 학자이자 정치가로 字는 子政이며, ≪戰國策≫, ≪說苑≫, ≪列女傳≫ 등의 저서가 있다. 漢나라 宗親으로 외척과 환관의 폐해에 대해 자주 간언하였으나 重用되지 못하였다. 아들 劉歆과 함께 ≪七略≫을 저술하여 목록학의 대가로 꼽힌다. 위의 내용은 ≪漢書≫ 〈禮樂志〉에 보인다.

2) 范曄以爲……獨何難歟 : 范曄(398~445)은 南朝 宋나라의 史家로 宋나라 文帝 元嘉 연간에 ≪後漢書≫를 지었다. 夔는 舜임금 때의 典樂으로 音樂을 관장하였고, 襄은 춘추시대 魯나라의 樂官으로 子襄으로 불리는데, 孔子가 거문고를 배웠다. 皐는 皐陶로 舜임금 때 형법을 관장한 자이며, 蘇는 蘇忿生으로 周나라 武王 때에 형법을 관장하던 司寇였다. 위의 내용은 ≪後漢書≫ 〈曹褒傳論〉에 보인다.

夫刑者는 末也요 又加以慘毒繁難이로되 而天下常以爲急하고 禮者는 本也요 又加以和平簡易로되 而天下常以爲緩하야 如此而不治면 則又從而尤之하야 曰 是法未至也라하야

則因而急之하니 甚矣라 人之惑也여 平居에 治氣養生하야 宣故而納新은 其行之甚易요 其過也無大患이라 然이나 皆難之而不爲하고 悍藥毒石으로 以搏去其疾은 則皆爲之하니 此는 天下之公患也라 嗚呼라 王者得斯說而通之하면 禮樂之興이 庶乎有日矣리라

형벌은 末이고 게다가 또 慘毒하고 번잡하고 어려운데도 천하 사람들이 항상 급하게 여기고, 禮는 근본이고 게다가 또 和平하고 간이한데도 천하 사람들이 항상 이것을 느슨하게 여긴다.

이렇게 하고서도 나라가 다스려지지 않으면 또 따라서 허물하기를 "이것은 법의 적용이 지극하지 못해서이다."라고 하면서 인하여 법을 엄하게 하니, 심하다. 사람들의 미혹됨이여!

평소에 기운을 다스리고 養生하여 묵은 기운을 토해내고 새 기운을 받아들이는 것은 매우 행하기 쉽고 지나쳐도 큰 병폐가 없다. 그러나 사람들이 모두 이것을 어렵게 여겨서 하지 않고, 모두들 독한 藥과 독한 鍼石으로 질병을 공격하여 제거하는 것을 그대로 따르고 있으니, 이것은 천하의 공통적인 병폐이다.

아! 王者가 나의 이 말을 얻어서 통행한다면 거의 禮樂이 일어날 날이 있을 것이다.

10. 王者不治夷狄* 王者는 夷狄을 다스리지 않는다는 論

* 이 글 또한 治平 2년(1065)의 秘閣(學士院)의 시험에 제출된 6首 가운데 하나이다.

奔逸絶塵하니 是時論中一射鵰手[1]也라 擧子業到此면 便是脫凡胎矣리라

자유분방하여 塵世를 초월하였으니, 이 글은 時論 가운데 화살 한 발에 독수리를 잡는 훌륭한 솜씨이다. 擧子의 공부가 여기에 이른다면 일반의 套式을 완전히 벗어날 것이다.

1) 一射鵰手 : 화살 한 발에 독수리를 잡는 뛰어난 활 솜씨로 여기서는 論議가 적확하고 분명한 글 솜씨를 이른다. 漢 武帝 때의 명장 李廣이 일찍이 匈奴와 싸울 적에 李廣을 따라갔던 中貴人이 흉노 세 사람의 사격을 받아 부상을 입

고 돌아오자, 李廣이 "이들은 반드시 독수리를 떨어뜨릴 만한 활 솜씨가 있는 자들이다."라고 하고는, 곧장 그 흉노들을 추격하여 2명은 사살하고 한 명은 생포함으로써 위엄을 크게 떨쳤었다.

夷狄은 **不可以中國之治治也**라 **譬若禽獸然**하야 **求其大治**하면 **必至於大亂**하나니 **先王知其然**이라 **是故**로 **以不治治之**하시니 **治之以不治者**는 **乃所以深治之也**라 **春秋**에 **書公會戎於潛**[1]한대 **何休**[2]**曰 王者**는 **不治夷狄**하니 **錄戎**은 **來者不拒**요 **去者不追也**라하니라

夷狄은 中國을 다스리는 방식으로 다스려서는 안 된다. 夷狄은 비유하면 禽獸와 같아서 크게 다스려지기를 바라면 반드시 크게 혼란함에 이른다. 先王이 그러함을 아셨다. 이 때문에 다스리지 않음으로써 다스리셨으니, 다스리지 않음으로써 다스린 것은 바로 깊이 다스린 것이다.

≪春秋≫에 "公이 戎과 潛 땅에서 회합하였다."라고 쓰자, 何休가 말하기를 "王者는 夷狄을 다스리지 않으니, 여기에 戎과 회합한 것을 쓴 것은 오는 자를 막지 않고 가는 자를 쫓아가지 않는 것이다."라고 하였다.

1) 書公會戎於潛 : 위의 내용은 ≪春秋≫ 隱公 2년에 보인다.

2) 何休 : 129~182. 後漢의 학자로 字가 邵公이며 任城 사람이다. 六經을 정밀히 연구하였으며, 특히 ≪春秋公羊傳≫을 깊이 연구하고 ≪春秋公羊傳解詁≫를 저술하여, 훗날 淸나라의 公羊學派가 일어나게 하는 기초를 마련하였다. 위의 내용은 ≪春秋公羊傳注疏≫에 보인다.

夫天下之至嚴而用法之至詳者 莫過於春秋하니 **凡春秋之書公, 書侯**하고 **書字, 書名**하야 **其君得爲諸侯**하고 **其臣得爲大夫者**는 **擧皆齊, 晉也**요 **不然則齊, 晉之與國也**며 **其書州, 書國**하고 **書氏, 書人**하야 **其君不得爲諸侯**하고 **其臣不得爲大夫者**는 **擧皆秦, 楚也**요 **不然則秦, 楚之與國也**라

天下에 지극히 엄격하고 법을 적용함이 지극히 상세한 것은 ≪春秋≫보다 더한 것이 없으니, 무릇 ≪春秋≫에 公이라고 쓰고 侯라고 쓰고 字를 쓰고 이름을 써서 그 군주가 諸侯가 될 수 있고 그 신하가 大夫가 될 수 있는 자들은 모두 齊나라와

晉나라이고, 그렇지 않으면 齊나라와 晉나라의 동맹국이며, 州라고 쓰고 國이라고 쓰고 氏를 쓰고 人을 써서 그 군주가 諸侯가 될 수 없고 그 신하가 大夫가 될 수 없는 자들은 모두 秦나라와 楚나라이고, 그렇지 않으면 秦나라와 楚나라의 동맹국이었다.

夫齊, 晉之君이 所以治其國家하고 擁衛天子하야 而愛養百姓者 豈能盡如古法哉리오 蓋亦出於詐力하고 而參之以仁義니 是亦未能純爲中國也며 秦, 楚者 亦非獨貪冒無恥하야 肆行而不顧也요 蓋亦有秉道行義之君焉하니 是秦, 楚亦未至於純爲夷狄也라 齊, 晉之君이 不能純爲中國이어늘 而春秋之所予者 常在焉하야 有善則汲汲而書之하야 惟恐其不得聞於後世하고 有過則多方而開赦之하야 惟恐其不得爲君子하며 秦, 楚之君이 未至於純爲夷狄이어늘 而春秋之所不予者 常在焉하야 有善則累而後進하고 有惡則略而不錄하야 以爲不足錄也하니 是非獨私於齊, 晉而偏疾於秦, 楚也라 以見中國之不可以一日背요 而夷狄之不可以一日嚮也니라 其不純者도 足以寄其褒貶이면 則其純者를 可知矣라 故로 曰 天下之至嚴而用法之至詳者 莫如春秋라하노라

齊나라와 晉나라의 군주가 국가를 다스리고 天子를 옹위하여 백성들을 사랑으로 기른 것이 어찌 모두 옛날 법칙대로 하였겠는가? 이들 또한 속임수와 무력에서 나오고 仁義를 조금 섞어서 쓴 것이니, 이들 또한 순수한 中國이 될 수 없는 것이다.

그리고 秦나라와 楚나라 또한 탐욕스럽고 염치가 없어서 제멋대로 행동하고 돌아보지 않은 것만이 아니요, 또한 道를 지키고 義를 행한 군주가 있었으니, 秦나라와 楚나라도 순수한 夷狄이 됨에는 이르지 않은 것이다.

齊나라와 晉나라의 군주가 순수하게 中國이 되지 못하였는데, ≪春秋≫에는 항상 이들을 허여하여 잘한 일이 있으면 급급히 기록하여 행여 후세에 알려지지 못할까 두려워하고, 잘못이 있으면 여러 방면으로 너그럽게 용서하여 행여 그들이 君子가 되지 못할까 염려하였다.

그리고 秦나라와 楚나라의 군주가 순수하게 夷狄이 되지는 않았는데, ≪春秋≫에는 항상 이들을 허여하지 않아서 잘한 일이 있으면 여러 번 잘한 뒤에야 올려주고, 잘못한 일이 있으면 생략하고 기록하지 않아서 굳이 기록할 것이 못 된다고 여겼으

니, 이것은 유독 齊나라와 晉나라를 사사로이 친애하고 秦나라와 楚나라를 편벽되이 미워한 것이 아니다. 이로써 中國은 단 하루도 배반해서는 안 되고, 夷狄은 단 하루도 향해서는 안 됨을 보여준 것이다.

순수하게 오랑캐가 되지 않은 자들도 褒貶을 붙일 수 있다고 여긴다면, 순수한 오랑캐는 말하지 않아도 알 수 있는 것이다.

그러므로 내 말하기를 "天下에 지극히 엄격하고 법을 적용함이 지극히 상세한 것은 ≪春秋≫보다 더한 것이 없다."라고 하는 것이다.

夫戎者는 豈特如秦, 楚之流入於戎狄而已哉리오 然而春秋書之曰 公會戎於潛이라하야 公無所貶하고 而戎爲可會는 是獨何歟아 夫戎之不能以會禮會公이 亦明矣니 此는 學者之所以深疑而求其說也라 故로 曰 王者는 不治夷狄하니 錄戎은 來者不拒요 去者不追也라하노라

저 戎이란 종족은 어찌 다만 戎狄으로 흘러들어간 秦나라와 楚나라와 같을 뿐이겠는가? 그런데도 ≪春秋≫에 쓰기를 "公이 戎과 潛 땅에서 회합했다."라고 하여, 公을 폄하한 바가 없고 戎을 회합할 수 있다고 여긴 것은 유독 어째서인가?

戎이 會合하는 禮로써 公과 회합하지 못할 것이 또한 분명하니, 이 때문에 배우는 자들이 깊이 의심해서 그 이유를 찾는 것이다.

그러므로 나는 말하기를 "王者는 夷狄을 다스리지 않으니, 戎을 기록한 것은 오는 자를 막지 않고 가는 자를 쫓아가지 않은 것이다."라고 한 것이다.

夫以戎之不可以化誨懷服也로 彼其不悍然執兵하야 以與我從事於邊鄙면 則已幸矣어늘 又況知有所謂會者하야 而欲行之하니 是豈不足以深嘉其意乎아 不然이요 將深責其禮하면 彼將有所不堪하야 而發其憤怒하리니 則其禍大矣라 仲尼深憂之하사 故로 因其來而書之以會하사 曰 若是足矣라하시니 是는 將以不治深治之也라 由是觀之컨대 春秋之疾戎狄者는 非疾純戎狄者요 疾夫以中國而流入於戎狄者也니라

교화하여 가르치고 품어서 복종시킬 수 없는 戎으로서 저들이 사납게 병기를 잡

고 우리와 변방에서 전쟁하지 않는다면 이것으로 이미 다행인데, 또 더구나 이른바 회합이라는 것이 있는 것을 알아서 이것을 행하고자 하였으니, 이 어찌 그 뜻을 깊이 가상히 여길 만하지 않겠는가?

이렇게 하지 않고서 장차 戎에게 禮를 심하게 책망한다면 저들은 장차 감당하지 못하고서 분노를 터뜨릴 것이니, 이렇게 되면 그 화가 크게 된다.

仲尼께서 이것을 깊이 걱정하시어 그들이 온 것을 인해서 회합했다고 쓰시고 말씀하시기를 "이와 같으면 충분하다."라고 하신 것이니, 이것은 장차 다스리지 않음으로써 깊이 다스리신 것이다.

이것을 가지고 관찰하건대, ≪春秋≫에서 戎狄을 미워한 것은 순수한 戎狄을 미워한 것이 아니요, 中國 사람으로서 戎狄으로 흘러들어간 것을 미워한 것이다.

譯者 略歷

忠南 禮山 出生
家庭에서 父親 月山公으로부터 漢文 修學
月谷 黃璟淵 瑞巖 金熙鎭 先生 師事
民族文化推進會 國譯研修院 修了
高麗大學校 敎育大學院 漢文敎育科 修了
한국고전번역원 부설 고전번역교육원 名譽漢學敎授(現)
전통문화연구회 부회장(現)
해동경사연구소 소장(現)
古典國譯賞 受賞

論文 및 譯書

〈艮齋의 性理說小考〉〈燕岩의 學問思想研究〉
四書集註 ≪詩經集傳≫ ≪書經集傳≫ ≪周易傳義≫ ≪古文眞寶≫
≪牛溪集≫ ≪旅軒集≫ ≪藥泉集≫ ≪百戰奇法≫ ≪武臣須知≫ 등 다수 國譯
≪宣祖實錄≫ ≪宋子大全≫ ≪高峯集≫ ≪茶山集≫ ≪退溪集≫ 등 共譯

東洋古典譯註叢書 56
譯註 唐宋八大家文抄 蘇軾 3　　22,000원

2011년 12월 30일 초판 발행
2012년 1월 20일 초판 2쇄

譯 註 成百曉
編 輯 古典國譯編輯委員會
發行人 李啓晃
發行處 社團法人 傳統文化研究會
서울시 종로구 낙원동 284-6 낙원빌딩 411호
전화 : (02)762-8401 전송 : (02)747-0083
전자우편 : juntong@juntong.or.kr
홈페이지 : juntong.or.kr
사이버書堂 : cyberseodang.or.kr
온라인서점 : book.cyberseodang.or.kr
등록 : 1989. 7. 3. 제1-936호

인쇄처 : 한국법령정보주식회사(02-462-3860)
총 판 : 한국출판협동조합(070-7119-1750)

ISBN 978-89-91720-70-1 94820
89-85395-71-8(세트)